Slowenisch als Fremdsprache im Alltag,
in der Kirche und in der Literatur.
Vierter Band.

Luise Maria Ruhdorfer:
Slowenische Wortformen
mit Anwendungsbeispielen.

**Ganz allmählich wird das,
was kompliziert erschien, einfach.**

(Paulo Coelho: Handbuch des Kriegers des Lichts.
Zürich: Diogenes Verlag, 2001, S. 107.)

LUISE MARIA RUHDORFER:

SLOWENISCHE WORTFORMEN MIT ANWENDUNGSBEISPIELEN

Bibliografische Information der Deutschen Nationalbibliothek:
Die Deutsche Nationalbibliothek verzeichnet diese Publikation
in der Deutschen Nationalbibliografie; detaillierte bibliografische Daten sind
im Internet über http://dnb.ddb.de abrufbar.

ISBN 978-3-96103-329-4

www.rediroma-verlag.de
28,95 Euro (D)

Inhaltsverzeichnis

Vorwort der Autorin

Im Band eins spüre ich der Zweisprachigkeit in Kärnten nach und im Band zwei erkläre ich die Finkensteiner Vulgonamen und die Inschriften zur Secco-Malerei des sogenannten Barbara-Zyklus in der Pfarrkirche St. Martin am Techelsberg.

Dieser vierte Band zu meiner Reihe „Slowenisch als Fremdsprache im Alltag, in der Kirche und in der Literatur“ enthält Deklinations- und Konjugationstabellen – Beispiele für die Biegung (beim Eigenschaftswort und Hauptwort sowie beim Zahlwort und Fürwort) und für die Abwandlung (beim Hilfszeitwort, Hauptzeitwort und Modalzeitwort) – sowie praktische Anwendungsbeispiele für die verschiedenen slowenischen Wortarten. Außerdem behandle ich darin auch die Aussprache des Slowenischen recht ausführlich.

Dazu habe ich bereits 1992 vor dem Besuch meines ersten Slowenischkurses mit der Beobachtung der slowenischen Wortformen begonnen. Dann habe ich die entsprechenden Wörter und Anwendungsbeispiele während meines Diplomstudiums in den Jahren von 1994 bis 2002 gesammelt, dann neue Tabellen zwischen Jänner 2004 und April 2013 verfasst und diese schließlich im Juni 2014 vereinheitlicht. Eine umfangreiche Korrektur wurde im Oktober und November 2014 sowie im Oktober 2015 vorgenommen, sodass die Endkorrektur dann im Herbst und Winter 2017/18 erfolgen konnte. Dieser Band ist also das Ergebnis meiner 25-jährigen intensiven Beschäftigung mit der slowenischen Sprache.

Im Band drei werde ich slowenische Literatur in deutscher Übersetzung besprechen und im Band fünf der oben genannten Reihe schließlich einen zweisprachigen Slowenischkurs für deutschsprechende Anfänger anbieten, in dem auch die wichtigsten Regeln zum Gebrauch der slowenischen Sprache erklärt werden.

St. Stefan bei Finkenstein / Šteben pri Bekštanju, Donnerstag, 25. Jänner 2018
Dr. Luise Maria Ruhdorfer

Erster Abschnitt:

Eigenschaftswort
und Hauptwort

Biegung des Eigenschaftswortes, Grundmuster

neu > eine neue/die neue; ... – eine Neue/die Neue; ...

w.	*Ez.*	*Zz.*	*Mz.*
1.F.	nôva	nôvi	nôve
2.F.	nôve	nôvih	nôvih
3.F.	nôvi	nôvima	nôvim
4.F.	nôvo	nôvi	nôve
5.F.	nôvi	nôvih	nôvih
6.F.	nôvo	nôvima	nôvimi

neu > ein neues/das neue; ... – ein Neues/das Neue; ...

s.	*Ez.*	*Zz.*	*Mz.*
1.F.	nôvo	nôvi	nôva
2.F.	nôvega	nôvih	nôvih
3.F.	nôvemu	nôvima	nôvim
4.F.	nôvo	nôvi	nôva
5.F.	nôvem	nôvih	nôvih
6.F.	nôvim	nôvima	nôvimi

neu > ein neuer, der neue; ... – ein Neuer, der Neue; ..

m.	*Ez.*	*Zz.*	*Mz.*
1.F.	nóv, nôvi	nôva	nôvi
2.F.	nôvega	nôvih	nôvih
3.F.	nôvemu	nôvima	nôvim
4.F.	nóv, nôvi	nôva	nôve
Leb.	nôvega		
5.F.	nôvem	nôvih	nôvih
6.F.	nôvim	nôvima	nôvimi

Ez.

w.: nova mapa; nove mape; novi mapi; novo mapo; v novi mapi; z novo mapo

s.: novo pivo; novega piva; novemu pivu; novo pivo; v novem pivu; z novim pivom

m.: nov film, novi film; novega filma; novemu filmu; nov film, novi film; v novem filmu; z novim filmom

m. Leb.: nov turist, novi turist; novega turista; novemu turistu; novega turista; pri novem turistu; z novim turistom

<und sehr viele ähnliche Wörter>

nóv – neu, bél – weiß, bogàt – reich, dólg – lang, drág – teuer, globôk – tief, glúh – taub, gôl – nackt, gôst – dick, gŕd – hässlich, húd – böse, iskrén – aufrichtig, košàt – hochmütig, lén – faul, lép – schön, lesén – hölzern, ljúb – lieb, ljubeznív – freundlich, míl – sanft, minúl – vergangen, mlád – jung, napét – spannend, ném – stumm, odpŕt – offen, omejèn – beschränkt, pečèn – gebacken, písan – bunt, pláv – blau, popôln – vollständig, poštèn – ehrlich, práv – richtig, priljubljèn – beliebt, rjáv – braun, rumèn – gelb, sìt – satt, sív – grau, slàb – schlecht, stàr – alt, stŕm – steil, stróg – streng, súh – trocken, svét – heilig, širôk – breit, tíh – leise, vesél – froh, visôk – hoch, zapŕt – geschlossen, zdráv – gesund, zvést – treu, ... *(Siehe S. 14.)*

Biegung des Hauptwortes, Grundmuster

eine/die Mappe; ...

w.	*Ez.*	*Zz.*	*Mz.*
1.F.	mápa	mápi	mápe
2.F.	mápe	máp	máp
3.F.	mápi	mápama	mápam
4.F.	mápo	mápi	mápe
5.F.	mápi	mápah	mápah
6.F.	mápo	mápama	mápami

ein/das Bier; ...

s.	*Ez.*	*Zz.*	*Mz.*
1.F.	pívo	pívi	píva
2.F.	píva	pív	pív
3.F.	pívu	pívoma	pívom
4.F.	pívo	pívi	píva
5.F.	pívu	pívih	pívih
6.F.	pívom	pívoma	pívi

ein/der Film; ... --- ein/der Tourist; ...

m.	*Ez.*		*Zz.*		*Mz.*	
1.F.	fílm	turíst	fílma	turísta	fílmi	turísti
2.F.	fílma	turísta	fílmov	turístov	fílmov	turístov
3.F.	fílmu	turístu	fílmoma	turístoma	fílmom	turístom
4.F.	fílm		fílma		fílme	
Leb.		turísta		turísta		turíste
5.F.	fílmu	turístu	fílmih	turístih	fílmih	turístih
6.F.	fílmom	turístom	fílmoma	turístoma	fílmi	turísti

Ez.

w.: nova mapa; nove mape; novi mapi; novo mapo; v novi mapi; z novo mapo

s.: novo pivo; novega piva; novemu pivu; novo pivo; v novem pivu; z novim pivom

m.: nov film, novi film; novega filma; novemu filmu; nov film, novi film; v novem filmu; z novim filmom

m. Leb.: nov turist, novi turist; novega turista; novemu turistu; novega turista; pri novem turistu; z novim turistom

<und sehr viele ähnliche Wörter>

mápa – Mappe, banána – Banane, bárva – Farbe, blúza – Bluse, fírma – Firma, frizêrka – Frisörin, gláva – Kopf, gostílna – Gasthaus, híša – Haus, máma – Mama, ... *(Siehe S. 14.)*

pívo – Bier, blagó – Stoff, délo – Arbeit, jézero – See, víno – Wein, ... *(Siehe S. 14.)*

fílm – Film, apríl – April, cènt – Cent, gúmb – Knopf, hotél – Hotel, ... *(Siehe S. 14/15.)*

turíst – Tourist, bík – Stier, diják – Schüler, kós – Amsel, mêdved – Bär, … *(Siehe S. 15.)*

Biegung des Eigenschaftswortes, e entfällt in der Endung

gut > eine gute/die gute; ... – eine Gute/die Gute; ...

w.	*Ez.*	*Zz.*	*Mz.*
1.F.	dôbra	dôbri	dôbre
2.F.	dôbre	dôbrih	dôbrih
3.F.	dôbri	dôbrima	dôbrim
4.F.	dôbro	dôbri	dôbre
5.F.	dôbri	dôbrih	dôbrih
6.F.	dôbro	dôbrima	dôbrimi

gut > ein gutes/das gute; ... – ein Gutes/das Gute; ...

s.	*Ez.*	*Zz.*	*Mz.*
1.F.	dôbro	dôbri	dôbra
2.F.	dôbrega	dôbrih	dôbrih
3.F.	dôbremu	dôbrima	dôbrim
4.F.	dôbro	dôbri	dôbra
5.F.	dôbrem	dôbrih	dôbrih
6.F.	dôbrim	dôbrima	dôbrimi

gut > ein guter, der gute; ... – ein Guter, der Gute; ...

m.	*Ez.*	*Zz.*	*Mz.*
1.F.	dóber, dôbri	dôbra	dôbri
2.F.	dôbrega	dôbrih	dôbrih
3.F.	dôbremu	dôbrima	dôbrim
4.F.	dóber, dôbri	dôbra	dôbre
Leb.	dôbrega		
5.F.	dôbrem	dôbrih	dôbrih
6.F.	dôbrim	dôbrima	dôbrimi

Ez.

w.: dobra sestra; dobre sestre; dobri sestri; dobro sestro; pri dobri sestri; z dobro sestro

s.: dobro okno; dobrega okna; dobremu oknu; dobro okno; v dobrem oknu; pred dobrim oknom

m.: dober pisker, dobri pisker; dobrega piskra; dobremu piskru; dober pisker, dobri pisker; v dobrem piskru; z dobrim piskrom

m. Leb.: dober pes, dobri pes; dobrega psa; dobremu psu; dobrega psa; pri dobrem psu; z dobrim psom

<und viele ähnliche Wörter>

dóbe̲r – gut, bíste̲r – klar, bolá̲n – krank, gláde̲k – glatt, gláse̲n – laut, híte̲r – schnell, hláde̲n – kühl, hudóbe̲n – schlimm, jáse̲n – klar, kráte̲k – kurz, láhe̲k – leicht, májhe̲n – klein, míre̲n – ruhig, môče̲n – stark, móde̲r – blau/weise, móke̲r – nass, natánče̲n – genau, nervóze̲n – nervös, néže̲n – zärtlich, níze̲k – niedrig, odlóče̲n – entschlossen, odvíse̲n – abhängig, óste̲r – scharf, óze̲k – eng, počáse̲n – langsam, pogúme̲n – mutig, ponôse̲n – stolz, pravíče̲n – gerecht, prevíde̲n – vorsichtig, príde̲n – brav, prijáze̲n – freundlich, prisŕče̲n – herzlich, rése̲n – ernst, réve̲n – arm, sláde̲k – süß, sréče̲n – glücklich, táne̲k – dünn, têže̲k – schwer, ... *(Siehe S. 15.)*

Biegung des Hauptwortes, e entfällt in der Endung

ein/der Häfen; ... --- ein/der Hund; ...

m.	*Ez.*		*Zz.*		*Mz.*	
1.F.	písker	pès	pískra	psà	pískri	psì
2.F.	pískra	psà	pískrov	psòv	pískrov	psòv
3.F.	pískru	psù	pískroma	psòma	pískrom	psòm
4.F.	písker		pískra		pískre	
Leb.		psà		psà		psè
5.F.	pískru	psù	pískrih	psìh	pískrih	psìh
6.F.	pískrom	psòm	pískroma	psòma	pískri	psì

Ez.
m.: dober pisker, dobri pisker; dobrega piskra; dobremu piskru; dober pisker, dobri pisker; v dobrem piskru; z dobrim piskrom

m. Leb.: dober pes, dobri pes; dobrega psa; dobremu psu; dobrega psa; pri dobrem psu; z dobrim psom

<und viele ähnliche Wörter>

písker – Häfen, cénter – Zentrum, četŕtek – Donnerstag, … *(Siehe S. 15.)*

pès – Hund, duhôven – Priester, kôzel – Ziegenbock, máček – Kater, ôsel – Esel, ôven – Widder, sèl – Bote, tíger – Tiger, …

Biegung des Hauptwortes, c č š ž j verlangen e statt o

ein/das Herz; ...

s.	*Ez.*	*Zz.*	*Mz.*
1.F.	srcé	sŕci	sŕca
2.F.	srcá	sŕc	sŕc
3.F.	sŕcu	sŕcema	sŕcem
4.F.	srcé	sŕci	sŕca
5.F.	sŕcu	sŕcih	sŕcih
6.F.	sŕcem	sŕcema	sŕci

Ez.
s.: rdeče srce; rdečega srca; rdečemu srcu; rdeče srce; na rdečem srcu; z rdečim srcem

<und viele ähnliche Wörter>

srcé – Herz, dovoljênje – Erlaubnis, dvoríšče – Hof, gledalíšče – Theater, gostíšče – Gasthaus, igríšče – Spielplatz, jájce – Ei, letalíšče – Flugplatz, mnênje – Meinung, parkiríšče – Parkplatz, pólje – Feld, smučíšče – (Ski-)Piste, sodíšče – Gericht, sónce – Sonne, sredíšče – Mittelpunkt, stanovánje – Wohnung, úpanje – Hoffnung, úsnje – Leder, vêdenje – Verhalten, vesêlje – Freude, známenje – Zeichen/Merkmal, zaúpanje – Vertrauen, zdrávje – Gesundheit, žgánje – Schnaps, življênje – Leben, ...

Biegung des Eigenschaftswortes, (c) č š ž j verlangen e statt o

rot > eine rote/die rote; ... – eine Rote/die Rote; ...

w.	*Ez.*	*Zz.*	*Mz.*
1.F.	rdéča	rdéči	rdéče
2.F.	rdéče	rdéčih	rdéčih
3.F.	rdéči	rdéčima	rdéčim
4.F.	rdéčo	rdéči	rdéče
5.F.	rdéči	rdéčih	rdéčih
6.F.	rdéčo	rdéčima	rdéčimi

rot > ein rotes/das rote; ... – ein Rotes/das Rote; ...

s.	*Ez.*	*Zz.*	*Mz.*
1.F.	rdéče	rdéči	rdéča
2.F.	rdéčega	rdéčih	rdéčih
3.F.	rdéčemu	rdéčima	rdéčim
4.F.	rdéče	rdéči	rdéča
5.F.	rdéčem	rdéčih	rdéčih
6.F.	rdéčim	rdéčima	rdéčimi

rot > ein roter, der rote; ... – ein Roter, der Rote; ...

m.	*Ez.*	*Zz.*	*Mz.*
1.F.	rdéč, rdéči	rdéča	rdéči
2.F.	rdéčega	rdéčih	rdéčih
3.F.	rdéčemu	rdéčima	rdéčim
4.F.	rdéč, rdéči	rdéča	rdéče
Leb.	rdéčega		
5.F.	rdéčem	rdéčih	rdéčih
6.F.	rdéčim	rdéčima	rdéčimi

Ez.

m.: vroč čaj, vroči čaj; vročega čaja; vročemu čaju; vroč čaj, vroči čaj; v vročem čaju; pred vročim čajem

m. Leb.: rdeč hrošč, rdeči hrošč; rdečega hrošča; rdečemu hrošču; rdečega hrošča; na rdečem hrošču; pred rdečim hroščem

m.: rdeč lonec, rdeči lonec; rdečega lonca; rdečemu loncu; rdeč lonec, rdeči lonec; v rdečem loncu; z rdečim loncem

m. Leb.: tuj igralec, tuji igralec; tujega igralca; tujemu igralcu; tujega igralca; o tujem igralcu; pred tujim igralcem

<und ähnliche Wörter>

rdéč – rot, dívji – der wilde, gorèč – brennend, govorèč – sprechend, hrepenèč – sich sehnend, hrumèč – tosend, igrajóč – spielend, kobílji – Stuten-, krávji – Kuh-, ljubèč – liebend, mislèč – denkend, némškogovorèč – deutschsprachig, nesóč – tragend, pijóč – trinkend, poslédnji – der letzte, prihódnji – der kommende, razmišljujóč – nachdenklich, razumevajóč – verständnisvoll, ríbji – Fisch-, samosvój – eigenständig, skrbèč – sorgend, sledèč – folgend, sprédnji – der vordere, svéž – frisch, tekóč – laufend, **túj** – fremd, **vróč** – heiß,... *(Siehe S. 15.)*

Biegung des Hauptwortes, c č š ž j verlangen e statt o

ein/der Tee; ... --- ein/der Käfer

m.	*Ez.*		*Zz.*		*Mz.*	
1.F.	čáj	hròšč	čája	hrôšča	čáji	hrôšči
2.F.	čája	hrôšča	čájev	hrôščev	čájev	hrôščev
3.F.	čáju	hrôšču	čájema	hrôščema	čájem	hrôščem
4.F.	čáj		čája		čáje	
Leb.		hrôšča		hrôšča		hrôšče
5.F.	čáju	hrôšču	čájih	hrôščih	čájih	hrôščih
6.F.	čájem	hrôščem	čájema	hrôščema	čáji	hrôšči

eine/die Pfanne; ... --- ein/der Schauspieler; ...

m.	*Ez.*		*Zz.*		*Mz.*	
1.F.	lônec	igrálec	lônca	igrálca	lônci	igrálci
2.F.	lônca	igrálca	lôncev	igrálcev	lôncev	igrálcev
3.F.	lôncu	igrálcu	lôncema	igrálcema	lôncem	igrálcem
4.F.	lônec		lônca		lônce	
Leb.		igrálca		igrálca		igrálce
5.F.	lôncu	igrálcu	lôncih	igrálcih	lôncih	igrálcih
6.F.	lôncem	igrálcem	lôncema	igrálcema	lônci	igrálci

Ez.

m.: vroč čaj, vroči čaj; vročega čaja; vročemu čaju; vroč čaj, vroči čaj; v vročem čaju; pred vročim čajem

m. Leb.: rdeč hrošč, rdeči hrošč; rdečega hrošča; rdečemu hrošču; rdečega hrošča; na rdečem hrošču; pred rdečim hroščem

m.: rdeč lonec, rdeči lonec; rdečega lonca; rdečemu loncu; rdeč lonec, rdeči lonec; v rdečem loncu; z rdečim loncem

m. Leb.: tuj igralec, tuji igralec; tujega igralca; tujemu igralcu; tujega igralca; pri tujem igralcu; pred tujim igralcem

<und viele ähnliche Wörter>

čáj – Tee, júnij – Juni, júlij – Juli, kljúč – Schlüssel, kòš – Korb, kráj – Ort, kríž – Kreuz, máj – Mai, mésec – Monat, nòž – Messer, pléšč – Mantel, válj – Welle, ... *(Siehe S. 15.)*

hròšč – Käfer, ángelc – Engelein, beráč – Bettler, čmŕlj – Hummel, jéž – Igel, kònj – Pferd, kováč – Schmied, králj – König, pápež – Papst, pisátelj – Schriftsteller, pólž – Schnecke, prijátelj – Freund, ríbič – Fischer, tolmáč – Dolmetsch, učítelj – Lehrer, ... *(Siehe S. 15.)*

lônec – Pfanne, čévelj – Schuh, kônec – Ende, kozárec – Glas, márec – März, gléženj – Knöchel, kášelj – Husten, obrázec – Formular, ôgenj – Feuer, pálec – Daumen, ... *(Siehe S. 15.)*

igrálec – Schauspieler, bratránec – Kusin, délavec – Arbeiter, hlápec – Knecht, kúpec – Käufer, párkelj – Krampus, pévec – Sänger, plesálec – Tänzer, prevajálec – Übersetzer, prodajálec – Verkäufer, tjúlenj – Seehund, učênec – Schüler, zájec – Hase, ... *(Siehe S. 15.)*

Eigenschafts- und Hauptwortbeispiele zu den S. 8-13

nóv – neu *(zu S. 8)*: apnén – Kalk-, bakrén – Kupfer-, blág – mild/ sanft, blážen – (glück)selig, cén – günstig, číst – sauber, čŕn – schwarz, črnoglèd – pessimistisch, čudovít – wundervoll, čústven – gefühlvoll, debél – dick, domišljàv – eingebildet, duhovít – geistreich, glínen – Ton-, gluhoném – gehörlos, gúmijast – Gummi-, iznajdljív – erfinderisch, jeklén – Stahl-, kamnít – Stein-, klepetàv – redselig, kosmàt – haarig, kosítrn – Zinn-, koščén – Knochen-, lahkomíseln – leichtgläubig, nadárjen – begabt, navdúšen – begeistert, nègotòv – unsicher, nèznàn – unbekannt, nór – närrisch, občutljív – empfindlich, očarljív – bezaubernd, ohól – eitel, okamenèl – versteinert, omahljív – zaudernd, ovenèl – verwelkt, pazljív – achtsam, plemenít – adelig, pločevínast – Blech-, pokvárjen – verdorben, potrpežljív – geduldig, prebrísan – schlau, prepirljív – streitsüchtig, prizadét – behindert, rjavolás – brünett, róžnat – rosafarben, skóp – geizig, sivolás – grauhaarig, slámnat – Stroh, slép – blind, srébrn – silbern, strupén – giftig, steklén – Glas-, svetlolás – blond, temnolás – dunkelhaarig, tŕd – hart, umŕl – verstorben, usmíljen – barmherzig, usnjén – Leder-, urejèn – geordnet, velík – groß, volnén – Woll-, zadŕžan – zurückhaltend, zanesljív – verlässlich, zaskrbljèn – besorgt, zbadljív – spöttisch, zelèn – grün, zlát – golden, zmagovít – siegreich, znán – bekannt, žív – lebendig, …

mápa – Mappe *(zu S. 9)*: angléščina – Englisch, asistêntka – Assistentin, bréza – Birke, carína – Zoll, cestnína – Maut, déklica – Mädchen, délavka – Arbeiterin, dežêla – Land, dijákinja – Schülerin, država – Staat, francóščina – Französisch, gimnázija – Gymnasium, gospodínja – Hausfrau, gúba – Falte, gúma – (Auto-)Reifen, hrúška – Birne, hrváščina – Kroatisch, igrálka – Schauspielerin, inženírka – Ingenieurin, italijánščina – Italienisch, izgúba – Verlust, jáblana – Apfelbaum, jélka – Tanne, kápa – Kappe, kavárna – Caffé, klobása – Wurst, kmetíca – Bäuerin, knjíga – Buch, kobíla – Stute, košúta – Hirschkuh, kôza – Ziege, kráva – Kuh, kúhinja – Küche, kúra – Henne, lekárna – Apotheke, lípa – Linde, máčka – Katze, míška – Mäuschen, medvédka – Bärin, najemnína – Miete, natákarica – Kellnerin, némščina – Deutsch, novínarka – Journalistin, obála – Küste, odvétnica – Anwältin, opéka – Ziegel, opréma – Einrichtung, pedagóginja – Pädagogin, pekárna – Bäckerei, pévka – Sängerin, prijáteljica – Freundin, ponúdba – Angebot, ravnáteljica – Direktorin, rísba – Zeichnung, rúščina – Russisch, sekíra – Hacke, skléda – Schüssel, skodélica – Schale, smétana – Rahm, smréka – Fichte, snáha – Schwiegertochter, sopróga – Ehegattin, sŕna – Rehgeiß, stávba – Gebäude, steklenı́ca – Flasche, stotínka – Hundertstel, svákinja – Schwägerin, svínja – Sau, šolnína – Schulgeld, študêntka – Studentin, tájnica – Sekretärin, tášča – Schwiegermutter, tóča – Hagel, tórba – Tasche, továrna – Fabrik, trgovína – Geschäft, univêrza – Universität, ustáva – Verfassung, vêža – Vorraum, vláda – Regierung, vrána – Krähe, vŕba – Weide, vŕtnica – Rose, vstópnica – Eintrittskarte, zastáva – Fahne, zavéza – Vorhang, žlíca – Löffel, župánja – Bürgermeisterin, ...

pívo – Bier *(zu S. 9)*: berílo – Lesung, besedílo – Text, darílo – Geschenk, gradívo – Unterlagen, kosílo – Mittagessen, krílo – Rock, krmílo – Futter, lepílo – Klebstoff, letálo – Flugzeug, léto – Jahr, mesó – Fleisch, mésto – Stadt, mléko – Milch, navodílo – Anleitung, ogledálo – Spiegel, perílo – Wäsche, potrdílo – Bestätigung, (po)vabílo – Einladung, právo – Recht, pravílo – Regel, ravnílo – Lineal, sêdlo – Pass (Berg), sêlo – Siedlung, sporočílo – Mitteilung, spričevalo – Zeugnis, srebró – Silber, števílo – Zahl, testó – Teig, vozílo – Fahrzeug, zdravílo – Arznei, zŕno – Korn, železo – Eisen, žíto – Getreide, žívo srebró – Quecksilber, …

fílm – Film *(zu S. 9+28+43+45)*: avgúst – August, cvét – Blüte, čás – Zeit, délavnik – Arbeitstag, hrást – Eiche, júg – Süden, kéks – Keks, klobúk – Hut, lík – Figur/Gestalt, líst – Blatt, mínimum – Minimum, načŕt – Plan, nakúp – Einkauf, namèn – Absicht, naslóv – Anschrift, nazív – Titel, obràz – Gesicht, odsèv – Echo, odstòp – Rücktritt, pepél – Asche, plés – Tanz, pokróv – Deckel, pomèn – Bedeutung, poslúh – Gehör, potrés – Erdbeben, pozdráv – Gruß, práznik – Feiertag, pristòp – Beitritt, pŕst – Finger, pŕt – Tischtuch, računálnik – PC/

Computer, rázred – Klasse, séver – Norden, splèt – Internet, svínčnik – Bleistift, telefón – Telefon, tiskálnik – Drucker, tŕg – Markt, víd – Gesichtssinn, vír – Quelle, vlák – Zug, vplív – Einfluss, vzhòd – Osten, zahòd – Westen, znák – Zeichen, zrák – Luft, žêp – Hosentasche, …

turíst – Tourist *(zu S. 9)*: ájd – Heide, člán – Mitglied, déd – Großvater, golób – Taube, gôst – Gast, jelên – Hirsch, kŕt – Maulwurf, lév – Löwe, petelín – Hahn, púran – Truthahn, rák – Krebs, sôsed – Nachbar, slòn – Elefant, srnják – Rehbock, šéf – Chef, študênt – Student, zét – Schwiegersohn, žurnalíst – Journalist, duhóvnik – Priester, glásbenik – Musiker, krítik – Kritiker, lisják – Fuchs, mehánik – Mechaniker, odvétnik – Anwalt, pedagóg – Pädagoge, pék – Bäcker, právnik – Jurist, svák – Schwager, tást – Schwiegervater, téhnik – Techniker, urednik – Redakteur, vòl – Ochse, zdravník – Arzt, župàn – Bürgermeister, žúpnik – Pfarrer, …

dóber – gut *(zu S. 10)*: čéden – hübsch, déloven – arbeitsam, družáben – gesellig, hrúpen – geräuschvoll, hvaléžen – dankbar, izvíren – originell, krítičen – kritisch, mláčen – lau(warm), napréden – fortschrittlich, odgovóren – verantwortlich, otékel – geschwollen, pámeten – gescheit, podjéten – unternehmungslustig, pozóren – aufmerksam, radovéden – neugierig, ráhel – sanft, razúmen – vernünftig, samostójen – selbstständig, skŕben – sorgfältig, skrivnósten – geheimnisvoll, skrômen – bescheiden, sméšen – witzig, spréten – geschickt, sréčen – glücklich, svílen – seiden, svobôden – frei(beruflich), šíbek/šibák – schmächtig, tôpel – warm, tŕpek – herb, ugóden – bequem, uspéšen – erfolgreich, ustvarjálen – kreativ, véder – heiter, velíkodúšen – großmütig, véren – gläubig, vésten – sorgfältig, vítek – schlank, vljúden – höflich, vztrájen – beharrlich, zgovóren – redegewandt, žálosten – traurig, živáhen – lebhaft, ...

písker – Häfen *(zu S. 11+24+43)*: báker – Kupfer, dávek – Steuer, dobíček – Gewinn, decêmber – Dezember, dogódek – Ereignis, izdélek – Produkt, kóšček – kleines Stück, kôtel – Kessel, kôvček – Koffer, líter – Liter, novêmber – November, óder – Bühne, odlómek – Abschnitt, odstávek – Absatz, odstótek – Prozent, október – Oktober, pések – Sand, pétek – Freitag, pójem – Begriff, ponedéljek – Montag, pôsel – Geschäft, prihódek – Ertrag, sêjem – Messe, smísel – Sinn, stávek – Satz, stèber – Pfeiler, svéder – Bohrer, téden – Woche, tôrek – Dienstag, válček – Walzer, začétek – Beginn, zrézek – Schnitzel, zvézek – Heft, …

rdéč – rot *(zu S. 12)*: némškogovorèč – deutschsprachig, učèč se – lernend, vsàkdánji – alltäglich, zádnji – der letzte, zgódnji – der frühe, zvenèč – klingend, živèč – lebend, ...

čáj – Tee *(zu S. 13)*: jópič – Blazer, peteršìlj – Petersilie, ráj – Himmelreich, razvòj – Entwicklung, stròj – Maschine, štíbelc – Kämmerlein, tečáj – Kurs, vónj – Duft, žólč – Galle, …

hrôšč – Käfer *(zu S. 13)*: celóvški zmáj – Lindwurm, harmonikáš – Harmonikaspieler, izdajátelj – Herausgeber, krojáč – Schneider, Lóvrenc – Lorenz, mercédes bènz/bènc – Mercedes Benz, metúlj – Schmetterling, prášič – Mastschwein, predavátelj – Vortrasgender, pristáš – Anhänger, ravnátelj – Direktor, révež – Armer, Svéti tríje králji – Heilige drei Könige, Víncenc – Vinzenz, vlagátelj – Investor, vodítelj – Leiter, vzgojítelj – Erzieher, zmáj – Drache, ...

lônec – Pfanne *(zu S. 13+24)*: borôvec – Föhre, kazálec – Zeigefinger, mésec – Monat, mezínec – kleiner Finger, pládenj – Tablett, pŕstanec – Ringfinger, rážen j – Grillspieß, rílec – Rüssel, semènj – Kirchtag, skedènj – Scheune, smŕkelj – Rotz, sredínec – Mittelfinger, svéženj – Bündel, škórenj – Stiefel, têmpelj – Tempel, vŕtec – Kindergarten, želôdec – Magen, …

igrálec – Schauspieler *(zu S. 13+24)*: délodajálec – Arbeitgeber, délojemálec – Arbeitnehmer, jezíkoslôvec – Sprachwissenschafter, merjásec – Eber, pijánec – Säufer, raziskoválec – Forscher, skakálec – Springer, upokójenec – Pensionist, vrábec – Spatz, znánec – Bekannter, …

Biegung des Eigenschafts- und Hauptwortes, Grundmuster, Endungen

w.	*Ez.*		*Zz.*		*Mz.*	
	EW	*HW*	*EW*	*HW*	*EW*	*HW*
1.F.	**...a**	**...a**	**...i**	**...i**	**...e**	**...e**
2.F.	**...e**	**...e**	**...ih**	**...**	**...ih**	**...**
3.F.	**...i**	**...i**	**...ima**	**...ama**	**...im**	**...am**
4.F.	**...o**	**...o**	**...i**	**...i**	**...e**	**...e**
5.F.	**...i**	**...i**	**...ih**	**...ah**	**...ih**	**...ah**
6.F.	**...o**	**...o**	**...ima**	**...ama**	**...imi**	**...ami**

s.	*Ez.*		*Zz.*		*Mz.*	
	EW	*HW*	*EW*	*HW*	*EW*	*HW*
1.F.	**...o**	**...o**	**...i**	**...i**	**...a**	**...a**
2.F.	**...ega**	**...a**	**...ih**	**...**	**...ih**	**...**
3.F.	**...emu**	**...u**	**...ima**	**...oma**	**...im**	**...om**
4.F.	**...o**	**...o**	**...i**	**...i**	**...a**	**...a**
5.F.	**...em**	**...u**	**...ih**	**...ih**	**...ih**	**...ih**
6.F.	**...im**	**...om**	**...ima**	**...oma**	**...imi**	**...i**

m.	*Ez.*		*Zz.*		*Mz.*	
	EW	*HW*	*EW*	*HW*	*EW*	*HW*
1.F.	**..., ...i**	**...**	**...a**	**...a**	**...i**	**...i**
2.F.	**...ega**	**...a**	**...ih**	**...ov**	**...ih**	**...ov**
3.F.	**...emu**	**...u**	**...ima**	**...oma**	**...im**	**...om**
4.F.	**..., ...i**	**...**	**...a**	**...a**	**...e**	**...e**
Leb.	**...ega**	**a**				
5.F.	**...em**	**...u**	**...ih**	**...ih**	**...ih**	**...ih**
6.F.	**...im**	**...om**	**...ima**	**...oma**	**...imi**	**...i**

Ez.
w.: ...a ...a; ...e ...e; ...i ...i; ...o ...o; v/na ...i ...i; s/z ...o ...o

s.: ...o ...o; ...ega ...a; ...emu ...u; ...o ...o; v/na ...em ...u; s/z ...im ...om

m.: ... ..., ...i ...; ...ega ...a; ...emu ...u; ... ..., ...i ...; v/na ...em ...u; s/z ...im ...om

m. Leb.: ... ..., ...i ...; ...ega ...a; ...emu ..u; ...ega ...a; pri ...em ...u; s/z ...im ...om

Biegung des Eigenschafts- und Hauptwortes, Leermodell

w.	*Ez.*	*Zz.*	*Mz.*
1.F.			
2.F.			
3.F.			
4.F.			
5.F.			
6.F.			

s.	*Ez.*	*Zz.*	*Mz.*
1.F.			
2.F.			
3.F.			
4.F.			
5.F.			
6.F.			

m.	*Ez.*	*Zz.*	*Mz.*
1.F.			
2.F.			
3.F.			
4.F.			
Leb.			
5.F.			
6.F.			

Ez.
w.:

s.:

m.:

m. Leb.:

Beispiele zu den S. 8+9

Biegung des Eigenschafts- und Hauptwortes, Grundmuster

	Sl. 1.F. Ez.	*Sl. 1.F. Mz.*	*Dt. 1.F. Ez.*
w.	nova mapa	nove mape	eine/die neue Mappe
	lepa država	lepe države	ein schönes/das schöne Land
	mlada ženska	mlade ženske	eine/die junge Frau
	vesela študentka	vesele študentke	eine frohe/die frohe Studentin
	bela nedelja	bele nedelje	ein Weißer/der Weiße Sonntag
	iznajdljiva učiteljica	iznajdljive učiteljice	eine/die erfinderische Lehrerin
	bronasta kolajna	bronaste kolajne	eine/die bronzene Medaille
	oglata pisarna	oglate pisarne	ein eckiges/das eckige Büro
	umrla sekretarka	umrle sekretarke	eine/die verstorbene Sekretärin
	izdelana risba	izdelane risbe	eine/die ausgearbeitete Zeichnung
	apnena malta	apnene malte	ein/der Kalkmörtel
	omejena vstopnina	omejene vstopnine	ein begrenzter/der begrenzte Eintritt
	ljubljena gospodinja	ljubljene gospodinje	eine/die geliebte Hausfrau
	odprta trgovina	odprte trgovine	ein offenes/das offene Geschäft
s.	novo pivo	nova piva	ein neues/das neue Bier
	lepo darilo	lepa darila	ein schönes/das schöne Geschenk
	mlado vino	mlada vina	ein junger/der junge Wein
	veselo berilo	vesela berila	eine/die frohe Lesung
	belo vino	bela vina	ein/der Weißwein
	iznajdljivo vabilo	iznajdljiva vabila	eine/die erfinderische Einladung
	bronasto ogledalo	bronasta ogledala	ein bronzener/der bronzene Spiegel
	oglato ravnilo	oglata ravnila	ein eckiges/das eckige Lineal
	izumrlo mesto	izumrla mesta	eine/die ausgestorbene Stadt
	izdelano pravilo	izdelana pravila	eine/die ausgearbeitete Regel
	apneno mleko	apnena mleka	eine/die Kalkmilch
	omejeno število	omejena števila	eine/die begrenzte Anzahl
	ljubljeno jezero	ljubljena jezera	ein geliebter/der geliebte See
	odprto padalo	odprta padala	ein offener/der offene Fallschirm
m.	nov(i) film	novi filmi	ein neuer (der neue) Film
	lep(i) klobuk	lepi klobuki	ein neuer (der neue) Hut
	mlad(i) slavist	mladi slavisti	ein junger (der junge) Slawist
	vesel(i) duhovnik	veseli duhovniki	ein froher (der frohe) Priester
	bel(i) list	beli listi	ein weißes (das weiße) Blatt
	iznajdljiv(i) tehnik	iznajdljivi tehniki	ein erfinderischer (der –sche) Pianist
	bronast(i) silos	bronasti silosi	ein bronzener (der bronzene) Silo
	oglat(i) stol	oglati stoli	ein eckiger (der eckige) Stuhl
	umrl(i) ajd	umrli ajdi	ein verstorbener (der –ne) Heide
	izdelan(i) načrt	izdelani načrti	ein ausgearbeiteter (der –te) Plan
	apneni dušik	apneni dušiki	ein/der Kalzium-Stickstoff-Dünger
	omejen(i) kritik	omejeni kritiki	ein beschränkter (der –te) Kritiker
	ljubljen(i) športnik	ljubljeni športniki	ein geliebter (der geliebte) Sportler
	odprt(i) hotel	odprti hoteli	ein offenes (das offenne) Hotel

Beispiele zu den S. 10-13

Biegung des Eigenschafts- und Hauptwortes, e entfällt in der Endung

	Sl. 1.F. Ez.	*Sl. 1.F. Mz.*	*Dt. 1.F. Ez.*
w.	dobra mama	dobre mame	eine/die gute Mama
	kratka zima	kratke zime	ein kurzer/der kurze Winter
	močna povezava	močne povezave	eine/die starke Verbindung
	delovna babica	delovne babice	eine/die fleißige Oma
	topla kava	tople kave	ein warmer/der warme Kaffee
s.	dobro leto	dobra leta	ein gutes/das gute Jahr
	kratko oznanilo	kratka oznanila	eine/die kurze Ankündigung
	močno blago	močna blaga	ein starker/der starke Stoff
	krhko testo	krhka testa	ein/der Mürbteig
	toplo lepilo	topla lepila	ein warmer/der warme Klebstoff
m.	dober (dobri) pisker	dobri piskri	ein guter (der gute) Häfen
	dober (dobri) pes	dobri psi	ein guter (der gute) Hund
	kratek (kratki) stavek	kratki stavki	ein kurzer (der kurze) Satz
	vitek (vitki) maček	vitki mački	ein schlanker (der schlanke) Kater
	močen (močni) steber	močni stebri	ein starker (der starke) Pfeiler
	močen (močni) tiger	močni tigri	ein starker (der starke) Tiger
	rečni pesek	rečni peski	ein/der Flusssand
	deloven (delovni) osel	delovni osli	ein fleißiger (der fleißige) Esel
	topel (topli) kamen	topli kamni	ein warmer (der warme) Stein
	hiter (hitri) oven	hitri ovni	ein schneller (der schnelle) Schafbock

Biegung des Eigenschafts- und Hauptwortes, c č š ž j verlangen e statt o

	Sl. 1.F. Ez.	*Sl. 1.F. Mz.*	*Dt. 1.F. Ez.*
w.	rdeča sveča	rdeče sveče	eine/die rote Kerze
	lepša kmetica	lepše kmetice	eine/die schönere Bäuerin
	vroča kaša	vroče kaše	ein heißer/der heiße Brei
	sveža koža	sveže kože	eine/die frische Haut
	zadnja šivilja	zadnje šivilje	eine/die letzte Schneiderin
s.	rdeče srce	rdeča srca	ein rotes/das rote Herz
	vroče žganje	vroča žganja	ein heißer/der heiße Schnaps
	lepše gledališče	lepša gledališča	ein schöneres/das schönere Theater
	sveže jajce	sveža jajca	ein frisches/das frische Ei
	zadnje veselje	zadnja veselja	eine/die letzte Freude
m.	rdeč(i) lonec	rdeči lonci	ein roter (der rote) Kochtopf
	rdeč(i) hrošč	rdeči hrošči	ein roter (der rote) Käfer
	lepši koš	lepši koši	ein schönerer (der schönere) Korb
	lepši plesalec	lepši plesalci	ein schönerer (der schönere) Tänzer
	vroč(i) čaj	vroči čaji	ein heißer (der heiße) Tee
	lažji tjulenj	lažji tjulnji	der leichtere Seehund
	svež(i) sadež	sveži sadeži	eine/die frische Frucht
	skrbeč(i) revež	skrbeči reveži	ein sorgender Armer, (der -de Arme)
	zadnji tempelj	zadnji templji	der letzte Tempel
	zadnji prijatelj	zadnji prijatelji	der letzte Freund

Biegung des Hauptwortes, weiblich, e bzw. i wird eingeschoben

w. 2.F. Mz.: b/p d/t g/k z/s ž/š dz/c dž/č f h st + e + m n l r v lj nj
d r + i + j

eine/die Schwester; ...

w.	*Ez.*	*Zz.*	*Mz.*
1.F.	sestra	sestri	sestre
2.F.	sestre	sester	sester
3.F.	sestri	sestrama	sestram
4.F.	sestro	sestri	sestre
5.F.	sestri	sestrah	sestrah
6.F.	sestro	sestrama	sestrami

sestra > sester — eine/die Schwester
tabla > tabel — eine/die Tafel

sablja > sabelj — ein/der Säbel
češplja > češpelj — eine/die Zwetschke
kaplja > kapelj — ein/der Tropfen
stopnja > stopenj — eine/die Stufe
skladnja > skladenj — eine/die Syntax
proizvodnja > proizvodenj — eine/die Erzeugung
metla > metel — ein/der Besen
škatla > škatel — eine/die Schachtel
pentlja > pentelj — eine/die Masche
bergla > bergel — eine/die Krücke
džungla > džungel — ein/der Dschungel
igla > igel — eine/die Nadel
megla > megel — ein/der Nebel
igra > iger — ein/das Spiel
dekla > dekel — eine/die Magd
tekma > tekem — ein/der Wettkampf
luknja > lukenj — ein/das Loch
suknja > sukenj — eine/die Jacke
iskra > isker — ein/der Funke
pasma > pasem — eine/die Rasse
sestrična > sestričen — eine/die Kusine
krčma > krčem — eine/die Kneipe
izkušnja > izkušenj — eine/die Erfahrung
prošnja > prošenj — eine/die Bitte
češnja > češenj — eine/die Kirsche
<und ähnliche Wörter>

Mz.: **grablje** > grabelj — ein/der Rechen
Mz.: **citre** > citer — eine/die Zither

kamra > kamer — eine/die Kammer
pisarna > pisarn/pisaren — ein/das Büro
zêmlja > zêmelj — eine/die Erde
žemlja > žemelj — eine/die Semmel
mravlja > mravelj — eine/die Ameise
<und ähnliche Wörter>

Mz.: **marnje** > marenj — ein/das Gerede

eine/die Röte

w.	*Ez.*	*Zz.*	*Mz.*
1.F.	zarja	zarji	zarje
2.F.	zarje	zarij	zarij
3.F.	zarji	zarjama	zarjam
4.F.	zarjo	zarji	zarje
5.F.	zarji	zarjah	zarjah
6.F.	zarjo	zarjama	zarjami

zarja > zarij — eine/die Röte
večerja > večerij — ein/das Abendessen

ladja > ladij — ein/das Schiff

Mz.: **škarje** > škarij — eine/die Schere

Biegung des Hauptwortes, sächlich, e bzw. i wird eingeschoben

s. 2.F. Mz.: b/p d/t g/k z/s ž/š dz/c dž/č f h st št + e + m n l r v lj nj
b/p d/t s š č + i + j

ein/das Fenster; ...

s.	*Ez.*	*Zz.*	*Mz.*
1.F.	okno	okni	okna
2.F.	okna	oken	oken
3.F.	oknu	oknoma	oknom
4.F.	okno	okni	okna
5.F.	oknu	oknih	oknih
6.F.	oknom	oknoma	okni

okno > oken — ein/das Fenster
jutro > juter — ein/der Morgen

reklo > rekel — eine/die Redewendung
steklo > stekel — ein/das Glas

veslo > vesel — ein/das Ruder
pismo > pisem — ein/der Brief
nur Ez.: maslo — eine/die Butter

prijateljstvo > prijateljstev — eine/die Freundschaft
slovstvo > slovstev — eine/die Literatur
spremstvo > spremstev — eine/die Begleitung
sredstvo > sredstev — ein/das Mittel

tajništvo > tajništev — ein/das Sekretariat
<und ähnliche Wörter>

Mz.: **jetra** > jeter — eine/die Leber

gumno > gumen — eine/die Tenne
zlo > zel — ein/der Hass, das Übel

kamenje > kamenj — ein/das Gestein
mnenje > mnenj — eine/die Meinung
znamenje > znamenj — ein/das Zeichen
življenje > življenj — ein/das Leben
polje > polj — ein/das Feld
<und ähnliche Wörter>

nur Ez.: veselje — eine/die Freude

nur Ez.: **igranje** — *nur Ez.:* das Spielen
nur Ez.: iskanje — *nur Ez.:* das Suchen
nur Ez.: **čiščenje** — *nur Ez.:* das Reinigen
<solche Gerundien auf -anje, -enje>

ein/das Unternehmen; ...

s.	*Ez.*	*Zz.*	*Mz.*
1.F.	orodje	orodji	orodja
2.F.	orodja	orodij	orodij
3.F.	orodju	orodjema	orodjem
4.F.	orodje	orodji	orodja
5.F.	orodju	orodjih	orodjih
6.F.	orodjem	orodjema	orodji

orodje > orodij — ein/das Werkzeug
obzidje > obzidij — ein/der Wall
posodje > posodij — ein/das Geschirr
podjetje > podjetij — ein/das Unternehmen
nasprotje > nasprotij — ein/der Gegensatz
poletje > poletij — ein/der Sommer
vpitje > vpitij — ein/das Geschrei

obrobje > obrobij — ein/der Randbereich
nadstropje > nadstropij — ein/das Stockwerk

soglasje > soglasij — ein/das Einvernehmen

narečje > narečij — ein/der Dialekt
naročje > naročij — ein/der Schoß
pritličje > pritličij — ein/das Erdgeschoß
deležje > deležij — ein/das Partizipialadverb
orožje > orožij — eine/die Waffe
grozdje > grozdij — *nur Mz.:* Weintrauben
<und ähnliche Wörter>
nur Ez.: cvetje — nur Mz.: Blüten
nur Ez.: listje — ein/das Laub
nur Ez.: sadje — ein/das Obst

naselje > naselij — eine/die Siedlung
dvoumje > dvoumij — ein/der Zweifel
barje > barij — eine/die Küste
morje > morij — ein/das Meer
nedrje > nedrij — nur Mz.: Brüste
perje > perij — ein/das Gefieder
primorje > primorij — ein/das Küstenland
razmerje > razmerij — ein/das Verhältnis
gorovje > gorovij — ein/das Gebirge
gričevje > gričevij — ein/das Hügelland
nižavje > nižavij — ein/das Tiefland
vejevje > vejevij — ein/das Geäst
višavje > višavij — ein/das Hochland
<und ähnliche Wörter>
nur Ez.: grmovje — ein/das Gestrüpp

nur Ez.: **pitje** — *nur Ez.:* das Trinken
<solche Gerundien auf -tje>

Biegung des Hauptwortes, Erweiterung mit j

ein/der Tolar; ...

m.	*Ez.*	*Zz.*	*Mz.*
1.F.	tólar	tólarja	tólarji
2.F.	tólarja	tólarjev	tólarjev
3.F.	tólarju	tólarjema	tólarjem
4.F.	tólar	tólarja	tólarje
5.F.	tólarju	tólarjih	tólarjih
6.F.	tólarjem	tólarjema	tólarji

tólar > tólarji	ein/der Tolar
dínar > dínarji	ein/der Dinar
slovár > slovárji	ein/das Wörterbuch
koledár > koledárji	ein/der Kalender
pulóver > pulóverji	ein/der Pullover

<und ähnliche Wörter>

nur Ez.: **krompír**	ein/der Erdapfel
nur Ez.: jánuar	ein/der Jänner
nur Ez.: papír	ein/das Papier
nur Ez.: **sládkor**	ein/der Zucker

<und ähnliche Wörter>

ein/der Schuster; ...

m.	*Ez.*	*Zz.*	*Mz.*
1.F.	čevljár	čevljárja	čevljárji
2.F.	čevljárja	čevljárjev	čevljárjev
3.F.	čevljárju	čevljárjema	čevljárjem
4.F.	čevljárja	čevljárja	čevljárje
5.F.	čevljárju	čevljárjih	čevljárjih
6.F.	čevljárjem	čevljárjema	čevljárji

čevljár > čevljárji	ein/der Schuster
gospodár > gospodárji	ein/der Hausherr
kúhar > kúharji	ein/der Koch
mizár > mizárji	ein/der Tischler
cêsar > cêsarji	ein/der Kaiser
slaščičár > slaščičárji	ein/der Konditor
trenêr > trenêrji	ein/der Trainer
pastír > pastírji	ein/der Hirte
inženír > inženírji	ein/der Ingenieur
profésor > profésorji	ein/der Professor

<und ähnliche Wörter>

ein/der Regen

m.	*Ez.*	*Zz.*	*Mz.*
1.F.	dèž	dèžja	dèžji
2.F.	dèžja	dèžjev	dèžjev
3.F.	dèžju	dèžjema	dèžjem
4.F.	dèž	dèžja	dèžje
5.F.	dèžju	dèžjih	dèžjih
6.F.	dèžjem	dèžjema	dèžji

nur Ez.: **dèž**	ein/der Regen

<nur dieses Wort>

ein/der Zar; ...

m.	*Ez.*	*Zz.*	*Mz.*
1.F.	cár	cárja	cárji
2.F.	cárja	cárjev	cárjev
3.F.	cárju	cárjema	cárjem
4.F.	cárja	cárja	cárje
5.F.	cárju	cárjih	cárjih
6.F.	cárjem	cárjema	cárji

cár > cárji	ein/der Zar
fár > fárji	ein/der Pfaffe
júr > júrji	ein/der Riese

<nur diese Wörter>

ein/der Kuli; ...

m.	*Ez.*	*Zz.*	*Mz.*
1.F.	kúli	kúlija	kúliji
2.F.	kúlija	kúlijev	kúlijev
3.F.	kúliju	kúlijema	kúlijem
4.F.	kúli	kúlija	kúlije
5.F.	kúliju	kúlijih	kúlijih
6.F.	kúlijem	kúlijema	kúliji

kúli > kúliji	ein/der Kuli (Stift)
kívi > kíviji	eine/die Kiwi
táksi > táksiji	ein/das Taxi
hóbby/hóbi > hóbiji	ein/das Hobby
debut/debí > debíji	ein/das Debüt

<und ähnliche Wörter>

ein/der Opa; ...

m.	*Ez.*	*Zz.*	*Mz.*
1.F.	dédi	dédija	dédiji
2.F.	dédija	dédijev	dédijev
3.F.	dédiju	dédijema	dédijem
4.F.	dédija	dédija	dédije
5.F.	dédiju	dédijih	dédijih
6.F.	dédijem	dédijema	dédiji

dédi > dédiji	ein/der Opa
áudi* > áudiji	ein/der Audi

<und ähnliche Wörter>

* *Automarken gelten als belebte Kategorie*

Biegung des Hauptwortes, Erweiterung mit j, n

ein/der Rollladen; ...

m.	*Ez.*	*Zz.*	*Mz.*
1.F.	roló	rolója	rolóji
2.F.	rolója	rolójev	rolójev
3.F.	rolóju	rolójema	rolójem
4.F.	roló	rolója	rolóje
5.F.	rolóju	rolójih	rolójih
6.F.	rolójem	rolójema	rolóji

roló > rolóji	ein/der Rollladen
bifé > biféji	ein/das Buffet
ateljé > ateljéji	ein/das Atelier
abonmá > abonmáji	ein/das Abonnement
nivó > nivóji	ein/das Niveau
tabú > tabúji	ein/das Tabu
intervjú > intervjúji	ein/das Interview

<und ähnliche Wörter>

ein/der Guru; ...

m.	*Ez.*	*Zz.*	*Mz.*
1.F.	gúru	gúruja	gúruji
2.F.	gúruja	gúrujev	gúrujev
3.F.	gúruju	gúrujema	gúrujem
4.F.	gúruja	gúruja	gúruje
5.F.	gúruju	gúrujih	gúrujih
6.F.	gúrujem	gúrujema	gúruji

gúru > gúruji — ein/der Guru

<und ähnliche Wörter>

eine/die Nelke; ...

m.	*Ez.*	*Zz.*	*Mz.*
1.F.	nágelj	nágeljna	nágeljni
2.F.	nágeljna	nágeljnov	nágeljnov
3.F.	nágeljnu	nágeljnoma	nágeljnom
4.F.	nágelj	nágeljna	nágeljne
5.F.	nágeljnu	nágeljnih	nágeljnih
6.F.	nágeljnom	nágeljnoma	nágeljni

nágelj > nágeljni — eine/die Nelke

<nur dieses Wort>

ein/der Apostel; ...

m.	*Ez.*	*Zz.*	*Mz.*
1.F.	apóstelj	apósteljna	apósteljni
2.F.	apósteljna	apósteljnov	apósteljnov
3.F.	apósteljnu	apósteljnoma	aposteljnom
4.F.	apósteljna	apósteljna	apósteljne
5.F.	apósteljnu	apósteljnih	apósteljnih
6.F.	apósteljnom	apósteljnoma	apósteljni

apóstelj (apóstol) > apósteljni ein/der Apostel

<nur dieses Wort>

Biegung des Hauptwortes, keine Erweiterung (A)

ein/der Vater; ...

m.	*Ez.*	*Zz.*	*Mz.*
1.F.	áta	áta	áti
2.F.	áta	átov	átov
3.F.	átu	átoma	átom
4.F.	áta	áta	áte
5.F.	átu	átih	átih
6.F.	átom	átoma	áti

áta > áti	ein/der Vater
kolégа > kolégi	ein/der Kollege
ôčka > ôčki	ein/der Vati
páša > páši	ein/der Pascha
pismonóša > pismonóši	ein/der Briefträger
vódja > vódji	ein/der Leiter
računovódja > …vódji	ein/der Buchhalter
poslovódja > ...vódji	ein/der Geschäftsführer
zborovódja > ...vódji	ein/der Chorleiter
vojvóda > vojvódi	ein/der Herzog

<und ähnliche Wörter>

ein/der Vater; ...

m.>**w.**	*Ez.*	*Zz.*	*Mz.*
1.F.	áta	áti	áte
2.F.	áte	át	át
3.F.	áti	átama	átam
4.F.	áto	áti	áte
5.F.	áti	átah	átah
6.F.	áto	átama	átami

áta > áte	ein/der Vater
barába *w.* > barábe	ein/der Schuft
kolégа > kolége	ein/der Kollege
páša > páše	ein/der Pascha
pismonóša > pismonóše	ein/der Briefträger
vódja > vódje	ein/der Leiter
vódja *w.* > vódje	eine/die Leiterin
računovódja > …vódje	ein/der Buchhalter
poslovódja > ...vódje	ein/der Geschäftsführer
zborovódja > ...vódje	ein/der Chorleiter
vojvóda > vojvóde	ein/der Herzog

<und ähnliche Wörter>

Biegung des Hauptwortes, keine Erweiterung (B)

ein/der Mord; ...

m.	*Ez.*	*Zz.*	*Mz.*
1.F.	umòr	umôra	umôri
2.F.	umôra	umôrov	umôrov
3.F.	umôru	umôroma	umôrom
4.F.	umòr	umôra	umôre
5.F.	umôru	umôrih	umôrih
6.F.	umôrom	umôroma	umôri

umoríti > **umòr** > umôri — ein/der Mord
govoríti > gôvor > gôvori — eine/die Rede
odpírati > odpòr > odpôri — ein/der Widerstand
izvírati > **izvír** > izvíri — eine/die Quelle
prepírati > prepír > prepíri — ein/der Streit
<und ähnliche Wörter>

ein/der Abend; ...

m.	*Ez.*	*Zz.*	*Mz.*
1.F.	večér	večéra	večéri
2.F.	večéra	večérov	večérov
3.F.	večéru	večéroma	večérom
4.F.	večér	večéra	večére
5.F.	večéru	večérih	večérih
6.F.	večérom	večéroma	večéri

večér > večéri — ein/der Abend
bulvár > bulvári — ein/der Boulevard
požár > požári — ein/der Brand
bíser > bíseri — eine/die Perle
nur Ez.: séver — ein/der Westen
izvòr > izvôri — eine/die Abstammung
próstor > prostóri — ein/der Raum
šôtor > šotóri — ein/das Zelt
nur Ez.: lôvor — ein/der Lorbeer
čár > čári — ein/der Zauber
<und ähnliche Wörter>

ein/der Häfen; ...

m.	*Ez.*	*Zz.*	*Mz.*
1.F.	písker	pískra	pískri
2.F.	pískra	pískrov	pískrov
3.F.	pískru	pískroma	pískrom
4.F.	písker	pískra	pískre
5.F.	pískru	pískrih	pískrih
6.F.	pískrom	pískroma	pískri

písker > pískri — ein/der Häfen
cénter > céntri — ein/das Zentrum
líter > lítri — ein/der Liter
óder > ódri — eine/die Bühne
orkéster > orkéstri — ein/das Orchester
stêber > stêbri — ein/der Pfeiler
nur Ez.: báker — ein/das Kupfer
nur Ez.: septêmber — ein/der September
<und ähnliche Wörter>

ein/der Euro; ...

m.	*Ez.*	*Zz.*	*Mz.*
1.F.	évro	évra	évri
2.F.	évra	évrov	évrov
3.F.	évru	évroma	évrom
4.F.	évro	évra	évre
5.F.	évru	évrih	évrih
6.F.	évrom	évroma	évri

évro > évri — ein/der Euro
ávto > ávti — ein/das Auto
dísko > díski — eine/die Disko
embárgo > embárgi — ein/das Embargo
kíno > kíni — ein/das Kino
émbrio > émbrii — ein/der Embrio
rádio > rádii — ein/das Radio
stúdio > stúdii — ein/das Studio
finále > fináli — ein/das Finale
bienále > bienáli — ein/das Biennale
mínimum > mínimi — ein/das Minimum
máksimum > máksimi — ein/das Maximum
<und ähnliche Wörter>

ein/der Schuh; ...

m.	*Ez.*	*Zz.*	*Mz.*
1.F.	čévelj	čévlja	čévlji
2.F.	čévlja	čévljev	čévljev
3.F.	čévlju	čévljema	čévljem
4.F.	čévelj	čévlja	čévlje
5.F.	čévlju	čévljih	čévljih
6.F.	čévljem	čévljema	čévlji

čévelj > čévlji — ein/der Schuh
škórenj > škórnji — ein/der Stiefel
<und ähnliche Wörter>

ein/der Krampus; ...

m.	*Ez.*	*Zz.*	*Mz.*
1.F.	párkelj	párklja	párklji
2.F.	párklja	párkljev	párkljev
3.F.	párklju	párkljema	párkljem
4.F.	párklja	párklja	párklje
5.F.	párklju	párkljih	párkljih
6.F.	párkljem	párkljema	párklji

párkelj > párklji — ein/der Krampus
<und ähnliche Wörter>

Biegung des Hauptwortes, Erweiterung mit er, es, et, (e)n

eine/die Tochter; ...

w.	*Ez.*	*Zz.*	*Mz.*
1.F.	hčí	hčéri	hčére
2.F.	hčére	hčér	hčér
3.F.	hčéri	hčérama	hčéram
4.F.	hčér	hčéri	hčére
5.F.	hčéri	hčérah	hčérah
6.F.	hčérjo	hčérama	hčérami

hčí > hčere	eine/die Tochter
máti > mátere	eine/die Mutter

<nur diese Wörter>

ein/das (Fahr-)Rad; ...

s.	*Ez.*	*Zz.*	*Mz.*
1.F.	koló	kolési	kolésa
2.F.	kolésa	kolés	kolés
3.F.	kolésu	kolésoma	kolésom
4.F.	koló	kolési	kolésa
5.F.	kolésu	kolésih	kolésih
6.F.	kolésom	kolésoma	kolési

koló > kolésa	ein/das (Fahr-)Rad
peró > perésa	eine/die Feder
nebó > nebésa	ein/der Himmel
drevó > drevésa	ein/der Baum
teló > telésa	ein/der Körper
slovó > slovésa	ein/der Abschied
črevó > črevésa	ein/der Darm
čúdo > čúda/čudésa	ein/das Wunder
rêbro > rebrésa	eine/die Rippe
bêdro > bedrésa	ein/der (Ober-)Schenkel
okó > očésa *(Zz.)* > očí)	ein/das Auge
uhó > ušésa	ein/das Ohr
ojé > ojésa	eine/die Deichsel

<und ähnliche Wörter>

ein/das Mädchen; ...

s.	*Ez.*	*Zz.*	*Mz.*
1.F.	deklè	dekléti	dekléta
2.F.	dekléta	deklét	deklét
3.F.	deklétu	deklétoma	deklétom
4.F.	deklè	dekléti	dekléta
5.F.	deklétu	deklétih	deklétih
6.F.	deklétom	deklétoma	dekléti

deklè > dekléta	ein/das Mädchen
telè > teléta	ein/das Kalb
žrebè > žrebéta	ein/das Fohlen
piščè > piščéta	ein/das Küken
ščenè > ščenéta	ein/das Hündchen
ničè > ničéta	ein/das Nichts
jágnje > jágnjeta	ein/das Lamm
déte > déteta	ein/das Kind(e)lein
Déte > Déteta	das göttliche Kind

<und ähnliche Wörter>

ein/das Wetter; die Umstände

s.	*Ez.*	*Zz.*	*Mz.*
1.F.	vrême	vreméni	vreména
2.F.	vreména	vremén	vremén
3.F.	vreménu	vreménoma	vreménom
4.F.	vrême	vreméni	vreména
5.F.	vreménu	vreménih	vreménih
6.F.	vreménom	vreménoma	vreméni

vrême > vreména	ein/das Wetter
brême > breména	eine/die Last
plême > pleména	eine/die Rasse
slême > sleména	ein/der First
tême > teména	ein/der Scheitel
ráme > raména (ráma *w.*)	eine/die Schulter
séme > seména	ein/der Same
imé > iména	ein/der Name
víme > vímena	ein/das Euter

<und ähnliche Wörter>

ein/der Vater; ...

m.	*Ez.*	*Zz.*	*Mz.*
1.F.	ôče	očéta	očéti
2.F.	očéta	očétov	očétov
3.F.	očétu	očétoma	očétom
4.F.	očéta	očéta	očéte
5.F.	očétu	očétih	očétih
6.F.	očétom	očétoma	očéti

ôče > očéti/ očétje	ein/der Vater

<nur dieses Wort>

ein/der Papa; ...

m.	*Ez.*	*Zz.*	*Mz.*
1.F.	papá	papána	papáni
2.F.	papána	papánov	papánov
3.F.	papánu	papánoma	papánom
4.F.	papána	papána	papáne
5.F.	papánu	papánih	papánih
6.F.	papánom	papánoma	papáni

papá > papáni	ein/der Papa

<nur dieses Wort>

Biegung des Hauptwortes, Erweiterung mit ôv

ein/der Saft; ...

m.	*Ez.*	*Zz.*	*Mz.*
1.F.	sók	sokôva	sokôvi
2.F.	sóka	sokôv	sokôv
3.F.	sóku	sokôvoma	sokôvom
4.F.	sók	sokôva	sokôve
5.F.	sóku	sokôvih	sokôvih
6.F.	sókom	sokôvoma	sokôvi

sók > sokôvi	ein/der Saft
brég > bregôvi	ein/das Ufer
cép > cepôvi	ein/der Schwegel
dólg > dolgôvi	eine/die Schuld
dóm > domôvi	ein/das Heim
gózd > gozdôvi	ein/der Wald
gròb > grobôvi	ein/das Grab
krés > kresôvi	ein/das Johannisfeuer
lés > lesôvi	ein/das Holz
méh > mehôvi	ein/der Blasebalg
mráz > mrazôvi	eine/die Kälte
pràg > pragôvi	eine/die Türschwelle
róg > rogôvi	ein/das Horn
tók > tokôvi	ein/der Lauf
tòp > topôvi	ein/das Geschütz
vóz > vozôvi	ein/der Wagen
vrát > vratôvi	ein/der Hals
vŕh > vrhôvi	ein/der Gipfel
vŕt > vrtôvi	ein/der Garten
zvón > zvonôvi	eine/die Glocke

<und ähnliche Wörter>

ein/der Wolf; ...

m.	*Ez.*	*Zz.*	*Mz.*
1.F.	vólk	volkôva	volkôvi
2.F.	vólka	volkôv	volkôv
3.F.	vólku	volkôvoma	volkôvom
4.F.	vólka	volkôva	volkôve
5.F.	vólku	volkôvih	volkôvih
6.F.	vólkom	volkôvoma	volkôvi

vólk > volkôvi	ein/der Wolf
bóg > bogôvi	ein/der Gott
nur Ez.: Bóg	der christliche Gott
dúh > duhôvi	ein/der Geist

<und ähnliche Wörter>

ein/der Wind; ...

m.	*Ez.*	*Zz.*	*Mz.*
1.F.	véter	vetrôva	vetrôvi
2.F.	vétra	vetrôv	vetrôv
3.F.	vétru	vetrôvoma	vetrôvoma
4.F.	véter	vetrôva	vetrôve
5.F.	vétru	vetrôvih	vetrôvih
6.F.	vétrom	vetrôvoma	vetrôvi

vét*e*r > vetrôvi — ein/der Wind

<nur dieses Wort>

Biegung des Eigenschaftswortes, gleichbleibend (Teil 1)

eine/ein/ein/die/das/der rosa ... – ein/das Rosa

w./s./m.	*Ez.*	*Zz.*	*Mz.*
1.F.	roza	roza	roza
2.F.	roza	roza	roza
3.F.	roza	roza	roza
4.F.	roza	roza	roza
5.F.	roza	roza	roza
6.F.	roza	roza	roza

roza > roza zvezek	... rosa > ... rosa Heft	mega > mega dogodek	... Mega- > ... Mega-Event
lila > lila klobuk	... lila > ... lila Hut	gala > gala koncert	... Gala- > ... Gala-Konzert
bomba > bomba krilo	... Bomben- > ... ...-Rock	*<und ähnliche Wörter>*	

Biegung des Hauptwortes, Erweiterung mit ôv bei ú im 2. Fall

ein/der Wasserfall; ...

m.	*Ez.*	*Zz.*	*Mz.*
1.F.	sláp	slapôva	slapôvi
2.F.	slapú/slápa	slapôv	slapôv
3.F.	slápu	slapôvoma	slapôvom
4.F.	sláp	slapôva	slapôve
5.F.	slápu	slapôvih	slapôvih
6.F.	slápom	slapôvoma	slapôvi

sláp > slapôvi	ein/der Wasserfall
cvét > cvetôvi	eine/die Blüte
dár > darôvi	ein/das Geschenk
dróg > drogôvi	ein/der Mast
glás > glasôvi	eine/die Stimme
gód > godôvi	ein/der Namenstag
grád > gradôvi	eine/die Burg
jéz > jezôvi	ein/das Wehr
máh > mahôvi	eine/die Baumflechte
móst > mostôvi	eine/die Brücke
nós > nosôvi	eine/die Nase
pás > pasôvi	ein/der Gürtel
pláz > plazôvi	eine/die Lawine
plód > plodôvi	eine/die Frucht
plót > plotôvi	ein/der Zaun
práh > prahôvi	ein/der Staub
réd > redôvi	ein/der Orden (Kloster)
rób > robôvi	ein/der Rand
ród > rodôvi	ein/das Geschlecht
sád > sadôvi	eine/die Frucht
sléd > sledôvi	eine/die Spur
smrád > smradôvi	ein/der Gestank
stán > stanôvi	eine/die Wohnung
stráh > strahôvi	eine/die Angst
trák > trakôvi	ein/das Band
trám > tramôvi	ein/der Balken
zíd > zidôvi	eine/die Mauer
žléb > žlebôvi	eine/die Rinne

<und ähnliche Wörter>

ein/der Sohn; ...

m.	*Ez.*	*Zz.*	*Mz.*
1.F.	sín	sinôva	sinôvi
2.F.	sína/sinú	sinôv	sinôv
3.F.	sínu	sinôvom	sinôvom
4.F.	sína	sinôva	sinôve
5.F.	sínu	sinôvih	sinôvih
6.F.	sínom	sinôvoma	sinôvi

sín > sína/sinú > sinôvi	ein/der Sohn
tát > tatú/táta > tatôvi	ein/der Dieb

<und ähnliche Wörter>

Biegung des Eigenschaftswortes, gleichbleibend (Teil 2)

eine/ein/ein/die/das/der ocker ... – ein/das Ocker

w./s./m.	*Ez.*	*Zz.*	*Mz.*
1.F.	oker	oker	oker
2.F.	oker	oker	oker
3.F.	oker	oker	oker
4.F.	oker	oker	oker
5.F.	oker	oker	oker
6.F.	oker	oker	oker

oker > oker/okrasti čevlji	... ocker > ... ... Schuhe
super > super avto	... super > ... ... Auto
beige > beige/bež kuli	... beige... > ... ... Kuli
cool > cool/kul tip	... cool... > ... ... Typ
full > full/ful dober moški	... klass... > ... ... Mann
golf > golf klub	... Golf- > ... Golfklub
karo > karo kralj	... Karo > ... Karo König
krém > krem čevelj	... creme > ... ... Schuh
máksi > maksi dolžina	... Maxi- > ... Maxilänge
mini > mini krilo	... Mini- > ... Minirock
pik > pik/pikov as	... Pik > ... ... Pik As
pínk > pink obleka	... pink... > ... ... Kleid
pop > pop glasba	... Pop- > ... Popmusik
punk > punk/pank skupina	... Punk- > ... Punk
semiš > semiš usnje	... Semisch- > ... ...-Leder
tarok > tarok karte	... Tarock- > ... ...-Karten
top > top kariera	... Top- > ... Topkarriere

<und ähnliche Wörter>

Biegung des Hauptwortes, keine Erweiterung mit ôv

ein/der Markt; ...

m.		*Ez.*	*Zz.*	*Mz.*
	1.F.	tŕg	tŕga	tŕgi
	2.F.	tŕga	tŕgov	tŕgov
	3.F.	tŕgu	tŕgoma	tŕgom
	4.F.	tŕg	tŕga	tŕge
	5.F.	tŕgu	tŕgih	tŕgih
	6.F.	tŕgom	tŕgoma	tŕgi

tŕg > tŕgi	ein/der Markt
čás > čási	eine/die Zeit
gŕm > gŕmi	ein/der Strauch
hrám > hrámi	ein/der Keller
kŕn > kŕni	ein/das Schiffsheck
màk > máki	ein/der Mohn
pŕst > pŕsti	ein/der Finger
sód > sódi	ein/das Gefäß
sŕd > sŕdi	ein/der Hass
ték > téki	ein/der Appetit
snòp > snôpi	eine/die Garbe
vòd > vôdi	eine/die Leitung
žèp > žêpi	eine/die Hosentasche
žléd > žlédi	ein/der Eisregen

<und ähnliche Wörter>

ein/der Maulwurf; ...

m.		*Ez.*	*Zz.*	*Mz.*
	1.F.	kŕt	kŕta	kŕti
	2.F.	kŕta	kŕtov	kŕtov
	3.F.	kŕtu	kŕtoma	kŕtom
	4.F.	kŕta	kŕta	kŕte
	5.F.	kŕtu	kŕtih	kŕtih
	6.F.	kŕtom	kŕtoma	kŕti

kŕt > kŕti	ein/der Maulwurf
lèv > lêvi	ein/der Löwe

<und ähnliche Wörter>

ein/der Weg; ...

m.		*Ez.*	*Zz.*	*Mz.*
	1.F.	pót	póta	póti
	2.F.	potú/póta	pótov	pótov
	3.F.	pótu	pótoma	pótom
	4.F.	pót	póta	póte
	5.F.	pótu	pótih	pótih
	6.F.	pótom	pótoma	póti

pót > póti (krížev pót)	ein/der Weg (Kreuzweg)
léd > lédi	ein/das Eis
nur Ez.: lán	ein/das Flachs
nur Ez.: méd	ein/der Honig
nur Ez.: mír	ein/der Friede
nur Ez.: pót > pótu/póta	ein/der Schweiß
nur Ez.: slád	ein/das Malz

<und ähnliche Wörter>

ein/der Deckel; ...

m.		*Ez.*	*Zz.*	*Mz.*
	1.F.	pokròv	pokrôva	pokrôvi
	2.F.	pokrôva	pokrôvov	pokrôvov
	3.F.	pokrôvu	pokrôvoma	pokrôvom
	4.F.	pokrôv	pokrôva	pokrôve
	5.F.	pokrôvu	pokrôvih	pokrôvih
	6.F.	pokrôvom	pokrôvoma	pokrôvi

pokròv > pokrôvi	ein/der Deckel
pozdráv > pozdrávi	ein/der Gruß
odmèv > odmévi	ein/das Echo
odsèv > odsévi	ein/der Widerschein
nazív > nazívi	ein/der Titel
vplív > vplívi	ein/der Einfluss
zalív > zalívi	ein/der Golf
lòv > lôvi	eine/die Jagd
naslòv > naslôvi	eine/die Anschrift
prislòv > prislôvi	ein/das Umstandswort

<und ähnliche Wörter>

Biegung des Hauptwortes, Doppelformen (A)

eine/die Ehefrau; ...

w.	*Ez.*	*Zz.*	*Mz.*
1.F.	žêna	žêni	žêne
2.F.	žêne	žên/žená	žên/žená
3.F.	žêni	žênama	žênam
4.F.	žêno	žêni	žêne
5.F.	žêni	žênah	žênah
6.F.	žêno	žênama	žênami

žêna > žên/žená — eine/die Ehefrau
mêja > mêj/mejá — eine/die Grenze
žêlja > žêlj/željá — ein/der Wunsch
gôra > gôr/gorá — ein/der Berg
sêstra > sêster/sestrá — eine/die Schwester
pêta > pêt/petá — eine/die Ferse
zêmlja > zêmelj/zemljá — eine/die Erde
meglà > mègel/meglá — ein/der Nebel
vôda > vodá — ein/das Wasser
temà > têm — eine/die Dunkelheit
cérkev > cérkev/cerkvá — eine/die Kirche
hčí > hčér/hčerá — eine/die Tochter
<und ähnliche Wörter>

ein/der Bauer; ...

m.	*Ez.*	*Zz.*	*Mz.*
1.F.	kmèt	kméta	kmétje/kméti
2.F.	kméta	kmétov	kmétov
3.F.	kmétu	kmétoma	kmétom
4.F.	kméta	kméta	kméte
5.F.	kmétu	kmétih	kmétih
6.F.	kmétom	kmétoma	kméti

kmet > kmetje/kmeti — ein/der Bauer
brat > bratje/brati — ein/der Bruder
gospod > gospodje/gospodi — ein/der Herr
grof > grofje/grofi — ein/der Graf
ded > dedje/dedi — ein/der Großvater
fant > fantje/fanti — ein/der Bub
gad > gadje/gadi — eine/die Otter/Viper
golob > golobje/golobi — eine/die Taube
gost > gostje/gosti — ein/der Gast
kúrent > kurentje/kúrenti — eine/die Perchte
sosed > sosedje/sosedi — ein/der Nachbar
oče > očetje/očeti — ein/der Vater
svat > svatje/svati — ein/der Hochzeiter
škof > škofje/škofi — ein/der Bischof
študent > študentje/študenti — ein/der Student
žid > židje/židi — ein/der Jude
ud > udje/udi — ein/das Glied
<und ähnliche Wörter>

eine/die Dattel; ...

m.	*Ez.*	*Zz.*	*Mz.*
1.F.	dátelj	dáteljna/ dátlja	dáteljni/ dátlji
2.F.	dáteljna/ dátlja	dáteljnov/ dátljev	dáteljnov/ dátljev
3.F.	dáteljnu/ dátlju	dáteljnoma/ dátljema	dáteljnom/ dátljem
4.F.	dátelj	dáteljna/ dátlja	dáteljne/ dátlje
5.F.	dáteljnu/ dátlju	dáteljnih/ dátljih	dáteljnih/ dátljih
6.F.	dáteljnom/ dátljem	dáteljnoma/ dátljema	dáteljni/ dátlji

dátelj > dáteljni/dátlji — eine/die Dattel
mándelj > mándeljni/mándlji — eine/die Mandel
búhtelj > búhteljni/búhtlji — eine/die Buchtel
<und ähnliche Wörter>

ein/der Pudel; ...

m.	*Ez.*	*Zz.*	*Mz.*
1.F.	púdelj	púdeljna/ púdlja	púdeljni/ púdlji
2.F.	púdeljna/ púdlja	púdeljnov/ púdljev	púdeljnov/ púdljev
3.F.	púdeljnu/ púdlju	púdeljnoma/ púdljema	púdeljnom/ púdljem
4.F.	púdeljna/ púdlja	púdeljna/ púdlja	púdeljne/ púdlje
5.F.	púdeljnu/ púdlju	púdeljnih/ púdljih	púdeljnih/ púdljih
6.F.	púdeljnom/ púdljem	púdeljnoma/ púdljema	púdeljni/ púdlji

púdelj > púdeljni/púdlji — ein/der Pudel
<und ähnliche Wörter>

Biegung des Hauptwortes, Doppelformen (B)

ein/der Rahmen; ...

m.	*Ez.*	*Zz.*	*Mz.*
1.F.	okvír	okvírja/ okvíra	okvírji/ okvíri
2.F.	okvírja/ okvíra	okvírjev/ okvírov	okvírjev/ okvírov
3.F.	okvírju/ okvíru	okvírjema/ okvíroma	okvírjem/ okvírom
4.F.	okvír	okvírja/ okvíra	okvírje/ okvíre
5.F.	okvírju/ okvíru	okvírjih/ okvírih	okvírjih/ okvírih
6.F.	okvírjem/ okvírom	okvírjema/ okvírom	okvírji/ okvíri

okvír > okvirji/okviri — ein/der Rahmen
hektár > hektárji/hektári — ein/das Hektar
samovár > samovárji/samovári — ein/der Samowar
semafór > semafórji/semafóri — eine/die Ampel
transfêr > transfêrji/transfêri — ein/der Transfer
nur Ez.: singulár — ein/der Singular
<und ähnliche Wörter>

ein/der Wald; ...

m.	*Ez.*	*Zz.*	*Mz.*
1.F.	gòzd	gozdôva/ gózda	gozdôvi/ gózdi
2.F.	gózda	gozdôv	gozdôv
3.F.	gózdu	gozdôvoma/ gózdoma	gozdôvom/ gózdom
4.F.	gòzd	gozdôva/ gózda	gozdôve/ gózde
5.F.	gózdu	gozdôvih/ gózdih	gozdôvih/ gózdih
6.F.	gózdom	gozdôvoma/ gózdoma	gozdôvi/ gózdi

gòzd > gozdôvi/gózdi — ein/der Wald
gròb > grobôvi/gróbi — ein/das Grab
pràg > pragôvi/prági — eine/die Türschwelle
brég > bregôvi/brégi — ein/das Ufer
krés > kresôvi/krési — ein/das Johannisfeuer
lés > lesôvi/lési — ein/das Holz
méh > mehôvi/méhi — ein/der Blasebalg
plód > plodôvi/plódi — eine/die Frucht
tók > tokôvi/tóki — ein/der Strom (Energie)
vŕh > vrhôvi/vŕhi — ein/der Gipfel
<und ähnliche Wörter>

ein/das Geschütz; ...

m.	*Ez.*	*Zz.*	*Mz.*
1.F.	tòp	topôva/ tôpa	topôvi
2.F.	tôpa	topôv	topôv
3.F.	tôpu	topôvoma/ tôpoma	topôvom
4.F.	tòp	topôva/ tôpa	topôve
5.F.	tôpu	topôvih/ tôpih	topôvih
6.F.	tôpom	topôvoma/ tôpoma	topôvi

tòp > topôvi — ein/das Geschütz
dóm > domôvi — ein/das Heim
<nur diese Wörter>

ein/der Wolf; ...

m.	*Ez.*	*Zz.*	*Mz.*
1.F.	vólk	volkôva/ vólka	volkôvi
2.F.	vólka	volkôv	volkôv
3.F.	vólku	volkôvoma/ vólkoma	volkôvom
4.F.	vólka	volkôva/ vólka	volkôve
5.F.	vólku	volkôvih/ vólkih	volkôvih
6.F.	vólkom	volkôvoma/ vólkoma	volkôvi

vólk > volkôvi — ein/der Wolf
<nur dieses Wort>

Biegung des Hauptwortes, Doppelformen (C)

ein/der Gürtel; ...

m.		*Ez.*	*Zz.*	*Mz.*
	1.F.	pás	pasôva/ pása	pasôvi
	2.F.	pása/ pasú	pasôv	pasôv
	3.F.	pásu	pasôvoma/ pásoma	pasôvom
	4.F.	pás	pasôva/ pása	pasôve
	5.F.	pásu	pasôvih/ pásih	pasôvih
	6.F.	pásom	pasôvoma/ pásoma	pasôvi

pás > pasôvi — ein/der Gürtel
<nur dieses Wort>

ein/der Sohn; ...

m.		*Ez.*	*Zz.*	*Mz.*
	1.F.	sín	sinôva/ sína	sinôvi
	2.F.	sína/ sinú	sinôv	sinôv
	3.F.	sínu	sinôvoma/ sínoma	sinôvom
	4.F.	sína	sinôva/ sína	sinôve
	5.F.	sínu	sinôvih/ sínih	sinôvih
	6.F.	sínom	sinôvoma/ sínoma	sinôvi

sín > sinôvi — ein/der Sohn
<nur dieses Wort>

eine/die Welle; ...

m.		*Ez.*	*Zz.*	*Mz.*
	1.F.	vál	vála	valôvi/ váli
	2.F.	vála/ valú	valôv	valôv
	3.F.	válu	váloma	valôvom/ válom
	4.F.	vál	vála	valôve/ vále
	5.F.	válu	válih	valôvih/ válih
	6.F.	válom	váloma	valôvi/ váli

vál > valôvi/váli — eine/die Welle
pród > prodôvi/pródi — ein/das Geröll
<nur diese Wörter>

ein/der Balken; ...

m.		*Ez.*	*Zz.*	*Mz.*
	1.F.	trám	tramôva	tramôvi/ trámi
	2.F.	tráma/ tramú	tramôv	tramôv
	3.F.	trámu	tramôvoma	tramôvom/ trámom
	4.F.	trám	tramôva	tramôve/ tráme
	5.F.	trámu	tramôvih	tramôvih/ trámih
	6.F.	trámom	tramôvoma	tramôvi/ trámi

trám > tramôvi/trámi — ein/der Balken
trák > trakôvi/tráki — ein/das Band
<nur diese Wörter>

ein/der Wasserfall; ...

m.		*Ez.*	*Zz.*	*Mz.*
	1.F.	sláp	slapôva/ slápa	slapôvi/ slápi
	2.F.	slápa/ slapú	slapôv	slapôv
	3.F.	slápu	slapôvoma/ slápoma	slapôvoma/ slápoma
	4.F.	sláp	slapôva/ slápa	slapôve/ slápe
	5.F.	slápu	slapôvih/ slápih	slapôvih/ slápih
	6.F.	slápom	slapôvoma/ slápoma	slapôvi/ slápi

sláp > slapôvi/slápi — ein/der Wasserfall
cvét > cvetôvi/cvéti — eine/die Blüte
glás > glasôvi/glási — eine/die Stimme
máh > mahôvi/máhi — eine/die Baumflechte
pláz > plazôvi/plázi — eine/die Lawine
rób > robôvi/róbi — ein/der Rand
žléb > žlebôvi/žlébi — eine/die Rinne
<nur diese Wörter>

eine/die Spur; ...

m.		*Ez.*	*Zz.*	*Mz.*
w.	*1.F.*	sléd	sledôva/ sledí	sledôvi/ sledí
	2.F.	sledú/sléda/ sledí	sledôv/ sledí	sledôv/ sledí
	3.F.	slédu/ sledí	sledôvoma/ sledéma	sledôvom/ sledém
	4.F.	sléd	sledôva/ sledí	sledôve/ sledí
	5.F.	slédu/ slédi	sledôvih/ sledéh	sledôvih/ sledéh
	6.F.	slédom/ sledjó	sledôvoma/ sledéma	sledôvi/ sledmí

sléd > *m.* sledôvi/***w.*** sledí — eine/die Spur
pót > *m.* póti/ ***w.*** potí — ein/der Weg
<nur diese Wörter>

Biegung des Hauptwortes, Besonderheiten (A)

eine/die Mutter; …

w.	*Ez.*	*Zz.*	*Mz.*
1.F.	**máti**	máteri	mátere
2.F.	mátere	máter	máter
3.F.	máteri	máterama	máteram
4.F.	máter	máteri	mátere
5.F.	máteri	máterah	máterah
6.F.	máterjo	máterama	máterami

eine/die Tochter; …

w.	*Ez.*	*Zz.*	*Mz.*
1.F.	**hčí**	hčéri	hčére
2.F.	hčére	hčér	hčér
3.F.	hčéri	hčérama	hčéram
4.F.	hčér	hčéri	hčére
5.F.	hčéri	hčérah	hčérah
6.F.	hčérjo	hčérama	hčérami

eine/die Frau; ... *(in der Anrede)*

w.	*Ez.*	*Zz.*	*Mz.*
1.F.	**gospá**	gospé	gospé
2.F.	gospé	gospá	gospá
3.F.	gospé	gospéma	gospém
4.F.	gospó	gospé	gospé
5.F.	gospé	gospéh	gospéh
6.F.	gospó	gospéma	gospémi

eine/die Frau; … *(allgemein)*

w.	*Ez.*	*Zz.*	*Mz.*
1.F.	**ženska**	ženski	ženske
2.F.	ženske	žensk	žensk
3.F.	ženski	ženskama	ženskam
4.F.	žensko	ženski	ženske
5.F.	ženski	ženskah	ženskah
6.F.	žensko	ženskama	ženskami

ein/das Ohr; …

s.	*Ez.*	*Zz.*	*Mz.*
1.F.	**uhó**	ušési	ušésa
2.F.	ušésa	ušés	ušés
3.F.	ušésu	ušésoma	ušésom
4.F.	uhó	ušési	ušésa
5.F.	ušésu	ušésih	ušésih
6.F.	ušésom	ušésoma	ušési

ein/das Auge; … *(einzeln)*

s.	*Ez.*	*Zz.*	*Mz.*
1.F.	**okó**	očési	očésa
2.F.	očésa	očés	očés
3.F.	očésu	očésoma	očésom
4.F.	okó	očési	očésa
5.F.	očésu	očésih	očésih
6.F.	očésom	očésoma	očési

ein/der Tag; ... *(einzeln/e)*

m.	*Ez.*	*Zz.*	*Mz.*
1.F.	**dán**	dnéva	dnévi
2.F.	dnéva	dnévov	dnévov
3.F.	dnévu	dnévoma	dnévom
4.F.	dán	dnéva (dní) (dnévov)	dnéve (dní) (dnévov)
5.F.	dnévu	dnévih	dnévih
6.F.	dnévom	dnévoma	dnévi

...; Tage *(gesamt)*

m.	*Ez.*	*Zz.*	*Mz.*
1.F.	**dán**	dnéva	dnévi
2.F.	dné	dní	dní
3.F.	dnévu	dnéma	dném
4.F.	dán	dní	dní
5.F.	dnévu	dnéh	dnéh
6.F.	dném	dnéma	dnémi

ein/das Kind; ...

m.	*Ez.*	*Zz.*	*Mz.*
1.F.	**otròk**	otrôka	otrôci
2.F.	otrôka	otrók	otrók
3.F.	otrôku	otrôkoma	otrôkom
4.F.	otrôka	otrôka	otrôke
5.F.	otrôku	otrôcih	otrôcih
6.F.	otrôkom	otrôkoma	otrôki

ein/der Mensch; …

m.	*Ez.*	*Zz.*	*Mz.*
1.F.	**člôvek**	človéka	---
2.F.	človéka	---	---
3.F.	človéku	človékoma	---
4.F.	človéka	človéka	---
5.F.	človéku	---	---
6.F.	človékom	človékoma	---

ein/der Zahn; ...

m.	*Ez.*	*Zz.*	*Mz.*
1.F.	**zób**	zobá/zóba	zobjé
2.F.	zobá/zóba	zób	zób
3.F.	zóbu	zóboma	zobém
4.F.	zób	zobá/zóba	zobé
5.F.	zóbu	zobéh	zobéh
6.F.	zóbom	zóboma	zobmí

ein/das Haar; ...

m.	*Ez.*	*Zz.*	*Mz.*
1.F.	**lás**	lása	lasjé
2.F.	lasú/lása	lás	lás
3.F.	lásu	lásoma	lasém
4.F.	lás	lása	lasé
5.F.	lásu	laséh	laséh
6.F.	lásom	lásoma	lasmí

Biegung des Hauptwortes, Besonderheiten (B)

ein/der Ehemann; ...

m.	*Ez.*	*Zz.*	*Mz.*
1.F.	**móž**	možá	možjé
2.F.	možá	móž	móž
3.F.	móžu	móžema	možém
4.F.	možá	možá	možé
5.F.	móžu	možéh	možéh
6.F.	móžem	móžema	možmí

...; Eltern/die Eltern

m.	*Ez.*	*Zz.*	*Mz.*
1.F.	(stárš)	stárša	**stárši**
2.F.	(stárša)	stáršev	stáršev
3.F.	(stáršu)	stáršema	stáršem
4.F.	(stárša)	stárša	stárše
5.F.	(stáršu)	stárših	stárših
6.F.	(stáršem)	stáršema	stárši

ein/das Blut

w.	*Ez.*	*Zz.*	*Mz.*
1.F.	**krí**	---	---
2.F.	krví	---	---
3.F.	krví	---	---
4.F.	krí	---	---
5.F.	krví	---	---
6.F.	krvjó	---	---

eine/die Pietà; ...

w.	*Ez.*	*Zz.*	*Mz.*
1.F.	**pietà**	pietà	pietà
2.F.	pietà	pietà	pietà
3.F.	pietà	pietà	pietà
4.F.	pietà	pietà	pietà
5.F.	pietà	pietà	pietà
6.F.	pietà	pietà	pietà

ein/der Boden, Grund; ...

s.	*Ez.*	*Zz.*	*Mz.*
1.F.	**dnò**	dnì	dnà
2.F.	dnà	dnòv/dán	dnòv/dán
3.F.	dnù	dnòma	dnòm
4.F.	dnò	dnì	dnà
5.F.	dnù	dnéh	dnéh
6.F.	dnòm	dnòma	dnì

ein/der Vater; ...

	Ez.	*Zz.*	*Mz.*
1.F.	**ôče**	očéta	očéti/očétje
2.F.	očéta	očétov	očétov
3.F.	očétu	očétoma	očétom
4.F.	očéta	očéta	očéte
5.F.	očétu	očétih	očétih
6.F.	očétom	očétoma	očéti

Biegung des hauptwörtlich gebrauchten Eigenschaftswortes

der Diensthabende; ...

m.	*Ez.*	*Zz.*	*Mz.*
1.F.	dežúrni	dežúrna	dežúrni
2.F.	dežúrnega	dežúrnih	dežúrnih
3.F.	dežúrnemu	dežúrnima	dežúrnim
4.F.	dežúrnega	dežúrna	dežúrne
5.F.	dežúrnem	dežúrnih	dežúrnih
6.F.	dežúrnim	dežúrnima	dežúrnimi

dežúrni > dežúrni — der Diensthabende
(*w.* dežúrna > dežúrne) — (die Diensthabende)
odgovôrni > odgovôrni — der Verantwortliche
(*w.* odgovôrna) — (die Verantwortliche)
<nur solche Wörter>

der Ledige; ...

m.	*Ez.*	*Zz.*	*Mz.*
1.F.	sámski	sámska	sámski
2.F.	sámskega	sámskih	sámskih
3.F.	sámskemu	sámskima	sámskim
4.F.	sámskega	sámska	sámske
5.F.	sámskem	sámskih	sámskih
6.F.	sámskim	sámskima	sámskimi

sámski > sámski — der Ledige
(*w.* sámska > sámske) — (die Ledige)
planínski > planínski — ... Alpen-...
(*w.* planínska; *s.* planínsko) — (... Alpen-...)
<nur solche Wörter>

der/die/das Zentral-; ...

m.	*Ez.*	*Zz.*	*Mz.*
1.F.	centrálni	centrálna	centrálni
2.F.	centrálnega	centrálnih	centrálnih
3.F.	centrálnemu	centrálnima	centrálnim
4.F.	centrálni	centrálna	centrálne
5.F.	centrálnem	centrálnih	centrálnih
6.F.	centrálnim	centrálnima	centrálnimi

centrálni pomnilnik — ... Zentralspeicher
(*w.* centrálna; *s.* centrálno) — (... Zentral-...)
<nur solche Wörter>

ein/der Mann; ... *(allgemein)*

m.	*Ez.*	*Zz.*	*Mz.*
1.F.	môški	môška	môški
2.F.	môškega	môških	môških
3.F.	môškemu	môškima	môškim
4.F.	môškega	môška	môške
5.F.	môškem	môških	môških
6.F.	môškim	môškima	môškimi

môški > môški — ein/der Mann
<nur dieses Wort>

Beispiele zu den S. 20-32, 36

Biegung des Hauptwortes, Einschübe, Erweiterungen, Doppelformen, Besonderheiten

	Sl. 1.F. Ez.	*Sl. 1.F. Mz.*	*Dt. 1.F. Ez.*
w.	slovenska skladnja	slovenske skladnje	eine/die slowenische Satzlehre
	velika škatla	velike škatle	eine/die große Schachtel
	črna tabla	črne table	eine/die schwarze Tafel
	sveža žemlja	sveže žemlje	eine/die frische Semmel
	skupna meja	skupne meje	eine/die gemeinsame Grenze
	sosedova gospa	sosedove gospe	eine/die Nachbarsfrau
	---	objokane oči	verweinte/die verweinten Augen *(Paar)*
s.	barvasto steklo	barvasta stekla	ein/das Buntglas
	ljubezensko pismo	ljubezenska pisma	ein/der Liebesbrief
	jezikovno sredstvo	jezikovna sredstva	ein sprachliches/das sprachliche Mittel
	kmečko orodje	kmečka orodja	ein/das Bauernwerkzeug
	gorsko kolo	gorska kolesa	ein/das Mountainbike
	zlato tele	zlata teleta	ein goldenes/das goldene Kalb
	sončno vreme	sončna vremena	ein sonniges/das sonnige Wetter
	podpluto oko	podpluta očesa	ein blutunterlaufenes/das blutunterlaufene Auge *(einzeln)*
	gašeno apno	gašena apna	ein gelöschter/der gelöschte Kalk
m.	zelen, zeleni pulover	zeleni puloverji	ein grüner, der grüne Pullover
	praženi sladkor	---	ein/der Staubzucker
	strojni inženir	strojni inženirji	ein/der Maschinenbauingenieur
	ruski car	ruski carji	ein/der russische Zar
	nov, novi audi	novi audiji	ein neuer, der neue Audi
	filmski atelje	filmski ateljeji	ein/das Filmatelier/Filmstudio
	študentski abonma	študentski abonmaji	ein/das Studentenabonnement
	gorenjski nagelj	gorenjski nageljni	eine/die Hängenelke
	odvisni govor	odvisni govori	die indirekte Rede
	lep, lepi večer	lepi večeri	ein schöner, der schöne Abend
	simfonični orkester	simfonični orkestri	ein/das Symphonieorchester
	okrogel, okrogli steber	okrogli stebri	ein/der Rundpfeiler
	osebni avto	osebni avti	ein/der Personenkraftwagen
	ilegalni radio	ilegalni radii	ein illegaler/der illegale Radiosender
	gumijasti škorenj	gumijasti škornji	ein/der Gummistiefel
	skrben, skrbni oče	skrbni očeti/očetje	ein sorgender, der sorgende Vater
	marelični sok	marelični sokovi	ein/der Marillensaft
	poganski bog	poganski bogovi	ein heidnischer/der heidnische Gott
	topel, topli veter	topli vetrovi	ein warmer, der warme Wind
	utrjen, utrjeni grad	utrjeni gradovi	eine, die befestigte Burg
	izgubljeni sin	---	der Verlorene Sohn
	živilski trg	živilski trgi	ein/der Lebensmittelmarkt
	križev pot	križevi poti	ein/der Kreuzweg
	marmeladni nadev	marmeladni nadevi	eine/die Marmeladefülle
	pomožni škof	pomožni škofje/škofi	ein/der Weihbischof
	majhen pudelj	majhni pudeljni/pudlji	ein kleiner Pudel
	smrekov gozd	smrekovi gozdovi/gozdi	ein/der Fichtenwald

Beispiele zur S. 36

Biegung des Eigenschaftswortes, Endung ska/sko/ski

	Sl. 1.F. Ez.	*Sl. 1.F. Mz.*	*Dt. 1.F. Ez.*
w.	avstrijska zastava	avstrijske zastave	eine/die österreichische Fahne
	italijanska lira	italijanske lire	eine/die italienische Lira
	madžarska kuhinja	---	die ungarische Küche
	zimska oprema	zimske opreme	eine/die Winterausrüstung
	svetopisemska ura	svetopisemske ure	eine/die Bibelstunde
	nedeljska maša	nedeljske maše	eine/die Sonntagsmesse
	smučarska šola	smučarske šole	eine/die Schischule
	oktobrska revolucija	oktobrske revolucije	die Oktoberrevolution
	ženska ženska	ženske ženske	eine/die weibliche Frau
s.	avstrijsko podjetje	avstrijska podjetja	ein österreichisches/das österreichische Unternehmen
	slovensko gostišče	slovenska gostišča	eine/die slowenische Gaststätte
	italijansko vino	italijanska vina	ein italienischer/der italienische Wein
	župnijsko pismo	župnijska pisma	ein/der Pfarrbrief
	biološko ravnotežje	biološka ravnotežja	das ökologische Gleichgewicht
	planinsko društvo	planinska društva	ein/der Alpenverein
	svinjsko usnje	svinjska usnja	ein/das Schweinsleder
m.	avstrijski šiling, groš	avstrijski šilingi, groši	der österr. Schilling, Groschen
	evropski evro, cent	evropski evri, centi	der europäische Euro, Cent
	slovenski tolar, stotin	slovenski tolarji, stotini	der slowenische Tolar, Stotin
	švicarski frank, centim	švicarski franki, centimi	der Schweizer Franken, Rappen
	nezakonski otrok	nezakonski otroci	ein uneheliches/das uneheliche Kind
	svinjski rilec	svinjski rilci	ein/der Schweinsrüssel

Biegung des Eigenschaftswortes, Endung ška/ško/ški

	Sl. 1.F. Ez.	*Sl. 1.F. Mz.*	*Dt. 1.F. Ez.*
w.	koroška vlada	koroške vlade	eine/die Kärntner Regierung
	celovška univerza	---	die Klagenfurter Universität
	nemška marka	nemške marke	eine/die deutsche Mark
	norveška obala	norveške obale	eine/die norwegische Küste
	turška mošeja	turške mošeje	eine/die türkische Moschee
	mrliška vežica	mrliške vežice	eine/die Totenkapelle
s.	ameriško pravo	ameriška prava	das amerikanische Recht
	angleško sodišče	angleška sodišča	ein englisches/das englische Gericht
	grško vince	grška vinca	der griechische Wein
	newyorško znamenje	newyorška znamenja	das New Yorker Wahrzeichen
	vozniško dovoljenje	vozniška dovoljenja	ein/der Führerschein
	katoliško občestvo	katoliška občestva	die katholische Gemeinschaft
	človeško uho	človeška ušesa	ein menschliches/das menschliche Ohr
m.	koroški grb	koroški grbi	ein/das Kärntner Wappen
	celovški zmaj	---	der Klagenfurter Lindwurm
	beljaški žegen/semènj	beljaški žegni/sèmnji	ein/der Villacher Kirchtag
	škofjeloški pasijon	---	die Bischofslaker Passion
	nebeški raj	---	das Himmelreich
	moški moški	moški moški	ein männlicher/der männliche Mann

Biegung des Eigenschaftswortes, Endung ska/sko/ski und ška/ško/ški

österreichisch > eine/die österreichische; ... – die Österreichische; ...

w.	*Ez.*	*Zz.*	*Mz.*
1.F.	avstríjska	avstríjski	avstríjske
2.F.	avstríjske	avstríjskih	avstríjskih
3.F.	avstríjski	avstríjskima	avstríjskim
4.F.	avstríjsko	avstríjski	avstríjske
5.F.	avstríjski	avstríjskih	avstríjskih
6.F.	avstríjsko	avstríjskima	avstríjskimi

österreichisch > ein österreichisches/das österreichische; ... – das Österreichische; ...

s.	*Ez.*	*Zz.*	*Mz.*
1.F.	avstríjsko	avstríjski	avstríjska
2.F.	avstríjskega	avstríjskih	avstríjskih
3.F.	avstríjskemu	avstríjskima	avstríjskim
4.F.	avstríjsko	avstríjski	avstríjska
5.F.	avstríjskem	avstríjskih	avstríjskih
6.F.	avstríjskim	avstríjskima	avstríjskimi

österreichisch > ein österreichischer/der österreichische; ... – der Österreichische; ...

m.	*Ez.*	*Zz.*	*Mz.*
1.F.	avstríjski	avstríjska	avstríjski
2.F.	avstríjskega	avstríjskih	avstríjskih
3.F.	avstríjskemu	avstríjskima	avstríjskim
4.F.	avstríjski	avstríjska	avstríjske
Leb.	avstríjskega		
5.F.	avstríjskem	avstríjskih	avstríjskih
6.F.	avstríjskim	avstríjskima	avstríjskimi

kärntnerisch > eine/die kärntnerische; ... – die Kärntner; ...

w.	*Ez.*	*Zz.*	*Mz.*
1.F.	koróška	koróški	koróške
2.F.	koróške	koróških	koróških
3.F.	koróški	koróškima	koróškim
4.F.	koróško	koróški	koróške
5.F.	koróški	koróških	koróških
6.F.	koróško	koróškima	koróškimi

kärntnerisch > ein kärntnerisches/das kärntnerische; ... – das Kärntner; ...

s.	*Ez.*	*Zz.*	*Mz.*
1.F.	koróško	koróški	koróška
2.F.	koróškega	koróških	koróških
3.F.	koróškemu	koróškima	koróškim
4.F.	koróško	koróški	koróška
5.F.	koróškem	koróških	koróških
6.F.	koróškim	koróškima	koróškimi

kärntnerisch > ein kärntnerischer/der kärntnerische; ... – der Kärntner; ...

m.	*Ez.*	*Zz.*	*Mz.*
1.F.	koróški	koróška	koróški
2.F.	koróškega	koróških	koróških
3.F.	koróškemu	koróškima	koróškim
4.F.	koróški	koróška	koróške
Leb.	koróškega		
5.F.	koróškem	koróških	koróških
6.F.	koróškim	koróškima	koróškimi

avstríjska, ...sko, ...ski	... österreichisch...
slovénska, ...sko, ...ski	... slowenisch...
italijánska, ...sko, ...ski	... italienisch...
švícarska, ...sko, ...ski	... schweizerisch...
madžárska, ...sko, ...ski	... ungarisch...
francóska, ...sko, ...ski	... französisch...
špánska, ...sko, ...ski	... spanisch...
bélgijska, ...sko, ...ski	... belgisch...
nizozémska, ...sko, ...ski	... niederländisch...
danska, ...sko, ...ski	... dänisch...
fínska, ...sko, ...ski	... finnisch...
evrópska, ...sko, ...ski	... europäisch...
békštanjska, ...sko, ...ski	... Finkensteiner
štébenska, ...sko, ...ski	... St. Stefaner
vŕbska, ...sko, ...ski	... Veldener
dúnajska, ...sko, ...ski	... Wiener
septémbrska, ...sko, ...ski	... September-
zímska, ...sko, ...ski	... Winter-
spomladánska, ...sko, ...ski	... Frühlings-
jesénska, ...sko, ...ski	... Herbst-
lánska, ...sko, ...ski	... vorjährig...
žénska, ...sko, ...ski	... weiblich...

<und ähnliche Wörter>

koróška, ...ško, ...ški	... kärntnerisch...
némška, ...ško, ...ški	... deutsch...
angléška, ...ško, ...ški	... englisch...
amêriška, ...ško, ...ški	... amerikanisch...
norvéška, ...ško, ...ški	... norwegisch...
čéška, ...ško, ...ški	... tschechisch...
slováška, ...ško, ...ški	... slowakisch...
hrváška, ...ško, ...ški	... kroatisch...
gŕška, ...ško, ...ški	... griechisch...
túrška, ...ško, ...ški	... türkisch...
lóška, ...ško, ...ški	... Latschacher
báška, ...ško, ...ški	... Faaker
beljáška, ...ško, ...ški	... Villacher
celôvška, ...ško, ...ški	... Klagenfurter
gráška, ...ško, ...ški	... Grazer
tržáška, ...ško, ...ški	... Triester
benéška, ...ško, ...ški	... Venedig-...
paríška, ...ško, ...ški	... Pariser
newyórška, ...ško, ...ški	... New Yorker
škofjelóška, ...ško, ...ški	... Bischofslaker
člověška, ...ško, ...ški	... menschlich...
môška, ...ško, ...ški	... männlich...

<und ähnliche Wörter>

Steigerung des Eigenschaftswortes mit bolj najbolj, manj najmanj (A)

satt > eine sattere/die sattere; ... – eine Sattere/die Sattere; ... > sit > sita > bolj sita

w.	Ez.	Zz.	Mz.
1.F.	bolj sita	bolj siti	bolj site
2.F.	bolj site	bolj sitih	bolj sitih
3.F.	bolj siti	bolj sitima	bolj sitim
4.F.	bolj sito	bolj siti	bolj site
5.F.	bolj siti	bolj sitih	bolj sitih
6.F.	bolj sito	bolj sitima	bolj sitimi

satt > ein satteres/das sattere; ... – ein Satteres/das Sattere; ... > sit > sito > bolj sito

s.	Ez.	Zz.	Mz.
1.F.	bolj sito	bolj siti	bolj sita
2.F.	bolj sitega	bolj sitih	bolj sitih
3.F.	bolj sitemu	bolj sitima	bolj sitim
4.F.	bolj sito	bolj siti	bolj sita
5.F.	bolj sitem	bolj sitih	bolj sitih
6.F.	bolj sitim	bolj sitima	bolj sitimi

satt > ein satterer, der sattere; ... – ein Satterer, der Sattere; ... > sit, siti > bolj sit/siti

m.	Ez.	Zz.	Mz.
1.F.	bolj sit/siti	bolj sita	bolj siti
2.F.	bolj sitega	bolj sitih	bolj sitih
3.F.	bolj sitemu	bolj sitima	bolj sitim
4.F.	bolj sit/siti	bolj sita	bolj site
Leb.	bolj sitega		
5.F.	bolj sitem	bolj sitih	bolj sitih
6.F.	bolj sitim	bolj sitima	bolj sitimi

satt > die satteste; ... – die Satteste; ... – am sattesten > sit > sita > bolj sita > najbolj sita

w.	Ez.	Zz.	Mz.
1.F.	najbolj sita	najbolj siti	najbolj site
2.F.	najbolj site	najbolj sitih	najbolj sitih
3.F.	najbolj siti	najbolj sitima	najbolj sitim
4.F.	najbolj sito	najbolj siti	najbolj site
5.F.	najbolj siti	najbolj sitih	najbolj sitih
6.F.	najbolj sito	najbolj sitima	najbolj sitimi

satt > das satteste; ... – das Satteste; ... – am sattesten > sit > sito > bolj sito > najbolj sito

s.	Ez.	Zz.	Mz.
1.F.	najbolj sito	najbolj siti	najbolj sita
2.F.	najbolj sitega	najbolj sitih	najbolj sitih
3.F.	najbolj sitemu	najbolj sitima	najbolj sitim
4.F.	najbolj sito	najbolj siti	najbolj sita
5.F.	najbolj sitem	najbolj sitih	najbolj sitih
6.F.	najbolj sitim	najbolj sitima	najbolj sitimi

satt > der satteste; ... – der Satteste; ... – am sattesten > sit, siti > bolj sit, siti > najbolj sit/siti

m.	Ez.	Zz.	Mz.
1.F.	najbolj sit/siti	najbolj sita	najbolj siti
2.F.	najbolj sitega	najbolj sitih	najbolj sitih
3.F.	najbolj sitemu	najbolj sitima	najbolj sitim
4.F.	najbolj sit/siti	najbolj sita	najbolj site
Leb.	najbolj sitega		
5.F.	najbolj sitem	najbolj sitih	najbolj sitih
6.F.	najbolj sitim	najbolj sitima	najbolj sitimi

satt > eine weniger satte/die weniger satte; ... – eine weniger Satte/...; ... – ... > sit > sita > manj sita

w.	Ez.	Zz.	Mz.
1.F.	manj sita	manj siti	manj site

satt > die am wenigsten satte; ... – die am wenigsten Satte; ... – am wenigsten satt > sit > sita > manj sita > najmanj sita

w.	Ez.	Zz.	Mz.
1.F.	najmanj sita	najmanj siti	najmanj site

krank	bolan/bolni	bolj/manj bolna, ... bolno, ... bolan/bolni	najbolj/najmanj bolna, ..., ...
gefühlvoll	čustven/čustveni	bolj/manj čustvena, ... čustveno, ... čustven/čustveni	najbolj/najmanj čustvena, ..., ...
arbeitsam	deloven/delovni	bolj/manj delovna, ... delovno, ... deloven/delovni	najbolj/najmanj delovna, ..., ...
redselig	klepetav/klepetavi	bolj/manj klepetava, ... klepetavo, ... klepetav/klepetavi	najbolj/najmanj klepetava, ..., ...
haarig	kosmat/kosmati	bolj/manj kosmata, ... kosmato, ... kosmat/kosmati	najbolj/najmanj kosmata, ..., ...
faul	len/leni	bolj/manj lena, ... leno, ... len/leni	najbolj/najmanj lena, ..., ...
hölzern	lesen/leseni	bolj/manj lesena, ... leseno, ... lesen/leseni	najbolj/najmanj lesena, ..., ...
nass	moker/mokri	bolj/manj mokra, ... mokro, ... moker/mokri	najbolj/najmanj mokra, ..., ...
unsicher	negotov/negotovi	bolj/manj negotova, ... negotovo, ... negotov/negotovi	najbolj/najmanj negotova, ..., ...
offen	odprt/odprti	bolj/manj odprta, ... odprto, ... odprt/odprti	najbolj/najmanj odprta, ..., ...
geschwollen	otekel/otekli	bolj/manj otekla, ... oteklo, ... otekel/otekli	najbolj/najmanj otekla, ..., ...
gebacken	pečen/pečeni	bolj/manj pečena, ... pečeno, ... pečen/pečeni	najbolj/najmanj pečena, ..., ...
satt	**sit/siti**	bolj/manj sita, ... sito, ... sit/siti	najbolj/najmanj sita, ..., ...
geizig	skop/skopi	bolj/manj skopa, ... skopo, ... skop/skopi	najbolj/najmanj skopa, ..., ...
sorgfältig	skrben/skrbni	bolj/manj skrbna, ... skrbno, ... skrben/skrbni	najbolj/najmanj skrbna, ..., ...
trocken	suh/suhi	bolj/manj suha, ... suho, ... suh/suhi	najbolj/najmanj suha, ..., ...
frisch	svež/sveži	bolj/manj sveža, ... sveže, ... svež/sveži	najbolj/najmanj sveža, ..., ...
fremd	tuj/tuji	bolj/manj tuja, ... tuje, ... tuj/tuji	najbolj/najmanj tuja, ..., ...
heiß	vroč/vroči	bolj/manj vroča, ... vroče, ... vroč/vroči	najbolj/najmanj vroča, ..., ...
gesund	zdrav/zdravi	bolj/manj zdrava, ... zdravo, ... zdrav/zdravi	najbolj/najmanj zdrava, ..., ...

<und ähnliche Wörter> *<siehe Seite 40 Mitte>*

Steigerung des Eigenschaftswortes mit -ejš-a/e/i und naj...ejš-a/e/i (A)

neu > eine neuere/die neuere; ... – eine Neuere/die Neuere; ... > nov > nova > novejša

w.	*Ez.*	*Zz.*	*Mz.*
1.F.	novejša	novejši	novejše
2.F.	novejše	novejših	novejših
3.F.	novejši	novejšima	novejšim
4.F.	novejšo	novejši	novejše
5.F.	novejši	novejših	novejših
6.F.	novejšo	novejšima	novejšimi

neu > ein neueres/das neuere; ... – ein Neueres/das Neuere; ... > nov > novo > novejše

s.	*Ez.*	*Zz.*	*Mz.*
1.F.	novejše	novejši	novejša
2.F.	novejšega	novejših	novejših
3.F.	novejšemu	novejšima	novejšim
4.F.	novejše	novejši	novejša
5.F.	novejšem	novejših	novejših
6.F.	novejšim	novejšima	novejšimi

neu > ein neuerer/der neuere; ... – ein Neuerer/der Neuere; ... > nov, novi > novejši

m.	*Ez.*	*Zz.*	*Mz.*
1.F.	novejši	novejša	novejši
2.F.	novejšega	novejših	novejših
3.F.	novejšemu	novejšima	novejšim
4.F.	novejši	novejša	novejše
Leb.	novejšega		
5.F.	novejšem	novejših	novejših
6.F.	novejšim	novejšima	novejšimi

neu > die neueste; ... – die Neueste; ... – am neuesten > nov > nova > novejša > najnovejša

w.	*Ez.*	*Zz.*	*Mz.*
1.F.	najnovejša	najnovejši	najnovejše
2.F.	najnovejše	najnovejših	najnovejših
3.F.	najnovejši	najnovejšima	najnovejšim
4.F.	najnovejšo	najnovejši	najnovejše
5.F.	najnovejši	najnovejših	najnovejših
6.F.	najnovejšo	najnovejšima	najnovejšimi

neu > das neueste; ... – das Neueste; ... – am neuesten > nov > novo > novejše > najnovejše

s.	*Ez.*	*Zz.*	*Mz.*
1.F.	najnovejše	najnovejši	najnovejša
2.F.	najnovejšega	najnovejših	najnovejših
3.F.	najnovejšemu	najnovejšima	najnovejšim
4.F.	najnovejše	najnovejši	najnovejša
5.F.	najnovejšem	najnovejših	najnovejših
6.F.	najnovejšim	najnovejšima	najnovejšimi

neu > der neueste; ... – der Neueste; ... – am neuesten > nov, novi > novejši > najnovejši

m.	*Ez.*	*Zz.*	*Mz.*
1.F.	najnovejši	najnovejša	najnovejši
2.F.	najnovejšega	najnovejših	najnovejših
3.F.	najnovejšemu	najnovejšima	najnovejšim
4.F.	najnovejši	najnovejša	najnovejše
Leb.	najnovejšega		
5.F.	najnovejšem	najnovejših	najnovejših
6.F.	najnovejšim	najnovejšima	najnovejšimi

reich	bogat/bogati	bogatejša, ...ejše, ...ejši	najbogatejša, ..., ...	---
sauber	čist/čisti	čistejša, ...ejše, ...ejši	najčistejša, ..., ...	---
dick	debél/debeli	debelejša, ...ejše, ...ejši	najdebelejša, ..., ...	---
dickflüssig	gost/gosti	gostejša, ...ejše, ...ejši	najgostejša, ..., ...	---
erfinderisch	iznajdljiv/iznajdljivi	iznajdljivejša, ...ejše, ...ejši	najiznajdljivejša, ..., ...	---
sanft	mil/mili	milejša, ...ejše, ...ejši	najmilejša, ..., ...	---
neu	**nov/novi**	novejša, ...ejše, ..ejši	najnovejša, ..., ...	---
empfindlich	občutljiv/občutljivi	občutljivejša, ...ejše, ...ejši	najobčutljivejša, ..., ...	bolj/najbolj ..., ..., ...
achtsam	pazljiv/pazljivi	pazljivejša, ...ejše, ...ejši	najpazljivejša, ..., ...	---
billig	poceni	cenejša, ...ejše, ...ejši	najcenejša, ..., ...	---
geduldig	potrpežljiv/potrpežljivi	potrpežljivejša, ...ejše, ...	najpotrpežljivejša, ..., ...	---
streitsüchtig	prepirljiv/prepirljivi	prepirljivejša, ...ejše, ...	najprepirljivejša, ..., ...	---
nachdenklich	razmišljujoč/razmišljujoči	razmišljujočejša, ...ejše, ...	najrazmišljujočejša, ..., ...	---
derb, kantig	robat/robati	robatejša, ...ejše, ...ejši	najrobatejša, ..., ...	bolj/najbolj ..., ..., ...
sorgend	skrbéč/skrbeči	skrbečejša, ...ejše, ...ejši	najskrbečejša, ..., ...	---
alt	star/stari	starejša, ...ejše, ...ejši	najstarejša, ..., ...	---
steil	strm/strmi	strmejša, ...ejše, ...ejši	najstrmejša, ..., ...	---
heilig	svet/sveti	svetejša, ...ejše, ...ejši	najsvetejša, ..., ...	---
ausgeglichen	uravnovéšen/uravnovešeni	uravnovešenejša, ...ejše, ...	najuravnovešenejša, ..., ...	---
froh	vesél/veseli	veselejša, ...ejše, ...ejši	najveselejša, ..., ...	bolj/najbolj ..., ..., ...
verlässlich	zanesljiv/zanesljivi	zanesljivejša, ...ejše, ...ejši	najzanesljivejša, ..., ...	---
besorgt	zaskrbljèn/zaskrbljeni	zaskrbljenejša, ...ejše, ...	najzaskrbljenejša, ..., ...	---
zutraulich	zaupljiv/zaupljivi	zaupljivejša, ...ejše, ...ejši	najzaupljivejša, ..., ...	---
spöttisch	zbadljiv/zbadljivi	zbadljivejša, ...ejše, ...ejši	najzbadljivejša, ..., ...	---
treu	zvest/zvesti	zvestejša, ...ejše, ...ejši	najzvestejša, ..., ...	---

<und ähnliche Wörter> *<siehe nächste Seite>*

Steigerung des Eigenschaftswortes mit -ejš-a/e/i und naj...ejš-a/e/i (B)

brav > eine bravere/die bravere; ... – eine Bravere/die Bravere; ... > priden > pridna > pridnejša

w.	*Ez.*	*Zz.*	*Mz.*
1.F.	pridnejša	pridnejši	pridnejše
2.F.	pridnejše	pridnejših	pridnejših
3.F.	pridnejši	pridnejšima	pridnejšim
4.F.	pridnejšo	pridnejši	pridnejše
5.F.	pridnejši	pridnejših	pridnejših
6.F.	pridnejšo	pridnejšima	pridnejšimi

brav > ein braveres/das bravere; ... – ein Braveres/ das Bravere; ... > priden > pridno > pridnejše

s.	*Ez.*	*Zz.*	*Mz.*
1.F.	pridnejše	pridnejši	pridnejša
2.F.	pridnejšega	pridnejših	pridnejših
3.F.	pridnejšemu	pridnejšima	pridnejšim
4.F.	pridnejše	pridnejši	pridnejša
5.F.	pridnejšem	pridnejših	pridnejših
6.F.	pridnejšim	pridnejšima	pridnejšimi

brav > ein braverer/der bravere; ... – ein Braverer/der Bravere; ... > priden, pridni > pridnejši

m.	*Ez.*	*Zz.*	*Mz.*
1.F.	pridnejši	pridnejša	pridnejši
2.F.	pridnejšega	pridnejših	pridnejših
3.F.	pridnejšemu	pridnejšima	pridnejšim
4.F.	pridnejši	pridnejša	pridnejše
Leb.	pridnejšega		
5.F.	pridnejšem	pridnejših	pridnejših
6.F.	pridnejšim	pridnejšima	pridnejšimi

brav > die bravste; ... – die Bravste; ... – am bravsten > priden > pridna > pridnejša > najpridnejša

w.	*Ez.*	*Zz.*	*Mz.*
1.F.	najpridnejša	najpridnejši	najpridnejše
2.F.	najpridnejše	najpridnejših	najpridnejših
3.F.	najpridnejši	najpridnejšima	najpridnejšim
4.F.	najpridnejšo	najpridnejši	najpridnejše
5.F.	najpridnejši	najpridnejših	najpridnejših
6.F.	najpridnejšo	najpridnejšima	najpridnejšimi

brav > das bravste; ... – das Bravste; ... – am bravsten > priden > pridno > pridnejše > najpridnejše

s.	*Ez.*	*Zz.*	*Mz.*
1.F.	najpridnejše	najpridnejši	najpridnejša
2.F.	najpridnejšega	najpridnejših	najpridnejših
3.F.	najpridnejšemu	najpridnejšima	najpridnejšima
4.F.	najpridnejše	najpridnejši	najpridnejša
5.F.	najpridnejšem	najpridnejših	najpridnejših
6.F.	najpridnejšim	najpridnejšima	najpridnejšimi

brav > der bravste; ... – der Bravste; ... – am bravsten > priden, pridni > pridnejši > najpridnejši

m.	*Ez.*	*Zz.*	*Mz.*
1.F.	najpridnejši	najpridnejša	najpridnejši
2.F.	najpridnejšega	najpridnejših	najpridnejših
3.F.	najpridnejšemu	najpridnejšima	najpridnejšim
4.F.	najpridnejši	najpridnejša	najpridnejše
Leb.	najpridnejšega		
5.F.	najpridnejšem	najpridnejših	najpridnejših
6.F.	najpridnejšim	najpridnejšima	najpridnejšimi

gutmütig	dobrodušen/-dušni	dobrodušnejša, ...ejše, ...ejši	najdobrodušnejša, ..., ...	bolj/najbolj ..., ..., ...
gesellig	družaben/družabni	družabnejša, ...ejše, ...ejši	najdružabnejša, ..., ...	bolj/najbolj ..., ..., ...
laut	glasen/glasni	glasnejša, ...ejše, ...ejši	najglasnejša, ..., ...	---
schnell	**hiter/hitri**	hitrejša, ...ejše, ...ejši	najhitrejša, ..., ...	---
tapfer	hraber/hrabri	hrabrejša, ...ejše, ...ejši	najhrabrejša, ..., ...	---
originell	izviren/izvirni	izvirnejša, ...ejše, ...ejši	najizvirnejša, ..., ...	bolj/najbolj ..., ..., ...
ruhig	miren/mirni	mirnejša, ...ejše, ...ejši	najmirnejša, ..., ...	bolj/najbolj ..., ..., ...
stark	močan/močni, močen/i	močnejša, ...ejše, ...ejši	najmočnejša, ..., ...	---
fortschrittlich	napreden/napredni	naprednejša, ...ejše, ...ejši	najnaprednejša, ..., ...	bolj/najbolj ..., ..., ...
genau	natančen/natančni	natančnejša, ...ejše, ...ejši	najnatančnejša, ..., ...	bolj/najbolj ..., ..., ...
unreif	negoden/negodni	negodnejša, ...ejše, ...ejši	najnegodnejša, ..., ...	bolj/najbolj ..., ..., ...
unglücklich	nesrečen/nesrečni	nesrečnejša, ...ejše, ...ejši	najnesrečnejša, ..., ...	bolj/najbolj ..., ..., ...
rücksichtsvoll	obziren/obzirni	obzirnejša, ...ejše, ...ejši	najobzirnejša, ..., ...	bolj/najbolj ..., ..., ...
verantwortlich	odgovoren/odgovorni	odgovornejša, ...ejše, ...ejši	najodgovornejša, ..., ...	bolj/najbolj ..., ..., ...
entschlossen	odločen/odločni	odločnejša, ...ejše, ...ejši	najodločnejša, ..., ...	bolj/najbolj ..., ..., ...
scharf	oster/ostri	ostrejša, ...ejše, ...ejši	najostrejša, ..., ...	---
langsam	počasen/počasni	počasnejša, ...ejše, ...ejši	najpočasnejša, ..., ...	bolj/najbolj ..., ..., ...
unternehmungslustig	podjeten/podjetni	podjetnejša, ...ejše, ...ejši	najpodjetnejša, ..., ...	bolj/najbolj ..., ..., ...
mutig	pogumen/pogumni	pogumnejša, ...ejše, ...ejši	najpogumnejša, ..., ...	---
aufmerksam	pozoren/pozorni	pozornejša, ...ejše, ...ejši	najpozornejša, ..., ...	---
vorsichtig	previden/previdni	previdnejša, ...ejše, ...ejši	najprevidnejša, ..., ...	bolj/najbolj ..., ..., ...
brav	**priden/pridni**	pridnejša, ...ejše, ...ejši	najpridnejša, ..., ...	---
freundlich	prijazen/prijazni	prijaznejša, ...ejše, ...ejši	najprijaznejša, ..., ...	bolj/najbolj ..., ..., ...
herzlich	prisrčen/prisrčni	prisrčnejša, ...ejše, ...ejši	najprisrčnejša, ..., ...	---
freigebig	radodaren/radodarni	radodarnejša, ...ejše, ...ejši	najradodarnejša, ..., ...	---
neugierig	radoveden/radovedni	radovednejša, ...ejše, ...ejši	najradovednejša, ..., ...	---
belesen	razgledan/razgledni	razglednejša, ...ejše, ...ejši	najrazglednejša, ..., ...	---
ordnungsliebend	redoljuben/redoljubni	redoljubnejša, ...ejše, ...ejši	najredoljubnejša, ..., ...	---
ernst	resen/resni	resnejša, ...ejše, ...ejši	najresnejša, ..., ...	---
	<und ähnliche Wörter>	*<siehe vorige und nächste Seite>*		

Steigerung des Eigenschaftswortes mit -ejš-a/e/i und naj...ejš-a/e/i (C)

wahrheitsliebend	resnicoljuben/-ljubni	resnicoljubnejša, ...ejše, ...ejši	najresnicoljubnejša, ..., ...	---
arm	**reven/revni**	revnejša, ...ejše, ...ejši	najrevnejša, ..., ...	---
selbstständig	samostojen/-stojni	samostojnejša, ...ejše, ...ejši	najsamostojnejša, ..., ...	bolj/najbolj ..., ..., ...
selbstbewusst	samozavesten/-vestni	samozavestnejša, ...ejše, ...ejši	najsamozavestnejša, ..., ...	bolj/najbolj ..., ..., ...
armselig	skromen/skromni	skromnejša, ...ejše, ...ejši	najskromnejša, ..., ...	---
witzig	smešen/smešni	smešnejša, ...ejše, ...ejši	najsmešnejša, ..., ...	---
geschickt	spreten/spretni	spretnejša, ...ejše, ...ejši	najspretnejša, ..., ...	---
ängstlich	strahopeten/-petni	strahopetnejša, ...ejše, ...ejši	najstrahopetnejša, ..., ...	---
offenherzig	širokosrčen/-srčni	širokosrčnejša, ...ejše, ...ejši	najširokosrčnejša, ..., ...	---
warm	**topel/topli**	toplejša, ...ejše, ...ejši	najtoplejša, ..., ...	---
erfolgreich	uspešen/uspešni	uspešnejša, ...ejše, ...ejši	najuspešnejša, ..., ...	---
heiter	veder/vedri	vedrejša, ...ejše, ...ejši	najvedrejša, ..., ...	---
großmütig	velikodušen/-dušni	velikodušnejša, ...ejše, ...ejši	najvelikodušnejša, ..., ...	---
schlank	**vitek/vitki**	vitkejša, ...ejše, ...ejši	najvitkejša, ..., ...	---
höflich	vljuden/vljudni	vljudnejša, ...ejše, ...ejši	najvljudnejša, ..., ...	---
hinterlistig	zahrbten/zahrbtni	zahrbtnejša, ...ejše, ...ejši	najzahrbtnejša, ..., ...	---
redegewandt	zgovoren/zgovorni	zgovornejša, ...ejše, ...ejši	najzgovornejša, ..., ...	---
lebhaft	živahen/živahni	živahnejša, ...ejše, ...ejši	najživahnejša, ..., ...	---
	<und ähnliche Wörter> <siehe vorige Seiten>			

Steigerung des Eigenschaftswortes mit bolj najbolj, manj najmanj (B)

österreichisch	avstrijski	bolj/manj avstrijska, bolj/manj avstrijsko, bolj/manj ...ski	najbolj/najmanj avstrijska, ..., ...
weiß	bel/beli	bolj/manj bela, bolj/manj belo, bolj/manj bel/beli	najbolj/najmanj bela, ..., ...
schwarz	črn/črni	bolj/manj črna, bolj/manj črno, bolj/manj črn/črni	najbolj/najmanj črna, ..., ...
wild	divji	bolj/manj divja, bolj/manj divje, bolj/manj divji	najbolj/najmanj divja, ..., ...
kärntnerisch	koroški	bolj/manj koroška, bolj/manj koroško, bolj/manj koroški	najbolj/najmanj koroška, ..., ...
blau	plav/plavi,	bolj/manj plava, bolj/manj plavo, bolj/manj plav/plavi	najbolj/najmanj plava, ..., ...
	moder/modri	bolj/manj modra, bolj/manj modro, bolj/manj moder/modri	najbolj/najmanj modra, ..., ...
rot	rdeč/rdeči	bolj/manj rdeča, bolj/manj rdeče, bolj/manj rdeč/rdeči	najbolj/najmanj rdeča, ..., ...
braun	rjav/rjavi	bolj/manj rjava, bolj/manj rjavo, bolj/manj rjav/rjavi	najbolj/najmanj rjava, ..., ...
gelb	rumèn/rumeni	bolj/manj rumena, bolj/manj rumeno, bolj/manj rumen/i	najbolj/najmanj rumena, ..., ...
grau	siv/sivi	bolj/manj siva, bolj/manj sivo, bolj/manj siv/sivi	najbolj/najmanj siva, ..., ...
silber	srebrn/srebrni	bolj/manj srebrna, bolj/manj srebrno, bolj/manj srebrn/i	najbolj/najmanj srebrna, ..., ...
alltäglich	vsakdanji	bolj/manj vsakdanja, bolj/manj vsakdanje, bol/manj ...nji	najbolj/najmanj vsakdanja, ..., ...
grün	zelèn/zeleni	bolj/manj zelena, bolj/manj zeleno, bolj/manj zelen/zeleni	najbolj/najmanj zelena, ..., ...
gold	zlat/zlati	bolj/manj zlata, bolj/manj zlato, bolj/manj zlat/zlati	najbolj/najmanj zlata, ..., ...
	<und ähnliche Wörter> <siehe Seite 37>		

Steigerung des Eigenschaftswortes mit zelo

österreichisch	avstrijski	sehr österreichisch	zelo avstrijska, zelo avstrijsko, zelo avstrijski
weiß	bel/beli	sehr weiß	zelo bela, zelo belo, zelo bel/beli
wild	divji	sehr wild	zelo divja, zelo divje, zelo divji
kärntnerisch	koroški	sehr kärntnerisch	zelo koroška, zelo koroško, zelo koroški
schön	lep/lepi	sehr schön	zelo lepa, zelo lepo, zelo lep/lepi
neu	nov/novi	sehr neu	zelo nova, zelo novo, zelo nov/novi
brav	priden/pridni	sehr brav	zelo pridna, zelo pridno, zelo priden/pridni
satt	sit/siti	sehr satt	zelo sita, zelo sito, zelo sit/siti
streng	strog/strogi	sehr streng	zelo stroga, zelo strogo, zelo strog/strogi
			<fast alle Eigenschaftswörter>

zelo lepa, bolj lepa, veliko bolj lepa; zelo sita, bolj sita, veliko bolj sita; ...

Steigerung des Eigenschaftswortes mit -š-a/e/i und naj...š-a/e/i

schön > eine schönere/die schönere; ... – eine Schönere/ die Schönere; ... > lep > lepa > lepša

w.	*Ez.*	*Zz.*	*Mz.*
1.F.	lepša	lepši	lepše
2.F.	lepše	lepših	lepših
3.F.	lepši	lepšima	lepšim
4.F.	lepšo	lepši	lepše
5.F.	lepši	lepših	lepših
6.F.	lepšo	lepšima	lepšimi

schön > ein schöneres/das schönere; ... – ein Schöneres/ das Schönere; ... > lep > lepo > lepše

s.	*Ez.*	*Zz.*	*Mz.*
1.F.	lepše	lepši	lepša
2.F.	lepšega	lepših	lepših
3.F.	lepšemu	lepšima	lepšim
4.F.	lepše	lepši	lepša
5.F.	lepšem	lepših	lepših
6.F.	lepšim	lepšima	lepšimi

schön > ein schönerer/der schönere; ... – ein Schönerer/ der Schönere; ... > lep, lepi > lepši

m.	*Ez.*	*Zz.*	*Mz.*
1.F.	lepši	lepša	lepši
2.F.	lepšega	lepših	lepših
3.F.	lepšemu	lepšima	lepšim
4.F.	lepši	lepša	lepše
Leb.	lepšega		
5.F.	lepšem	lepših	lepših
6.F.	lepšim	lepšima	lepšimi

schön > die schönste; ... – die Schönste; ... – am schönsten > lep > lepa > lepša > najlepša

w.	*Ez.*	*Zz.*	*Mz.*
1.F.	najlepša	najlepši	najlepše
2.F.	najlepše	najlepših	najlepših
3.F.	najlepši	najlepšima	najlepšim
4.F.	najlepšo	najlepši	najlepše
5.F.	najlepši	najlepših	najlepših
6.F.	najlepšo	najlepšima	najlepšimi

schön > das schönste; ... – das Schönste; ... – am schönsten > lep > lepo > lepše > najlepše

s.	*Ez.*	*Zz.*	*Mz.*
1.F.	najlepše	najlepši	najlepša
2.F.	najlepšega	najlepših	najlepših
3.F.	najlepšemu	najlepšima	najlepšim
4.F.	najlepše	najlepši	najlepša
5.F.	najlepšem	najlepših	najlepših
6.F.	najlepšim	najlepšima	najlepšimi

schön > der schönste; ... – der Schönste; ... – am schönsten > lep, lepi > lepši > najlepši

m.	*Ez.*	*Zz.*	*Mz.*
1.F.	najlepši	najlepša	najlepši
2.F.	najlepšega	najlepših	najlepših
3.F.	najlepšemu	najlepšima	najlepšim
4.F.	najlepši	najlepša	najlepše
Leb.	najlepšega		
5.F.	najlepšem	najlepših	najlepših
6.F.	najlepšim	najlepšima	najlepšimi

gut	dober/dobri	boljša, boljše, boljši	najboljša, najboljše, najboljši	---
lang	dolg/dolgi	daljša, daljše, daljši	najdaljša, najdaljše, najdaljši	---
hässlich	grd/grdi	grša, grše, grši	najgrša, najgrše, najgrši	---
böse	hud/hudi	hujša, hujše, hujši	najhujša, najhujše, najhujši	---
kurz	kratek/kratki	krajša, krajše, krajši	najkrajša, najkrajše, najkrajši	---
schön	**lep/lepi**	lepša, lepše, lepši	najlepša, najlepše, najlepši	---
lieb	ljub/ljubi	ljubša, ljubše, ljubši	najljubša, najljubše, najljubši	---
klein	majhna/mala	manjša	najmanjša	---
	majhno/malo	manjše	najmanjše	
	majhen/mali	manjši	najmanjši	
jung	mlad/mladi	mlajša, mlajše, mlajši	najmlajša, najmlajše, najmlajši	---
schlecht	slab/slabi	slabša, slabše, slabši	najslabša, najslabše, najslabši	---
süß	sladek/sladki	slajša, slajše, slajši	najslajša, najslajše, najslajši	---
weit	širok/široki	širša, širše, širši	najširša, najširše, najširši	---
dünn	tanek/tenki, tenek/tenki	tanjša, tanjše, tanjši	najtanjša, najtanjše, najtanjši	---
hart	trd/trdi	trša, trše, trši	najtrša, najtrše, najtrši	---
	<nur diese Wörter>			

Steigerung des Eigenschaftswortes mit -j-a/e/i und naj...j-a/e/i

streng > eine strengere/die strengere; ... – eine Strengere/ die Strengere; ... > strog > stroga > strožja

w.	*Ez.*	*Zz.*	*Mz.*
1.F.	strožja	strožji	strožje
2.F.	strožje	strožjih	strožjih
3.F.	strožji	strožjima	strožjim
4.F.	strožjo	strožji	strožje
5.F.	strožji	strožjih	strožjih
6.F.	strožjo	strožjima	strožjimi

streng > ein strengeres/das strengere; ... – ein Strengeres/ das Strengere; ... > strog > strogo > strožje

s.	*Ez.*	*Zz.*	*Mz.*
1.F.	strožje	strožji	strožja
2.F.	strožjega	strožjih	strožjih
3.F.	strožjemu	strožjima	strožjim
4.F.	strožje	strožji	strožja
5.F.	strožjem	strožjih	strožjih
6.F.	strožjim	strožjima	strožjimi

streng > ein strengerer/der strengere; ... – ein Strengerer/ der Strengere; ... > strog, strogi > strožji

m.	*Ez.*	*Zz.*	*Mz.*
1.F.	strožji	strožja	strožji
2.F.	strožjega	strožjih	strožjih
3.F.	strožjemu	strožjima	strožjim
4.F.	strožji	strožja	strožje
Leb.	strožjega		
5.F.	strožjem	strožjih	strožjih
6.F.	strožjim	strožjima	strožjimi

streng > die strengste; ... – die Strengste; ... – am strengsten > strog > stroga > strožja > najstrožja

w.	*Ez.*	*Zz.*	*Mz.*
1.F.	najstrožja	najstrožji	najstrožje
2.F.	najstrožje	najstrožjih	najstrožjih
3.F.	najstrožji	najstrožjima	najstrožjim
4.F.	najstrožjo	najstrožji	najstrožje
5.F.	najstrožji	najstrožjih	najstrožjih
6.F.	najstrožjo	najstrožjima	najstrožjimi

streng > das strengste; ... – das Strengste; ... – am strengsten > strog > strogo > strožje > najstrožje

s.	*Ez.*	*Zz.*	*Mz.*
1.F.	najstrožje	najstrožji	najstrožja
2.F.	najstrožjega	najstrožjih	najstrožjih
3.F.	najstrožjemu	najstrožjima	najstrožjim
4.F.	najstrožje	najstrožji	najstrožja
5.F.	najstrožjem	najstrožjih	najstrožjih
6.F.	najstrožjim	najstrožjima	najstrožjimi

streng > der strengste; ... – der Strengste; ... – am strengsten > strog, strogi > strožji > najstrožji

m.	*Ez.*	*Zz.*	*Mz.*
1.F.	najstrožji	najstrožja	najstrožji
2.F.	najstrožjega	najstrožjih	najstrožjih
3.F.	najstrožjemu	najstrožjima	najstrožjim
4.F.	najstrožji	najstrožja	najstrožje
Leb.	najstrožjega		
5.F.	najstrožjem	najstrožjih	najstrožjih
6.F.	najstrožjim	najstrožjima	najstrožjimi

teuer	drag/dragi	dražja, dražje, dražji	najdražja, najdražje, najdražji	---
tief	globok/globoki	globlja, globlje, globlji	najglobIja, najgloblje, najglobIji	---
leicht	lahek/lahki	lažja, lažje, lažji	najlažja, najlažje, najlažji	---
niedrig	nizek/nizki	nižja, nižje, nižji	najnižja, najnižje, najnižji	---
eng	ozek/ozkii	ožja, ožje, ožji	najožja, najožje, najožji	---
streng	**strog/strogi**	strožja, strožje, strožji	najstrožja, najstrožje, najstrožji	---
schwer	težak/težki, težek/težki	težja, težje, težji	najtežja, najtežje, najtežji	---
leise, still	tih/tihi	tišja, tišje, tišji	najtišja, najtišje, najtišji	---
groß	velíka/vélika	večja	največja	---
	velíko/véliko	večje	največje	
	vêlik/véliki	večji	največji	
hoch	visok/visoki	višja, višje, višji	najvišja, najvišje, najvišji	---
	<nur diese Wörter>			

Biegung der Hauptwörter auf ev, el, em, en

eine/die Kirche; ...

w.	*Ez.*	*Zz.*	*Mz.*
1.F.	cérkev	cérkvi	cérkve
2.F.	cérkve	cérkev	cérkev
3.F.	cérkvi	cérkvama	cérkvam
4.F.	cérkev	cérkvi	cérkve
5.F.	cérkvi	cérkvah	cérkvah
6.F.	cérkvijo	cérkvama	cérkvami

cérkev > cérkve	eine/die Kirche
bréskev > bréskve	ein/der Pfirsich
léstev > léstve	eine/die Leiter
žŕtev > žŕtve	ein/das Opfer

<nur diese Wörter>

molítev > molítve	ein/das Gebet
obnovítev > obnovítve	eine/die Erneuerung
odločítev > odločítve	eine/die Entscheidung
ponovítev > ponovítve	eine/die Wiederholung
prireditev > prireditve	eine/die Veranstaltung
rešítev > rešítve	eine/die Lösung
sklanjátev > sklanjátve	eine/die Biegung
spregátev > spregátve	eine/die Abwandlung
vrnítev > vrnítve	eine/die Rückkehr
zaposlítev > zaposlítve	eine/die Anstellung
žétev > žétve	eine/die Ernte

<alle so abgeleiteten Hauptwörter>

ein/der Gedanke; ...

w.	*Ez.*	*Zz.*	*Mz.*
1.F.	mísel	mísli	mísli
2.F.	mísli	mísli	mísli
3.F.	mísli	míslima	míslim
4.F.	mísel	mísli	mísli
5.F.	mísli	míslih	míslih
6.F.	míslijo	míslima	míslimi

mísel > mísli	ein/der Gedanke
zamísel > zamísli	eine/die Idee
pésem > pésmi	ein/das Lied
básen > básni	eine/die Fabel
bolézen > bolézni	eine/die Krankheit
kázen > kázni	eine/die Strafe
nur Ez.: ljubézen	eine/die Liebe
prikázen > prikázni	eine/die Erscheinung
plésen > plésni	ein/der Schimmel(pilz)

<und ähnliche Wörter>

ein/der Widerschein

m.	*Ez.*	*Zz.*	*Mz.*
1.F.	odsèv	odséva	odsévi
2.F.	odséva	odsévov	odsévov
3.F.	odsévu	odsévoma	odsévom
4.F.	odsév	odséva	odséve
5.F.	odsévu	odsévih	odsévih
6.F.	odsévom	odsévoma	odsévi

odsèv > odsévi	ein/das Echo
odmèv > odmévi	ein/der Widerschein
lèv > lêvi > *4.F. Ez.* lêva	ein/der Löwe

bazén > bazéni	ein/das Schwimmbecken
grebén > grebéni	ein/der Kamm/Grat
jêrmen > jerméni	ein/der Gürtel
namèn > naméni	eine/die Absicht
pomèn > poméni	eine/die Bedeutung
plámen > plaméni	eine/die Flamme
prámen > praméni	eine/die Strähne

pepél > pepéli	eine/die Asche
plevél > plevéli	ein/das Unkraut

<und ähnliche Wörter>

ein/der Kessel; ...

m.	*Ez.*	*Zz.*	*Mz.*
1.F.	kôtel	kôtla	kôtli
2.F.	kôtla	kôtlov	kôtlov
3.F.	kôtlu	kôtloma	kôtlom
4.F.	kôtel	kôtla	kôtle
5.F.	kôtlu	kôtlih	kôtlih
6.F.	kôtlom	kôtloma	kôtli

kôtel > kôtli	ein/der Kessel
pôsel > pôsli	ein/das Geschäft
sèl > slì> *4.F. Ez.* slà	ein/der Bote
smísel > smísli	ein/der Sinn
vôzel > vôzli	ein/der Knoten

járem > jármi	ein/das Ochsenjoch
pójem > pójmi	ein/der Begriff
rítem > rítmi	ein/der Rhythmus
sêjem > sêjmi	eine/die (Waren-)Messe

kámen > kámni	ein/der Stein
téden > tédni	eine/die Woche

<und ähnliche Wörter>

Biegung der Hauptwörter auf ost und weiblich ohne a-Endung

eine/die Freude; ...

w.	*Ez.*	*Zz.*	*Mz.*
1.F.	rádost	rádosti	rádosti
2.F.	rádosti	rádosti	rádosti
3.F.	rádosti	rádostma	rádostim
4.F.	rádost	rádosti	rádosti
5.F.	rádosti	rádostih	rádostih
6.F.	rádostjo	rádostma	rádostmi

rádost > rádosti	eine/die Freude
dolžnóst > dolžnósti	eine/die Schuldigkeit
glásnost > glásnosti	eine/die Lautstärke
hitróst > hitrósti	eine/die Geschwindigkeit
jávnost > jávnosti	eine/die Öffentlichkeit
nur Ez.: krátkost	eine/die Kürze
nur Ez.: kreatívnost	eine/die Kreativität
krepkóst > krepkósti	eine/die Stärke
lastnóst > lastnósti	eine/die Eigenschaft
malénkost > malénkosti	eine/die Kleinigkeit
modróst > modrósti	eine/die Weisheit
móžnost > móžnosti	eine/die Möglichkeit
natánčnost > ...osti	eine/die Genauigkeit
nevárnost > ...osti	eine/die Gefahr
novóst > novósti	eine/die Neuigkeit
obvéznost > ...osti	eine/die Verpflichtung
odvísnost > odvísnosti	eine/die Abhängigkeit
osébnost > ...osti	eine/die Persönlichkeit
posébnost > ...osti	eine/die Besonderheit
pravíčnost > ...osti	eine/die Gerechtigkeit
nur Ez.: pretêklost	eine/die Vergangenheit
nur Ez.: prihódnost	eine/die Zukunft
prijáznost > prijáznosti	eine/die Freundlichkeit
prilóžnost > prilóžnosti	eine/die Gelegenheit
razvítost > razvítosti	eine/die Entwicklung
reálnost > reálnosti	eine/die Realität
nur Ez.: relatívnost	eine/die Relativität
nur Ez.: sedánjost	eine/die Gegenwart
sigúrnost > sigúrnosti	eine/die Sicherheit
slabóst > slabósti	eine/die Schwachheit
sposóbnost > ...osti	eine/die Fähigkeit
šíbkost > šíbkosti	eine/die Schwäche
nur Ez.: štévnost	eine/die Zählbarkeit
tájnost > tájnosti	ein/das Geheimnis
nur Ez.: tákšnost	eine/die Beschaffenheit
táktičnost > ...osti	eine/die Taktik
tedánjost > ...osti	eine/die damalige Zeit
tehtovítost > ...osti	eine/die Ausgewogenheit
temeljítost > ...osti	eine/die Gründlichkeit

eine/die Henne; ...

w.	*Ez.*	*Zz.*	*Mz.*
1.F.	kokóš	kokóši	kokóši
2.F.	kokóši	kokóši	kokóši
3.F.	kokóši	kokóšma	kokóšim
4.F.	kokóš	kokóši	kokóši
5.F.	kokóši	kokóših	kokóših
6.F.	kokóšjo	kokóšma	kokóšmi

kokóš > kokóši	eine/die Henne
čeljúst > čeljústi	ein/das Kiefer
četŕt > četŕti	ein/das Viertel
globél > globéli	eine/die Schlucht
gród > gródi	eine/die Heldenbrust
jesén > jeséni	ein/der Herbst
nur Ez.: koríst	ein/der Nutzen
napôved > napôvedi	eine/die Vorhersage
obŕt > obŕti	ein/das Gewerbe
odpôved > odpôvedi	eine/die Absage
pámet > pámeti	ein/der Verstand
perút > perúti	ein/der Flügel
plavút > plavúti	eine/die Flosse
pomlád > pomládi	ein/das Frühjahr
pomóč > pomóči	eine/die Hilfe
posést > posésti	ein/der Besitz
postŕv > postŕvi	eine/die Forelle
pošást > pošásti	ein/das Ungeheuer
povéd > povédi	eine/die Aussage/Satzaussage
povést > povést	eine/die Erzählung
povódenj > povódnji	eine/die Überschwemmung
práprot > práproti	ein/der Farn
premóč > premóči	eine/die Übermacht
pripôved > pripôvedi	eine/die Erzählung
senožét > senožéti	eine/die Bergwiese
spôved > spôvedi	eine/die Beichte
utéž > utéži	ein/das Gewicht
zapôved > zapôvedi	ein/das Gebot
nur Ez.: zavést	ein/das Bewusstsein
nur Ez.: zavíst	ein/der Neid
zíbel > zíbeli	eine/die Wiege
žival > živáli	ein/das Tier/Lebewesen

<und ähnliche Wörter>

vabljívost > vabljívosti	ein/der Reiz
várnost > várnosti	eine/die Sicherheit
znamenítost > ...osti	eine/die Sehenswürdigkeit

<alle Hauptwörter auf -ost>

Biegung der Hauptwörter, weiblich ohne a-Endung, 5.F. Mz. éh (Teil 2)

strán > straní	eine/die Seite
strást > strastí	eine/die Sucht
svést > svestí	eine/die Zuversicht
ùš > uší	ein/der Floh
vás > vasí	ein/das Dorf
véz > vezí	ein/das Band
vŕst > vrstí	eine/die Art
vŕv > vrví	ein/das Seil
zvér > zverí	ein/das Raubtier
zvŕst > zvrstí	eine/die Gattung

<und ähnliche Wörter>

Biegung der Hauptwörter, einsilbig, ohne a-Endung

ein/der Ritus; ...

m.	*Ez.*	*Zz.*	*Mz.*
1.F.	obréd	obréda	obrédi
2.F.	obréda	obrédov	obrédov
3.F.	obrédu	obrédoma	obrédom
4.F.	obréd	obréda	obréde
5.F.	obrédu	obrédih	obrédih
6.F.	obrédom	obrédoma	obrédi

obréd > obrédi	ein/der Ritus
čád > čádi	ein/der Dunst
čèp > čêpi	ein/der Tropfen
čmŕlj > čmŕlji > *4.F. Ez.:* čmŕlja	eine/die Hummel
čŕv > čŕvi > *4.F. Ez.:* čŕva	ein/der Wurm
čút > čúti	eine/die Empfindung
gél > géli	ein/das Gel
klòp > klôpi > *4.F. Ez.:* klôpa	eine/die Zecke
kòp > kôpi	ein/der Bau
kôt > kôti	ein/das Eck
kŕst > kŕsti	eine/die Taufe
lát > láti	eine/die Rispe
nur Ez.: pót > potú/póta	ein/der Schweiß
potòp > potópa	eine/die Sintflut
pŕt > pŕti	ein/das Tischtuch
pŕst > pŕsti	ein/der Finger
nur Ez.: réd	eine/die Ordnung

eine/die Maus; ...

w.	*Ez.*	*Zz.*	*Mz.*
1.F.	mìš	míši	míši
2.F.	míši	míši	míši
3.F.	míši	míšma	míšim
4.F.	mìš	míši	míši
5.F.	míši	míših	míših
6.F.	míšjo	míšma	míšmi

mìš > míši	eine/die Maus
nít > níti	ein/der Faden
smŕt > smŕti	ein/der Tod
vést > vésti	ein/das Gewissen
bít > bíti	eine/die Wesenheit
ból > bóli	ein/das Leid
kál > káli	ein/der Keim
<und ähnliche Wörter>	

réd > redôvi	ein/der Orden (Kloster)
réz > rézi	ein/der Schnitt
sléd > slédovi	eine/die Spur
sód > sódi	ein/das Fass
svéženj > svéžnji	ein/das Bündel
<und ähnliche Wörter>	

Biegung der Hauptwörter, weiblich ohne a-Endung, 5.F. Mz. éh (Teil 1)

eine/die Sache; ...

w.	*Ez.*	*Zz.*	*Mz.*
1.F.	stvár	stvarí	stvarí
2.F.	stvarí	stvarí	stvarí
3.F.	stvarí	stvaréma	stvarém
4.F.	stvár	stvarí	stvarí
5.F.	stvári	stvaréh	stvaréh
6.F.	stvarjó	stvaréma	stvarmí

stvár > stvarí	eine/die Sache
bŕv > brví	ein/der Steg
cép > cepí	ein/der Dreschflegel
cév > ceví	ein/das Rohr
část > častí	eine/die Ehre
čér > čerí	eine/die Klippe
debèr > debrí	eine/die Schlucht
dlán > dlaní	eine/die Handfläche
gós > gosí	eine/die Gans
jéd > jedí	ein/das Essen
kád > kadí	ein/der Bottich
klét > kletí	ein/der Keller
klóp > klopí	eine/die (Sitz-)Bank
kóp > kopí	das Hauen/Auflockern
lást > lastí	ein/das Eigentum
lát > latí	eine/die Rispe
láž > laží	eine/die Lüge
lúč > lučí	ein/das Licht
mást > mastí	ein/das Fett
móč > močí	eine/die Macht
nóč > nočí	eine/die Nacht
oblást > oblastí	eine/die Obrigkeit
ós > osí	eine/die Achse
pást > pastí	eine/die Falle
péč > pečí	ein/der Ofen
péd > pedí	eine/die Elle
pést > pestí	eine/die Faust
plást > plastí	eine/die Schicht (Lage)
plát > platí	eine/die Seite (Theorie)
polnóč > polnočí	eine/die Mitternacht
nur Ez.: pólst > polstí	ein/der Filz
pólt > poltí	eine/die Haut
pót > potí	ein/der Weg
pŕst > prstí	eine/die Erde
rást > rastí	ein/das Wachstum
ráven > ravní	eine/die Ebene
réč > rečí	eine/die Sache
réz > rezí	ein/der Schnitt
ŕž > rží	ein/der Roggen
stvár > stvarí	eine/die Sache
skŕb > skrbí	eine/die Sorge
slást > slastí	eine/die Lust
sléd > sledí	eine/die Spur
smér > smerí	eine/die Richtung
snóv > snoví	ein/der Stoff
sól > solí	ein/das Salz

Biegung des Hauptwortes, Doppelformen, ôv und 5.F. Mz. éh (A)

ein/der Hals; ...

m.	*Ez.*	*Zz.*	*Mz.*
1.F.	vrát	vratôva	vratôvi
2.F.	vratá	vratôv	vratôv
3.F.	vratú	vratôvoma	vratôvom
4.F.	vrát	vratôva	vratôve
5.F.	vratú	vratôvih/ vratéh	vratôvih/ vratéh
6.F.	vratóm	vratôvoma	vratôvi

vrát > vratôvi   ein/der Hals
<nur dieses Wort>

eine/die Nase; ...

m.	*Ez.*	*Zz.*	*Mz.*
1.F.	nós	nosôva	nosôvi
2.F.	nósa/ nosú	nosôv	nosôv
3.F.	nósu	nosôvoma	nosôvom
4.F.	nós	nosôva	nosôve
5.F.	nósu	nosôvih/ noséh	nosôvih/ noséh
6.F.	nósom	nosôvoma	nosôvi

nós > nosôvi   eine/die Nase
<nur dieses Wort>

eine/die Schuld; ...

m.	*Ez.*	*Zz.*	*Mz.*
1.F.	dólg	dolgôva	dolgôvi
2.F.	dolgá	dolgôv	dolgôv
3.F.	dolgú	dolgôvoma	dolgôvom
4.F.	dólg	dolgôva	dolgôve/ dolgé
5.F.	dolgú	dolgôvih/ dolgéh	dolgôvih/ dolgéh
6.F.	dolgóm	dolgôvoma	dolgôvi

dólg > dolgôvi   eine/die Schuld
<nur dieses Wort>

eine/die Mauer; ...

m.	*Ez.*	*Zz.*	*Mz.*
1.F.	zíd	zidôva/ zída	zidôvi
2.F.	zída/ zidú	zidôv	zidôv
3.F.	zídu	zidôvoma/ zídoma	zidôvom
4.F.	zíd	zidôva/ zída	zidôve
5.F.	zídu	zidôvih/zídih/ zidéh	zidôvih/zídih/ zidéh
6.F.	zídom	zidôvoma/ zídoma	zidôvi

zíd > zidôvi   eine/die Mauer
<nur dieses Wort>

ein/der Wagen; ...

m.	*Ez.*	*Zz.*	*Mz.*
1.F.	vóz	vozôva	vozôvi/ vozjé
2.F.	vozá	vozôv	vozôv/ vóz
3.F.	vôzu	vozôvoma	vozôvom/ vozém
4.F.	vóz	vozôva	vozôve/ vozé
5.F.	vôzu	vozôvih/ vozéh	vozôvih/ vozéh
6.F.	vózom	vozôvoma	vozôvi/ vozmí

vóz > vozôvi/vozjé   ein/der Wagen
<nur dieses Wort>

eine/die Brücke; ...

m.	*Ez.*	*Zz.*	*Mz.*
1.F.	móst	mostôva	mostôvi
2.F.	mósta/ mostú	mostôv	mostôv
3.F.	móstu	mostôvoma	mostôvoma
4.F.	móst	mostôva	mostôve
5.F.	móstu	mostôvih/ mostéh	mostôvih/ mostéh
6.F.	móstom	mostôvoma	mostôvi/ mostmí

móst > mostôvi   eine/die Brücke
<nur dieses Wort>

Biegung des Hauptwortes, Doppelformen, ôv und 5.F. Mz. éh (B)

ein/der Garten; ...

m.	*Ez.*	*Zz.*	*Mz.*
1.F.	vŕt	vrtôva/	vrtôvi/
		vŕta	vŕti
2.F.	vŕta	vrtôv	vrtôv
3.F.	vŕtu	vrtôvoma/	vrtôvom/
		vŕtoma	vŕtom
4.F.	vŕt	vrtôva/	vrtôve/
		vŕta	vŕte
5.F.	vŕtu	vrtôvih/	vrtôvih/
		vrtéh	vrtéh
6.F.	vŕtom	vrtôvoma/	vrtôvi/
		vŕtoma	vrtmí

vŕt > vrtôvi/vŕti — ein/der Garten
<nur dieses Wort>

ein/der Stand/Status; ...

m.	*Ez.*	*Zz.*	*Mz.*
1.F.	stán	stanôva/	stanôvi/
		stána	stáni
2.F.	stána/	stanôv	stanôv
	stanú		
3.F.	stánu	stanôvoma/	stanôvom/
		stánoma	stánom
4.F.	stán	stanôva/	stanôve/
		stána	stáne
5.F.	stánu	stanôvih/	stanôvih/
		stanéh	stanéh
6.F.	stánom	stanôvoma/	stanôvi/
		stánoma	stanmí

stán > stanôvi/stáni — ein/der Stand/Status
dróg > drogôvi/drógi — eine/die Stange
<nur diese Wörter>

ein/das Horn; ...

m.	*Ez.*	*Zz.*	*Mz.*
1.F.	róg	rogôva/	rogôvi/
		rogá	rógi
2.F.	róga	rogôv/	rogôv/
		róg	róg
3.F.	rôgu	rogôvoma/	rogôvom/
		rógoma	rógom
4.F.	róg	rogôva/	rogôve/
		rogá	rogé
5.F.	rôgu	rogôvih/	rogôvih/
		rogéh	rogéh
6.F.	rógom	rogôvoma/	rogôvi/
		rógoma	rogmí

róg > rogôvi/rógi — ein/das Horn
<nur dieses Wort>

ein/der Dieb; ...

m.	*Ez.*	*Zz.*	*Mz.*
1.F.	tát	tatôva/	tatôvi/
		táta	táti
2.F.	táta/	tatôv	tatôv
	tatú		
3.F.	tátu	tatôvoma/	tatôvom/
		tátoma	tátom
4.F.	táta	tatôva/	tatôve/
		táta	táte
5.F.	tátu	tatôvih/	tatôvih/
		tatéh	tatéh
6.F.	tátom	tatôvoma/	tatôvi/
		tátoma	tatmí

tát > tatôvi/táti — ein/der Dieb
<nur dieses Wort>

Biegung der Mehrzahlwörter (A)

(die) Ferien

w.	*Ez.*	*Zz.*	*Mz.*
1.F.	---	---	počítnice
2.F.	---	---	počítnic
3.F.	---	---	počítnicam
4.F.	---	---	počítnice
5.F.	---	---	počítnicah
6.F.	---	---	počítnicami

--- > **počítnice**	(die) Ferien
--- > hláče	eine/die Hose
--- > kléšče	eine/die Zange
--- > óšpice	(die) Masern
--- > rdéčke	(die) Röteln
--- > sáje	ein/der Ruß
--- > sánje	ein/der Traum
--- > sánke	ein/der Schlitten
--- > víle	eine/die Gabel
--- > vílice	eine/die Kuchengabel
--- > višáve	(die) Lüfte
--- > *Zz.:* **dvójčici**	(die) Zwillinge (zwei Mädchen)
--- > *Zz.:* ríbi	(die) Fische (Sternzeichen)

<und ähnliche Wörter>

eine/die Brille; ...

s.	*Ez.*	*Zz.*	*Mz.*
1.F.	---	---	očála
2.F.	---	---	očál
3.F.	---	---	očálom
4.F.	---	---	očála
5.F.	---	---	očálih
6.F.	---	---	očáli

--- > **očála**	eine/die Brille
--- > jétrca	eine/die kleine Leber
--- > pljúča	eine/die Lunge
--- > ústa	ein/der Mund
--- > vráta	eine/die Tür

<und ähnliche Wörter>

eine/die Zither; ...

w.	*Ez.*	*Zz.*	*Mz.*
1.F.	---	---	cítre
2.F.	---	---	cíter
3.F.	---	---	cítram
4.F.	---	---	cítre
5.F.	---	---	cítrih
6.F.	---	---	cítrami

--- > **cítre**	eine/die Zither
--- > bérgle	(die) Krücken
--- > gráblje	ein/der Rechen
--- > márnje	ein/das Gerede
--- > órgle	eine/die Orgel

<und ähnliche Wörter>

eine/die Leber; ...

s.	*Ez.*	*Zz.*	*Mz.*
1.F.	---	---	jétra
2.F.	---	---	jéter
3.F.	---	---	jétrom
4.F.	---	---	jétra
5.F.	---	---	jétrih
6.F.	---	---	jétri

--- > **jétra**	eine/die Leber

<und ähnliche Wörter>

eine/die Schere; ...

w.	*Ez.*	*Zz.*	*Mz.*
1.F.	---	---	škárje
2.F.	---	---	škárij
3.F.	---	---	škárjam
4.F.	---	---	škárje
5.F.	---	---	škárjah
6.F.	---	---	škárjami

--- > **škárje**	eine/die Schere

<und ähnliche Wörter>

Biegung der Mehrzahlwörter (B)

(die) Zinsen

w.	*Ez.*	*Zz.*	*Mz.*
1.F.	---	---	obrêsti
2.F.	---	---	obrêsti
3.F.	---	---	obrêstim
4.F.	---	---	obrêsti
5.F.	---	---	obrêstih
6.F.	---	---	obrêstmi

--- > **obrêsti** (die) Zinsen

--- > bínkošti (die) Pfingsten

--- > dúri eine/die Tür

--- > pŕsi eine/die Brust

<und ähnliche Wörter>

ein/das Gehirn; ...

m.	*Ez.*	*Zz.*	*Mz.*
1.F.	---	---	možgáni
2.F.	---	---	možgánov
3.F.	---	---	možgánom
4.F.	---	---	možgáne
5.F.	---	---	možgánih
6.F.	---	---	možgáni

--- > **možgáni** ein/das Gehirn

--- > zalízki (die) Koteletten (Bart)

--- > naóčniki (die) Brillen

<und ähnliche Wörter>

eine/die Krippe; ...

w.	*Ez.*	*Zz.*	*Mz.*
1.F.	---	---	jásli
2.F.	---	---	jásli
3.F.	---	---	jáslim
4.F.	---	---	jásli
5.F.	---	---	jáslih
6.F.	---	---	jáslimi

--- > **jásli** eine/die Krippe

--- > gósli eine/die Geige

--- > svísli ein/der Heuboden

<und ähnliche Wörter>

...; (die) Nachkommen

m.	*Ez.*	*Zz.*	*Mz.*
1.F.	---	---	potómci
2.F.	---	---	potómcev
3.F.	---	---	potómcem
4.F.	---	---	potómce
5.F.	---	---	potómcih
6.F.	---	---	potómci

--- > **potómci** (die) Nachkommen

--- > prednámci (die) Vorfahren

--- > zanámci (die) Nachfahren

--- > *Zz.:* **dvójčka** (die) Zwillinge (zwei Buben)

<und ähnliche Wörter>

...; Augen/die Augen

w.	*Ez.*	*Zz.*	*Mz.*
1.F.	---	---	očí
2.F.	---	---	očí
3.F.	---	---	očém
4.F.	---	---	očí
5.F.	---	---	očéh
6.F.	---	---	očmí

--- > **očí** --- > (die) Augen

--- > droží eine/die Germ/Hefe

--- > smučí --- > (die) Schi

<und ähnliche Wörter>

...; Leute/die Leute

m.	*Ez.*	*Zz.*	*Mz.*
1.F.	---	---	**ljudjé**
2.F.	---	ljudí	ljudí
3.F.	---	---	ljudém
4.F.	---	---	ljudí
5.F.	---	ljudéh	ljudéh
6.F.	---	---	ljudmí

<nur dieses Wort>

ein/das Brennholz; ...

s.	*Ez.*	*Zz.*	*Mz.*
1.F.	---	---	**dŕva/drvá**
2.F.	---	---	dŕv
3.F.	---	---	dŕvom
4.F.	---	---	dŕva
5.F.	---	---	drvéh
6.F.	---	---	dŕvmi

<nur dieses Wort>

ein/der Fußboden; ...

s.	*Ez.*	*Zz.*	*Mz.*
1.F.	---	---	**tlà**
2.F.	---	---	tál
3.F.	---	---	tlòm
4.F.	---	---	tlà
5.F.	---	---	tléh
6.F.	---	---	tlémi/tlí

<nur dieses Wort>

Beispiele zu den S. 37-49

Steigerung des Eigenschaftswortes, Hauptwörter auf ev el ost, w. ohne a-Endung, Mehrzahlwörter

	Sl. 1.F. Ez.	*Sl. 1.F. Mz.*	*Dt. 1.F. Ez.*
w.	sita kokoš	site kokoši	eine/die satte Henne
	bolj sita kokoš	bolj site kokoši	eine/die sattere Henne
	najbolj sita kokoš	najbolj site kokoši	die satteste Henne
	manj sita kokoš	manj site kokoši	eine/die weniger satte Henne
	najmanj sita kokoš	najmanj site kokoši	die am wenigsten satte Henne
	zelo sita kokoš	zelo site kokoši	eine/die sehr satte Henne
	nova cerkev	nove cerkve	eine/die neue Kirche
	novejša cerkev	novejše cerkve	eine/die neuere Kirche
	najnovejša cerkev	najnovejše cerkve	die neueste Kirche
	lepa misel	lepe misli	ein schöner/der schöne Gedanke
	lepša misel	lepše misli	ein schönerer/der –re Gedanke
	najlepša misel	najlepše misli	der schönste Gedanke
	velika radost	velike radosti	eine/die große Freude
	večja radost	večje radosti	eine/die größere Freude
	največja radost	največje radosti	die größte Freude
	pogumna miš	pogumne miši	eine/die mutige Maus
	pogumnejša miš	pogumnejše miši	eine/die mutigere Maus
	najpogumnejša miš	najpogumnejše miši	die mutigste Maus
	draga stvar	drage stvari	eine/die teure Sache
	dražja stvar	dražje stvari	eine/die teurere Sache
	najdražja stvar	najdražje stvari	die teuerste Sache
s.	---	nova očala	eine/die neue Brille
	---	novejša očala	eine/die neuere Brille
	---	najnovejša očala	die neueste Brille
	---	zelo nova očala	eine/die sehr neue Brille
	---	lepa jetra	eine/die schöne Leber
	---	lepša jetra	eine/die schönere Leber
	---	najlepša jetra	die schönste Leber
m.	lep voz, lepi voz	lepi vozovi/vozje	ein schöner, der schöne Wagen
	lepši voz	lepši vozovi/vozje	ein schönerer/der –re Wagen
	najlepši voz	najlepši vozovi/vozje	der schönste Wagen
	prijazen, prijazni odsev	prijazni odsevi	ein freundlicher, der freundliche Widerschein
	prijaznejši odsev	prijaznejši odsevi	ein freundlicherer/der freundlichere Widerschein
	najprijaznejši odsev	najprijaznejši odsevi	der freundlichste Widerschein
	nov kotel, novi kotel	novi kotli	ein neuer, der neue Kessel
	novejši kotel	novejši kotli	ein neuerer/der neuere Kessel
	najnovejši kotel	najnovejši kotli	der neueste Kessel
	sit sel, siti sel	siti sli	ein satter, der satte Bote
	bolj sit sel, bolj siti sel	bolj siti sli	ein satterer/der sattere Bote
	najbolj sit sel, najbolj siti sel	najbolj siti sli	der satteste Bote
	manj sit sel, manj siti sel	manj siti sli	ein weniger satter/der weniger satte Bote
	najmanj sit sel, najmanj siti sel	najmanj siti sli	der am wenigsten satte Bote
	zelo sit sel, zelo siti sel	zelo siti sli	ein sehr satter, der sehr satte Bote

Beispiele zu den S. 37-49

Hauptwörter, Doppelformen, ov und 5.F. Mz. eh; Mehrzahlwörter

	Sl. 1.F. Ez.	*Sl. 1.F. Mz.*	*Dt. 1.F. Ez.*
w.	skrbna rešitev	skrbne rešitve	eine/die sorgfältige Lösung
	bolj skrbna rešitev	bolj skrbne rešitve	eine/die sorgfältigere Lösung
	najbolj skrbna rešitev	najbolj skrbne rešitve	die sorgfältigste Lösung
	manj skrbna rešitev	manj skrbne rešitve	eine/die weniger sorgfältige ...
	najmanj skrbna rešitev	najmanj skrbne rešitve	die am wenigsten sorgfältige ...
	zelo skrbna rešitev	zelo skrbne rešitve	eine/die sehr sorgfältige Lösung
	dolga pesem	dolge pesmi	ein langes/das lange Lied/Gedicht
	daljša pesem	daljše pesmi	ein längeres/das längere Lied/...
	najdaljša pesem	najdaljše pesmi	das längste Lied/Gedicht
	zelo dolga pesem	zelo dolge pesmi	ein sehr langes/das sehr lange Lied/...
	vesela novost	vesele novosti	eine/die frohe Neuigkeit
	veselejša novost	veselejše novosti	eine/die frohere Neuigkeit
	najveselejša novost	najveselejše novosti	die froheste Neuigkeit
	koroška povest	koroške povesti	eine/die Kärntner Erzählung
	avstrijska povest	avstrijske povesti	eine/die österreichische Erzählung
	slovenska povest	slovenske povesti	eine/die slowenische Erzählung
	tiha smrt	tihe smrti	ein leiser/der leise Tod
	tišja smrt	tišje smrti	ein leiserer/der leisere Tod
	najtišja smrt	najtišje smrti	der leiseste Tod
	vroča mast	vroče masti	ein heißes/das heiße Fett
	bolj vroča mast	bolj vroče masti	ein heißeres/das heißere Fett
	najbolj vroča mast	najbolj vroče masti	das heißeste Fett
s.	---	široka vrata	eine/die breite Tür
	---	širša vrata	eine/die breitere Tür
	---	najširša vrata	die breiteste Tür
	---	trda tla	ein harter/der harte Boden
	---	trša tla	ein härterer/der härtere Boden
	---	najtrša tla	der härteste Boden
m.	hud namen, hudi namen	hudi nameni	eine böse, die böse Absicht
	hujši namen	hujši nameni	eine/die bösere Absicht
	najhujši namen	najhujši nameni	die böseste Absicht
	zelo hud namen, zelo hudi namen	zelo hudi nameni	eine, die sehr böse Absicht
	težak/težek jarem, težki jarem	težki jarmi	ein schweres, das schwere Joch
	težji jarem	težji jarmi	ein schwereres, das schwerere Joch
	najtežji jarem	najtežji jarmi	das schwerste Joch
	zelo težak jarem, zelo težki jarem	zelo težki jarmi	ein sehr schweres, das sehr schwere Joch
	lahek sod, lahki sod	lahki sodi	ein leichtes, das leichte Fass
	lažji sod	lažji sodi	ein leichteres, das leichtere Fass
	najlažji sod	najlažji sodi	das leichteste Fass
	zelo lahek sod, zelo lahki sod	zelo lahki sodi	ein sehr leichtes, das sehr leichte Fass
	---	zanesljivi potomci	verlässliche/die verlässlichen Nachkommen
	---	zanesljivejši potomci	verlässlichere/die verlässlicheren Nachkommen
	---	najzanesljivejši potomci	die verlässlichsten Nachkommen

Besitzanzeige und Gattungsanzeige durch in und ov/ev

Mamas ...

		Ez.	*Zz.*	*Mz.*
w.	*1.F.*	mamina	mamini	mamine
	2.F.	mamine	maminih	maminih
	3.F.	mamini	maminima	maminim
	4.F.	mamino	mamini	mamine
	5.F.	mamini	maminih	maminih
	6.F.	mamino	maminima	maminimi
s.	*1.F.*	mamino	mamini	mamina
	2.F.	maminega	maminih	maminih
	3.F.	maminemu	maminima	maminim
	4.F.	mamino	mamini	mamina
	5.F.	maminem	maminih	maminih
	6.F.	maminim	maminima	maminimi
m.	*1.F.*	mamin	mamina	mamini
	2.F.	maminega	maminih	maminih
	3.F.	maminemu	maminima	maminim
	4.F.	mamin	mamina	mamine
	Leb.	maminega		
	5.F.	maminem	maminih	maminih
	6.F.	maminim	maminima	maminimi

mama > **mamina**	Mamas ...
babica > babičina	Omas ...
hči > hčerina	(meiner)/der Tochter ...
sestra > sestrina	(meiner)/der Schwester ...
teta > tetina	Tantes ...
tašča > taščina	... Schwiegermutter ...
soja > **sojina***	**Soja-**...
Angelika > Angelikina	Angelikas ...
Micka > Mickina	Mickas …

<und ähnliche Wörter>

(meines)/des Bruders ...

		Ez.	*Zz.*	*Mz.*
w.	*1.F.*	bratova	bratovi	bratove
	2.F.	bratove	bratovih	bratovih
	3.F.	bratovi	bratovima	bratovim
	4.F.	bratovo	bratovi	bratove
	5.F.	bratovi	bratovih	bratovih
	6.F.	bratovo	bratovima	bratovimi
s.	*1.F.*	bratovo	bratovi	bratova
	2.F.	bratovega	bratovih	bratovih
	3.F.	bratovemu	bratovima	bratovim
	4.F.	bratovo	bratovi	bratova
	5.F.	bratovem	bratovih	bratovih
	6.F.	bratovim	bratovima	bratovimi
m.	*1.F.*	bratov	bratova	bratovi
	2.F.	bratovega	bratovih	bratovih
	3.F.	bratovemu	bratovima	bratovim
	4.F.	bratov	bratova	bratove
	Leb.	bratovega		
	5.F.	bratovem	bratovih	bratovih
	6.F.	bratovim	bratovima	bratovimi

brat > **bratova**	(meines)/des Bruders ...
sin > sinova	(meines)/des Sohnes ...
fant > fantova	des Buben ...
grof > grofova	des Grafen ...
škof > škofova	des Bischofs ...
kmet > kmetova	des Bauern ...
David > Davidova	Davids ...

<und ähnliche Wörter>

ajda > **ajdova**	**Buchweizen-**...
sliva > **slivova**	**Pflaumen-**…

<und ähnliche Wörter>

* *Gattunganzeige fett gedruckt und unterstrichen*

(meines)/des Vaters ...

		Ez.	*Zz.*	*Mz.*
w.	*1.F.*	očetova	očetovi	očetove
	2.F.	očetove	očetovih	očetovih
	3.F.	očetovi	očetovima	očetovim
	4.F.	očetovo	očetovi	očetove
	5.F.	očetovi	očetovih	očetovih
	6.F.	očetovo	očetovima	očetovimi
s.	*1.F.*	očetovo	očetovi	očetova
m.	*1.F.*	očetov	očetova	očetovi

oče > **očetova**	(meines)/des Vaters ...
dedi > **dedijeva**	Opas ...
avtor > **avtorjeva**	des Autors ...
pastir > pastirjeva	des Hirten ...
planšar > planšarjeva	des Senners ...
Obama > **Obamova**	Obamas …
Mahatma > Mahatmova	Mahatmas …
Tomba > Tombova	Tombas …
Sinatra > Sinatrova	Sinatras …

<und ähnliche Wörter>

(meines)/des Onkels ...

		Ez.	*Zz.*	*Mz.*
w.	*1.F.*	stričeva	stričevi	stričeve
	2.F.	stričeve	stričevih	stričevih
	3.F.	stričevi	stričevima	stričevim
	4.F.	stričevo	stričevi	stričeve
	5.F.	stričevi	stričevih	stričevih
	6.F.	stričevo	stričevima	stričevimi
s.	*1.F.*	stričevo	stričevi	stričeva
m.	*1.F.*	stričev	stričeva	stričevi

stric > **stričeva**	(meines)/des Onkels ...
kovač > kovačeva	des Schmiedes ...
pristaš > pristaševa	der Gefolgschaft …
papež > papeževa	des Papstes ...
kralj > kraljeva	des Königs ...
učitelj > učiteljeva	des Lehrers ...
križ > kriţeva	Kreuz-...
Janša > **Janševa**	Janšas …
Krleža > Krleževa	Krležas …

<und ähnliche Wörter>

Beispiele zur S. 52

Besitzanzeige und Gattungsanzeige durch in und ov/ev

	Sl. 1.F. Ez.	*Sl. 1.F. Mz.*	*Dt. 1.F. Ez.*
w.	mamina mapa	mamine mape	Mamas Mappe
	bratova mapa	bratove mape	(meines)/des Bruders Mappe
	pikova* devetica	**pikove** devetice	ein/der **Pik** Neuner
	križeva devetica	**križeve** devetice	ein/der **Kreuz** Neuner
s.	mamino pivo	mamina piva	Mamas Bier
	bratovo pivo	bratova piva	(meines)/des Bruders Bier
	meteorsko železo	**meteorska** železa	ein/das **Meteor**eisen
	kromovo usnje	**kromova** usnja	ein/das **Chrom**leder
m.	mamin film	mamini filmi	Mamas Film
	bratov film	bratovi filmi	(meines)/des Bruders Film
	pikov as	**pikovi** asi	ein/das **Pik** As
	križev as	**križevi** asi	ein/das **Kreuz** As
m.	mamin stric	mamini strici	Mamas Onkel
Leb.	bratov stric	bratovi strici	(meines)/des Bruders Onkel
	mamin zajec	mamini zajci	Mamas Hase
	bratov zajec	bratovi zajci	(meines)/des Bruders Hase
w.	mamina kokoš	mamine kokoši	Mamas Henne
	bratova kokoš	bratove kokoši	(meines)/des Bruders Henne
	mamina gos	mamine gosi	Mamas Gans
	bratova gos	bratove gosi	(meine)/des Bruders Gans

** Gattunganzeige fett gedruckt und unterstrichen*

Besitzanzeige durch den 2.F.

	Sl. 1.F. Ez.	*Sl. 1.F. Mz.*	*Dt. 1.F. Ez.*
w.	hiša tvojega očeta	hiše tvojega očeta	das Haus deines Vaters
	streha hišice	---/(strehe hišic)	das Dach des Häuschens
	šola življenja	---	die Schule des Lebens
	kraljica miru	kraljice miru	die Königin des Friedens
s.	sveto pismo nove zaveze	---	die Heilige Schrift des Neuen Bundes/Testamentes
	steblo buč	stebla buč	der Kürbisstengel
	oko cepiča	očesi cepiča	das Auge des Propfreises
	igranje kart	---	das Kartenspielen
m.	seznam filmov	seznami filmov	das Verzeichnis der Filme
	tloris kroga	---	der Grundriss des Kreises
	koščck sira	koščki sira	ein Stückchen Käse
	hlebec kruha	hlebci kruha	ein/der Brotlaib
m.	zmagovalec boja	zmagovalci boja	der Sieger des Kampfes
Leb.	gost naše knjižnice	gostje naše knjižnice	der Gast unserer Bibliothek
	vojvoda Koroške	vojvodi Koroške	der Herzog Kärntens
	mož postave	možje postave	der Hüter des Gesetzes
w.	cerkev ponižanih	cerkve ponižanih	die Kirche der Unterdrückten
	pesem zvonov	pesmi zvonov	das Lied der Glocken
	zrelost starosti	---	die Reife des Alters
	luč večnosti	luči večnosti	das Licht der Ewigkeit

Mittelwörter auf č, aktiv

spielen > eine/die spielende; ... – die Spielende; ...

w.	*Ez.*	*Zz.*	*Mz.*
1.F.	igrajóča	igrajóči	igrajóče
2.F.	igrajóče	igrajóčih	igrajóčih
3.F.	igrajóči	igrajóčima	igrajóčim
4.F.	igrajóčo	igrajóči	igrajóče
5.F.	igrajóči	igrajóčih	igrajóčih
6.F.	igrajóčo	igrajóčima	igrajóčimi

spielen > eine spielendes/das spielende; ... – das Spielende; ...

s.	*Ez.*	*Zz.*	*Mz.*
1.F.	igrajóče	igrajóči	igrajóča
2.F.	igrajóčega	igrajóčih	igrajóčih
3.F.	igrajóčemu	igrajóčima	igrajóčim
4.F.	igrajóče	igrajóči	igrajóča
5.F.	igrajóčem	igrajóčih	igrajóčih
6.F.	igrajóčim	igrajóčima	igrajóčimi

spielen > ein spielender, der spielende; ... – der Spielende; ...

m.	*Ez.*	*Zz.*	*Mz.*
1.F.	igrajóč, igrajóči	igrajóča	igrajóči
2.F.	igrajóčega	igrajóčih	igrajóčih
3.F.	igrajóčemu	igrajóčima	igrajóčim
4.F.	igrajóč, igrajóči	igrajóča	igrajóče
Leb.	igrajóčega		
5.F.	igrajóčem	igrajóčih	igrajóčih
6.F.	igrajóčim	igrajóčima	igrajóčimi

lieben > eine/die liebende; ... – die Liebende; ...

w.	*Ez.*	*Zz.*	*Mz.*
1.F.	ljubéča	ljubéči	ljubéče
2.F.	ljubéče	ljubéčih	ljubéčih
3.F.	ljubéči	ljubéčima	ljubéčim
4.F.	ljubéčo	ljubéči	ljubéče
5.F.	ljubéči	ljubéčih	ljubéčih
6.F.	ljubéčo	ljubéčima	ljubéčimi

lieben > ein liebendes/das liebende; ... – das Liebende; ...

s.	*Ez.*	*Zz.*	*Mz.*
1.F.	ljubéče	ljubéči	ljubéča
2.F.	ljubéčega	ljubéčih	ljubéčih
3.F.	ljubéčemu	ljubéčima	ljubéčim
4.F.	ljubéče	ljubéči	ljubéča
5.F.	ljubéčem	ljubéčih	ljubéčih
6.F.	ljubéčim	ljubéčima	ljubéčimi

lieben > ein liebender, der liebende; ... – der Liebende; ...

m.	*Ez.*	*Zz.*	*Mz.*
1.F.	ljubèč, ljubéči	ljubéča	ljubéči
2.F.	ljubéčega	ljubéčih	ljubéčih
3.F.	ljubéčemu	ljubéčima	ljubéčim
4.F.	ljubèč, ljubéči	ljubéča	ljubéče
Leb.	ljubéčega		
5.F.	ljubéčem	ljubéčih	ljubéčih
6.F.	ljubéčim	ljubéčima	ljubéčimi

igráti > **igrajóč-a/e/-/i** ... spielend...
délati > delajóč-a/e/-/i ... arbeitend...
ustvárjati > ustvarjajóč-a/e/-/i ... schaffend...
vládati > vladajóč-a/e/-/i ... führend...
spremínjati > spreminjajóč-a/e/-/i ... verändernd...
razumévati > razumevajóč-a/e/-/i ... verstehend...
píti > **pijóč-a/e/-/i** ... trinkend...
kríti > krijóč-a/e/-/i ... deckend...
péti > pojóč-a/e/-/i ... singend...
opazováti > **opazujóč-a/e/-/i** ... beobachtend...
stanováti > stanujóč-a/e/-/i ... wohnend...
učinkováti > učinkujóč-a/e/-/i ... wirkend...
nêsti > **nesóč-a/e/-/i** ... tragend...
trêsti > tresóč-a/e/-/i ... schüttelnd...
trêsti se > tresóč-a/e/-/i se ... zitternd...
pásti se > pasóč-a/e/-/i se ... grasend...
rásti > rastóč-a/e/-/i ... wachsend...
têči > **tekóč-a/e/-/i** ... laufend...
<und ähnliche Wörter>

ljúbiti > **ljubéč-a/e/i, ljubèč** ... liebend...
govoríti > govoréč-a/e/i, govorèč ... redend...
učíti > učéč-a/e/i, učèč ... lehrend...
učíti se > učéč-a/e/i se, učèč se ... lernend...
mísliti > misléč-a/e/i, mislèč ... denkend...
sledíti > sledéč-a/e/i, sledèč ... folgend...
nosíti > noséč-a/e/i, nosèč ... tragend...
zvoníti > zvonéč-a/e/i, zvonèč ... klingend...
živéti > **živéč-a/e/i, živèč** ... lebend...
skrbéti > skrbéč-a/e/i, skrbèč ... sorgend...
hrepenéti > hrepenéč-a/e/i, -èč ... sich sehnend...
goréti > goréč-a/e/i, gorèč ... brennend...
vrtéti se > vrtéč-a/e/i se, vrtèč se ... sich drehend...
sôpsti > **sopéč-/a/e/i, sopèč** ... hechelnd...
<und ähnliche Wörter>

vladajoča stranka, tekoče leto, pijoč moški, tresoči stroj – rastoč na vasi; ogledal si je artista, nesočega vrteče se krožnike – nemškogovoreči, noseča ženska
eine/die führende Partei, das laufende Jahr, ein trinkender Mann, die rüttelnde Maschine – aufgewachsen im Dorf; er schaute dem Artisten zu, wie er die rotierenden Teller trug – der Deutschsprachige, eine/die schwangere Frau

Mittelwörter auf n und t, passiv

aufspielen > eine/die aufgespielte; ... – die Aufgespielte; ...

w.	*Ez.*	*Zz.*	*Mz.*
1.F.	zaigrána	zaigráni	zaigráne
2.F.	zaigráne	zaigránih	zaigránih
3.F.	zaigráni	zaigránima	zaigránim
4.F.	zaigráno	zaigráni	zaigráne
5.F.	zaigráni	zaigránih	zaigránih
6.F.	zaigráno	zaigránima	zaigránimi

aufspielen > ein aufgespieltes/das aufgespielte; ... – das Aufgespielte; ...

s.	*Ez.*	*Zz.*	*Mz.*
1.F.	zaigráno	zaigráni	zaigrána
2.F.	zaigránega	zaigránih	zaigránih
3.F.	zaigránemu	zaigránima	zaigránim
4.F.	zaigráno	zaigráni	zaigrána
5.F.	zaigránem	zaigránih	zaigránih
6.F.	zaigránim	zaigránima	zaigránimi

aufspielen > ein aufgespielter, der aufgespielte; ... – der Aufgespielte; ...

m.	*Ez.*	*Zz.*	*Mz.*
1.F.	zaigrán, zaigráni	zaigrána	zaigráni
2.F.	zaigránega	zaigránih	zaigránih
3.F.	zaigránemu	zaigránima	zaigránim
4.F.	zaigrán, zaigráni	zaigrána	zaigráne
Leb.	zaigránega		
5.F.	zaigránem	zaigránih	zaigránih
6.F.	zaigránim	zaigránima	zaigránimi

austrinken > eine/die ausgetrunkene; ... – die Ausgetrunkene; ...

w.	*Ez.*	*Zz.*	*Mz.*
1.F.	popíta	popíti	popíte
2.F.	popíte	popítih	popítih
3.F.	popíti	popítima	popítim
4.F.	popíto	popíti	popíte
5.F.	popíti	popítih	popítih
6.F.	popíto	popítima	popítimi

austrinken > ein ausgetrunkenes/das ausgetrunkene; ... – das Ausgetrunkene; ...

s.	*Ez.*	*Zz.*	*Mz.*
1.F.	popíto	popíti	popíta
2.F.	popítega	popítih	popítih
3.F.	popítemu	popítima	popítim
4.F.	popíto	popíti	popíta
5.F.	popítem	popítih	popítih
6.F.	popítim	popítima	popítimi

austrinken > ein ausgetrunkener, der ausgetrunkene; ... – der Ausgetrunkene; ...

m.	*Ez.*	*Zz.*	*Mz.*
1.F.	popít, popíti	popíta	popíti
2.F.	popítega	popítih	popítih
3.F.	popítemu	popítima	popítim
4.F.	popít, popíti	popíta	popíte
Leb.	popítega		
5.F.	popítem	popítih	popítih
6.F.	popítim	popítima	popítimi

zaigráti > **zaigrán-a/o/-/i** ... aufgespielt...
igráti > igrán-a/o/-/i ... gespielt...
izdélati > izdélan-a/o/-/i ... ausgearbeitet...
obiskováti > **obiskován-a/o/-/i** ... besucht...
napísati > napísan-a/o/-/i ... vorgeschrieben...
prodáti > prodán-a/o/-/i ... verkauft...
<und ähnliche Wörter>

zaljúbiti > **zaljúbljen-a/o/-/**i ... verliebt...
ljúbiti > ljúbljen-a/o/-/i ... beliebt...
izgovoríti > izgovorjên-a/o/i, izgovorjèn ... ausgesprochen...
zlómiti > zlómljen-a/o/-/i ... zerbrochen...
pripráviti > pripravljen-a/o/-/i ... zubereitet...
shrániti > shránjen-a/o/-/i ... gespeichert...
postréči > **postréžen-a/o/-/i** ... bedient...
zgrísti > **zgrízen-a/o/-/i** ... abgebissen...
zaskrbéti > **zaskrbljên-a/o/i, zaskrbljèn** ... besorgt...
<und ähnliche Wörter>

popíti > **popít-a/o/-/i** ... ausgetrunken...
pobíti > pobít-a/o/-/i ... erschlagen...
naštéti > **naštét-a/o/-/i** ... aufgezählt...
zapéti > zapét-a/o/-/i ... vorgesungen...
pogréti > pogrét-a/o/-/i ... aufgewärmt...
vzéti > **vzét-a/o/-/i** ... genommen...
vnéti > vnét-a/o/-/i ... entflammt...
vnéti se > vnét-a/o/-/i se ... sich entzündet...
<und ähnliche Wörter>

odpréti > **odpŕt-a/o/-/i** ... geöffnet...
zapréti > zapŕt-a/o/-/i ... geschlossen...
izpréti > izpŕt-a/o/-/i ... ausgesperrt...
podpréti > podpŕt-a/o/-/i ... unterstützt...
pripréti > pripŕt-a/o/-/i ... verhaftet...
razpréti > razpŕt-a/o/-/i ... geschränkt...
podréti > **podŕt-a/o/-/i** ... eingestürzt...
razdréti > razdŕt-a/o/-/i ... zerlegt...
zatréti > **zatŕt-a/o/-/i** ... vertilgt...
<und ähnliche Wörter>

zaigrana glasba, izgovorjeno sožalje, obiskovan koncert, ljubljeni oče – zlomljena vaza, pripravljeno kosilo – popito vino. Vino je bilo popito. – Vrata so odprta.
die gespielte Musik, das ausgesprochene Beileid, das besuchte Konzert, der geliebte Vater – die zerbrochene Vase, das zubereitete Mittagessen – der getrunkene Wein. Der Wein wurde ausgetrunken. – Die Tür ist offen.

Hauptwörtlich gebrauchte Zeitwörter (Gerundien)

spielen > das Spielen

s.	*Ez.*	*Zz.*	*Mz.*
1.F.	igránje	igránji	igránja
2.F.	igránjá	igránj	igránj
3.F.	igránju	igránjemá	igránjem
4.F.	igránje	igránji	igránja
5.F.	igránju	igránjih	igránjih
6.F.	igránjem	igránjema	igránji

igráti > **igránje**	spielen > das Spielen
dŕsati > dŕsanje	... > das Eislaufen
jádrati > jádranje	... > das Segeln
jáhati > jáhanje	... > das Jagen
kégljati > kegljanje	... > das Kegeln
plávati > plávanje	... > das Schwimmen
smúčati > smúčanje	... > das Schifahren
iskáti > iskánje	... > das Suchen
plésati > plésanje	... > das Tanzen
plézati > plézanje	... > das Klettern
zráščati > zráščanje	... > das Aufwachsen
kupováti > **kupovánje**	... > das Einkaufen
poučeváti > **poučevánje**	... > das Unterrichten
stanováti > (stanovánje)	... > eine/die Wohnung

<solche Gerundien>

trinken > das Trinken

s.	*Ez.*	*Zz.*	*Mz.*
1.F.	pítje	pítji	pítja
2.F.	pítja	pítij	pítij
3.F.	pítju	pítjema	pítjem
4.F.	pítje	pítji	pítja
5.F.	pítju	pítjih	pítjih
6.F.	pítjem	pítjema	pítji

píti > **pítje**	trinken > das Trinken
kríti > krítje	... > das Verstecken
počíti > počítje	… > das Ruhen
péti > **pétje**	... > das Singen
štéti > štétje	... > das Zählen

<solche Gerundien>

reinigen > das Reinigen

s.	*Ez.*	*Zz.*	*Mz.*
1.F.	číščenje	číščenji	číščenja
2.F.	číščenja	číščenj	číščenj
3.F.	číščenju	číščenjema	číščenjem
4.F.	číščenje	číščenji	číščenja
5.F.	číščenju	číščenjih	číščenjih
6.F.	číščenjem	číščenjema	číščenji

čístiti > **číščenje**	reinigen > das Reinigen
kadíti > kajênje	... > das Rauchen
selíti > séljenje	... > das Siedeln
prázniti > práznjenje	... > das Leeren
govoríti > govorjênje	... > das Sprechen
ljúbiti > ljúbljenje	... > das Lieben
lomíti > lómljenje	... > das Brechen
nosíti > nóšenje	... > das Tragen
vozíti > vóženje	... > das Fahren
póčiti > póčenje	... > das Krachen
sušíti > súšenje	... > das Trocknen
služíti > slúženje	... > das Dienen
trpéti > **trpljênje**	... > das Leiden
živéti > (življênje)	... > ein/das Leben
grísti > **grízenje**	... > das Kauen
sôpsti > **sôpenje**	... > das Hecheln
stréči > **stréženje**	... > das Bedienen
védeti > **védenje**	... > das Wissen
vêsti > **vedênje**	… > das Verhalten

<solche Gerundien>

eröffnen > die Eröffnung

s.	*Ez.*	*Zz.*	*Mz.*
1.F.	odpŕtje	odpŕtji	odpŕtja
2.F.	odpŕtja	odpŕtij	odpŕtij
3.F.	odpŕtju	odpŕtjema	odpŕtjem
4.F.	odpŕtje	odpŕtji	odpŕtja
5.F.	odpŕtju	odpŕtjih	odpŕtjih
6.F.	odpŕtjem	odpŕtjema	odpŕtji

odpréti > **odpŕtje**	eröffnen > die Eröffnung
izpréti > izpŕtje	... > die Aussperrung
podpréti > podpŕtje	... > die Unterstützung
pripréti > pripŕtje	... > die Verhaftung
razpréti > razpŕtje	... > das Sperren/Schränken
zapréti > zapŕtje	... > die Schließung
podréti > **podŕtje**	... > der Einsturz
razdréti > razdŕtje	... > die Zerlegung
umréti > **umŕtje**	... > der Tod/das Sterben
zatréti > zatŕtje	... > die Vertilgung

<solche Gerundien>

Beispiele zu den S. 54-56

Mittelwörter auf č, n und t; Gerundien

	Sl. 1.F. Ez.	*Sl. 1.F. Mz.*	*Dt. 1.F. Ez.*
w.	vladajoča znamka	vladajoče znamke	eine/die führende Marke
	opazujoča pesnica	opazujoče pesnice	eine/die beobachtende Dichterin
	ljubeča mama	ljubeče mame	eine/die liebende Mama
	govoreča učiteljica	govoreče učiteljice	eine/die sprechende Lehrerin
	goreča vas	goreče vasi	ein brennendes/das brennende Dorf
	zaigrana deklica	zaigrane deklice	ein verspieltes/das verspielte Mädchen
	ljubljena glasba	ljubljene glasbe	eine/die geliebte Musik
	zapeta poskočnica	zapete poskočnice	ein gesungenes/das gesungene Gstanzl
	zaprta trgovina	zaprte trgovine	ein geschlossenes/das geschlossene Geschäft
	podrta stavba	podrte stavbe	ein eingestürztes/das eingestürzte Gebäude
s.	sledeče poglavje	sledeča poglavja	ein folgendes/das folgende Kapitel
	pripravljeno kosilo	pripravljena kosila	ein zubereitetes/das zubereitete Mittagessen
	popito pivo	popita piva	ein ausgetrunkenes/das ausgetrunkene Bier
	odprto sedlo	odprta sedla	ein geöffneter/der geöffnete Pass/Sattel
	veselje do igranja	---	die Freude am Spielen
	plavanje na mestu	---	das Wassertreten
	prvenstvo v plavanju	prvenstva v plavanju	eine/die Schwimmmeisterschaft
	kupovanje knjig	kupovanja knjig	das Schmökern in Büchern (im Geschäft)
	Igranje je lepo.	---	Das Spielen ist schön.
	Veselim se igranja.	---	Ich (er-)freue mich am Spielen.
	Lotim se igranju.	---	Ich widme mich dem Spielen.
	Ljubim igranje.	---	Ich liebe das Spielen.
	Smejim se pri igranju.	---	Ich lache beim Spielen.
	Jezim se nad igranjem	---	Ich ärgere mich über das Spielen.
	Plavanje je razvedrilno.	---	Das Schwimmen ist unterhaltend.
	Veselim se plavanja.	---	Ich erfreue mich am Schwimmen.
	Lotim se plavanju.	---	Ich widme mich dem Schwimmen.
	Ljubim plavanje.	---	Ich liebe das Schwimmen.
	Smejim se pri plavanju.	---	Ich lache beim Schwimmen.
	Bedim nad plavanjem.	---	Ich überwache das Schwimmen.
	Plezanje je mučno.	---	Das Klettern ist schweißtreibend.
	Kupovanje je smešno.	---	Der Einkaufsbummel macht Spaß.
	Petje je veselo.	---	Das Singen macht froh.
	Govorjenje je naporno.	---	Das Sprechen ist anstrengend.
	Odprtje je danes.	Odprtja so danes.	Die Eröffnung ist heute.
m.	igrajoč, igrajoči otrok	igrajoči otroci	ein spielendes, das spielende Kind
	ustvarjajoč, -i umetnik	ustvarjajoči umetniki	ein freischaffender, -de Künstler
	misleč, misleči filozof	misleči filozofi	ein denkender, der denkende Philosoph
	izdelan, izdelani načrt	izdelani načrti	ein ausgearbeiteter, der ausgearbeitete Plan
	napisan, -i odlomek	napisani odlomki	ein niedergeschriebenes, das -ne Kapitel
	zlomljen, zlomljeni ročaj	zlomljeni ročaji	ein zerbrochener, der zerbrochene Griff

Biegung weiblicher Eigennamen (A)

w. *Ez.*

1.F. **Ánna** María Alóisia Michaéla Antónia Magdaléna Valentína Hêrta **Schégula**/Metschína
2.F. Anne Marie Aloisie Michaele Antonie Magdalene Valentine Herte Schegule/Metschine
3.F. Anni Marii Aloisii Michaeli Antonii Magdaleni Valentini Herti Scheguli/Metschini
4.F. Anno Mario Aloisio Michaelo Antonio Magdaleno Valentino Herto Schegulo/Metschino
5.F. Anni Marii Aloisii Michaeli Antonii Magdaleni Valentini Herti Scheguli/Metschini
6.F. Anno Mario Aloisio Michaelo Antonio Magdaleno Valentino Herto Schegulo/Metschino

w. *Ez.*

1.F. **Ána** Maríja Alójzija Mihaéla Tónca Léna Valentína Vêra Jásna Úrška **Šégula**/Mečína
2.F. Ane Marije Alojzije Mihaele Tonce Lene Valentine Vere Jasne Urške Šegule/Mečine
3.F. Ani Mariji Alojziji Mihaeli Tonci Leni Valentini Veri Jasni Urški Šeguli/Mečini
4.F. Ano Marijo Alojzijo Mihaelo Tonco Leno Valentino Vero Jasno Urško Šegulo/Mečino
5.F. Ani Mariji Alojziji Mihaeli Tonci Leni Valentini Veri Jasni Urški Šeguli/Mečini
6.F. Ano Marijo Alojzijo Mihaelo Tonco Leno Valentino Vero Jasno Urško Šegulo/Mečino

w. *Ez.*

1.F. **Ánna-María** Luísa Michéla Antônia Maddaléna Tína Paôla Chiára Lídia **Tómba**/Vêrga
2.F. Anne-Marie Luise Michele Antonie Maddalene Tine Paole Chiare Lidie Tombe/Verge
3.F. Anni-Marii Luisi Micheli Antonii Maddaleni Tini Paoli Chiari Lidii Tombi/Vergi
4.F. Anno-Mario Luiso Michelo Antonio Maddaleno Tino Paolo Chiaro Lidio Tombo/Vergo
5.F. Anni-Marii Luisi Micheli Antonii Maddaleni Tini Paoli Chiari Lidii Tombi/Vergi
6.F. Anno-Mario Luiso Michelo Antonio Maddaleno Tino Paolo Chiaro Lidio Tombo/Vergo

w. *Ez.*

1.F. Íngrid Dágmar Íris Cármen Ástrid Kárin Ílse Gréte Gabriéle Iréne Nésun Smóle/Kleín
2.F. Ingrid Dagmar Iris Carmen Astrid Karin Ilse Grete Gabriele Irene Nesun Smole/Klein
3.F. Ingrid Dagmar Iris Carmen Astrid Karin Ilse Grete Gabriele Irene Nesun Smole/Klein
4.F. Ingrid Dagmar Iris Carmen Astrid Karin Ilse Grete Gabriele Irene Nesun Smole/Klein
5.F. Ingrid Dagmar Iris Carmen Astrid Karin Ilse Grete Gabriele Irene Nesun Smole/Klein
6.F. Ingrid Dagmar Iris Carmen Astrid Karin Ilse Grete Gabriele Irene Nesun Smole/Klein

w. *Ez.*

1.F. Líni Môjci Lóisi Géli Lísi Hánni Trêzi Káti Hêrmi Náti Ríkki Méli Gêrti Néubauer/Rossíni
2.F. Lini Mojci Loisi Geli Lisi Hanni Trezi Kati Hermi Nati Rikki Meli Gerti Neubauer/Rossini
3.F. Lini Mojci Loisi Geli Lisi Hanni Trezi Kati Hermi Nati Rikki Meli Gerti Neubauer/Rossini
4.F. Lini Mojci Loisi Geli Lisi Hanni Trezi Kati Hermi Nati Rikki Meli Gerti Neubauer/Rossini
5.F. Lini Mojci Loisi Geli Lisi Hanni Trezi Kati Hermi Nati Rikki Meli Gerti Neubauer/Rossini
6.F. Lini Mojci Loisi Geli Lisi Hanni Trezi Kati Hermi Nati Rikki Meli Gerti Neubauer/Rossini

w. *Ez.*

1.F. Maríe-Madeláine Náthalie Louíse Dáphne Francoíse Lílo Mêggy Remárque/Príestley
2.F. Marie-Madelaine Nathalie Louise Daphne Francoise Lilo Meggy Remarque/Priestley
3.F. Marie-Madelaine Nathalie Louise Daphne Francoise Lilo Meggy Remarque/Priestley
4.F. Marie-Madelaine Nathalie Louise Daphne Francoise Lilo Meggy Remarque/Priestley
5.F. Marie-Madelaine Nathalie Louise Daphne Francoise Lilo Meggy Remarque/Priestley
6.F. Marie-Madelaine Nathalie Louise Daphne Francoise Lilo Meggy Remarque/Priestley

Biegung weiblicher Eigennamen (B)

w.	*Ez.*	*w.*	*Ez.*
1.F.	**magístrica/magístra** Gábi Fránk	*1.F.*	**gospá** Líli Nóvy
2.F.	magistrice/magistre Gabi Frank	*2.F.*	gospe Lili Novy
3.F.	magistrici/magistri Gabi Frank	*3.F.*	gospe Lili Novy
4.F.	magistrico/magistro Gabi Frank	*4.F.*	gospo Lili Novy
5.F.	magistrici/magistri Gabi Frank	*5.F.*	gospe Lili Novy
6.F.	magistrico/magistro Gabi Frank	*6.F.*	gospo Lili Novy

w.	*Ez.*	*w.*	*Ez.*
1.F.	**dóktorica Sílvija Boróvnik**	*1.F.*	**dóktorica Sílvija Boróvnikova**
2.F.	doktorice Silvije Borovnik	*2.F.*	doktorice Silvije Borovnikove
3.F.	doktorici Silviji Borovnik	*3.F.*	doktorici Silviji Borovnikovi
4.F.	doktorico Silvijo Borovnik	*4.F.*	doktorico Silvijo Borovnikovo
5.F.	doktorici Silviji Borovnik	*5.F.*	doktorici Silviji Borovnikovi
6.F.	doktorico Silvijo Borovnik	*6.F.*	doktorico Silvijo Borovnikovo

w.	*Ez.*	*w.*	*Ez.*
1.F.	**Zófka** Kvéder	*1.F.*	**Zófka Kvédrova**
2.F.	Zofke Kveder	*2.F.*	Zofke Kvedrove
3.F.	Zofki Kveder	*3.F.*	Zofki Kvedrovi
4.F.	Zofko Kveder	*4.F.*	Zofko Kvedrovo
5.F.	Zofki Kveder	*5.F.*	Zofki Kvedrovi
6.F.	Zofko Kveder	*6.F.*	Zofko Kvedrovo

w.	*Ez.*	*w.*	*Ez.*
1.F.	**Môjca** Dŕčar-Múrko	*1.F.*	**Môjca** Dŕčar-**Múrkova**
2.F.	Mojce Drčar-Murko	*2.F.*	Mojce Drčar-Murkove
3.F.	Mojci Drčar-Murko	*3.F.*	Mojci Drčar-Murkovi
4.F.	Mojco Drčar-Murko	*4.F.*	Mojco Drčar-Murkovo
5.F.	Mojci Drčar-Murko	*5.F.*	Mojci Drčar-Murkovi
6.F.	Mojco Drčar-Murko	*6.F.*	Mojco Drčar-Murkovo

w.	*Ez.*	*w.*	*Ez.*
1.F.	**Vída** Táufer	*1.F.*	**Vída Táuferjeva**
2.F.	Vide Taufer	*2.F.*	Vide Tauferjeve
3.F.	Vidi Taufer	*3.F.*	Vidi Tauferjevi
4.F.	Vido Taufer	*4.F.*	Vido Tauferjevo
5.F.	Vidi Taufer	*5.F.*	Vidi Tauferjevi
6.F.	Vido Taufer	*6.F.*	Vido Tauferjevo

w.	*Ez.*	*w.*	*Ez.*
1.F.	**Svetlána** Makárovič	*1.F.*	**Svetlána Makárovičeva**
2.F.	Svetlane Makarovič	*2.F.*	Svetlane Makarovičeve
3.F.	Svetlani Makarovič	*3.F.*	Svetlani Makarovičevi
4.F.	Svetlano Makarovič	*4.F.*	Svetlano Makarovičevo
5.F.	Svetlani Makarovič	*5.F.*	Svetlani Makarovičevi
6.F.	Svetlano Makarovič	*6.F.*	Svetlano Makarovičevo

Biegung männlicher Eigennamen (A)

m. *Ez.*
1.F. Ánton/**Antón** Háns Álojz Wínfried Héinrich Góttlieb Hártman(n)/**Ógris**
2.F. Antona Hansa Alojza Winfrieda Heinricha Gottlieba Hartman(n)a/Ogrisa
3.F. Antonu Hansu Alojzu Winfriedu Heinrichu Gottliebu Hartman(n)u/Ogrisu
4.F. Antona Hansa Alojza Winfrieda Heinricha Gottlieba Hartman(n)a/Ogrisa
5.F. Antonu Hansu Alojzu Winfriedu Heinrichu Gottliebu Hartman(n)u/Ogrisu
6.F. Antonom Hansom Alojzom Winfriedom Heinrichom Gottliebom Hartman(n)om/Ogrisom

m. *Ez.*
1.F. **Péter** Pável Kárel Aleksánder Díeter Silvéster Ksáver Láčen/Stržèn/**Drnóvšek**
2.F. Petra Pavla Karla Aleksandra Dietra Silvestra Ksavra Lačna/Stržéna/Drnovška
3.F. Petru Pavlu Karlu Aleksandru Dietru Silvestru Ksavru Lačnu/Stržènu/Drnovšku
4.F. Petra Pavla Karla Aleksandra Dietra Silvestra Ksavra Lačna/Stržena/Drnovška
5.F. Petru Pavlu Karlu Aleksandru Dietru Silvestru Ksavru Lačnu/Strženu/Drnovšku
6.F. Petrom Pavlom Karlom Aleksandrom Dietrom Silvestrom Lačnom/Strženom/Drnovškom

m. *Ez.*
1.F. **Lóvrenc** Tomáž Júrij Tónč Héinz Alêš Ádamitsch/Andreáš/**Smólić**/Grándits
2.F. Lovrenca Tomaža Jurija Tonča Heinza Aleša Adamitscha/Andreaša/Smolića/Granditsa
3.F. Lovrencu Tomažu Juriju Tonču Heinzu Alešu Adamitschu/Andreašu/Smoliću/Granditsu
4.F. Lovrenca Tomaža Jurija Tonča Heinza Aleša Adamitscha/Andreaša/Smolića/Granditsa
5.F. Lovrencu Tomažu Juriju Tonču Heinzu Alešu Adamitschu/Andreašu/Smoliću/Granditsu
6.F. Lovrencem Tomažem Jurijem Tončem Heinzem Alešem Adamitschem/Andreašem/Smolićem/Granditsem

m. *Ez.*
1.F. Grégor/Grêgor **Ôliver** Víktor Ráiner Théodor Róger **Sítar**/Bálzer
2.F. Gregorja Oliverja Viktorja Rainerja Theodorja Rogerja Sitarja/Balzerja
3.F. Gregorju Oliverju Viktorju Rainerju Theodorju Rogerju Sitarju/Balzerju
4.F. Gregorja Oliverja Viktorja Rainerja Theodorja Rogerja Sitarja/Balzerja
5.F. Gregorju Oliverju Viktorju Rainerju Theodorju Rogerju Sitarju/Balzerju
6.F. Gregorjem Oliverjem Viktorjem Rainerjem Theodorjem Rogerjem Sitarjem/Balzerjem

m. *Ez.*
1.F. **Hánzi** Frítzi Séppi Kúrti Wólfi Nêstroy/**Linási**/Kréisky/**Čajkóvski**
2.F. Hanzija Fritzija Seppija Kurtija Wolfija Nestroya/Linasija/Kreiskyja/Čajkovskega
3.F. Hanziju Fritziju Seppiju Kurtiju Wolfiju Nestroyu/Linasiju/Kreiskyju/Čajkovskemu
4.F. Hanzija Fritzija Seppija Kurtija Wolfija Nestroya/Linasija/Kreiskyja/Čajkovskega
5.F. Hanziju Fritziju Seppiju Kurtiju Wolfiju Nestroyu/Linasiju/Kreiskyju/Čajkovskem
6.F. Hanzijem Fritzijem Seppijem Kurtijem Wolfijem Nestroyem/Linasijem/Kreiskyjem/Čajkovskim

m. *Ez.*
1.F. **Stáne** Tíne Zvóne Júre Giusêppe **Peterlè**/**Smóle**/Vráncl/Nêhru
2.F. Staneta Tineta Zvoneta Jureta Giuseppeja Peterléta/Smoleja/Vrancl(n)a/Nehruja
3.F. Stanetu Tinetu Zvonetu Juretu Giuseppeju Peterletu/Smoleju/Vrancl(n)u/Nehruju
4.F. Staneta Tineta Zvoneta Jureta Giuseppeja Peterleta/Smoleja/Vrancl(n)a/Nehruja
5.F. Stanetu Tinetu Zvonetu Juretu Giuseppeju Peterletu/Smoleju/Vrancl(n)u/Nehruju
6.F. Stanetom Tinetom Zvonetom Juretom Giuseppejem Peterletom/Smolejem/Vrancl(n)om/Nehrujem

Biegung männlicher Eigennamen (B)

m.	*Ez.*
1.F.	**Vládimir** Zvónimir Ljúbomir Bógomir Kázimir Vôjskomir **Rúngaldir**
2.F.	Vladimirja Zvonimirja Ljubomirja Bogomirja Kazimirja Vojskomirja Rungaldirja
3.F.	Vladimirju Zvonimirju Ljubomirju Bogomirju Kazimirju Vojskomirju Rungaldirju
4.F.	Vladimirja Zvonimirja Ljubomirja Bogomirja Kazimirja Vojskomirja Rungaldirja
5.F.	Vladimirju Zvonimirju Ljubomirju Bogomirju Kazimirju Vojskomirju Rungaldirju
6.F.	Vladimirjem Zvonimirjem Ljubomirjem Bogomirjem Kazimirjem Vojskomirjem Rungaldirjem

m.	*Ez.*
1.F.	**Vládimir** Zvónimir Ljúbomir Bógomir Kázimir Vôjskomir **Požár**
2.F.	Vladimira Zvonimira Ljubomira Bogomira Kazimira Vojskomira Požara
3.F.	Vladimiru Zvonimiru Ljubomiru Bogomiru Kazimiru Vojskomiru Požaru
4.F.	Vladimira Zvonimira Ljubomira Bogomira Kazimira Vojskomira Požara
5.F.	Vladimiru Zvonimiru Ljubomiru Bogomiru Kazimiru Vojskomiru Požaru
6.F.	Vladimirom Zvonimirom Ljubomirom Bogomirom Kazimirom Vojskomirom Požarom

m.	*Ez.*
1.F.	**Drágo** Slávko Márko Stánko Jánko Mário Gaetáno Paôlo Biásio/**Ínzko**
2.F.	Draga Slavka Marka Stanka Janka Maria Gaetana Paola Biasia/Inzka
3.F.	Dragu Slavku Marku Stanku Janku Mariu Gaetanu Paolu Biasiu/Inzku
4.F.	Draga Slavka Marka Stanka Janka Maria Gaetana Paola Biasia/Inzka
5.F.	Dragu Slavku Marku Stanku Janku Mariu Gaetanu Paolu Biasiu/Inzku
6.F.	Dragom Slavkom Markom Stankom Jankom Mariom Gaetanom Paolom Biasiom/Inzkom

m.	*Ez. **(Vorname m., Nachname w.)***
1.F.	**Matíja** Žíga Sáša Andrêa Lúca Jóža Míha Mahátma **Jánša**/Kŕleža
2.F.	Matija Žiga Saša Andrea Luca Joža Miha Mahatma Janše/Krleže
3.F.	Matiju Žigu Sašu Andreu Lucu Jožu Mihu Mahatmu Janši/Krleži
4.F.	Matija Žiga Saša Andrea Luca Joža Miha Mahatma Janšo/Krležo
5.F.	Matiju Žigu Sašu Andreu Lucu Jožu Mihu Mahatmu Janši/Krleži
6.F.	Matijem Žigom Sašem Andreom Lucom Jožem Mihom Mahatmom Janšo/Krležo

m.	*Ez. **(Vorname w., Nachname w.)***
1.F.	Matíja Žíga Sáša Andrêa Lúca Jóža Míha Mahátma García/Petrárca/Tómba
2.F.	Matije Žige Saše Andree Luce Jože Mihe Mahatme Garcie/Petrarce/Tombe
3.F.	Matiji Žigi Saši Andrei Luci Joži Mihi Mahatmi Garcii/Petrarci/Tombi
4.F.	Matijo Žigo Sašo Andreo Luco Jožo Miho Mahatmo Garcio/Petrarco/Tombo
5.F.	Matiji Žigi Saši Andrei Luci Joži Mihi Mahatmi Garcii/Petrarci/Tombi
6.F.	Matijo Žigo Sašo Andreo Luco Jožo Miho Mahatmo Garcio/Petrarco/Tombo

m.	*Ez.*
1.F.	Francoís* Piêrre*-Jeán Geórge* André Nicolò Níxon/Moliére*/Mallarmé
2.F.	Francoisa Pierrea-Jeana Georg(e)a Andréja Nicola Nixna/Moliér(e)a/Mallarméja
3.F.	Francoisu Pierreu-Jeanu Georg(e)u Andréju Nicolu Nixnu/Moliér(e)u/Mallarméju
4.F.	Francoisa Pierrea-Jeana Georg(e)a Andréja Nicola Nixna/Moliér(e)a/Mallarméja
5.F.	Francoisu Pierreu-Jeanu Georg(e)u Andréju Nicolu Nixnu/Moliér(e)u/Mallarméju
6.F.	Francoisom Pierreom-Jeanom Georg(e)em Andréjem Nicolom Nixnom/Moliér(e)om/Mallarméjem

*Aussprache: FRANSOÁ, FRANSOÁJA, FRANSOÁJU, FRANSOÁJA, FRANSOÁJU, FRANSOÁJEM; PJÊR, PJÊRA, PJÊRU, PJÊRA, PJÊRU, PJÊROM; DŽÓRDŽ, DŽÓRDŽA, DŽÓRDŽU, DŽÓRDŽA, DŽÓRDŽU, DŽÓRDŽEM; MOLJÊR, MOLJÊRA, MOLJÊRU, MOLJÊRA, MOLJÊRU, MOLJÊROM.

Biegung männlicher Eigennamen (C)

m.	*Ez.*
1.F.	**gospód Tomáž Ógris**
2.F.	gospoda Tomaža Ogrisa
3.F.	gospodu Tomažu Ogrisu
4.F.	gospoda Tomaža Ogrisa
5.F.	gospodu Tomažu Ogrisu
6.F.	gospodom Tomažem Ogrisom

m.	*Ez.*
1.F.	**magíster Hánzi Fílipič**
2.F.	magistra Hanzija Filipiča
3.F.	magistru Hanziju Filipiču
4.F.	magistra Hanzija Filipiča
5.F.	magistru Hanziju Filipiču
6.F.	magistrom Hanzijem Filipičem

m.	*Ez.*
1.F.	**Bóžo Hártman**
2.F.	Boža Hartmana
3.F.	Božu Hartmanu
4.F.	Boža Hartmana
5.F.	Božu Hartmanu
6.F.	Božem Hartmanom

m.	*Ez.*
1.F.	Giusêppe Vêrdi
2.F.	Giuseppeja Verdija
3.F.	Giuseppeju Verdiju
4.F.	Giuseppeja Verdija
5.F.	Giuseppeju Verdiju
6.F.	Giuseppejem Verdijem

m.	*Ez.*
1.F.	**dóktor Jánez Drnóvšek**
2.F.	doktorja Janeza Drnovška
3.F.	doktorju Janezu Drnovšku
4.F.	doktorja Janeza Drnovška
5.F.	doktorju Janezu Drnovšku
6.F.	doktorjem Janezom Drnovškom

m.	*Ez.*
1.F.	**dóktor Dimítrij Rupel**
2.F.	doktorja Dimitrija Rupla
3.F.	doktorju Dimitriju Ruplu
4.F.	doktorja Dimitrija Rupla
5.F.	doktorju Dimitriju Ruplu
6.F.	doktorjem Dimitrijem Ruplom

m.	*Ez. **(Vorname w.)***
1.F.	**Míha Andreáš**
2.F.	Mihe Andreaša
3.F.	Mihi Andreašu
4.F.	Miho Andreaša
5.F.	Mihi Andreašu
6.F.	Miho Andreašem

m.	*Ez. **(Nachname w.)***
1.F.	Francêsco Petrárca
2.F.	Francesca Petrarce
3.F.	Francescu Petrarci
4.F.	Francesca Petrarco
5.F.	Francescu Petrarci
6.F.	Francescom Petrarco

m.	*Ez.*
1.F.	Sebástian Báumgartl
2.F.	Sebastiana Baumgartla
3.F.	Sebastianu Baumgartlu
4.F.	Sebastiana Baumgartla
5.F.	Sebastianu Baumgartlu
6.F.	Sebastianom Baumgartlom

m.	*Ez.*
1.F.	**Fôlti Kárgl**
2.F.	Foltija Kargl(n)a
3.F.	Foltiju Kargl(n)u
4.F.	Foltija Kargl(n)a
5.F.	Foltiju Kargl(n)u
6.F.	Foltijem Kargl(n)om

m.	*Ez.*
1.F.	**Dóminik Smolè**
2.F.	Dominika Smoléta
3.F.	Dominiku Smoletu
4.F.	Dominika Smoleta
5.F.	Dominiku Smoletu
6.F.	Dominikom Smoletom

m.	*Ez.*
1.F.	**Péter Íljič Čajkóvski**
2.F.	Petra Iljiča Čajkovskega
3.F.	Petru Iljiču Čajkovskemu
4.F.	Petra Iljiča Čajkovskega
5.F.	Petru Iljiču Čajkovskem
6.F.	Petrom Iljičem Čajkovskim

Biegung der Anrede für Damen

w.	*Ez.*						
	sehr geehrte	geschätzte	teure	liebe	Frau	Anna	Verga
1.F.	**spoštována**	**cénjena**	**drága**	**ljúba**	**gospá**	**Ána**	**Vêrga**
2.F.	spoštovane	cenjene	drage	ljube	gospe	Ane	Verge
3.F.	spoštovani	cenjeni	dragi	ljubi	gospe	Ani	Vergi
4.F.	spoštovano	cenjeno	drago	ljubo	gospo	Ano	Vergo
5.F.	spoštovani	cenjeni	dragi	ljubi	gospe	Ani	Vergi
6.F.	spoštovano	cenjeno	drago	ljubo	gospo	Ano	Vergo

w.	*Ez.*				
	sehr geehrte	Frau Magister/ Magistra/Mag.	(Frau) Doktor/Dr.	(Frau) Diplomingenieur/ Diplomingenieurin/DI	Anna Verga
1.F.	**spoštována**	**magístr(ic)a/mag.**	**dóktorica/dr.**	**diplomírana inženírka/dipl. inž.**	**Ána Vêrga**
2.F.	spoštovane	magistr(ic)e/mag.	doktorice/dr.	diplomirane inženirke/dipl. inž.	Ane Verge
3.F.	spoštovani	magistr(ic)i/mag.	doktorici/dr.	diplomirani inženirki/dipl. inž.	Ani Vergi
4.F.	spoštovano	magistr(ic)o/mag.	doktorico/dr.	diplomirano inženirko/dipl. inž.	Ano Vergo
5.F.	spoštovani	magistr(ic)i/mag.	doktorici/dr.	diplomirani inženirki/dipl. inž.	Ani Vergi
6.F.	spoštovano	magistr(ic)o/mag.	doktorico/dr.	diplomirano inženirko/dipl. inž.	Ano Vergo

Biegung der Anrede für Herren

m.	*Ez.*						
	sehr geehrter	geschätzter	teurer	lieber	Herr	Ánton	Ogris
1.F.	**spoštováni**	**cénjeni**	**drági**	**ljúbi**	**gospód**	**Antón**	**Ógris**
2.F.	spoštovanega	cenjenega	dragega	ljubega	gospoda	Antona	Ogrisa
3.F.	spoštovanemu	cenjenemu	dragemu	ljubemu	gospodu	Antonu	Ogrisu
4.F.	spoštovanega	cenjenega	dragega	ljubega	gospoda	Antona	Ogrisa
5.F.	spoštovanem	cenjenem	dragem	ljubem	gospodu	Antonu	Ogrisu
6.F.	spoštovanim	cenjenim	dragim	ljubim	gospodom	Antonom	Ogrisom

m.	*Ez.*				
	sehr geehrter	Herr Magister/ Mag.	(Herr) Doktor/Dr.	(Herr) Diplomingenieur/ DI	Ánton Ogris
1.F.	**spoštováni**	**magíster/mag.**	**dóktor/dr.**	**diplomírani inženír/dipl. inž.**	**Antón Ógris**
2.F.	spoštovanega	magistra/mag.	doktorja/dr.	diplomiranega inženirja/dipl. inž.	Antona Ogrisa
3.F.	spoštovanemu	magistru/mag.	doktorju/dr.	diplomiranemu inženirju/dipl. inž.	Antonu Ogrisu
4.F.	spoštovanega	magistra/mag.	doktorja/dr.	diplomiranega inženirja/dipl. inž.	Antona Ogrisa
5.F.	spoštovanem	magistru/mag.	doktorju/dr.	diplomiranem inženirju/dipl. inž.	Antonu Ogrisu
6.F.	spoštovanim	magistrom/mag.	doktorjem/dr.	diplomiranim inženirjem/dipl. inž.	Antonom Ogrisom

Frau / Dr. Anna Verga / Hauptplatz 4 / 9500 ...
gospa / dr. Ana Verga /
Hauptplatz 4 / A-9500 Villach/Beljak

Herrn / Dr. Anton Ogris / Neuer Platz 2 / 9020 ...
gospod / dr. Anton Ogris /
Neuer Platz 2 / A-9020 Klagenfurt/Celovec

Sehr geehrte Frau Doktor, / ...
Spoštovana (doktorica), / ...

Sehr geehrter Herr Doktor, / ...
Spoštovani (doktor), / ...

Sehr geehrte Damen und Herren, / ... – **Spoštovani (dame in gospodje)**, / ...

Anrede für die Geistlichkeit und die Weltlichkeit

Anreden für die Geistlichkeit

	Sl.	*Dt.*
w.	cenjena gospa superintendent	geschätzte Frau Superintendent
	cenjena gospa župnik	geschätzte Frau Pfarrer
	cenjena gospa vikar	geschätzte Frau Vikar
	cenjena prednica Terezija	geschätzte Oberin Theresia
	cenjena mati Ana	geschätzte Mutter Anna
	draga sestra Neža	liebe Schwester Agnes
	drage redovnice	liebe Ordensfrauen
	drage diakonise	liebe Diakonissinnen
	drage pastoralne asistentke	liebe Pastoralassistentinnen
	drage pastoralne delavke	liebe Pfarrhelferinnen
m.	vaša svetost papež Benedikt XVI. (šestnajsti)	Eure Heiligkeit Papst Benedikt XVI.
	vaša eminenca kardinal Schönborn	Eure Eminenz Kardinal Schönborn
	vaša eminenca nadškof Kramberger	Eure Eminenz Erzbischof Kramberger
	cenjeni gospod škof Schwarz	geschätzter Herr Bischof Schwarz
	cenjeni gospod pomožni škof	geschätzter Herr Weihbischof
	cenjeni gospod superintendent Sauer	geschätzter Herr Superintendent Sauer
	cenjeni oče provincial	geschätzter Vater Provinzial
	cenjeni gospod župnik	geschätzter Herr Pfarrer
	cenjeni gospod vikar	geschätzter Herr Vikar
	dragi duhovniki	liebe Priester
	dragi redovniki	liebe Ordensmänner
	dragi diakoni	liebe Diakone
	dragi pastoralni asistenti	liebe Pastoralassistenten
	dragi pastoralni delavci	liebe Pfarrhelfer

Anreden für die Weltlichkeit

	Sl.	*Dt.*
w.	vaša visokost kraljica Elisabeth II. (druga)	Eure Hoheit Königin Elisabeth II.
	vaša visokost princesa Maxima	Eure Hoheit Prinzessin Maxima
	spoštovana gospa premierka	sehr geehrte Frau Premierministerin
	spoštovana gospa ministrica	sehr geehrte Frau Ministerin
	spoštovana gospa županja	sehr geehrte Frau Bürgermeisterin
	drage dame	liebe Damen
m.	vaša visokost kralj Juan Carlos II. (drugi)	Eure Hoheit König Juan Carlos II.
	vaša visokost princ Henrik	Eure Hoheit Prinz Henrik
	vaša ekscelenca gospod predsednik Türk	Eure Exzellenz Herr Präsident Türk
	spoštovani gospod premier	sehr geehrter Herr Premierminister
	spoštovani gospod minister	sehr geehrter Herr Minister
	spoštovani gospod župan	sehr geehrter Herr Bürgermeister
	dragi gostje	liebe Gäste
	dragi gospodje	liebe Herren
	ljubi otroci	liebe Kinder

Im christlichen Kulturkreis sollte zuerst die Geistlichkeit und danach erst die Weltlichkeit begrüßt werden.

Begrüßungsbeispiele

Spoštovani gospod škof Schwarz, spoštovani gospod superintendent Sauer, cenjeni duhovniki, cenjene redovnice in cenjeni redovniki, drage zastopnice in dragi zastopniki rimskokatoliške in evangeličanske Cerkve, spoštovani gospod zvezni predsednik Fischer, spoštovane gospe ministrice in spoštovani gospodje ministri, spoštovani gospod deželni vladar, drage zastopnice in zastopniki avstrijske države in dežele Koroške, spoštovani gospod župan Manzenreiter, drage zastopnice in dragi zastopniki občine Beljak, drage dame in dragi gospodje, ljubi verniki vseh verstev, dragi sodelujoči in cenjeni gostje, skupno hočemo praznovati zgradbo spomenika žrtvam nacizma, obžalovati jih hočemo, zato prosimo Boga za milost. Prosim častnega gosta, gospoda doktorja Valentina Inzka, za slavnostni nagovor.

Sehr geehrter Herr Bischof Schwarz, sehr geehrter Herr Superintendent Sauer, geschätzte Priester, geschätzte Ordensfrauen und Ordensmänner, teure Vertreterinnen und Vertreter der römisch-katholischen und der evangelischen Kirche, sehr geehrter Herr Bundespräsident Fischer, sehr geehrte Frauen Ministerinnen und Herren Minister, sehr geehrter Herr Landeshauptmann, teure Vertreterinnen und Vertreter des österreichischen Staates und des Landes Kärnten, sehr geehrter Herr Bürgermeister Manzenreiter, teure Vertreterinnen und Vertreter der Stadt Villach, teure Damen und Herren, liebe Gläubige aller Religionen, teure Mitwirkende und werte Gäste, gemeinsam wollen wir die Errichtung des Denkmals für die Opfer des Nationalsozialismus feiern, wir wollen sie betrauern, darum bitten wir Gott um Barmherzigkeit. Ich bitte den Ehrengast, Herrn Doktor Valentin Inzko, um seine Festansprache.

Spoštovani gospod škof, spoštovani gospod superintendent, cenjeni duhovniki in redovniki, spoštovani gospod predsednik, cenjeni gospodje ministri, dragi gostje, prav lepo vas vse pozdravljam pri nas tukaj na Koroškem in želim nam globoko proslavo državnega praznika.

Sehr geehrter Herr Bischof, sehr geehrter Herr Superintendent, geschätzte Priester und Ordensleute, sehr geehrter Herr Präsident, geschätzte Herren Minister, werte Gäste, ich begrüße Sie alle sehr herzlich bei uns hier in Kärnten und wünsche uns eine tiefempfundene Feierstunde anlässlich unseres Staatsfeiertages.

Spoštovana mati Ana, cenjene sestre, drage dame, lepo je, da ste prišle k nam na Koroško. Želim vam mnogo veselja.

Sehr geehrte Mutter Anna, geschätzte Schwestern, teure Damen, es ist schön, dass Sie zu uns nach Kärnten gekommen sind. Ich wünsche Ihnen viel Freude.

Spoštovani gospod župnik, spoštovani gospod župan, cenjene zastopnike in cenjeni zastopniki naše občine, drage dame in dragi gospodje, ljube prijateljice in ljubi prijatelji naše dežele, lepo vas vse pozdravljam in želim nam prijeten večer.

Sehr geehrter Herr Pfarrer, sehr geehrter Herr Bürgermeister, geschätzte Vertreterinnen und Vertreter unserer Gemeinde, teure Damen und Herren, liebe Freunde unseres Landes, ich begrüße Sie sehr herzlich und wünsche uns einen angenehmen Abend.

Im christlichen Kulturkreis sollte zuerst die Geistlichkeit und danach erst die Weltlichkeit begrüßt werden.

Biegung von geografischen Namen und Nationalitäten (A)

w.	Velden
	Ez.
1.F.	Vŕba
2.F.	Vŕbe
3.F.	Vŕbi
4.F.	Vŕbo
5.F.	Vŕbi
6.F.	Vŕbo

Vŕba	Velden
Bŕnca (na)	Fürnitz
Lípa	Lind
Ljubljána	Laibach
Kránjska Gôra	Krainberg
Škófja Lóka	Bischofslak
Tromêja (na)	das Dreiländereck
Képa/Jépa (na)	der Mittagskogel
Dráva	die Drau
Zílja	die Gail
Sáva	die Save
Ávstrija	Österreich
Slovénija	Slowenien
Itálija	Italien
Némčija	Deutschland
Avstríjka > -e	... Österreicherin
Hrvatíca > -e	eine/die Kroatin
Angléžinja > -e	... Engländerin
Poljákinja > -e	eine/die Polin
Norvežánka > -e	... Norwegerin

<und ähnliche Namen>

s.	Hart
	Ez.
1.F.	Ločílo
2.F.	Ločíla
3.F.	Ločílu
4.F.	Ločílo
5.F.	Ločílu
6.F.	Ločílom

Ločílo (na)	Hart
Sêlo (na)	Seelach
Bŕdo	Egg
Nôvo mésto	Rudolfswert
Sarajévo	Sarajewo
Trúpejevo póldne (na)	der Techantinger Mittagskogel
Báško jézero	der Faaker See
Osójsko jézero	der Ossiacher See
Vŕbsko jézero	der Wörther See
Bélo jézero	der Weißensee
Klopínjsko jézero	der Klopeiner See
Hódiško jézero	der Keutschacher See
Góslinjsko jézero	der Gösselsdorfer See
Martínovo sélo	„Martinsiedlung“

<und ähnliche Namen>

m.	Villach
	Ez.
1.F.	Belják
2.F.	Beljáka
3.F.	Beljáku
4.F.	Belják
5.F.	Beljáku
6.F.	Beljákom

Belják	Villach
Rožék	Rosegg
Plíberk	Bleiburg
Brég (na)	Frög
Quebec	Quebec
Stári Grád (k)	Altfinkenstein
Bilčóvs	Ludmannsdorf
Pirán	Piran
Paríz	Paris
Rím	Rom
Berlín	Berlin
Stól (na)	der Hochstuhl
Visôki vŕh (na)	der Hochturm
Tríglav (na)	der Triglav
Hrvàt > Hrváti	ein/der Kroate
Francóz > -i	... Franzose
Rús > Rusi	... Russe
Bolgár > -i	... Bulgare
Madžár > -i	ein/der Ungar
Italiján > -áni	... Italiener

<und ähnliche Namen>

m.	Arnoldstein
	Ez.
1.F.	Podklóšter
2.F.	Podkloštra
3.F.	Podkloštru
4.F.	Podklošter
5.F.	Podkloštru
6.F.	Podkloštrom

Podklóšter	Arnoldstein
Štében	St. Stefan
Št. Pável	St. Paul
Št. Péter	St. Peter
Kóper	Koper
Kámen	Stein
Lóndon	London
Brússel	Brüssel
Pláski Vógel (na)	Plaski Vogel
Túrek > Turki	ein/der Türke

<und ähnliche Namen>

m.	Finkenstein
	Ez.
1.F.	Békštanj
2.F.	Bekštanja
3.F.	Bekštanju
4.F.	Bekštanj
5.F.	Bekštanju
6.F.	Bekštanjem

Békštanj	Finkenstein
Grebínj	Griffen
Št. Ílj	St. Egyden
Št. Jánž	St. Johann
Dúnaj (na)	Wien
Šmiklávž	St. Niklas
Brúselj > Bruslja	Brüssel
Ljubélj (na)	der Loiblpass
Dobráč (na)	der Dobratsch
Angléž > Angleži	... Engländer

<und ähnliche Namen>

m.	Klagenfurt
	Ez.
1.F.	Celôvec
2.F.	Celovca
3.F.	Celovcu
4.F.	Celovec
5.F.	Celovcu
6.F.	Celovcem

Celôvec	Klagenfurt
Velikôvec	Völkermarkt
Zahómec	Achomitz
Žrélec	Ebenthal
Dvórec	Höfling
Gŕlovec (na)	das Ferlacher Horn
Avstríjec > Avstrijci	ein/der Österreicher > die ...
Slovénec > Slovenci	ein/der Slowene > die ...

<und ähnliche Namen>

Biegung von geografischen Namen und Nationalitäten (B)

w.	Padua
	Ez.
1.F.	Pádova
2.F.	Padove
3.F.	Padovi
4.F.	Padovo
5.F.	Padovi
6.F.	Padovo

Pádova	Padua
Gênova	Genua
Mántova	Mantua
Ravénna	Ravenna
Gemóna	Gemona
Bolôgna	Bologna
Rôma (Rím)	Rom
Sardêgna	Sardinien

<und ähnliche Namen>

s.	Zilli
	Ez.
1.F.	Cêlje
2.F.	Celja
3.F.	Celju
4.F.	Celje
5.F.	Celju
6.F.	Celjem

Cêlje	Zilli
Dóbje	Aichwald, Aich
Ólšje	Erlendorf
Kočêvje	Gottschee
Skópje	(ital.) Skupi
Prekmúrje (na)	Übermurgebiet
Rumêno mórje	das Gelbe Meer
Rdéče mórje	das Rote Meer
Kósovo pólje (na)	das Amselfeld

<und ähnliche Namen>

s.	*(das)* Ebriach*(er Gebiet)*
	Ez.
1.F.	Obírsko *(obmóčje)*
2.F.	z Obirskega
3.F.	k Obirskemu
4.F.	na Obirsko
5.F.	na Obirskem
6.F.	za Obirskim

Obírsko	Ebriach
Láško	Markt Tüffer
Jezêrsko	Ober-Seeland
Kŕško	Gurkfeld
Prágersko	Pragerhof
Vránsko	Franz
Bízeljsko	Wissel, Wisslberg
Gomílsko	Gomilsko

<und ähnliche Namen>

m.	Mailand
	Ez.
1.F.	Miláno
2.F.	Milana
3.F.	Milanu
4.F.	Milano
5.F.	Milanu
6.F.	Milanom

Miláno	Mailand
Bolzáno	Bozen
Meráno	Meran
Toríno	Turin
Vipitêno	Sterzing

<und ähnliche Namen>

m.	Portenau
	Ez.
1.F.	Pordenóne
2.F.	Pordenona
3.F.	Pordenonu
4.F.	Pordenone
5.F.	Pordenonu
6.F.	Pordenonom

Pordenóne	Portenau
Cividále (Čedád)	Cividale
Údine (Vídem)	Udine
Bressanóne	Brixen
Varése	Varese

<und ähnliche Namen>

m.	Neapel
	Ez.
1.F.	Nápoli
2.F.	Napolija
3.F.	Napoliju
4.F.	Napoli
5.F.	Napoliju
6.F.	Napolijem

Nápoli	Neapel
Áscoli	Ascoli
Rímini	Rimini
Assísi	Assisi
Tívoli	Tivoli

<und ähnliche Namen>

m.	Hermagor
	Ez.
1.F.	Šmohôr
2.F.	Šmohorja
3.F.	Šmohorju
4.F.	Šmohor
5.F.	Šmohorju
6.F.	Šmohorjem

Šmohôr	Hermagor
Skopár	Sakoparnig
Síngapur > (auch: Singapura)	Singapur
Švícar > Švicarji	ein/der Schweizer, die ...

<und ähnliche Namen>

m.	Baku	Gosau
	Ez.	*Ez.*
1.F.	Báku	Gósau
2.F.	Bakuja	Gosaua
3.F.	Bakuju	Gosauu
4.F.	Baku	Gosau
5.F.	Bakuju	Gosauu
6.F.	Bakujem	Gosauom

Báku, Peru, Khatmandu, Mogadischu, Timbuktu	**Gósau**, Schönau, Liebenau, Dachau, Wiesenau, Duppau, **Aargau**, Pongau, Pinzgau, Lungau, **Wachau**

<und ähnliche Namen>

m.	Oslo
	Ez.
1.F.	Óslo
2.F.	Osla
3.F.	Oslu
4.F.	Oslo
5.F.	Oslu
6.F.	Oslom

Óslo	Oslo
Tókijo	Tokio
Torónto	Toronto
Monáko	Monacco
Ontário	Ontario
Ohio	Ohio

<und ähnliche Namen>

Biegung von geografischen Namen (C)

		(die) Steiermark
w.		*Ez.*
	1.F.	Štájerska
	2.F.	s Štajerske
	3.F.	proti Štajerski
	4.F.	na Štajersko
s.	*5.F.*	na Štajerskem
w.	*6.F.*	pred Štajersko

Štájerska (s)	die Steiermark
Gorénjska (z)	Oberkrain
Dolénjska (z)	Unterkrain
Nótranjska (z)	Innerkrain
Primórska (s)	Küstenland
Madžárska (z)	Ungarn
Póljska (s)	Polen
Japónska (z)	Japan
Kitájska (s)	China

<und ähnliche Namen>

		Kärnten
w.		*Ez.*
	1.F.	Koróška
	2.F.	s Koroške
	3.F.	proti Koroški
	4.F.	na Koroško
s.	*5.F.*	na Koroškem
w.	*6.F.*	pred Koroško

Koróška (s)	Kärnten
Hrváška (s)	Kroatien
Slováška (s)	die Slowakei
Céška (s)	Tschechien
Norvéška (z)	Norwegen

<und ähnliche Namen>

		Gödersdorf
w.		*Ez.*
	1.F.	Díča/Vodíča vás
	2.F.	Diče/Vodiče vasí
	3.F.	Diči/Vodiči vási
	4.F.	Díčo/Vodičo vás
	5.F.	Diči/Vodiči vási
	6.F.	Dičo/Vodičo vasjó

Díča/Vodíča vás	Gödersdorf
Kotmára vás	Köttmannsdorf
Górnja vás	Oberdorf
Nónča vás	Einersdorf
Dóbrla vás	Eberndorf
Tmára vás	Emmersdorf
Žitára vás	Sittersdorf
Rikárja vás	Riegersdorf
Strája vás	Hohenthurn

<und ähnliche Namen>

		Latschach
w.		*Mz.*
	1.F.	Lóče
	2.F.	Loč
	3.F.	Ločam
	4.F.	Loče
	5.F.	Ločah
	6.F.	Ločami

Lóče	Latschach
Báče	Faak
Čáče	Saak
Ledínce	Lednitzen
Málence	Mallenitzen
Rádiše (na)	Radsberg
Hódiše	Keutschach

<und ähnliche Namen>

		Dröschitz
w.		*Mz.*
	1.F.	Tréšče
	2.F.	Tréšč
	3.F.	Treščam
	4.F.	Trešče
	5.F.	Treščah
	6.F.	Treščami

Tréšče	Dröschitz
Málošče	Mallestig
Tígrče	Tigring
Pókrče	Pockersdorf
Téharče	Techanting
Žúžalče	Susalitsch
Semislávče	St. Lambrecht

<und ähnliche Namen>

		Zell (Pfarre)
w.		*Mz.*
	1.F.	Séle
	2.F.	Sel
	3.F.	Selam
	4.F.	Sele
	5.F.	Selah
	6.F.	Selami

Séle	Zell (Pfarre)
Dóle	Dellach
Tále (na)	Tallach
Domáčale	Damtschach
Mlínare	Müllnern
Rúte	Greuth
Srêje	Srajach

<und ähnliche Namen>

		Köstenberg
w.		*Mz.*
	1.F.	Kostánje
	2.F.	Kostanj
	3.F.	Kostanjam
	4.F.	Kostanje
	5.F.	Kostanjah
	6.F.	Kostanjami

Kostánje (na)	Köstenberg
Tínje	Tainach
Drobólje > Drobolj	Drobollach
Žihpolje (na) > Žihpolj	Maria Rain

<und ähnliche Namen>

		Ferlach
w.		*Mz.*
	1.F.	Boróvlje
	2.F.	Borovelj
	3.F.	Borovljam
	4.F.	Borovlje
	5.F.	Borovljah
	6.F.	Borovljami

Boróvlje	Ferlach
Drêvlje	Dreulach
Trbôvlje	Trifail
Bôrlje < Borelj	Förolach

<und ähnliche Namen

		Kerschdorf
w.		*Mz.*
	1.F.	Čréšnje
	2.F.	Češenj
	3.F.	Čréšnjam
	4.F.	Čréšnje
	5.F.	Čréšnjah
	6.F.	Čréšnjami

Čréšnje	Kerschdorf
Svátne > Svaten	Schlatten
Močídle > Močidel	Matschiedl

<und ähnliche Namen>

Biegung von geografischen Namen und Eigennamen (D)

w.	Luschari
	Mz.
1.F.	Višárje
2.F.	Višarij
3.F.	Višarjam
4.F.	Višarje
5.F.	Višarjah
6.F.	Višarjami

Višárje (na)	Luschari
Gôrje	Göriach
Megvárje	Maglern
Podgôrje	Maria Elend
Pogôrje	Pogöriach

<und ähnliche Namen>

s.	Thörl	Präwald
	Mz.	Ez.
1.F.	Vráta	Razdŕto
2.F.	Vrat	Razdŕtega
3.F.	Vratam	Razdŕtemu
4.F.	Vrata	Razdŕto
5.F.	Vratih	Razdŕtem
6.F.	Vrati	Razdŕtim

Vráta (na) Thörl — **Razdrto** – Präwald

<und ähnliche Namen>

m.	Helsinki
	Mz.
1.F.	Hélsinki
2.F.	Helsinkov
3.F.	Helsinkom
4.F.	Helsinke
5.F.	Helsinkih
6.F.	Helsinki

Hélsinki	Helsinki
Tesaloníki	Thessaloniki
Béltinci > Beltincev	Fellsdorf
Rádenci > -cev	(Bad) Radein
Cirkovci > -cev	Zirkowetz

<und ähnliche Namen>

w.	„Römerbad“
	Mz.
1.F.	Rímske Toplíce
2.F.	Rimskih Toplic
3.F.	Rimskim Toplicam
4.F.	Rimske Toplice
5.F.	Rimskih Toplicah
6.F.	Rimskimi Toplicami

Rímske Toplíce	„Römerbad“
Beljáške Toplíce	Warmbad Villach
Morávske Toplíce	Moravske Toplice

<und ähnliche Namen>

s.	„Egg nahe Görz“
	Mz.
1.F.	Goríška Bŕda
2.F.	Goriških Brd
3.F.	Goriškim Brdom
4.F.	Goriška Brda
5.F.	Goriških Brdih
6.F.	Goriškimi Brdi

Goríška Bŕda „Egg nahe Görz“

<und ähnliche Namen>

m.	die Kanarischen Inseln
	Mz.
1.F.	Kanárski otóki
2.F.	Kanarskih otokov
3.F.	Kanarskim otokom
4.F.	Kanarske otoke
5.F.	Kanarskih otokih
6.F.	Kanarskimi otoki

Kanárski otóki (na) — die Kanarischen Inseln

<und ähnliche Namen>

	Ez.		
	w.	*s.*	*m.*
1.F.	**-a -a**	**-o/e –o/e**	**-i –Ø**
2.F.	**-e -e**	**-ega -a**	**-ega -a**
3.F.	**-i –i**	**-emu -u**	**-emu -u**
4.F.	**-o -o**	**-o/e –o/e**	**-i –Ø**
5.F.	**-i –i**	**-em -u**	**-em -u**
6.F.	**-o -o**	**-im -om**	**-im -om**

w. **iz Kránjske Gôre** (-a –a)
iz Škófje Lóke (-a –a)
iz Rogáške Slátine (-a –a)
iz Siêrre Neváde (–a –a)
s. **iz Nôvega mésta** (-o –o)
iz Vógnjega Pólja (-e –e)
od Báškega jézera (-o –o)
m. **iz Slovénjega Plájberka** (-i -Ø)
iz Zgornjega Vernberka (-i -Ø)
od Stárega Gradú (–i -Ø)
<und ähnliche Namen>

m.	Windischgrätz
	Ez.
1.F.	Slovénj Grádec
2.F.	Slovenj Gradca
3.F.	Slovenj Gradcu
4.F.	Slovenj Gradec
5.F.	Slovenj Gradcu
6.F.	Slovenj Gradcem

m. **iz Slovénj Grádca** (--- -Ø)
iz Los Ángelesa (--- -Ø)
iz Sao Páola (--- -o)
iz San Réma (--- -o)
iz Mónte Cassína (--- -o)
iz Mónte Cárla (--- -o)
iz New Yórka (--- -Ø)
iz Rode Íslanda (--- -Ø)
iz Rio de Janéira (--- –o)
iz Downing Stréeta (--- -Ø)
<und ähnliche Namen>

m.	van Beethoven
	Ez.
1.F.	van Beethôven
2.F.	van Beethôvna
3.F.	van Beethovnu
4.F.	van Beethoven
5.F.	van Beethovnu
6.F.	van Beethovnom

m. **brez van Beethôvna*** (--- -Ø)
brez von Goétheja (--- -e)
brez Mc Léaryja (--- -y/-i)
brez de Mártina (--- -o)
brez U Tánta (--- -Ø)
brez di Cêsara (--- -e)
brez fra Bártola (--- -o)
brez Dos Pássosa (--- -Ø)
brez van der Bellna (--- -Ø)
brez von der Leyna (--- -Ø)
<und ähnliche Namen>

* (Ludwig) van Beethoven, (Johann Wolfgang) von Goethe, Mc Leary, de Martino, U Tant, di Cesare, fra Bartolo, Dos Passos, (Alexander) van der Bellen, von der Leyen

Biegung von Werktiteln, Namen von Institutionen und Abkürzungen

w.	Aida
	Ez.
1.F.	Aída
2.F.	Aide
3.F.	Aidi
4.F.	Aido
5.F.	Aidi
6.F.	Aido

Aída	Aida
Tóska	Tosca
Lépa Vída	„Die schöne ...“
Nedélja	„Sonntag“
Pepélka [pepélka]	Aschenputtel
Zvézna gimnázija za Slovénce v Celôvcu	BG für Slowenen in Klagenfurt

<und ähnliche Werktitel/Namen>

s.	„Arbeit“
	Ez.
1.F.	Délo
2.F.	Dela
3.F.	Delu
4.F.	Delo
5.F.	Delu
6.F.	Delom

Délo	„Arbeit“
Njêno življênje	„Ihr Leben“

<und ähnliche Werktitel/Namen>

m.	„Gute Eiche“
	Ez.
1.F.	Doberdób
2.F.	Doberdoba
3.F.	Doberdobu
4.F.	Doberdob
5.F.	Doberdobu Tomba
6.F.	Doberdobom

Doberdób	„Gute Eiche“
Mládi ród	„Junges Volk“
Martín Krpàn	Martin Krpan
Desêti bràt	„Der 10. Bruder“
Nàš tédnik = NT	„Unsere Woche“
Ben Húr	Ben Hur
Don Cárlos	Don Carlos
Trístan in Izólde	Tristan und Isolde

<und ähnliche Werktitel/Namen>

w.	Turandot
	Ez.
1.F.	Túrandot
2.F.	Turandot
3.F.	Turandot
4.F.	Turandot
5.F.	Turandot
6.F.	Turandot

Túrandot
Kármen – Carmen
La Bohéme
Madáme Bútterfly
<und ähnliche Werktitel>

w.	Faust
	Ez.
1.F.	Pést
2.F.	Pestí
3.F.	Pestí
4.F.	Pést
5.F.	Pestí
6.F.	Pestjó

Pést	Faust
Smŕt	Der Tod
Goréča vás	Das brennende Dorf

<und ähnliche Werktitel>

m.	„Der Knecht Barthlmä“
	Ez.
1.F.	Hlápec Jernêj
2.F.	Hlapca Jerneja
3.F.	Hlapcu Jerneju
4.F.	Hlapca Jerneja
5.F.	Hlapcu Jerneju
6.F.	Hlapcem Jernejem

Hlápec Jernêj	„Der Knecht Barthlmä“
Ánzej in Métka	Hänsel und Gretel
Králj Matjáž	König Korbinian
Povôdni móž	Der Wassermann

<und ähnliche Werktitel>

w.	EU	USA
	Ez.	*Mz.*
1.F.	EÚ	ZDÁ
2.F.	EU	ZDA
3.F.	EU	ZDA
4.F.	EU	ZDA
5.F.	EU	ZDA
6.F.	EU	ZDA

EÚ = Evrópska Unija/ die Europäische Union
ZDÁ = Zdrúžene držáve Amêrike/ Die Vereinigten Staaten von Amerika
<und ähnliche Abkürzungen>

s.	*Ez.*	*Ez.*
1.F.	SPD	SKD
2.F.	SPD	SKD
3.F.	SPD	SKD
4.F.	SPD	SKD
5.F.	SPD	SKD
6.F.	SPD	SKD

SPD = Slovénsko prosvétno drúštvo/Slowenischer Bildungsverein
SKD = Slovénsko kultúrno drúštvo/Slowenischer Kulturverein
<und ähnliche Abkürzungen>

m.	*Ez.*	*Ez.*
1.F.	SAK	ZNP
2.F.	SAK	ZNP
3.F.	SAK	ZNP
4.F.	SAK	ZNP
5.F.	SAK	ZNP
6.F.	SAK	ZNP

SAK = Slovénski atlétski klúb/ Slowenischer Athletik Klub
ZNP = Zbòr národnih predstávnikov/ Versammlung der Volksgruppenvertreter
<und ähnliche Abkürzungen>

Hauptwortverbindungen im 1. Fall

Hauptwortverbindungen im 1. F.

	Sl. 1.F. Ez.	*Sl. 1.F. Mz.*	*Dt. 1.F. Ez.*
w.	država članica	države članice	ein/das Mitgliedsland
	kraljica mati	---	eine/die Königinmutter
	ptica pastirica	ptice pastirice	eine/die Bachstelze
	pisateljica slovenistka	pisateljice slovenistke	die Schriftstellerin und Slowenistin
	država udeleženka	države udeleženke	ein/das Teilnehmerland
	črta ločnica	črte ločnice	eine/die Trennlinie
	ptica selivka	ptice selivke	ein/der Zugvogel
	ljudska šola Ledince	---	die Volksschule Ledenitzen
	občina Bekštanj	---	die Gemeinde Finkenstein
	država naslednica	države naslednice	ein/der Nachfolgestaat
	država zaščitnica	države zaščitnice	eine/die Schutzmacht
	sestra/s. Ana	---	Schwester/Sr. Anna
	gospa ministrica Schmied	---	Frau Ministerin Schmied
	gospa županja Blatnik	---	Frau Bürgermeisterin Blatnik
	mati/m. Terezija	---	Mutter/M. Theresia
	vila sojenica	vile sojenice	eine/die Schicksalsfee
	zvezda večernica	---	der Abendstern
	gospa premierka	gospe premierke	die Frau Premierministerin
s.	mesto Celovec	---	die Stadt Klagenfurt
	vino pinot	vina pinota	Pinot (eine Weinmarke)
	naselje Dvorec	---	die Siedlung Höfling
	območje Koroška	---	das Gebiet Kärnten
m.	oče/o. Luka	---	Vater/P. Lukas
	brat/b. Jože	---	Bruder/P. Josef
	---	Judje sefardi	die sephardischen Juden
	specialist inženir	specialisti inženirji	ein/der Ingenieur als Spezialist
	pater benediktinec	patri benediktinci	ein/der Benediktinerpater
	komet vanilija	---	der Komet Vanilius
	pisatelj slovenist	pisatelji slovenisti	der Schriftsteller und Slowenist
	pesnik Januš	---	der Dichter Januš
	pisatelj Lipuš	---	der Schriftsteller Lipuš
	duhovnik učitelj	duhovniki učitelji	ein/der Priester als Lehrer
	narod sosed	narodi sosedi	ein/der Nachbarstaat
	igralec laik	igralci laiki	ein/der Laie als Darsteller
	brat duhovnik	bratje duhovniki	ein/der Priester als Bruder
	arhitekt Plečnik	---	der Architekt Plečnik
	gospod doktor Jelinčič	---	der Herr Doktor Jelinčič

Ungewöhnliche Wortverbindungen

Sl.	*Dt.*
pank skupina	eine/die Punkgruppe
jodl hlačke	eine/die Lederhose
Genezareško jezero	der See Genesareth
Raiffeisen Banka	die Raiffeisenbank (in Slowenien)
kreditojemalec in kreditodajalec	Kreditnehmer und Kreditgeber
delojemalec in delodajalec	Arbeitnehmer und Arbeitgeber
nekdanji minister za turizem	der ehemalige Tourismusminister
Borštnikovo srečanje	Theaterfestival in Maribor (16.-25.10.2009)
mariborski nadškof Franc Kramberger	der Marburger Erzbischof F. K.
gre za mainstreamovske kulturne institucije	es handelt sich um Mainstream-Kultur-Institutionen
roman prvenec Ledinčani	der Erstlingsroman Ledinčani (von Manica Lobnik)
dramatizacija Tavčarjeve povesti Otok in Struga	die Dramatisierung der Tavčar-Erzählung Otok in Struga
občina Cerklje na Gorenjskem	die Gemeinde Cerklje in Oberkrain
samostan Stična	das Kloster Sittich
družinski hotel Tabor	das Familienhotel Tabor
jadralec samouk	der Segler als Autodidakt
izjave Maove vdove Jiang Qing	die Aussagen von Maos Witwe J. Q.
apostolski nuncij dr. Santos Abril y Castelló	der apostolische Nuntius Dr. Santos Abril y Castelló
kardinal dr. France Rodé	der Kardinal Dr. France Rodé
del partijskega esteblišmenta	ein/der Teil des Parteiapparates
govor Mao Zedonga in odgovor Fu Xija	die Rede des Mao Zedung und die Antwort des Fu Xij
pripravljenost za samopredstavljanje	die Bereitschaft zur Selbstvorstellung
v Kinu Šiška	im Kino Šiška
renault megane grandtour 1,4 16V Tce dynamique	Renault Megane ...
izmenjava s Karl-Heinzem Grasserjem	der Austausch mit Karl-Heinz Grasser
cesar združitelj Qin Shi-huang	Kaiser Qin Shi-huang als Vereiniger
romane Ma Jiana, pesmi Bei Linga, eseje Dai Qing in drame Gao Xinjiana	Ma Jians Romane, Bei Lings Gedichte, Dai Qings Essays und Gao Xinjians Dramen
solo-prizor Beli lasje – mlado srce	der Einakter Beli lasje – mlado srce
o možnosti konfliktov interesov	über die Möglichkeit von Interessenskonflikten
v navzočnosti kanclerke Angele Merkel in kitajskega podpredsednika Xi Jinpinga	in Anwesenheit von Kanzlerin Angela Merkel und des chinesischen Vizepräsidenten Xi Jinping
po Geradovem mnenju (Jorge Rodriguez Gerada je umetniški akcionist)	nach Geradas Meinung (Jorge Rodriguez Gerada ist Aktionskünstler)

Inhaltsverzeichnis SLOWENISCH ALS FREMDSPRACHE
IM ALLTAG, IN DER KIRCHE UND IN DER LITERATUR
Vierter Band: Slowenische Wortformen mit Anwendungsbeispielen
ERSTER ABSCHNITT:

Zweiter Abschnitt:

Zahlwort
und Fürwort

Zählen

w.	**1**	ena	eins
/	**2**	dve/dva	zwei
s./	**3**	tri	drei
m.	**4**	štiri	vier
	5	pet	fünf
	6	šest	sechs
	7	sedem	sieben
	8	osem	acht
	9	devet	neun
	10	deset	zehn
	11	enajst	elf
	12	dvanajst	zwölf
	13	trinajst	dreizehn
	14	štirinajst	vierzehn
	15	petnajst	fünfzehn
	16	šestnajst	sechzehn
	17	sedemnajst	siebzehn
	18	osemnajst	achtzehn
	19	devetnajst	neunzehn
	20	dvajset	zwanzig
	30	trideset	dreißig
	40	štirideset	vierzig
	50	petdeset	fünfzig
	60	šestdeset	sechzig
	70	sedemdeset	siebzig
	80	osemdeset	achtzig
	90	devetdeset	neunzig
	100	sto	(ein)hundert
	200	dvesto	zweihundert
	300	tristo	dreihundert
	400	štiristo	vierhundert
	500	petsto	fünfhundert
	600	šeststo	sechshundert
	700	sedemsto	siebenhundert
	800	osemsto	achthundert
	900	devetsto	neunhundert
	1.000	tisoč	(ein)tausend
	2.000	dva tisoč	zweitausend
	3.000	tri tisoč	dreitausend
	4.000	štiri tisoč	viertausend
	5.000	pet tisoč	fünftausend
	6.000	šest tisoč	sechstausend
	10.000	deset tisoč	zehntausend
	20.000	dvajset tisoč	zwanzigtausend

21	enaindvajset	einundzwanzig
22	dvaindvajset	zweiundzwanzig
23	triindvajset	dreiundzwanzig
24	štiriindvajset	vierundzwanzig
25	petindvajset	fünfundzwanzig
26	šestindvajset	sechsundzwanzig
27	sedemindvajset	siebenundzwanzig
28	osemindvajset	achtundzwanzig
29	devetindvajset	neunundzwanzig
31	enaintrideset	einunddreißig
98	osemindevetdeset	achtundneunzig
99	devetindevetdeset	neunundneunzig
101	sto ena	(ein)hunderteins
102	sto dve/dva	(ein)hundertzwei
103	sto tri	(ein)hundertdrei
104	sto štiri	(ein)hundertvier
105	sto pet	(ein)hundertfünf
106	sto šest	(ein)hundertsechs
198	sto osemin-devetdeset	(ein)hundertachtund-neunzig
199	sto devetin-devetdeset	ein)hundertneunund-neunzig
201	dvesto ena	zweihunderteins
202	dvesto dve/dva	zweihundertzwei
203	dvesto tri	zweihundertdrei
204	dvesto štiri	zweihundertvier
205	dvesto pet	zweihundertfünf
206	dvesto šest	zweihundertsechs
298	dvesto osemin-devetdeset	zweihundertachtund-neunzig
299	dvesto devetin-devetdeset	zweihundertneunund-neunzig
1.001	tisoč ena	(ein)tausendeins
1.002	tisoč dve/dva	(ein)tausendzwei
1.003	trisoč tri	(ein)tausenddrei
1.004	tisoč štiri	(ein)tausendvier
1.005	tisoč pet	(ein)tausendfünf
1.006	tisoč šest	(ein)tausendsechs
11.000	enajst tisoč	elftausend
100.000	sto tisoč	(ein)hunderttausend
200.000	dvesto tisoč	zweihunderttausend
1.000.000	milijon	eine Million
2.000.000	dva milijona	zwei Millionen
1.000.000.000	milijarda	eine Milliarde
2.000.000.000	dve milijardi	zwei Milliarden

Zahlen

w./	10	deset
s./	100	sto
m.	1.000	tisoč
	10.000	deset tisoč
	100.000	sto tisoč
	1.000.000	en milijon
	10.000.000	deset milijonov
	100.000.000	sto milijonov
	1.000.000.000	ena milijarda
	10.000.000.000	deset milijard
	100.000.000.000	sto milijard
	1.000.000.000.000	en bilijon
	10.000.000.000.000	deset bilijonov
	100.000.000.000.000	sto bilijonov
	1.000.000.000.000.000	ena bilijarda
	10.000.000.000.000.000	deset bilijard
	100.000.000.000.000.000	sto bilijard
	1.000.000.000.000.000.000	en trilijon
	10.000.000.000.000.000.000	deset trilijonov
	100.000.000.000.000.000.000	sto trilijonov
	1.000.000.000.000.000.000.000	ena trilijarda
	10.000.000.000.000.000.000.000	deset trilijard
	100.000.000.000.000.000.000.000	sto trilijard

1.111	tisoč sto enajst
2.222	dva tisoč dvesto dvaindvajset
3.333	tri tisoč tristo triintrideset
4.444	štiri tisoč štiristo štiriinštirideset
5.555	pet tisoč petsto petinpetdeset
11.111	enajst tisoč sto enajst
22.222	dvaindvajset tisoč dvesto dvaindvajset
33.333	triintrideset tisoč tristo triintrideset
44.444	štiriinštirideset tisoč štiristo štiriinštirideset
55.555	petinpetdeset tisoč petsto petinpetdeset
101.101	sto en tisoč sto ena
202.202	dvesto dva tisoč dvesto dve/dva
303.303	tristo tri tisoč tristo tri
404.404	štiristo štiri tisoč štiristo štiri
505.505	petsto pet tisoč petsto pet
101.101.101.101	sto ena milijarda sto en milijon sto en tisoč sto ena
202.202.202.202	dvesto dve milijardi dvesto dva milijona dvesto dva tisoč dvesto dve/dva
303.303.303.303	tristo tri milijarde tristo tri milijoni tristo tri tisoč tristo tri
404.404.404.404	štiristo štiri milijarde štiristo štiri milijoni štiristo štiri tisoč štiristo štiri
505.505.505.505	petsto pet milijard petsto pet milijonov petsto pet tisoč petsto pet
444.444.444.444	štiristo štiriinštirideset milijard štiristo štiriinštirideset milijonov štiristo štiriinštirideset tisoč štiristo štiriinštirideset

Biegung des Grundzahlwortes: ...1, ...2, ...3, ...4

				Sl.	*Dt. 1.F. Ez.*	*Dt. 1.F. Mz.*
1.F.	*Ez.*	*w.*	**1, 101, ...1**	(...) ena	(...und)eine	hundertein/
		s.		(...) eno	(...und)ein	tausendein/
		m.		(...) en	(...und)ein	...ein
	Zz.	*w.*	**2, 102, ...2**	(...) dve	---	(hundertund)zwei/
		s.		(...) dve		hundertzwei/
		m.		(...) dva		...zwei
	Mz.	*w.*	**3, 103, ...3**	(...) tri	---	(hundertund)drei/
		s.		(...) tri		hundertdrei/
		m.		(...) trije		...drei
		w.	**4, 104, ...4**	(...) štiri	---	(hundertund)vier/
		s.		(...) štiri		hundertvier/
		m.		(...) štirje		...vier

w.		*Ez.* > **1, 101, ...1**	*Zz.* > **2, 102, ...2**	*Mz.* > **3, 103, ...3; 4, 104, ...4**	
	1.F.	(sto) ena	(sto) dve	(sto) tri	(sto) štiri
	2.F.	(sto) ene	(sto) dveh	(sto) treh	(sto) štirih
	3.F.	(sto) eni	(sto) dvema	(sto) trem	(sto) štirim
	4.F.	(sto) eno	(sto) dve	(sto) tri	(sto) štiri
	5.F.	(sto) eni	(sto) dveh	(sto) treh	(sto) štirih
	6.F.	(sto) eno	(sto) dvema	(sto) tremi	(sto) štirimi
s.	*1.F.*	(sto) eno	(sto) dve	(sto) tri	(sto) štiri
	2.F.	(sto) enega	(sto) dveh	(sto) treh	(sto) štirih
	3.F.	(sto) enemu	(sto) dvema	(sto) trem	(sto) štirim
	4.F.	(sto) eno	(sto) dve	(sto) tri	(sto) štiri
	5.F.	(sto) enem	(sto) dveh	(sto) treh	(sto) štirih
	6.F.	(sto) enim	(sto) dvema	(sto) tremi	(sto) štirimi
m.	*1.F.*	(sto) en	(sto) dva	(sto) trije	(sto) štirje
	2.F.	(sto) enega	(sto) dveh	(sto) treh	(sto) štirih
	3.F.	(sto) enemu	(sto) dvema	(sto) trem	(sto) štirim
	4.F.	(sto) en	(sto) dva	(sto) tri	(sto) štiri
	Leb.	(sto) enega			
	5.F.	(sto) enem	(sto) dveh	(sto) treh	(sto) štirih
	6.F.	(sto) enim	(sto) dvema	(sto) tremi	(sto) štirimi

Ez.
w.: (sto) ena nova mapa; (sto) ene nove mape; (sto) eni novi mapi; (sto) eno novo mapo; v (sto) eni novi mapi; z (s sto) eno novo mapo
s.: (sto) eno novo pivo; (sto) enega novega piva; (sto) enemu novemu pivu; (sto) eno novo pivo; v (sto) enem novem pivu; z (s sto) enim novim pivom
m.: (sto) en nov film; (sto) enega novega filma; (sto) enemu novemu filmu; (sto) en nov film; v (sto) enem novem filmu; z (s sto) enim novim filmom
m. Leb.: (sto) en nov turist; (sto) enega novega turista; (sto) enemu novemu turistu; (sto) enega novega turista; pri (sto) enem novem turistu; z (s sto) enim novim turistom
w.: (sto) ena nova stvar; (sto) ene nove stvari; (sto) eni novi stvari; (sto) eno novo stvar; o (sto) eni novi stvari; z (s sto) eno novo stvar

Biegung des Grundzahlwortes, Beispiele zu ...1, ...2

	Ez.	**1, 101, ...1**		*Zz.*	**2, 102, ...2**
w.	*1.F.*	(sto) ena nova mapa	*w.*	*1.F.*	(sto) dve novi mapi
	2.F.	(sto) ene nove mape		*2.F.*	(sto) dveh novih map
	3.F.	(sto) eni novi mapi		*3.F.*	(sto) dvema novima mapama
	4.F.	(sto) eno novo mapo		*4.F.*	(sto) dve novi mapi
	5.F.	(sto) eni novi mapi		*5.F.*	(sto) dveh novih mapih
	6.F.	(sto) eno novo mapo		*6.F.*	(sto) dvema novima mapama
s.	*1.F.*	(sto) eno novo pivo	*s.*	*1.F.*	(sto) dve novi pivi
	2.F.	(sto) enega novega piva		*2.F.*	(sto) dveh novih piv
	3.F.	(sto) enemu novemu pivu		*3.F.*	(sto) dvema novima pivoma
	4.F.	(sto) eno novo pivo		*4.F.*	(sto) dve novi pivi
	5.F.	(sto) enem novem pivu		*5.F.*	(sto) dveh novih pivih
	6.F.	(sto) enim novim pivom		*6.F.*	(sto) dvema novima pivoma
m.	*1.F.*	(sto) en nov film	*m.*	*1.F.*	(sto) dva nova filma
	2.F.	(sto) enega novega filma		*2.F.*	(sto) dveh novih filmov
	3.F.	(sto) enemu novemu filmu		*3.F.*	(sto) dvema novima filmoma
	4.F.	(sto) en nov film		*4.F.*	(sto) dva nova filma
	5.F.	(sto) enem novem filmu		*5.F.*	(sto) dveh novih filmih
	6.F.	(sto) enim novim filmom		*6.F.*	(sto) dvema novima filmoma
m.	*1.F.*	(sto) en nov turist	*m.*	*1.F.*	(sto) dva nova turista
	2.F.	(sto) enega novega turista		*2.F.*	(sto) dveh novih turistov
	3.F.	(sto) enemu novemu turistu		*3.F.*	(sto) dvema novima turistoma
	4.F.	(sto) enega novega turista		*4.F.*	(sto) dva nova turista
	5.F.	(sto) enem novem turistu		*5.F.*	(sto) dveh novih turistih
	6.F.	(sto) enim novim turistom		*6.F.*	(sto) dvema novima turistoma
w.	*1.F.*	(sto) ena nova stvar	*w.*	*1.F.*	(sto) dve novi stvari
	2.F.	(sto) ene novc stvari		*2.F.*	(sto) dveh novih stvari
	3.F.	(sto) eni novi stvari		*3.F.*	(sto) dvema novima stvarema
	4.F.	(sto) eno novo stvar		*4.F.*	(sto) dve novi stvari
	5.F.	(sto) eni novi stvari		*5.F.*	(sto) dveh novih stvareh
	6.F.	(sto) eno novo stvarjo		*6.F.*	(sto) dvema novima stvarema
m.	*1.F.*	(sto) en avstrijski šiling	*m.*	*1.F.*	(sto) dva avstrijska šilinga
	2.F.	(sto) enega avstrijskega šilinga		*2.F.*	(sto) dveh avstrijskih šilingov
	3.F.	(sto) enemu avstrijskemu šilingu		*3.F.*	(sto) dvema avstrijskima šilingoma
	4.F.	(sto) en avstrijski šiling		*4.F.*	(sto) dva avstrijska šilinga
	5.F.	(sto) enem avstrijskem šilingu		*5.F.*	(sto) dveh avstrijskih šilingih
	6.F.	(sto) enim avstrijskim šilingom		*6.F.*	(sto) dvema avstrijskima šilingoma
m.	*1.F.*	(sto) en slovenski tolar	*m.*	*1.F.*	(sto) dva slovenska tolarja
	2.F.	(sto) enega slovenskega tolarja		*2.F.*	(sto) dveh slovenskih tolarjev
	3.F.	(sto) enemu slovenskemu tolarju		*3.F.*	(sto) dvema slovenskima tolarjema
	4.F.	(sto) en slovenski tolar		*4.F.*	(sto) dva slovenska tolarja
	5.F.	(sto) enem slovenskem tolarju		*5.F.*	(sto) dveh slovenskih tolarjih
	6.F.	(sto) enim slovenskim tolarjem		*6.F.*	(sto) dvema slovenskima tolarjema
m.	*1.F.*	(sto) en evropski evro	*m.*	*1.F.*	(sto) dva evropska evra
	2.F.	(sto) enega evropskega evra		*2.F.*	(sto) dveh evropskih evrov
	3.F.	(sto) enemu evropskemu evru		*3.F.*	(sto) dvema evropskima evroma
	4.F.	(sto) en evropski evro		*4.F.*	(sto) dva evropska evra
	5.F.	(sto) enem evropskem evru		*5.F.*	(sto) dveh evropskih evrih
	6.F.	(sto) enim evropskim evrom		*6.F.*	(sto) dvema evropskima evroma

Ez:
To je ena nova mapa. Nimam nobene nove mape. Dodala sem eni novi mapi še drugo. Imam eno novo mapo. Pišem v eni novi mapi. Jaz sem navdušena nad eni novi mapi.

Das ist eine neue Mappe. Ich habe keine neue Mappe. Ich gab zu der einen neuen Mappe noch eine zweite. Ich habe eine neue Mappe. Ich schreibe in einer neuen Mappe. Ich freue mich über die eine neue Mappe.

Biegung des Grundzahlwortes, Beispiele zu ...3, ...4

	Mz.	**3, 103, ...3**		*Mz.*	**4, 104, ...4**
w.	*1.F.*	(sto) tri nove mape	*w.*	*1.F.*	(sto) štiri nove mape
	2.F.	(sto) treh novih map		*2.F.*	(sto) štirih novih map
	3.F.	(sto) trem novim mapam		*3.F.*	(sto) štirim novim mapam
	4.F.	(sto) tri nove mape		*4.F.*	(sto) štiri nove mape
	5.F.	(sto) treh novih mapah		*5.F.*	(sto) štirih novih mapah
	6.F.	(sto) tremi novimi mapami		*6.F.*	(sto) štirimi novimi mapami
s.	*1.F.*	(sto) tri nova piva	*s.*	*1.F.*	(sto) štiri nova piva
	2.F.	(sto) treh novih piv		*2.F.*	(sto) štirih novih piv
	3.F.	(sto) trem novim pivom		*3.F.*	(sto) štirim novim pivom
	4.F.	(sto) tri nova piva		*4.F.*	(sto) štiri nova piva
	5.F.	(sto) treh novih pivih		*5.F.*	(sto) štirih novih pivih
	6.F.	(sto) tremi novimi pivi		*6.F.*	(sto) štirimi novimi pivi
m.	*1.F.*	(sto) trije novi filmi	*m.*	*1.F.*	(sto) štirje novi filmi
	2.F.	(sto) treh novih filmov		*2.F.*	(sto) štirih novih filmov
	3.F.	(sto) trem novim filmom		*3.F.*	(sto) štirim novim filmom
	4.F.	(sto) tri nove filme		*4.F.*	(sto) štiri nove filme
	5.F.	(sto) treh novih filmih		*5.F.*	(sto) štirih novih filmih
	6.F.	(sto) tremi novimi filmi		*6.F.*	(sto) štirimi novimi filmi
m.	*1.F.*	(sto) trije novi turisti	*m.*	*1.F.*	(sto) štirje novi turisti
	2.F.	(sto) treh novih turistov		*2.F.*	(sto) štirih novih turistov
	3.F.	(sto) trem novim turistom		*3.F.*	(sto) štirim novim turistom
	4.F.	(sto) tri nove turiste		*4.F.*	(sto) štiri nove turiste
	5.F.	(sto) treh novih turistih		*5.F.*	(sto) štirih novih turistih
	6.F.	(sto) tremi novimi turisti		*6.F.*	(sto) štirimi novimi turisti
w.	*1.F.*	(sto) tri nove stvari	*w.*	*1.F.*	(sto) štiri nove stvari
	2.F.	(sto) treh novih stvari		*2.F.*	(sto) štirih novih stvari
	3.F.	(sto) trem novim stvarem		*3.F.*	(sto) štirim novim stvarem
	4.F.	(sto) tri nove stvari		*4.F.*	(sto) štiri nove stvari
	5.F.	(sto) treh novih stvareh		*5.F.*	(sto) štirih novih stvareh
	6.F.	(sto) tremi novimi stvarmi		*6.F.*	(sto) štirimi novimi stvarmi
m.	*1.F.*	(sto) trije avstrijski šilingi	*m.*	*1.F.*	(sto) štirje avstrijski šilingi
	2.F.	(sto) treh avstrijskih šilingov		*2.F.*	(sto) štirih avstrijskih šilingov
	3.F.	(sto) trem avstrijskim šilingom		*3.F.*	(sto) štirim avstrijskim šilingom
	4.F.	(sto) tri avstrijske šilinge		*4.F.*	(sto) štiri avstrijske šilinge
	5.F.	(sto) treh avstrijskih šilingih		*5.F.*	(sto) štirih avstrijskih šilingih
	6.F.	(sto) tremi avstrijskimi šilingi		*6.F.*	(sto) štirimi avstrijskimi šilingi
m.	*1.F.*	(sto) trije slovenski tolarji	*m.*	*1.F.*	(sto) štirje slovenski tolarji
	2.F.	(sto) treh slovenskih tolarjev		*2.F.*	(sto) štirih slovenskih tolarjev
	3.F.	(sto) trem slovenskim tolarjem		*3.F.*	(sto) štirim slovenskim tolarjem
	4.F.	(sto) tri slovenske tolarje		*4.F.*	(sto) štiri slovenske tolarje
	5.F.	(sto) treh slovenskih tolarjih		*5.F.*	(sto) štirih slovenskih tolarjih
	6.F.	(sto) tremi slovenskimi tolarji		*6.F.*	(sto) štirimi slovenskimi tolarji
m.	*1.F.*	(sto) trije evropski evri	*m.*	*1.F.*	(sto) štirje evropski evri
	2.F.	(sto) treh evropskih evrov		*2.F.*	(sto) štirih evropskih evrov
	3.F.	(sto) trem evropskim evrom		*3.F.*	(sto) štirim evropskim evrom
	4.F.	(sto) tri evropske evre		*4.F.*	(sto) štiri evropske evre
	5.F.	(sto) treh evropskih evrih		*5.F.*	(sto) štirih evropskih evrih
	6.F.	(sto) tremi evropskimi evri		*6.F.*	(sto) štirimi evropskimi evri

Mz.
To so tri nove mape. Nimam treh novih map. Dodala sem trem novim mapam še četrto. Imam tri nove mape. Pišem v treh novih mapah. Jaz sem navdušena nad tremi novimi mapami.

Das sind drei neue Mappen. Ich habe keine drei neuen Mappen. Ich gab zu den drei neuen Mappen noch eine vierte. Ich habe drei neue Mappen. Ich schreibe in drei neuen Mappen. Ich freue mich über die drei neuen Mappen.

Biegung des Grundzahlwortes: ...5, ...6 bis ...98, ...99

				Sl.	*Dt. 1.F. Mz.*
2.F.	*Mz.+*	*w./ s./ m.*	**5, 105, ...5**	(...) pet	(...und)fünf/ hundertfünf/...fünf
			6, 106, ...6	(...) šest	(...und)sechs/ hundertsechs/...sechs
			98, 198, ...98	(...) osemin-devetdeset	(...und)achtundneunzig/ ...achtundneunzig
			99, 199, ...99	(...) devetin-devetdeset	(...und)neunundneunzig/ ...neunundneunzig

w./ s./ m.	*Mz.+*	**5, 105, ...5**	**6, 106, ...6**	**98, 198, ...98**	**99, 199, ...99**
	1.F.	---	---	---	---
	2.F.	(sto) pet/ (sto) petih	(sto) šest/ (sto) šestih	(sto) osemin-devetdeset/-ih	(sto) devetin-devetdeset/-ih
	3.F.	(sto) petim	(sto) šestim	(sto) osemin-devetdesetim	(sto) devetin-devetdesetim
	4.F.	---	---	---	---
	5.F.	(sto) petih	(sto) šestih	(sto) osemin-devetdesetih	(sto) devetin-devetdesetih
	6.F.	(sto) pet/ (sto) petimi	(sto) šest/ (sto) šestimi	(sto) osemin-devetdeset/-imi	(sto) devetin-devetdeset/-imi

Mz.+
w.: ---; (sto) pet/petih novih map; (sto) petim novim mapam; ---; v (sto) petih novih mapah; s (sto) pet/petimi novimi mapami

s.: ---; (sto) pet/petih novih piv; (sto) petim novim pivom; ---; v (sto) petih novih pivih; s (sto) pet/petimi novimi pivi

m.: ---; (sto) pet/petih novih filmov; (sto) petim novim filmom; ---; v (sto) petih novih filmih; s (sto) pet/petimi novimi filmi

m. Leb.: ---; (sto) pet/petih novih turistov; (sto) petim novim turistom; ---; pri (sto) petih novih turistih; s (sto) pet/petimi novimi turisti

w.: ---; (sto) pet/petih novih stvari; (sto) petim novim stvarem; ---; o (sto) petih novih stvareh; s (sto) pet/petimi novimi stvarmi

m.: ---; (sto) pet/petih avstrijskih šilingov; (sto) petim avstrijskim šilingom; ---; o (sto) petih avstrijskih šilingih; s (sto) pet/petimi avstrijskimi šilingi

m.: ---; (sto) pet/petih slovenskih tolarjev; (sto) petim slovenskim tolarjem; ---; o (sto) petih slovenskih tolarjih; s (sto) pet/petimi slovenskimi tolarji

m.: ---; (sto) pet/petih evropskih evrov; (sto) petim evropskim evrom; ---; o (sto) petih evropskih evrih; s (sto) pet/petimi evropskimi evri

Biegung des Grundzahlwortes, Beispiele zu ...5, ...99

	Mz.+	**5, 105, ...5**		*Mz.+*	**99, 199, ...99**
w.	*1.F.*	---	*w.*	*1.F.*	---
	2.F.	(tisoč) pet/petih novih map		*2.F.*	(tisoč) devetindevetdeset/-ih novih map
	3.F.	(tisoč) petim novim mapam		*3.F.*	(tisoč) devetindevetdesetim novim mapam
	4.F.	---		*4.F.*	---
	5.F.	(tisoč) petih novih mapah		*5.F.*	(tisoč) devetindevetdesetih novih mapah
	6.F.	(tisoč) pet/petimi novimi mapami		*6.F.*	(tisoč) devetindevetdeset/-imi novimi mapami
s.	*1.F.*	---	*s.*	*1.F.*	---
	2.F.	(tisoč) pet/petih novih piv		*2.F.*	(tisoč) devetindevetdeset/-ih novih piv
	3.F.	(tisoč) petim novim pivom		*3.F.*	(tisoč) devetindevetdesetim novim pivom
	4.F.	---		*4.F.*	---
	5.F.	(tisoč) petih novih pivih		*5.F.*	(tisoč) devetindevetdesetih novih pivih
	6.F.	(tisoč) pet/petimi novimi pivi		*6.F.*	(tisoč) devetindevetdeset/-imi novimi pivi
m.	*1.F.*	---	*m.*	*1.F.*	---
	2.F.	(tisoč) pet/petih novih filmov		*2.F.*	(tisoč) devetindevetdeset/-ih novih filmov
	3.F.	(tisoč) petim novim filmom		*3.F.*	(tisoč) devetindevetdesetim novim filmom
	4.F.	---		*4.F.*	---
	5.F.	(tisoč) petih novih filmih		*5.F.*	(tisoč) devetindevetdesetih novih filmih
	6.F.	(tisoč) pet/petimi novimi filmi		*6.F.*	(tisoč) devetindevetdeset/-imi novimi filmi
m.	*1.F.*	---	*m.*	*1.F.*	---
	2.F.	(tisoč) pet/petih novih turistov		*2.F.*	(tisoč) devetindevetdeset/-ih novih turistov
	3.F.	(tisoč) petim novim turistom		*3.F.*	(tisoč) devetindevetdesetim novim turistom
	4.F.	---		*4.F.*	---
	5.F.	(tisoč) petih novih turistih		*5.F.*	(tisoč) devetindevetdesetih novih turistih
	6.F.	(tisoč) pet/petimi novimi turisti		*6.F.*	(tisoč) devetindevetdeset/-imi novimi turisti
w.	*1.F.*	---	*w.*	*1.F.*	---
	2.F.	(tisoč) pet/petih novih stvari		*2.F.*	(tisoč) devetindevetdeset/-ih novih stvari
	3.F.	(tisoč) petim novim stvarem		*3.F.*	(tisoč) devetindevetdesetim novim stvarem
	4.F.	---		*4.F.*	---
	5.F.	(tisoč) petih novih stvareh		*5.F.*	(tisoč) devetindevetdesetih novih stvareh
	6.F.	(tisoč) pet/petimi novimi stvarmi		*6.F.*	(tisoč) devetindevetdeset/-imi novimi stvarmi
m.	*1.F.*	---	*m.*	*1.F.*	---
	2.F.	(tisoč) pet/petih avstrijskih šilingov		*2.F.*	(tisoč) devetindevetdeset/-ih avstrijskih šilingov
	3.F.	(tisoč) petim avstrijskim šilingom		*3.F.*	(tisoč) devetindevetdesetim avstrijskim šilingom
	4.F.	---		*4.F.*	---
	5.F.	(tisoč) petih avstrijskih šilingih		*5.F.*	(tisoč) devetindevetdesetih avstrijskih šilingih
	6.F.	(tisoč) pet/petimi avstrijskimi šilingi		*6.F.*	(tisoč) devetindevetdeset/-imi avstrijskimi šilingi
m.	*1.F.*	---	*m.*	*1.F.*	---
	2.F.	(tisoč) pet/petih slovenskih tolarjev		*2.F.*	(tisoč) devetindevetdeset/-ih slovenskih tolarjev
	3.F.	(tisoč) petim slovenskim tolarjem		*3.F.*	(tisoč) devetindevetdesetim slovenskim tolarjem
	4.F.	---		*4.F.*	---
	5.F.	(tisoč) petih slovenskih tolarjih		*5.F.*	(tisoč) devetindevetdesetih slovenskih tolarjih
	6.F.	(tisoč) pet/petimi slovenskimi tolarji		*6.F.*	(tisoč) devetindevetdeset/-imi slovenskimi tolarji
m.	*1.F.*	---	*m.*	*1.F.*	---
	2.F.	(tisoč) pet/petih evropskih evrov		*2.F.*	(tisoč) devetindevetdeset/-ih evropskih evrov
	3.F.	(tisoč) petim evropskim evrom		*3.F.*	(tisoč) devetindevetdesetim evropskim evrom
	4.F.	---		*4.F.*	---
	5.F.	(tisoč) petih evropskih evrih		*5.F.*	(tisoč) devetindevetdesetih evropskih evrih
	6.F.	(tisoč) pet/petimi evropskimi evri		*6.F.*	(tisoč) devetindevetdeset/-imi evropskimi evri

Mz.+
To je pet novih map. Nimam pet/petih novih map. Dodala sem petim novim mapam še šesto. Imam pet novih map. Pišem v petih novih mapah. Jaz sem navdušena nad pet/petimi novimi mapami.

Das sind fünf neue Mappen. Ich habe keine fünf neuen Mappen. Ich gab zu den fünf neuen Mappen noch eine sechste. Ich habe fünf neue Mappen. Ich schreibe in fünf neuen Mappen. Ich freue mich über die fünf neuen Mappen.

Biegung des Grundzahlwortes: 100, ...00 und 1.000, ...000 sowie 0

				Sl.	*Dt. 1.F. Mz.*
2.F.	*Mz.+*	*s.*	**100, 200, .../ ...100**	sto, dvesto, .../ (...) sto	(...und)hundert/ ...hundert
		m.	**1.000, 2.000, .../ ...1.000**	tisoč, dva tisoč, .../ (..) tisoč	tausend/ ...tausend

w./ s./ m.	*Mz.+*	**100, ...100**	**200, ...200**	**1.000, ...1.000**	**2.000, ...2.000**
	1.F.	---	---	---	---
	2.F.	(tisoč) sto/ (tisoč) stotih	(tisoč) dvesto/ (tisoč) dvestotih	(sto en) tisoč/ (sto en) tisočih	(sto) dva tisoč/ (sto) dva tisočih
	3.F.	(tisoč) stotim	(tisoč) dvestotim	(sto en) tisočim	(sto) dva tisočim
	4.F.	---	---	---	---
	5.F.	(tisoč) stotih	(tisoč) dvestotih	(sto en) tisočih	(sto) dva tisočih
	6.F.	(tisoč) sto/ (tisoč) stotimi	(tisoč) dvesto/ (tisoč) dvestotimi	(sto en) tisoč/ (sto en) tisočimi	(sto) dva tisoč/ (sto) dva tisočimi

Mz.+
w.: ---; (tisoč) sto/stotih novih map; (tisoč) stotim novim mapam; ---; v (tisoč) stotih novih mapah; s (tisoč) sto/stotimi novimi mapami

s.: ---; (tisoč) sto/stotih novih piv; (tisoč) stotim novim pivom; ---; v (tisoč) stotih novih pivih; s (tisoč) sto/stotimi novimi pivi

m.: ---; (tisoč) sto/stotih novih filmov; (tisoč) stotim novim filmom; ---; v (tisoč) stotih novih filmih; s (tisoč) sto/stotimi novimi filmi

m. Leb.: ---; (tisoč) sto/stotih novih turistov; (tisoč) stotim novim turistom; ---; pri (tisoč) stotih novih turistih; s (tisoč) sto/stotimi novimi turisti

w.: ---; (tisoč) sto/stotih novih stvari; (tisoč) stotim novim stvarem; ---; o (tisoč) stotih novih stvareh; s (tisoč) sto/stotimi novimi stvarmi

m.: ---; (tisoč) sto/stotih avstrijskih šilingov; (tisoč) stotim avstrijskim šilingom; ---; o (tisoč) stotih avstrijskih šilingih; s (tisoč) sto/stotimi avstrijskimi šilingi

m.: ---; (tisoč) sto/stotih slovenskih tolarjev; (tisoč) stotim slovenskim tolarjem; ---; o (tisoč) stotih slovenskih tolarjih; s (tisoč) sto/stotimi slovenskimi tolarji

m.: ---; (tisoč) sto/stotih evropskih evrov; (tisoč) stotim evropskim evrom; ---; o (tisoč) stotih evropskih evrih; s (tisoč) sto/stotimi evropskimi evri

0 – Null		*Ez.*	*Zz.*	*Mz.*
w.	*1.F.*	ena ničla	dve ničli	tri, štiri ničle
	2.F.	ene ničle	dveh ničel	treh, štirih, pet(ih), šest(ih) ničel
	3.F.	eni ničli	dvema ničlama	trem, štirim, petim, šestim ničlam
	4.F.	eno ničlo	dve ničli	tri, štiri ničle
	5.F.	eni ničli	dveh ničlah	treh, štirih, petih, šestih ničlah
	6.F.	eno ničlo	dvema ničlama	tremi, štirimi, petimi, šestimi ničlami

Biegung des Grundzahlwortes, Beispiele zu ...00

	Mz.+	**100, ...100**		*Mz.+*	**200, ...200**
w.	*1.F.*	---	*w.*	*1.F.*	---
	2.F.	(tisoč) sto/stotih novih map		*2.F.*	(tisoč) dvesto/dvestotih novih map
	3.F.	(tisoč) stotim novim mapam		*3.F.*	(tisoč) dvestotim novim mapam
	4.F.	---		*4.F.*	---
	5.F.	(tisoč) stotih novih mapah		*5.F.*	(tisoč) dvestotih novih mapah
	6.F.	(tisoč) sto/stotimi novimi mapami		*6.F.*	(tisoč) dvesto/dvestotimi novimi mapami
s.	*1.F.*	---	*s.*	*1.F.*	---
	2.F.	(tisoč) sto/stotih novih piv		*2.F.*	(tisoč) dvesto/dvestotih novih piv
	3.F.	(tisoč) stotim novim pivom		*3.F.*	(tisoč) dvestotim novim pivom
	4.F.	---		*4.F.*	---
	5.F.	(tisoč) stotih novih pivih		*5.F.*	(tisoč) dvestotih novih pivih
	6.F.	(tisoč) sto/stotimi novimi pivi		*6.F.*	(tisoč) dvesto/dvestotimi novimi pivi
m.	*1.F.*	---	*m.*	*1.F.*	---
	2.F.	(tisoč) sto/stotih novih filmov		*2.F.*	(tisoč) dvesto/dvestotih novih filmov
	3.F.	(tisoč) stotim novim filmom		*3.F.*	(tisoč) dvestotim novim filmom
	4.F.	---		*4.F.*	---
	5.F.	(tisoč) stotih novih filmih		*5.F.*	(tisoč) dvestotih novih filmih
	6.F.	(tisoč) sto/stotimi novimi filmi		*6.F.*	(tisoč) dvesto/dvestotimi novimi filmi
m.	*1.F.*	---	*m.*	*1.F.*	---
	2.F.	(tisoč) sto/stotih novih turistov		*2.F.*	(tisoč) dvesto/dvestotih novih turistov
	3.F.	(tisoč) stotim novim turistom		*3.F.*	(tisoč) dvestotim novim turistom
	4.F.	---		*4.F.*	---
	5.F.	(tisoč) stotih novih turistih		*5.F.*	(tisoč) dvestotih novih turistih
	6.F.	(tisoč) sto/stotimi novimi turisti		*6.F.*	(tisoč) dvesto/dvestotimi novimi turisti
w.	*1.F.*	---	*w.*	*1.F.*	---
	2.F.	(tisoč) sto/stotih novih stvari		*2.F.*	(tisoč) dvesto/dvestotih novih stvari
	3.F.	(tisoč) stotim novim stvarem		*3.F.*	(tisoč) dvestotim novim stvarem
	4.F.	---		*4.F.*	---
	5.F.	(tisoč) stotih novih stvareh		*5.F.*	(tisoč) dvestotih novih stvareh
	6.F.	(tisoč) sto/stotimi novimi stvarmi		*6.F.*	(tisoč) dvesto/dvestotimi novimi stvarmi
m.	*1.F.*	---	*m.*	*1.F.*	---
	2.F.	(tisoč) sto/stotih avstrijskih šilingov		*2.F.*	(tisoč) dvesto/dvestotih avstrijskih šilingov
	3.F.	(tisoč) stotim avstrijskim šilingom		*3.F.*	(tisoč) dvestotim avstrijskim šilingom
	4.F.	---		*4.F.*	---
	5.F.	(tisoč) stotih avstrijskih šilingih		*5.F.*	(tisoč) dvestotih avstrijskih šilingih
	6.F.	(tisoč) sto/stotimi avstrijskimi šilingi		*6.F.*	(tisoč) dvesto/dvestotimi avstrijskimi šilingi
m.	*1.F.*	---	*m.*	*1.F.*	---
	2.F.	(tisoč) sto/stotih slovenskih tolarjev		*2.F.*	(tisoč) dvesto/dvestotih slovenskih tolarjev
	3.F.	(tisoč) stotim slovenskim tolarjem		*3.F.*	(tisoč) dvestotim slovenskim tolarjem
	4.F.	---		*4.F.*	---
	5.F.	(tisoč) stotih slovenskih tolarjih		*5.F.*	(tisoč) dvestotih slovenskih tolarjih
	6.F.	(tisoč) sto/stotimi slovenskimi tolarji		*6.F.*	(tisoč) dvesto/dvestotimi slovenskimi tolarji
m.	*1.F.*	---	*m.*	*1.F.*	---
	2.F.	(tisoč) sto/stotih evropskih evrov		*2.F.*	(tisoč) dvesto/dvestotih evropskih evrov
	3.F.	(tisoč) stotim evropskim evrom		*3.F.*	(tisoč) dvestotim evropskim evrom
	4.F.	---		*4.F.*	---
	5.F.	(tisoč) stotih evropskih evrih		*5.F.*	(tisoč) dvestotih evropskih evrih
	6.F.	(tisoč) sto/stotimi evropskimi evri		*6.F.*	(tisoč) dvesto/dvestotimi evropskimi evri

Mz.+
To je sto novih map. Nimam sto/stotih novih map. Dodala sem stotim novim mapam še stoprvo. Imam sto novih map. Pišem v stotih novih mapah. Jaz sem navdušena nad sto/stotimi novimi mapami.

Das sind hundert neue Mappen. Ich habe keine hundert neuen Mappen. Ich gab zu den hundert neuen Mappen noch eine hunderterste. Ich habe hundert neue Mappen. Ich schreibe in hundert neuen Mappen. Ich freue mich über die hundert neuen Mappen.

Biegung des Grundzahlwortes, Beispiele zu ...000

	Mz.+	**1.000, ...1.000**		*Mz.+*	**2.000, ...2.000**
w.	*1.F.*	---	*w.*	*1.F.*	---
	2.F.	(sto en) tisoč/tisočih novih map		*2.F.*	(sto) dva tisoč/dva tisočih novih map
	3.F.	(sto en) tisočim novim mapam		*3.F.*	(sto) dva tisočim novim mapam
	4.F.	---		*4.F.*	---
	5.F.	(sto en) tisočih novih mapah		*5.F.*	(sto) dva tisočih novih mapah
	6.F.	(sto en) tisoč/tisočimi novimi mapami		*6.F.*	(sto) dva tisoč/dva tisočimi novimi mapami
s.	*1.F.*	---	*s.*	*1.F.*	---
	2.F.	(sto en) tisoč/tisočih novih piv		*2.F.*	(sto) dva tisoč/dva tisočih novih piv
	3.F.	(sto en) tisočim novim pivom		*3.F.*	(sto) dva tisočim novim pivom
	4.F.	---		*4.F.*	---
	5.F.	(sto en) tisočih novih pivih		*5.F.*	(sto) dva tisočih novih pivih
	6.F.	(sto en) tisoč/tisočimi novimi pivi		*6.F.*	(sto) dva tisoč/dva tisočimi novimi pivi
m.	*1.F.*	---	*m.*	*1.F.*	---
	2.F.	(sto en) tisoč/tisočih novih filmov		*2.F.*	(sto) dva tisoč/dva tisočih novih filmov
	3.F.	(sto en) tisočim novim filmom		*3.F.*	(sto) dva tisočim novim filmom
	4.F.	---		*4.F.*	---
	5.F.	(sto en) tisočih novih filmih		*5.F.*	(sto) dva tisočih novih filmih
	6.F.	(sto en) tisoč/tisočimi novimi filmi		*6.F.*	(sto) dva tisoč/dva tisočimi novimi filmi
m.	*1.F.*	---	*m.*	*1.F.*	---
	2.F.	(sto en) tisoč/tisočih novih turistov		*2.F.*	(sto) dva tisoč/dva tisočih novih turistov
	3.F.	(sto en) tisočim novim turistom		*3.F.*	(sto) dva tisočim novim turistom
	4.F.	---		*4.F.*	---
	5.F.	(sto en) tisočih novih turistih		*5.F.*	(sto) dva tisočih novih turistih
	6.F.	(sto en) tisoč/tisočimi novimi turisti		*6.F.*	(sto) dva tisoč/dva tisočimi novimi turisti
w.	*1.F.*	---	*w.*	*1.F.*	---
	2.F.	(sto en) tisoč/tisočih novih stvari		*2.F.*	(sto) dva tisoč/dva tisočih novih stvari
	3.F.	(sto en) tisočim novim stvarem		*3.F.*	(sto) dva tisočim novim stvarem
	4.F.	---		*4.F.*	---
	5.F.	(sto en) tisočih novih stvareh		*5.F.*	(sto) dva tisočih novih stvareh
	6.F.	(sto en) tisoč/tisočimi novimi stvarmi		*6.F.*	(sto) dva tisoč/dva tisočimi novimi stvarmi
m.	*1.F.*	---	*m.*	*1.F.*	---
	2.F.	(sto en) tisoč/tisočih avstrijskih šilingov		*2.F.*	(sto) dva tisoč/dva tisočih avstrijskih šilingov
	3.F.	(sto en) tisočim avstrijskim šilingom		*3.F.*	(sto) dva tisočim avstrijskim šilingom
	4.F.	---		*4.F.*	---
	5.F.	(sto en) tisočih avstrijskih šilingih		*5.F.*	(sto) dva tisočih avstrijskih šilingih
	6.F.	(sto en) tisoč/tisočimi avstrijskimi šilingi		*6.F.*	(sto) dva tisoč/dva tisočimi avstrijskimi šilingi
m.	*1.F.*	---	*m.*	*1.F.*	---
	2.F.	(sto en) tisoč/tisočih slovenskih tolarjev		*2.F.*	(sto) dva tisoč/dva tisočih slovenskih tolarjev
	3.F.	(sto en) tisočim slovenskim tolarjem		*3.F.*	(sto) dva tisočim slovenskim tolarjem
	4.F.	---		*4.F.*	---
	5.F.	(sto en) tisočih slovenskih tolarjih		*5.F.*	(sto) dva tisočih slovenskih tolarjih
	6.F.	(sto en) tisoč/tisočimi slovenskimi tolarji		*6.F.*	(sto) dva tisoč/dva tisočimi slovenskimi tolarji
m.	*1.F.*	---	*m.*	*1.F.*	---
	2.F.	(sto en) tisoč/tisočih evropskih evrov		*2.F.*	(sto) dva tisoč/dva tisočih evropskih evrov
	3.F.	(sto en) tisočim evropskim evrom		*3.F.*	(sto) dva tisočim evropskim evrom
	4.F.	---		*4.F.*	---
	5.F.	(sto en) tisočih evropskih evrih		*5.F.*	(sto) dva tisočih evropskih evrih
	6.F.	(sto en) tisoč/tisočimi evropskimi evri		*6.F.*	(sto) dva tisoč/dva tisočimi evropskimi evri

Mz.+
To je tisoč novih map. Nimam tisoč/tisočih novih map. Dodala sem tisočim novim mapam še tisočprvo. Imam tisoč novih map. Pišem v tisočih novih mapah. Jaz sem navdušena nad tisoč/tisočimi novimi mapami.

Das sind tausend neue Mappen. Ich habe keine tausend neuen Mappen. Ich gab zu den tausend neuen Mappen noch eine tausenderste. Ich habe tausend neue Mappen. Ich schreibe in tausend neuen Mappen. Ich freue mich über die tausend neuen Mappen.

Beispielsätze zu den S. 76-85

(Ena) Mlada Avstrijka je v Vrbi/Beljaku. (En) Mlad Avstrijec je v Vrbi/Beljaku.
(Dve) Mladi Avstrijki sta v Vrbi/Beljaku. (Dva) Mlada Avstrijca sta v Vrbi/Beljaku.
Tri mlade Avstrijke so v Vrbi/Beljaku. Trije mladi Avstrijci so v Vrbi/Beljaku.
Štiri mlade Avstrijke so v Vrbi/Beljaku. Štirje mladi Avstrijci so v Vrbi/Beljaku.
Pet mladih Avstrijk je v Vrbi/Beljaku. Pet mladih Avstrijcev je v Vrbi/Beljaku.
Sto mladih Avstrijk je v Vrbi/Beljaku. Sto mladih Avstrijcev je v Vrbi/Beljaku.
Tisoč mladih Avstrijk je v Vrbi/Beljaku. Tisoč mladih Avstrijcev je v Vrbi/Beljaku.

(Ena) Mlada Avstrijka je bila v Vrbi/Beljaku. (En) Mlad Avstrijec je bil v Vrbi/...
(Dve) Mladi Avstrijki sta bili v Vrbi/Beljaku. (Dva) Mlada Avstrijca sta bila v Vrbi/...
Tri mlade Avstrijke so bile v Vrbi/Beljaku. Trije mladi Avstrijci so bili v Vrbi/Beljaku.
Štiri mlade Avstrijke so bile v Vrbi/Beljaku. Štirje mladi Avstrijci so bili v Vrbi/...
Pet mladih Avstrijk je bilo v Vrbi/Beljaku. Pet mladih Avstrijcev je bilo v Vrbi/...

(Ena) Dobra pevka poje na odru. (En) Dober pevec poje na odru.
(Dve) Dobri pevki pojeta na odru. (Dva) Dobra pevca pojeta na odru.
Tri dobre pevke pojejo na odru. Trije dobri pevci pojejo na odru.
Štiri dobre pevke pojejo na odru. Štirje dobri pevci pojejo na odru.
Pet dobrih pevk poje na odru. Pet dobrih pevcev poje na odru.

(Ena) Dobra pevka je pela na odru. (En) Dober pevec je pel na odru.
(Dve) Dobri pevki sta peli na odru. (Dva) Dobra pevca sta pela na odru.
Tri dobre pevke so pele na odru. Trije dobri pevci so peli na odru.
Štiri dobre pevke so pele na odru. Štirje dobri pevci so peli na odru.
Pet dobrih pevk je pelo na odru. Pet dobrih pevcev je pelo na odru.

(En) Milijon dobrih pevk poje na odru. (En) Milijon dobrih pevcev poje na odru.
(Dva) Milijona dobrih pevk poje na odru. (Dva) Milijona dobrih pevcev poje na ...
Trije milijoni dobrih pevk poje na odru. Trije milijoni dobrih pevcev poje na odru.
Štirje milijoni dobrih pevk poje na odru. Štirje milijoni dobrih pevcev poje na odru.
Pet milijonov dobrih pevk poje na odru. Pet milijonov dobrih pevcev poje na odru.

(En) Milijon dobrih pevk je pelo na odru. (En) Milijon dobrih pevcev je pelo na odru.
(Dva) Milijona dobrih pevk je pelo na odru. (Dva) Milijona dobrih pevcev je pelo ...
Trije milijoni dobrih pevk **so peli** na odru. Trije milijoni dobrih pevcev **so peli** na ...
Štirje milijoni dobrih pevk **so peli** na odru. Štrije milijoni dobrih pevcev **so peli** ...
Pet milijonov dobrih pevk je pelo na odru. Pet milijonov dobrih pevcev je pelo na ...

Tri milijone dobrih pevk **je pelo** na odru. **Tri milijone** dobrih pevcev **je pelo** na ...
Štiri milijone dobrih pevk **je pelo** na odru. **Štiri milijone** dobrih pevcev **je pelo** ...

V Vrbi/Beljaku je (ena) mlada Avstrijka. V Vrbi/Beljaku je (en) mlad Avstrijec.
V Vrbi/Beljaku je bila (ena) mlada Avstrijka. V Vrbi/Beljaku je bil (en) mlad Avstrijec.
Na odru poje (ena) dobra pevka. Na odru poje (en) dober pevec.
Na odru je pela (ena) dobra pevka. Na odru je pel (en) dober pevec.
Na odru je pelo (en) milijon dobrih pevk. Na odru je pelo (en) milijon dobrih pevcev.

Beispielsätze zu den S. 76-85 in Deutsch

Eine junge Österreicherin ist in Velden/Villach. Ein junger Österreicher ist in Velden/Villach.
Zwei junge Österreicherinnen sind in Velden/Villach. Zwei junge Österreicher sind in ...
Drei junge Österreicherinnen sind in Velden/Villach. Drei junge Österreicher sind in ...
Vier junge Österreicherinnen sind in Velden/Villach. Vier junge Österreicher sind in ...
Fünf junge Österreicherinnen sind in Velden/Villach. Fünf junge Österreicher sind in ...
Hundert junge Österreicherinnen sind in Velden/Villach. Hundert junge Österreicher sind in ...
Tausend junge Österreicherinnen sind in Velden/Villach. Tausend junge Österreicher sind in ...

Eine junge Österreicherin war in Velden/Villach. Ein junger Österreicher war in Velden/Villach.
Zwei junge Österreicherinnen waren in Velden/Villach. Zwei junge Österreicher waren in ...
Drei junge Österreicherinnen waren in Velden/Villach. Drei junge Österreicher waren in ...
Vier junge Österreicherinnen waren in Velden/Villach.. Vier junge Österreicher waren in ...
Fünf junge Österreicherinnen waren in Velden/Villach. Fünf junge Österreicher waren in ...
Hundert junge Österreicherinnen waren in Velden/Villach. Hundert junge Österreicher waren in ...
Tausend junge Österreicherinnen waren in Velden/Villach. Tausend junge Österreicher waren in ...
> Eine junge Österreicherin ist in Velden/Villach gewesen. Ein junger Österreicher ist in Velden/Villach gewesen. ...

Eine gute Sängerin singt auf der Bühne. Ein guter Sänger singt auf der Bühne.
Zwei gute Sängerinnen singen auf der Bühne. Zwei gute Sänger singen auf der Bühne.
Drei gute Sängerinnen singen auf der Bühne. Drei gute Sänger singen auf der Bühne.
Vier gute Sängerinnen singen auf der Bühne. Vier gute Sänger singen auf der Bühne.
Fünf gute Sängerinnen singen auf der Bühne. Fünf gute Sänger singen auf der Bühne.

Eine gute Sängerin sang auf der Bühne. Ein guter Sänger sang auf der Bühne.
Zwei gute Sängerinnen sangen auf der Bühne. Zwei gute Sänger sangen auf der Bühne.
Drei gute Sängerinnen sangen auf der Bühne. Drei gute Sänger sangen auf der Bühne.
Vier gute Sängerinnen sangen auf der Bühne. Vier gute Sänger sangen auf der Bühne.
Fünf gute Sängerinnen sangen auf der Bühne. Fünf gute Sänger sangen auf der Bühne.
> Eine gute Sängerin hat auf der Bühne gesungen. Ein guter Sänger hat auf der Bühne gesungen. ...

Eine Million guter Sängerinnen singt auf der Bühne. Eine Million guter Sänger singt auf der Bühne.
Zwei Millionen guter Sängerinnen singen auf der Bühne. Zwei Millionen guter Sänger singen ...
Drei Millionen guter Sängerinnen singen auf der Bühne. Drei Millionen guter Sänger singen ...
Vier Millionen guter Sängerinnen singen auf der Bühne. Vier Millionen guter Sänger singen ...
Fünf Millionen guter Sängerinnen singen auf der Bühne. Fünf Millionen guter Sänger singen ...

Eine Million guter Sängerinnen sang auf der Bühne. Eine Million guter Sänger sang auf der Bühne.
Zwei Millionen guter Sängerinnen sangen auf der Bühne. Zwei Millionen guter Sänger sangen ...
Drei Millionen guter Sängerinnen sangen auf der Bühne. Drei Millionen guter Sänger sangen ...
Vier Millionen guter Sängerinnen sangen auf der Bühne. Vier Millionen guter Sänger sangen ...
Fünf Millionen guter Sängerinnen sangen auf der Bühne. Fünf Millionen guter Sänger sangen ...

> Eine Million guter Sängerinnen hat auf der Bühne gesungen. Eine Million guter Sänger hat ...
Zwei Millionen guter Sängerinnen haben auf der Bühne gesungen. Zwei Millionen guter Sänger haben ...
Drei Millionen guter Sängerinnen haben auf der Bühne gesungen. Drei Millionen guter Sänger haben ...
Vier Millionen guter Sängerinnen haben auf der Bühne gesungen. Vier Millionen guter Sänger haben ...
Fünf Millionen guter Sängerinnen haben auf der Bühne gesungen. Fünf Millionen guter Sänger haben auf der Bühne gesungen.

In Velden/Villach ist eine junge Österreicherin. In Velden/Villach ist ein junger Österreicher.
In Velden/Villach war eine junge Österreicherin. In Villach/Velden war ein junger Österreicher.
> In Velden/Villach ist eine junge Österreicherin gewesen. In Villach/Velden ist ein junger Österreicher gewesen.
Auf der Bühne singt eine gute Sängerin. Auf der Bühne singt ein guter Sänger.
Auf der Bühne sang eine gute Sängerin. Auf der Bühne sang ein guter Sänger.
> Auf der Bühne hat eine gute Sängerin gesungen. Auf der Bühne hat ein guter Sänger gesungen.
Auf der Bühne sangen eine Million guter Sängerinnen. Auf der Bühne sangen eine Million guter Sänger.
> Auf der Bühne haben eine Million guter Sängerinnen gesungen. Auf der Bühne haben eine Million guter Sänger gesungen.

Grundzahlwörter und das Vorwort z im 6.F.

z + d e o m

z	1	eno srečno članico/enim srečnim članom
	11, 21, 31	enajst/-imi, enaindvajset/-imi, enaintrideset/-imi srečnimi članicami/člani
	41, 51, 61	enainštirideset/-imi, enainpetdeset/-imi, enainšestdeset/-imi članicami/člani
	71, 81, 91	enainsedemdeset/-imi, enainosemdeset/-imi, enaindevetdeset/-imi članicami/...
	2	dvema srečnima članicama/članoma
	12, 22, 32	dvanajst/-imi, dvaindvajset/-imi, dvaintrideset/-imi srečnimi članicami/člani
	42, 52, 62	dvainštirideset/-imi, dvainpetdeset/-imi, dvainšestdeset/-imi članicami/člani
	72, 82, 92	dvainsedemdeset/-imi, dvainosemdeset/-imi, dvaindevetdeset/-imi članicami/...
	8	osmimi srečnimi članicami/člani
	18, 28, 38	osemnajst/-imi, osemindvajset/-imi, osemintrideset/-imi članicami/člani
	48, 58, 68	oseminštirideset/-imi, oseminpetdeset/-imi, oseminšestdeset/-imi članicami/...
	78, 88, 98	oseminsedemdeset/-imi, oseminosemdeset/-imi, osemindevetdeset/-imi .../člani
	9	devetimi srečnimi članicami/člani
	19, 29, 39	devetnajst/-imi, devetindvajset/-imi, devetintrideset/-imi članicami/člani
	49, 59, 69	devetinštirideset/-imi, devetinpetdeset/-imi, devetinšestdeset/-imi članicami/člani
	79, 89, 99	devetinsedemdeset/-imi, devetinosemdeset/-imi, devetindevetdeset/-imi .../člani
	10	desetimi srečnimi članicami/člani
	20, 80, 90	dvajset/-imi, osemdeset/-imi, devetdeset/-imi srečnimi članicami/člani
	201	dvesto eno srečno članico/dvesto enim srečnim članom
	202	dvesto dvema srečnima članicama/članoma
	203	dvesto tremi srečnimi članicami/člani
	204	dvesto štirimi srečnimi članicami/člani
	205	dvesto petimi srečnimi članicami/člani
	299	dvesto devetindevetdeset/-imi srečnimi članicami/člani
	801	osemsto eno srečno članico/osemsto enim srečnim članom
	802	osemsto dvema srečnima članicama/članoma
	803	osemsto tremi srečnimi članicami/člani
	804	osemsto štirimi srečnimi članicami/člani
	805	osemsto petimi srečnimi članicami/člani
	901	devetsto eno srečno članico/devetsto enim srečnim članom
	902	devetsto dvema srečnima članicama/članoma
	903	devetsto tremi srečnimi članicami/člani
	2.001	dva tisoč eno srečno članico/dva tisoč enim srečnim članom
	2.002	dva tisoč dvema srečnima članicama/članoma
	2.003	dva tisoč tremi srečnimi članicami/člani
	8.001	osem tisoč eno srečno članico/osem tisoč enim srečnim članom
	8.002	osem tisoč dvema srečnima članicama/članoma
	8.003	osem tisoč tremi srečnimi članicami/člani
	9.001	devet tisoč eno srečno članico/devet tisoč enim srečnim članom
	9.002	devet tisoč dvema srečnima članicama/članoma
	9.003	devet tisoč tremi srečnimi članicami/člani
	20.001	dvajset tisoč eno srečno članico/dvajset tisoč enim srečnim članom
	1.000.000	milijon srečnimi članicami/člani

Grundzahlwörter und das Vorwort s im 6.F.

s + p t s š st št

s	3	tremi srečnimi članicami/člani
	4	štirimi srečnimi članicami/člani
	5	petimi srečnimi članicami/člani
	6	šestimi srečnimi članicami/člani
	7	sedmimi srečnimi članicami/člani
	13, 23, 33	trinajst/-imi, triindvajset/-imi, triintrideset/-imi srečnimi članicami/člani
	43, 53, 63	triinštirideset/-imi, triinpetdeset/-imi, triinšestdeset/-imi članicami/člani
	73, 83, 93	triinsedemdeset/-imi, triinosemdeset/-imi, triindevetdeset/-imi .../člani
	14, 24, 34	štirinajst/-imi, štiriindvajset/-imi, štiriintrideset/-imi članicami/člani
	44, 54, 64	štiriinštirideset/-imi, štiriinpetdeset/-imi, štiriinšestdeset/-imi .../člani
	74, 84, 94	štiriinsedemdeset/-imi, štiriinosemdeset/-imi, štiriindevetdeset/-imi .../člani
	15, 25, 35	petnajst/-imi, petindvajset/-imi, petintrideset/-imi članicami/člani
	45, 55, 65	petinštirideset/-imi, petinpetdeset/-imi, petinšestdeset/-imi članicami/člani
	75, 85, 95	petinsedemdeset/-imi, petinosemdeset/-imi, petindevetdeset/-imi .../člani
	16, 26, 36	šestnajst/-imi, šestindvajset/-imi, šestintrideset/-imi članicami/člani
	46, 56, 66	šestinštirideset/-imi, šestinpetdeset/-imi, šestinšestdeset/-imi članicami/...
	76, 86, 96	šestinsedemdeset/-imi, šestinosemdeset/-imi, šestindevetdeset/-imi .../člani
	17, 27, 37	sedemnajst/-imi, sedemindvajset/-imi, sedemintrideset/-imi članicami/člani
	47, 57, 67	sedeminštirideset/-imi, sedeminpetdeset/-imi, sedeminšestdeset/-imi .../...
	77, 87	sedeminsedemdeset/-imi, sedeminosemdeset/-imi članicami/člani
	97, 30, 40	sedemindevetdeset/-imi, trideset/-imi, štirideset/-imi članicami/člani
	50, 60, 70	petdeset/-imi, šestdeset/-imi, sedemdeset/-imi srečnimi članicami/člani
	101	sto eno srečno članico/sto enim srečnim članom
	102	sto dvema srečnima članicama/članoma
	103	sto tremi srečnimi članicami/člani
	104	sto štirimi srečnimi članicami/člani
	105	sto petimi srečnimi članicami/člani
	199	sto devetindevetdeset/-imi srečnimi članicami/člani
	301	tristo eno srečno članico/tristo enim srečnim članom
	302	tristo dvema srečnima članicama/članoma
	303	tristo tremi srečnimi članicami/člani
	304	tristo štirimi srečnimi članicami/člani
	305	tristo petimi srečnimi članicami/člani
	401	štiristo eno srečno članico/štiristo enim srečnim članom
	501	petsto eno srečno članico/petsto enim srečnim članom
	601	šeststo eno srečno članico/šeststo enim srečnim članom
	701	sedemsto eno srečno članico/sedemsto enim srečnim članom
	1.001	tisoč eno srečno članico/tisoč enim srečnim članom
	3.001	tri tisoč eno srečno članico/tri tisoč enim srečnim članom
	4.001	štiri tisoč eno srečno članico/štiri tisoč enim srečnim članom
	5.001	pet tisoč eno srečno članico/pet tisoč enim srečnim članom
	6.001	šest tisoč eno srečno članico/šest tisoč enim srečnim članom
	7.001	sedem tisoč eno srečno članico/sedem tisoč enim srečnim članom

Nummerierung

w.	Celovška (cesta) 1/ena	Klagenfurter Straße 1/eins
	Celovška (cesta) 2/dve	Klagenfurter Straße 2/zwei
	Celovška (cesta) 3/tri	Klagenfurter Straße 3/drei
	Celovška (cesta) 4/štiri	Klagenfurter Straße 4/vier
	Celovška (cesta) 5/pet	Klagenfurter Straße 5/fünf
	Celovška (cesta) 100/sto	Klagenfurter Straße 100/hundert
	Celovška (cesta) 101/sto ena	Klagenfurter Straße 101/hunderteins
	Celovška (cesta) 102/sto dve	Klagenfurter Straße 102/hundertzwei
	Celovška (cesta) 103/sto tri	Klagenfurter Straße 103/hundertdrei
	Celovška (cesta) 104/sto štiri	Klagenfurter Straße 104/hundertvier
	Celovška (cesta) 105/sto pet	Klagenfurter Straße 105/hundertfünf
	Menuhinova (ulica) 1/ena	Menuhin-Gasse 1/eins
	Menuhinova (ulica) 2/dve	Menuhin-Gasse 2/zwei
	Menuhinova (ulica) 3/tri	Menuhin-Gasse 3/drei
	Menuhinova (ulica) 4/štiri	Menuhin-Gasse 4/vier
	Menuhinova (ulica) 5/pet	Menuhin-Gasse 5/fünf
s.	Jezersko 1/ena	Ober-Seetal 1/eins
	Jezersko 2/dve	Ober-Seetal 2/zwei
	Jezersko 3/tri	Ober-Seetal 3/drei
	Jezersko 4/štiri	Ober-Seetal 4/vier
	Jezersko 5/pet	Ober-Seetal 5/fünf
m.	Stari trg 1/ena	Alter Platz 1/eins
	Stari trg 2/dva	Alter Platz 2/zwei
	Stari trg 3/tri	Alter Platz 3/drei
	Stari trg 4/štiri	Alter Platz 4/vier
	Stari trg 5/pet	Alter Platz 5/fünf
	Stari trg 9/devet	Alter Platz 9/neun
	Stari trg 10/deset	Alter Platz 10/zehn
	Stari trg 11/enajst	Alter Platz 11/elf
w.	formula 1/ena	Formel 1/eins
	formula 2/dve	Formel 2/zwei
	formula 3/tri	Formel 3/drei
	RAI-TV 1/ena *(Radio televisione italiana)*	RAI-TV 1/eins
	RAI-TV 2/dva	RAI-TV 2/zwei
	RAI-TV 3/tri	RAI-TV 3/drei
	ZIB 1/ena *(Zeit im Bild)*	ZIB 1/eins
	ZIB 2/dva	ZIB 2/zwei
	ZIB 3/tri	ZIB 3/drei
s.	Radio Ö 1/ena *(Radio Österreich)*	Radio Ö 1/eins
	Radio Ö R/2/dva *(R = Regional)*	Radio Ö R/2/zwei
	Radio Ö 3/tri	Radio Ö 3/drei
m.	ORF 1/ena *(Österreichischer Rundfunk Fernsehen)*	ORF 1/eins
	ORF 2/dva	ORF 2/zwei
	RTV SLO 1/ena *(Radio televizija Slovenija)*	RTV Slovenija 1/eins
	RTV SLO 2/dva	RTV Slovenija 2/zwei

Ordnungszahlen

	Sl.			*Dt.*
	w.	*s.*	*m.*	*die/das/der*
1.	prva	prvo	prvi	erste/Erste
2.	druga	drugo	drugi	zweite/Zweite
3.	tretja	tretje	tretji	dritte/Dritte
4.	četrta	četrto	četrti	vierte/Vierte
5.	peta	peto	peti	fünfte/Fünfte
6.	šesta	šesto	šesti	sechste/Sechste
7.	sedma	sedmo	sedmi	sieb(en)te/Sieb(en)te
8.	osma	osmo	osmi	achte/Achte
9.	deveta	deveto	deveti	neunte/Neunte
10.	deseta	deseto	deseti	zehnte/Zehnte
11.	enajsta	enajsto	enajsti	elfte/Elfte
12.	dvanajsta	dvanajsto	dvanajsti	zwölfte/Zwölfte
13.	trinajsta	trinajsto	trinajsti	dreizehnte/D...
14.	štirinajsta	štirinajsto	štirinajsti	vierzehnte/V...
15.	petnajsta	petnajsto	petnajsti	fünfzehnte/F...
16.	šestnajsta	šestnajsto	šestnajsti	sechzehnte/S...
17.	sedemnajsta	sedemnajsto	sedemnajsti	siebzehnte/S...
18.	osemnajsta	osemnajsto	osemnajsti	achtzehnte/A...
19.	devetnajsta	devetnajsto	devetnajsti	neunzehnte/N...
20.	dvajseta	dvajseto	dvajseti	zwanzigste/Z...
30.	trideseta	trideseto	trideseti	dreißigste/D...
40.	štirideseta	štirideseto	štirideseti	vierzigste/V...
50.	petdeseta	petdeseto	petdeseti	fünfzigste/F...
60.	šestdeseta	šestdeseto	šestdeseti	sechzigste/S...
70.	sedemdeseta	sedemdeseto	sedemdeseti	siebzigste/S...
80.	osemdeseta	osemdeseto	osemdeseti	achtzigste/A...
90.	devetdeseta	devetdeseto	devetdeseti	neunzigste/N...
100.	stota	stoto	stoti	hundertste/H...
200.	dvestota	dvestoto	dvestoti	zweihundertste/Z...
300.	tristota	tristoto	tristoti	dreihundertste/D...
400.	štiristota	štiristoto	štiristoti	vierhundertste/V...
500.	petstota	petstoto	petstoti	fünfhundertste/F...
600.	šeststota	šeststoto	šeststoti	sechshundertste/S...
700.	sedemstota	sedemstoto	sedemstoti	siebenhundertste/S...
800.	osemstota	osemstoto	osemstoti	achthundertste/A...
900.	devetstota	devetstoto	devetstoti	neunhundertste/N...
1000.	tisoča	tisočc	tisoči	(ein)tausendste/T...
2000.	dvatisoča	dvatisoče	dvatisoči	zweitausendste/Z...
3000.	tritisoča	tritisoče	tritisoči	dreitausendste/D...
4000.	štiritisoča	štiritisoče	štiritisoči	viertausendste/V...
5000.	pettisoča	pettisoče	pettisoči	fünftausendste/F...
2695.	dvatisočšeststopetindevetdeset-a/-o/-i		zweitausendsechshundertfünfundneunzigste/Z...	
7813.	sedemtisočosemstotrinajst-a/-o/-i		siebentausendachthundertdreizehnte/S...	

Vervielfältigungszahlwörter

enojn-a/o/i, enojen > enojna šipa – eine/die einfache Scheibe, enojno okno – ein/das Einfachfenster, enojni tir – die eingleisige Strecke, enojen cvet – eine einfache Blüte; enojna vrata – eine/die einfache Tür
dvoja/dvojna človekova narava – eine/die doppelte Natur des Menschen
dvojn-a/o/i, dvojen > dvojna priprava – eine/die doppelte Vorrichtung, dvojno okno – ein/ das Doppelfenster, dvojni podplat – die doppelte Sohle, dvojna nit – ein doppelter/der doppelte Faden, ...
trojn-a/o/i, trojen > trojna mera – dreierlei Maß, trojno ogledalo – ein/der Dreifachspiegel, trojni prostor – der Dreifachraum, trojna zasteklitev – eine/die Dreifachverglasung
četvern-a/o/i, četveren > četverna nit – ein/der Vierfachfaden, četverno orodje – viererlei Gerät, četverni pakt – der Viererpakt, četveren sad – eine Vier(er)-Frucht

Beispiel(sätz)e zur S. 91

prva obiskovalka sejma, značilnosti prve obiskovalke sejma, podarilo prvi obiskovalki sejma, poznam prvo obiskovalko sejma, ...
prvi obiskovalec sejma, značilnosti prvega obiskovalca sejma, podarilo prvemu obiskovalcu sejma, poznam prvega obiskovalca sejma, ...

Prijateljica je bila prva. Bila je pri prvih. Prijateljica je bila med prvimi.
Prijatelj je bil prvi. Bil je pri prvih. Prijatelj je bil med prvimi.

Leta 2004 je Slovenija pristopila EU in Nata. / 2004. leta ... / L. 2004 ...
Maja 2004 je Slovenija postala članica EU in Nata. / 1. maja 2004 ...
Jeseni 2004 so v Sloveniji potekale državnozborske volitve. / 3. oktobra 2004 ...
Od leta 1988 naprej se je Slovenija močno razvila. / Od 1988. l. naprej ...
Po letu 1991 se je Slovenija približala zahodnoevropski zakonodaji. / Po 1991. l. ...
Med letom 1980 in letom 1991 so bile krize. / Med 1980. letom in 1991. letom ...

Beispiel(sätz)e zur S. 91 in Deutsch

die erste Messebesucherin, die Eigenschaften der ersten Messebesucherin, das Geschenk für die erste Messebesucherin, ich kenne die erste Messebesucherin, ...
der erste Messebesucher, die Eigenschaften des ersten Messebesuchers, das Geschenk für den ersten Messebesucher, ich kenne den ersten Messebesucher, ...

Meine Freundin war die Erste. Sie war unter den Ersten. Meine Freundin war unter den Ersten.
Mein Freund war der Erste. Er war unter den Ersten. Mein Freund war unter den Ersten.

Im Jahre 2004 trat Slowenien der EU und der Nato bei. / 2004 ...
Im Mai 2004 wurde Slowenien Mitglied der EU und der Nato. / Am 1. Mai 2004 ...
Im Herbst 2004 wurden in Slowenien Nationalratswahlen abgehalten. / Am 3. Okt. 2004 ...
Ab dem Jahre 1988 hat sich Slowenien stark entwickelt. / Ab dem 1988-er Jahr ...
Nach dem Jahre 1991 hat sich Slowenien der westeuropäischen Gesetzgebung angenähert. / Nach 1991 ...
Zwischen den Jahren 1980 und 1991 gab es Krisen. / Zwischen 1980 und 1991 ...

Zählbare Mengenangaben bei Lebensmitteln

w.	ena kumarica	eine Gurke	ena postrv	eine Forelle
	dve kumarici	zwei Gurken	dve postrvi	zwei Forellen
	tri kumarice	drei Gurken	tri postrvi	drei Forellen
	štiri kumarice	vier Gurken	štiri postrvi	vier Forellen
	pet kumaric	fünf Gurken	pet postrvi	fünf Forellen
s.	eno jajce	ein Ei	eno jabolko	ein Apfel
	dve jajci	zwei Eier	dve jabolki	zwei Äpfel
	tri jajca	drei Eier	tri jabolka	drei Äpfel
	štiri jajca	vier Eier	štiri jabolka	vier Äpfel
	pet jajc	fünf Eier	pet jabolk	fünf Äpfel
m.	en ananas	eine Ananas	en kivi	eine Kiwi
	dva ananasa	zwei Ananas	dva kivija	zwei Kiwi
	trije ananasi	drei Ananas	trije kiviji	drei Kiwi
	štirje ananasi	vier Ananas	štirje kiviji	vier Kiwi
	pet ananasov	fünf Ananas	pet kivijev	fünf Kiwi

Unzählbare Mengenangaben bei Lebensmitteln

2.F. Ez. w.		*2.F. Ez. m.*	
nekaj moke	etwas Mehl	nekaj sladkorja	etwas Zucker
dosti moke	genug Mehl	dosti sladkorja	genug Zucker
mnogo moke	viel Mehl	mnogo sladkorja	viel Zucker
preveliko moke	zu viel Mehl	preveliko sladkorja	zu viel Zucker
zelo malo moke	sehr wenig Mehl	zelo malo sladkorja	sehr wenig Zucker
več moke	mehr Mehl	več sladkorja	mehr Zucker
preveč moke	zu viel Mehl	preveč sladkorja	zu viel Zucker
manj moke	weniger Mehl	manj sladkorja	weniger Zucker
ogromno moke	unheimlich viel Mehl	ogromno sladkorja	unheimlich viel Zucker

Unbestimmte Zahlwörter

nekaj > Imam nekaj denarja. – Ich habe etwas Geld.
dosti > Imam dosti denarja. – Ich habe genug Geld.
mnogo > Imam mnogo denarja. – Ich habe viel Geld.
(zelo) veliko > Imam (zelo) veliko denarja. – Ich habe (sehr) viel Geld.
(zelo/pre-)malo > Imam (zelo/pre-)malo denarja. – Ich habe (sehr/zu) wenig Geld.
več/preveč > Imam več/preveč denarja. – Ich habe mehr/zu viel Geld.
manj > Imam manj denarja kot prej. – Ich habe weniger Geld als früher.
ogromno > Imam ogromno denarja. – Ich habe unheimlich viel Geld.
nekaj/dosti/mnogo/zelo veliko/premalo/več/preveč/manj/ogromno ljudi – einige/genug/viele/sehr viele/zu wenige/mehr/zu viele/weniger/unheimlich viele Leute

Dezimalzahlen mit Prozentangaben

1,1 % ena cela ena odstotka
2,2 % dve celi dve odstotka
3,3 % tri cele tri odstotka
4,4 % štiri cele štiri odstotka
5,5 % pet celih pet odstotka
6,6 % šest celih šest odstotka
7,7 % sedem celih sedem odstotka
8,8 % osem celih osem odstotka
9,9 % devet celih devet odstotka
0,1 % nič celih ena odstotka
0,5 % nič celih pet odstotka
10,10 % deset celih deset odstotka
99,99 % devetindevetdeset celih devetindevetdeset odstotka
100,100 % sto celih sto odstotka
101,101 % sto ena cela sto ena odstotka
102,102 % sto dve celi sto dve odstotka
103,103 % sto tri cele sto tri odstotka
104,104 % sto štiri cele sto štiri odstotka
105,105 % sto pet celih sto pet odstotka
202,202 % dvesto dve celi dvesto dve odstotka
303,303 % tristo tri cele tristo tri odstotka
404,404 % štiristo štiri cele štiristo štiri odstotka
505,505 % petsto pet celih petsto pet odstotka
555,555 % petsto petinpetdeset celih petsto petinpetdeset odstotka
999,999 % deveststo devetindevetdeset celih devetsto devetindevetdeset odstotka
1.000,1000 % tisoč celih tisoč odstotka
1.001,1001 % tisoč ena cela tisoč ena odstotka
1.101,1101 % tisoč sto ena cela tisoč sto ena odstotka
1.111,1111 % tisoč sto enajst celih tisoč sto enajst odstotka
2.002,2002 % dva tisoč dve celi dva tisoč dve odstotka
2.202,2202 % dva tisoč dvesto dve celi dva tisoč dvesto dve odstotka
2.222,2222 % dva tisoč dvesto dvaindvajset celih dva tisoč dvesto dvaindvajset odstotka
3.003,3003 % tri tisoč tri cele tri tisoč tri odstotka
3.303,3303 % tri tisoč tristo tri cele tri tisoč tristo tri odstotka
3,333,3333 % tri tisoč tristo triintrideset celih tri tisoč tristo triintrideset odstotka
4.004,4004 % štiri tisoč štiri cele štiri tisoč štiri odstotka
4.404,4404 % štiri tisoč štiristo štiri cele štiri tisoč štiristo štiri odstotka
4.444,4444 % štiri tisoč štiristo štiriinštirideset celih štiri tisoč štiristo štiriinštirideset odstotka
5.005,5005 % pet tisoč pet celih pet tisoč pet odstotka
5.505,5505 % pet tisoč petsto pet celih pet tisoč petsto pet odstotka
5.555,5555 % pet tisoč petsto petinpetdeset celih pet tisoč petsto petinpetdeset odstotka

Dezimalzahlen mit Promilleangaben

1,1 ‰	ena cela ena tisočinke
2,2 ‰	dve celi dve tisočinke
3,3 ‰	tri cele tri tisočinke
4,4 ‰	štiri cele štiri tisočinke
5,5 ‰	pet celih pet tisočinke
6,6 ‰	šest celih šest tisočinke
7,7 ‰	sedem celih sedem tisočinke
8,8 ‰	osem celih osem tisočinke
9,9 ‰	devet celih devet tisočinke
0,1 ‰	nič celih ena tisočinke
0,5 ‰	nič celih pet tisočinke
10,10 ‰	deset celih deset tisočinke
99,99 ‰	devetindevetdeset celih devetindevetdeset tisočinke
100,100 ‰	sto celih sto tisočinke
101,101 ‰	sto ena cela sto ena tisočinke
102,102 ‰	sto dve celi sto dve tisočinke
103,103 ‰	sto tri cele sto tri tisočinke
104,104 ‰	sto štiri cele sto štiri tisočinke
105,105 ‰	sto pet celih sto pet tisočinke
202,202 ‰	dvesto dve celi dvesto dve tisočinke
303,303 ‰	tristo tri cele tristo tri tisočinke
404,404 ‰	štiristo štiri cele štiristo štiri tisočinke
505,505 ‰	petsto pet celih petsto pet tisočinke
555,555 ‰	petsto petinpetdeset celih petsto petinpetdeset tisočinke
999,999 ‰	deveststo devetindevetdeset celih devetsto devetindevetdeset tisočinke
1.000,1000 ‰	tisoč celih tisoč tisočinke
1.001,1001 ‰	tisoč ena cela tisoč ena tisočinke
1.101,1101 ‰	tisoč sto ena cela tisoč sto ena tisočinke
1.111,1111 ‰	tisoč sto enajst celih tisoč sto enajst tisočinke
2.002,2002 ‰	dva tisoč dve celi dva tisoč dve tisočinke
2.202,2202 ‰	dva tisoč dvesto dve celi dva tisoč dvesto dve tisočinke
2.222,2222 ‰	dva tisoč dvesto dvaindvajset celih dva tisoč dvesto dvaindvajset tisočinke
3.003,3003 ‰	tri tisoč tri cele tri tisoč tri tisočinke
3.303,3303 ‰	tri tisoč tristo tri cele tri tisoč tristo tri tisočinke
3,333,3333 ‰	tri tisoč tristo triintrideset celih tri tisoč tristo triintrideset tisočinke
4.004,4004 ‰	štiri tisoč štiri cele štiri tisoč štiri tisočinke
4.404,4404 ‰	štiri tisoč štiristo štiri cele štiri tisoč štiristo štiri tisočinke
4.444,4444 ‰	štiri tisoč štiristo štiriinštirideset celih štiri tisoč štiristo štiriinštirideset tisočinke
5.005,5005 ‰	pet tisoč pet celih pet tisoč pet tisočinke
5.505,5505 ‰	pet tisoč petsto pet celih pet tisoč petsto pet tisočinke
5.555,5555 ‰	pet tisoč petsto petinpetdeset celih pet tisoč petsto petinpetdeset tisočinke

Maßeinheiten

km	kilometer *m.* kilometra	**2 km**	dva kilometra
m	meter *m.* metra	**354 m**	tristo štiriinpetdeset metrov
dm	decimeter *m.* decimetra	**27 dm**	sedemindvajset decimetrov
cm	centimeter *m.* centimetra	**89 cm**	devetinosemdeset centimetrov
mm	milimeter *m.* milimetra	**21 mm**	enaindvajset milimetrov
km^2	kvadratni kilometer *m.*	**3 km^2**	trije kvadratni kilometri
ha	hektar *m.* hektara/hektarja	**16 ha**	šestnajst hektarov/hektarjev
a	ar *m.* ara	**76 a**	šestinsedemdeset arov
m^2	kvadratni meter *m.*	**38 m^2**	osemintrideset kvadratnih metrov
dm^2	kvadratni decimeter *m.*	**4 dm^2**	štirje kvadratni decimetri
cm^2	kvadratni centimeter *m.*	**5 cm^2**	pet kvadratnih centimetrov
mm^2	kvadratni milimeter *m.*	**1 mm^2**	en kvadratni milimeter
m^3	kubični meter *m.*	**2,4 m^3**	dve celi štiri kubičnega metra
dm^3	kubični decimeter *m.*	**101 dm^3**	sto en kubični decimeter
cm^3	kubični centimeter *m.*	**202 cm^3**	dvesto dva kubična metra
mm^3	kubični milimeter *m.*	**303 mm^3**	tristo trije kubični metri
hl	hektoliter *m.* hektolitra	**1 hl**	en hektoliter
l	liter *m.* litra	**2 l**	dva litra
dl	deciliter *m.* decilitra	**3 dl**	trije decilitri
cl	centiliter *m.* centilitra	**4 cl**	štirje centilitri
ml	mililiter *m.* mililitra	**5,1 ml**	pet celih en mililitra
t	tona *w.* tone	**3,6 t**	tri cele šest tone
kg	kilogram *m.* kilograma kila *w.* kile	**2 kg**	dva kilograma/ dve kili
dag	dekagram *m.* dekagrama	**25 dag**	petindvajset dekagramov
g	gram *m.* grama	**12 g**	dvanajst gramov
%	odstotek *m.* odstotka	**‰**	promil *m.* promila tisočinka *w.* tisočinke
€	(evropski) evro *m.* evra	**c**	cent *m.* centa
£	(angleški) funt *m.* funta		novi peni *m.* novega penija
$	(ameriški) dolar *m.* dolarja	**c**	cent *m.* centa
DM	(nemška) marka *w.* marke	**pf**	pfenig *m.* pfeniga
SIT	(slovenski) tolar *m.* tolarja		stotin *m.* stotina
°	stopinja *w.* stopinje	**h**	ura *w.* ure
'	minuta *w.* minute	**''**	sekunda *m.* sekunde
k	karat *m.* karata (0,2 g)	**12 k**	(karat *m.* karata), dvanajst karatov zlata
N	newton *m.* newtona njuten *m.* njutna	**pa**	pascal *m.* pascala
cal	kalorija *w.* kalorije	**j**	joule *m.* joula
KM	konjska moč *w.* konjske moči. – Pferdestärke/PS		
W	vat *m.* vata	**kW**	kilovat *m.* kilovata
1/8	ena osmina	**5/8**	pet osmin
¼	ena četrtina	**¾**	tri četrtine
½	pol		polovica *w.* – ... Hälfte
	osminka *w.* – ... Achtelnote		četrtinka *w.* – ... Viertelnote
	polovinka *w.* – ... halbe Note		pavza polovinka – ... halbe Pause

Das Zahlwort/Fürwort „beide/Beide“

(die) beide(n)/(die) Beide(n)

	w.			*s.*			*m.*		
	Ez.	*Zz.*	*Mz.*	*Ez.*	*Zz.*	*Mz.*	*Ez.*	*Zz.*	*Mz.*
1.F.	---	obe	---	---	obe	---	---	oba	---
2.F.	---	obeh	---	---	obeh	---	---	obeh	---
3.F.	---	obema	---	---	obema	---	---	obema	---
4.F.	---	obe	---	---	obe	---	---	oba	---
5.F.	---	obeh	---	---	obeh	---	---	obeh	---
6.F.	---	obema	---	---	obema	---	---	obema	---

obe, obe, oba (die) beide(n)/(die) Beide(n)
<nur dieses Wort>

obe prisotni udeleženki > Obe udeleženki sta prisotni. Živim pri obeh, malo pri eni, malo pa pri drugi. – beide anwesenden Teilnehmerinnen > Beide Teilnehmerinnen sind anwesend. Ich lebe bei beiden, ein bisschen bei der einen, ein bisschen bei der anderen.
obe žrebeti > Obe žrebeti sta lepi. Obe kažeta dobra značaja. – beide Fohlen > Beide Fohlen sind schön. Beide zeigen einen guten Charakter.
oba prisotna udeleženca > Oba udeleženca sta prisotna. Živim pri obeh, malo pri enem, malo pa pri drugem. – beide anwesenden Teilnehmer > Beide Teilnehmer sind anwesend. – Ich lebe bei beiden, ein bisschen bei dem einen, ein bisschen bei dem anderen.

Hinweisende Fürwörter

dies...; ... – Dies...; ...

w.		*Ez.*	*Zz.*	*Mz.*
	1.F.	tá	tí	té
	2.F.	té	téh	téh
	3.F.	téj	téma	tém
	4.F.	tó	tí	té
	5.F.	téj	téh	téh
	6.F.	tó	téma	témi
s.	*1.F.*	tó	tí	tá
	2.F.	téga	téh	téh
	3.F.	tému	téma	tém
	4.F.	tó	tí	tá
	5.F.	tém	téh	téh
	6.F.	tém	téma	témi
m.	*1.F.*	tá	tá	tí
	2.F.	téga	téh	téh
	3.F.	tému	téma	tém
	4.F.	tá	tá	té
	Leb.	téga		
	5.F.	tém	téh	téh
	6.F.	tém	téma	témi

ta, to, ta diese, dieses, dieser
ta, to, ta Diese, Dieses, Dieser
<nur dieses Wort>

die/das/der ganze; ... – das Ganze

w.		*Ez.*	*Zz.*	*Mz.*
	1.F.	vsà	vsì	vsè
	2.F.	vsè	vsèh	vsèh
	3.F.	vsèj	vsèma	vsèm
	4.F.	vsò	vsì	vsè
	5.F.	vsèj	vsèh	vsèh
	6.F.	vsò	vsèma	vsèmi
s.	*1.F.*	vsè	vsì	vsà
	2.F.	vsèga	vsèh	vsèh
	3.F.	vsèmu	vsèma	vsèm
	4.F.	vsè	vsì	vsà
	5.F.	vsèm	vsèh	vsèh
	6.F.	vsèm	vsèma	vsèmi
m.	*1.F.*	vès	vsà	vsì
	2.F.	vsèga	vsèh	vsèh
	3.F.	vsèmu	vsèma	vsèm
	4.F.	vès	vsà	vsè
	Leb.	vsèga		
	5.F.	vsèm	vsèh	vsèh
	6.F.	vsèm	vsèma	vsèmi

vsa, vse, ves die/das/der ganze
vsa, vse, ves die/das/der Ganze
<nur dieses Wort>

Angelikin novi računalnik je bil zelo drag. – Angelikas neuer PC war sehr teuer.
Davidov novi izdelek je poceni. – Davids neues Produkt ist billig.
Karoline, a mi posodiš svoj novi klobuk? – Karoline, leihst du mir deinen neuen Hut?
Elisabeth naj oceni moj novi nakit. – Elisabeth soll meinen neuen Schmuck beurteilen.
Ta novi časopis je res boljši kot ta stari. – Diese neue Zeitung ist wirklich besser als die alte.
Ves novi koncert je presenečil mnoge. – Das ganz neue Konzert hat viele überrascht.

Gattungszahlwörter, die Menge betreffend (A)

dvoje lekarn = dve lekarni, troje lekarn = tri lekarne, četvero lekarn = štiri lekarne, petero lekarn = pet lekarn, ..., desetero lekarn = deset lekarn, enajstero lekarn = enajst lekarn, ..., stotero lekarn = sto lekarn, ..., tisočero lekarn = tisoč lekarn, ... – zwei, drei, vier, fünf, ..., zehn, elf, ..., hundert, ..., tausend Apotheken, ...
dvoje pisem = dve pismi, troje pisem = tri pisma, četvero pisem = štiri pisma, petero pisem = pet pisem, ..., desetero pisem = deset pisem, enajstero pisem = enajst pisem, ..., stotero pisem = sto pisem, ..., tisočero pisem = tisoč pisem, ... – zwei, drei, vier, fünf, ..., zehn, elf, ..., hundert, ..., tausend Briefe, ...
dvoje kmetov = dva kmeta, troje kmetov = trije kmeti = trije kmetje, četvero kmetov = štirje kmeti = štirje kmetje, petero kmetov = pet kmetov, ..., desetero kmetov = deset kmetov, enajstero kmetov = enajst kmetov, ..., stotero kmetov = sto kmetov, ..., tisočero kmetov = tisoč kmetov, ... – zwei, drei, vier, fünf, ..., zehn, elf, ..., hundert, ..., tausend Bauern, ...
dvoje gosí = dve gosí, troje gosí = tri gosí, četvero gosí = štiri gosí, petero gosí = pet gosí, ..., desetero gosí = deset gosí, enajstero gosí = enajst gosí, ..., stotero gosí = sto gosí, ..., tisočero gosí = tisoč gosí, ... – zwei, drei, vier, fünf, ..., zehn, elf, ..., hundert, ..., tausend Gänse, ...

dvoje čevljev = dva para čevljev, troje čevljev = trije pari čevljev, četvero čevljev = štirje pari čevljev, petero čevljev = pet parov čevljev, ..., desetero čevljev = deset parov čevljev, enajstero čevljev = enajst parov čevljev, ..., stotero čevljev = sto parov čevljev, ..., tisočero čevljev = tisoč parov čevljev, ... – ein, zwei, drei, vier, fünf, ..., zehn, elf, ..., hundert, ..., tausend Paar Schuhe, ...
dvoje smuči = dva para smuči, troje smuči = trije pari smuči, četvero smuči = štirje pari smuči, petero smuči = pet parov smuči, ..., desetero smuči = deset parov smuči, enajstero smuči = enajst parov smuči, ..., stotero smuči = sto parov smuči, ..., tisočero smuči = tisoč parov smuči, ... – ein, zwei, drei, vier, fünf, ..., zehn, elf, ..., hundert, ..., tausend Paar Schier, ...

dvoje hlač ≠ ~~dve hlači~~, troje hlač = tri hlače, četvero hlač = štiri hlače, petero hlač = pet hlač, ..., desetero hlač = deset hlač, enajstero hlač = enajst hlač, ..., stotero hlač = sto hlač, ..., tisočero hlač = tisoč hlač, ... – zwei, drei, vier, fünf, ..., zehn, elf, ..., hundert, ..., tausend Hosen, ...
dvoje očal ≠ ~~dve očali~~, troje očal = tri očala, četvero očal = štiri očala, petero očal = pet očal, ..., desetero očal = deset očal, enajstero očal = enajst očal, ..., stotero očal = sto očal, ..., tisočero očal = tisoč očal, ... – zwei, drei, vier, fünf, ..., zehn, elf, ..., hundert, ..., tausend Brillen, ...
dvoje možganov ≠ ~~dva možgana~~, troje možganov = trije možgani, četvero možganov = štirje možgani, petero možganov = pet možganov, ..., desetero možganov = deset možganov, enajstero možganov = enajst možganov, ..., stotero možganov = sto možganov, ..., tisočero možganov = tisoč možganov, ... – zwei, drei, vier, fünf, ..., zehn, elf, ..., hundert, ..., tausend Gehirne, ...
dvoje škarij ≠ ~~dve škarji~~, troje škarij = tri škarje, četvero škarij = štiri škarje, petero škarij = pet škarij, ..., desetero škarij = deset škarij, enajstero škarij = enajst škarij, ..., stotero škarij = sto škarij, ..., tisočero škarij = tisoč škarij, ... – zwei, drei, vier, fünf, ..., zehn, elf, ..., hundert, ..., tausend Scheren, ...

Gattungszahlwörter, die Menge betreffend (B)

dvoje oči ≠ ~~dve oči~~ ≠ ~~dve očesi~~, troje oči ≠ ~~tri očesa~~, četvero oči ≠ ~~štiri očesa~~, petero oči ≠ ~~pet očes~~, ..., desetero oči ≠ ~~deset očes~~, enajstero oči ≠ ~~enajst očes~~, ..., stotero oči ≠ ~~sto očes~~, ..., tisočero oči ≠ ~~tisoč očes~~, ... – zwei Paar Augen, drei Paar Augen, vier Paar Augen, fünf Paar Augen, ..., zehn Paar Augen, elf Paar Augen, ..., hundert Paar Augen, ..., tausend Paar Augen, ... > zwei Augenpaare, …

~~lekarna~~ ≠ ena lekarna – eine Apotheke; ~~pismo~~ ≠ eno pismo – ein Brief; ~~kmet~~ ≠ en kmet – ein Bauer; ~~gos~~ ≠ ena gos – eine Gans

en čevelj – ein Schuh : en par čevljev – ein Paar Schuhe; ena smuč – ein Schi : en par smuči – ein Paar Schi(er)

~~ena hlača~~ > hlače – eine Hose; ~~eno očalo~~ > očala – eine Brille; ~~en možgan~~ > možgani – ein Gehirn; ~~ena škarja~~ > škarje – eine Schere

eno oko – ein Auge : en par oči – ein Paar Augen/ein Augenpaar ≠ ~~en par očes~~

dvoj**e** grablj**e** = dvoje grabelj = zwei Rechen, troj**e** grablj**e** = troje grabelj = drei Rechen, ~~četvere grablje~~ ≠ četvero grabelj = vier Rechen, ~~petere grablje~~ ≠ petero grabelj = fünf Rechen, ...
dvoj**a** vrat**a** = dvoje vrat = zwei Türen, troj**a** vrat**a** = troje vrat = drei Türen, ~~četvera vrata~~ ≠ četvero vrat = vier Türen, ~~petera vrata~~ ≠ petero vrat = fünf Türen, ...
dvoj**i** možgan**i** = dvoje možganov = zwei Gehirne, troj**i** možgan**i** = troje možganov = drei Gehirne, ~~četveri možgani~~ = četvero možganov = vier Gehirne, ~~peteri možgani~~ ≠ petero možganov = fünf Gehirne, ...

dvoj**i** čevlj**i** = dvoje čevljev = zwei Paar Schuhe, troj**i** čevlj**i** = troje čevljev = drei Paar Schuhe, ~~četveri čevlji~~ ≠ četvero čevljev – vier Paar Schuhe, ~~peteri čevlji~~ ≠ petero čevljev – fünf Paar Schuhe, ...

Gattungszahlwörter, die Art betreffend

dvoj**e** miz**e** = dve vrsti miz = zwei Arten (von) Tische(n), ...
dvoj**a** jezer**a** = dve vrsti jezer = zwei Arten (von) See(n), ...
dvoj**i** ključ**i** = dve vrsti ključev = zwei Arten (von) Schlüssel(n), troj**i** ključ**i** = tri vrste ključev – drei Arten (von Schlüssel(n), četver**i** ključ**i** = štiri vrste ključev = vier Arten (von) Schlüsseln, peter**i** ključ**i** = pet vrst ključev – fünf ..., ...

dvoje meso = zwei Arten (von) Fleisch, troje meso = drei Arten (von) Fleisch, četvero meso = vier Arten (von) Fleisch, petero meso = fünf Arten (von) Fleisch, ...

četver-a/o/- > četvero otrok – viererlei Kinder; peter-a/o/- > petero vino – fünf Weinsorten; šester-a/o/- > šestero vino – sechs Weinsorten; stoter-a/o/- > stotero vino – hundert Weinsorten; tisočer-a/o/- > tisočero vino – tausend Weinsorten; ...

Finska je dežela tisočerih jezer. – Finnland ist das Land der tausend Seen.

Das persönliche Fürwort

		1.Ps.		*2.Ps.*		*3.Ps.*		
Ez.		*w./s./m.*		*w./s./m.*		*w.*	*s.*	*m.*
	1.F.	**jàz** ich		**tí** du		**ôna** sie	**ôno** es	**òn** er
	2.F.	**mêne** meiner		**têbe** deiner		**njé** ihrer	**njêga** seiner	
	3.F.	**mêni** mir		**têbi** dir		**njéj** ihr	**njêmu** ihm	
	4.F.	**mêne** mich		**têbe** dich		**njó** sie	**njêga** es	ihn
	5.F.	**mêni** mir/mich		**têbi** dir/dich		**njéj** ihr/sie	**njêm** ihm/es	ihm/ihn
	6.F.	**menój/máno** mir		**tebój/tábo** dir		**njó** ihr	**njím** ihm	
Zz.		*w./s.*	*m.*	*w./s.*	*m.*	*w./s.*		*m.*
	1.F.	**mídve** wir (zwei)	**mídva**	**vídve** ihr (zwei)/Sie	**vídva**	**ônidve** sie (zwei)		**ônadva**
	2.F.	**náju** unser (zweier)		**váju** euer (zweier)/Ihrer		**njíju** ihrer (zweier)		
	3.F.	**náma** uns (zwei)		**váma** euch (zwei)/Ihnen		**njíma** ihnen (zwei)		
	4.F.	**náju** uns (zwei)		**váju** euch (zwei)/Sie		**njíju** sie (zwei)		
	5.F.	**náju** uns (zwei)		**váju** euch (zwei)/Ihnen/Sie		**njíju** ihnen/sie (zwei)		
	6.F.	**náma** uns (zwei)		**váma** euch (zwei)/Ihnen		**njíma** ihnen (zwei)		
Mz.		*w./s.*	*m.*	*w./s.*	*m.*	*w.*	*s.*	*m.*
	1.F.	**mé** wir	**mí**	**vé** ihr/Sie	**ví/Ví**	**ône** sie	**ôna**	**ôni**
	2.F.	**nàs** unser		**vàs/Vàs** euer/Ihrer		**njìh** ihrer		
	3.F.	**nàm** uns		**vàm/Vàm** euch/Ihnen		**njìm** ihnen		
	4.F.	**nàs** uns		**vàs/Vàs** euch/Sie		**njìh** sie		
	5.F.	**nàs** uns		**vàs/Vàs** euch/Ihnen/Sie		**njìh** ihnen/sie		
	6.F.	**námi** uns		**vámi/Vámi** euch/Ihnen		**njími** ihnen		

Das persönliche Fürwort, unbetonte (Kurz-)Form

		1.Ps.		*2.Ps.*		*3.Ps.*		
Ez.		*w./s./m.*		*w./s./m.*		*w.*	*s.*	*m.*
	1.F.	---		---		---	---	---
	2.F.	**me** meiner		**te** deiner		**je** ihrer	**ga** seiner	
	3.F.	**mi** mir		**ti** dir		**ji** ihr	**mu** ihm	
	4.F.	**me** mich		**te** dich		**jo** sie	**ga** es	ihn
	5.F.	---		---		---	---	
	6.F.	---		---		---	---	
Zz.		*w./s.*	*m.*	*w./s.*	*m.*	*w./s.*		*m.*
	1.F.	---	---	---	---	---		---
	2.F.	**naju** unser (zweier)		**vaju** euer (zweier)/Ihrer		**ju/jih** ihrer (zweier)		
	3.F.	**nama** uns (zwei)		**vama** euch (zwei)/Ihnen		**jima** ihnen (zwei)		
	4.F.	**naju** uns (zwei)		**vaju** euch (zwei)/Sie		**ju/jih** sie (zwei)		
	5.F.	---		---		---		
	6.F.	---		---		---		
Mz.		*w./s.*	*m.*	*w./s.*	*m.*	*w.*	*s.*	*m.*
	1.F.	---	---	---	---	---	---	---
	2.F.	**nas** unser		**vas** euer/Ihrer		**jih** ihrer		
	3.F.	**nam** uns		**vam** euch/Ihnen		**jim** ihnen		
	4.F.	**nas** uns		**vas** euch/Sie		**jih** Sie		
	5.F.	---		---		---		
	6.F.	---		---		---		

Das rückbezügliche Fürwort

		1.Ps.		*2.Ps.*		*3.Ps.*		
Ez.		*w./s./m.*		*w./s./m.*		*w.*	*s.*	*m.*
	1.F.	---		---		---	---	---
	2.F.	**sêbe** meiner		**sêbe** deiner		**sêbe** ihrer	seiner	
	3.F.	**sêbi** mir		**sêbi** dir		**sêbi** sich		
	4.F.	**sêbe** mich		**sêbe** dich		**sêbe** sich		
	5.F.	**sêbi** mir/mich		**sêbi** dir/dich		**sêbi** sich		
	6.F.	**sebój/sábo** mir		**sebój/sábo** dir		**sebój/sábo** sich		
Zz.		*w./s.*	*m.*	*w./s.*	*m.*	*w./s.*		*m.*
	1.F.	---	---	---	---	---		---
	2.F.	**sêbe** unser (zweier)		**sêbe** euer (zweier)/Ihrer		**sêbe** ihrer (zweier)		
	3.F.	**sêbi** uns (zwei)		**sêbi** euch (zwei)/sich		**sêbi** sich		
	4.F.	**sêbe** uns (zwei)		**sêbe** euch (zwei)/sich		**sêbe** sich		
	5.F.	**sêbi** uns (zwei)		**sêbi** euch (zwei)/sich		**sêbi** sich		
	6.F.	**sebój/sábo** uns (zwei)		**sebój/sábo** euch (zwei)/sich		**sebój/sábo** sich		
Mz.		*w./s.*	*m.*	*w./s.*	*m.*	*w.*	*s.*	*m.*
	1.F.	---	---	---	---	---	---	---
	2.F.	**sêbe** unser		**sêbe** euer/Ihrer		**sêbe** ihrer		
	3.F.	**sêbi** uns		**sêbi** euch/sich		**sêbi** sich		
	4.F.	**sêbe** uns		**sêbe** euch/sich		**sêbe** sich		
	5.F.	**sêbi** uns		**sêbi** euch/sich		**sêbi** sich		
	6.F.	**sebój/sábo** uns		**sebój/sábo** euch/sich		**sebój/sábo** sich		

Das rückbezügliche Fürwort, unbetonte (Kurz-)Form

Ez.	*1.Ps.* w./s./m.	*2.Ps.* w./s./m.	*3.Ps.* w.	s.	m.
1.F.	---	---	---	---	---
2.F.	**se** meiner	**se** deiner	**se** ihrer	seiner	
3.F.	**si** mir	**si** dir	**si** sich		
4.F.	**se** mich	**se** dich	**se** sich		
5.F.	---	---	---		
6.F.	---	---	---		

Zz.	*w./s.*	*m.*	*w./s.*	*m.*	*w./s.*	*m.*
1.F.	---	---	---	---	---	---
2.F.	**se** unser (zweier)		**se** euer (zweier)/Ihrer		**se** ihrer (zweier)	
3.F.	**si** uns (zwei)		**si** euch (zwei)/sich		**si** sich	
4.F.	**se** uns (zwei)		**se** euch (zwei)/sich		**se** sich	
5.F.	---		---		---	
6.F.	---		---		---	

Mz.	*w./s.*	*m.*	*w./s.*	*m.*	*w.*	*s.*	*m.*
1.F.	---	---	---	---	---	---	---
2.F.	**se** unser		**se** euer/Ihrer		**se** ihrer		
3.F.	**si** uns		**si** euch/sich		**si** sich		
4.F.	**se** uns		**se** euch/sich		**se** sich		
5.F.	---		---		---		
6.F.	---		---		---		

Das besitzanzeigende Fürwort

1.Ps.: mein...

		Ez.	*Zz.*	*Mz.*
w.	*1.F.*	**môja**	**nájini**	**náše**
	2.F.	moje	najinih	naših
	3.F.	moji	najinima	našim
	4.F.	mojo	najini	naše
	5.F.	moji	najinih	naših
	6.F.	mojo	najinima	našimi
s.	*1.F.*	**môje**	**nájini**	**náša**
	2.F.	mojega	najinih	naših
	3.F.	mojemu	najinima	našim
	4.F.	moje	najini	naša
	5.F.	mojem	najinih	naših
	6.F.	mojim	najinima	našimi
m.	*1.F.*	**mój**	**nájina**	**náši**
	2.F.	mojega	najinih	naših
	3.F.	mojemu	najinima	našim
	4.F.	moj	najina	naše
	Leb.	mojega		
	5.F.	mojem	najinih	naših
	6.F.	mojim	najinima	našimi

2.Ps.: dein...

		Ez.	*Zz.*	*Mz.*
w.	*1.F.*	**tvôja**	**vájini**	**váše**
	2.F.	tvoje	vajinih	vaših
	3.F.	tvoji	vajinima	vašim
	4.F.	tvojo	vajini	vaše
	5.F.	tvoji	vajinih	vaših
	6.F.	tvojo	vajinima	vašimi
s.	*1.F.*	**tvôje**	**vájini**	**váša**
	2.F.	tvojega	vajinih	vaših
	3.F.	tvojemu	vajinima	vašim
	4.F.	tvoje	vajini	vaša
	5.F.	tvojem	vajinih	vaših
	6.F.	tvojim	vajinima	vašimi
m.	*1.F.*	**tvój**	**vájina**	**váši**
	2.F.	tvojega	vajinih	vaših
	3.F.	tvojemu	vajinima	vašim
	4.F.	tvoj	vajina	vaše
	Leb.	tvojega		
	5.F.	tvojem	vajinih	vaših
	6.F.	tvojim	vajinima	vašimi

3.Ps.: ihr...

		Ez.	*Zz.*	*Mz.*
w.	*1.F.*	**njéna**	**njúni**	**njíhove**
	2.F.	njene	njunih	njihovih
	3.F.	njeni	njunima	njihovim
	4.F.	njeno	njuni	njihove
	5.F.	njeni	njunih	njihovih
	6.F.	njeno	njunima	njihovimi
s.	*1.F.*	**njéno**	**njúni**	**njíhova**
	2.F.	njenega	njunih	njihovih
	3.F.	njenemu	njunima	njihovim
	4.F.	njeno	njuni	njihova
	5.F.	njenem	njunih	njihovih
	6.F.	njenim	njunima	njihovimi
m.	*1.F.*	**njén**	**njúna**	**njíhovi**
	2.F.	njenega	njunih	njihovih
	3.F.	njenemu	njunima	njihovim
	4.F.	njen	njuna	njihove
	Leb.	njenega		
	5.F.	njenem	njunih	njihovih
	6.F.	njenim	njunima	njihovimi

3.Ps.: sein...

		Ez.	*Zz.*	*Mz.*
w.	*1.F.*	**njegôva**	**njúni**	**njíhove**
	2.F.	njegove	njunih	njihovih
	3.F.	njegovi	njunima	njihovim
	4.F.	njegovo	njuni	njihove
	5.F.	njegovi	njunih	njihovih
	6.F.	njegovo	njunima	njihovimi
s.	*1.F.*	**njegôvo**	**njúni**	**njíhova**
	2.F.	njegovega	njunih	njihovih
	3.F.	njegovemu	njunima	njihovim
	4.F.	njegovo	njuni	njihova
	5.F.	njegovem	njunih	njihovih
	6.F.	njegovim	njunima	njihovimi
m.	*1.F.*	**njegôv**	**njúna**	**njíhovi**
	2.F.	njegovega	njunih	njihovih
	3.F.	njegovemu	njunima	njihovim
	4.F.	njegov	njuna	njihove
	Leb.	njegovega		
	5.F.	njegovem	njunih	njihovih
	6.F.	njegovim	njunima	njihovimi

Doma.
Zvoni.
Prijateljica je pred vrati.
Predstavljam ji svojo mamo:
„To je mama.“ –
„Tvoja mama je pa še mlada;
moja je že malo starejša.“

Zu Hause.
Es läutet.
Meine Freundin ist vor der Türe.
Ich stelle ihr meine Mama vor:
„Das ist meine Mama.“ –
„Deine Mama ist aber noch jung;
meine ist schon etwas älter.“

Das rückbezügliche besitzanzeigende Fürwort

1.Ps.: (mein...)

		Ez.	*Zz.*	*Mz.*
w.	*1.F.*	**svôja**	**svôji**	**svôje**
	2.F.	svoje	svojih	svojih
	3.F.	svoji	svojima	svojim
	4.F.	svojo	svoji	svoje
	5.F.	svoji	svojih	svojih
	6.F.	svojo	svojima	svojimi
s.	*1.F.*	**svôje**	**svôji**	**svôja**
	2.F.	svojega	svojih	svojih
	3.F.	svojemu	svojima	svojim
	4.F.	svoje	svoji	svoja
	5.F.	svojem	svojih	svojih
	6.F.	svojim	svojima	svojimi
m.	*1.F.*	**svój**	**svôja**	**svôji**
	2.F.	svojega	svojih	svojih
	3.F.	svojemu	svojima	svojim
	4.F.	svoj	svoja	svoje
	Leb.	svojega		
	5.F.	svojem	svojih	svojih
	6.F.	svojim	svojima	svojimi

2.Ps.: (dein...)

		Ez.	*Zz.*	*Mz.*
w.	*1.F.*	**svôja**	**svôji**	**svôje**
	2.F.	svoje	svojih	svojih
	3.F.	svoji	svojima	svojim
	4.F.	svojo	svoji	svoje
	5.F.	svoji	svojih	svojih
	6.F.	svojo	svojima	svojimi
s.	*1.F.*	**svôje**	**svôji**	**svôja**
	2.F.	svojega	svojih	svojih
	3.F.	svojemu	svojima	svojim
	4.F.	svoje	svoji	svoja
	5.F.	svojem	svojih	svojih
	6.F.	svojim	svojima	svojimi
m.	*1.F.*	**svój**	**svôja**	**svôji**
	2.F.	svojega	svojih	svojih
	3.F.	svojemu	svojima	svojim
	4.F.	svoj	svoja	svoje
	Leb.	svojega		
	5.F.	svojem	svojih	svojih
	6.F.	svojim	svojima	svojimi

3.Ps.: (ihr...)

		Ez.	*Zz.*	*Mz.*
w.	*1.F.*	**svôja**	**svôji**	**svôje**
	2.F.	svoje	svojih	svojih
	3.F.	svoji	svojima	svojim
	4.F.	svojo	svoji	svoje
	5.F.	svoji	svojih	svojih
	6.F.	svojo	svojima	svojimi
s.	*1.F.*	**svôje**	**svôji**	**svôja**
	2.F.	svojega	svojih	svojih
	3.F.	svojemu	svojima	svojim
	4.F.	svoje	svoji	svoja
	5.F.	svojem	svojih	svojih
	6.F.	svojim	svojima	svojimi
m.	*1.F.*	**svój**	**svôja**	**svôji**
	2.F.	svojega	svojih	svojih
	3.F.	svojemu	svojima	svojim
	4.F.	svoj	svoja	svoje
	Leb.	svojega		
	5.F.	svojem	svojih	svojih
	6.F.	svojim	svojima	svojimi

3.Ps.: (sein...)

		Ez.	*Zz.*	*Mz.*
w.	*1.F.*	**svôja**	**svôji**	**svôje**
	2.F.	svoje	svojih	svojih
	3.F.	svoji	svojima	svojim
	4.F.	svojo	svoji	svoje
	5.F.	svoji	svojih	svojih
	6.F.	svojo	svojima	svojimi
s.	*1.F.*	**svôje**	**svôji**	**svôja**
	2.F.	svojega	svojih	svojih
	3.F.	svojemu	svojima	svojim
	4.F.	svoje	svoji	svoja
	5.F.	svojem	svojih	svojih
	6.F.	svojim	svojima	svojimi
m.	*1.F.*	**svój**	**svôja**	**svôji**
	2.F.	svojega	svojih	svojih
	3.F.	svojemu	svojima	svojim
	4.F.	svoj	svoja	svoje
	Leb.	svojega		
	5.F.	svojem	svojih	svojih
	6.F.	svojim	svojima	svojimi

Obleci svoj novi pulover,
vzemi moj lepi nahrbtnik
in uživaj izlet.

Zieh deinen neuen Pullover an,
nimm meinen schönen Rucksack
und genieße den/deinen Ausflug.

Pojdi na občino po obrazec
in vpiši vanj svoje podatke,
da bo urad za evidenco občanov
izvedel za tvoje trenutno bivališče.

Geh auf die Gemeinde ein Formular holen
und trage darin deine Daten ein,
damit das Meldeamt
deinen derzeitigen Aufenthaltsort erfährt.

Fürwörter für die Beschaffenheit/Eigenschaft

solch ein...

		Ez.	*Zz.*	*Mz.*
w.	*1.F.*	tákšna	takšni	takšne
	2.F.	takšne	takšnih	takšnih
	3.F.	takšni	takšnima	takšnim
	4.F.	takšno	takšni	takšne
	5.F.	takšni	takšnih	takšnih
	6.F.	takšno	takšnima	takšnimi
s.	*1.F.*	tákšno	takšni	takšna
	2.F.	takšnega	takšnih	takšnih
	3.F.	takšnemu	takšnima	takšnim
	4.F.	takšno	takšni	takšna
	5.F.	takšnem	takšnih	takšnih
	6.F.	takšnim	takšnima	takšnimi
m.	*1.F.*	tákšen	takšna	takšni
	2.F.	takšnega	takšnih	takšnih
	3.F.	takšnemu	takšnima	takšnim
	4.F.	takšen	takšna	takšne
	Leb.	takšnega		
	5.F.	takšnem	takšnih	takšnih
	6.F.	takšnim	takšnima	takšnimi

so ein...

		Ez.	*Zz.*	*Mz.*
w.	*1.F.*	táka	taki	take
	2.F.	take	takih	takih
	3.F.	taki	takima	takim
	4.F.	tako	taki	take
	5.F.	taki	takih	takih
	6.F.	tako	takima	takimi
s.	*1.F.*	táko	taki	taka
	2.F.	takega	takih	takih
	3.F.	takemu	takima	takim
	4.F.	tako	taki	taka
	5.F.	takem	takih	takih
	6.F.	takim	takima	takimi
m.	*1.F.*	ták	taka	taki
	2.F.	takega	takih	takih
	3.F.	takemu	takima	takim
	4.F.	tak	taka	take
	Leb.	takega		
	5.F.	takem	takih	takih
	6.F.	takim	takima	takimi

ták-šna, -šno, -šen	solch ein-e, -, -
kák-šna, -šno, -šen	was für ein-e, -, -
kákšnakoli, kakšnokoli, kakšenkoli	was für ein-e, -, - auch immer
nekák-šna, -šno, -šen	ein-e, -, - gewiss-e/es/er
marsikák-šna, -šno, -šen	manch ein-e, -, -
vsákr-šna, -šno, -šen	jed-e, -es, -er wie immer geartete
kákr-šna, -šno, -šen	(so) ein-e, -, - wie
kákršnakoli, kakršnokoli, kakršenkoli	ein-e, -, - wie auch immer geartet-e, -es, -er
nikákr-šna, -šno, -šen	keinerlei, kein-e, -, -
drugá-čna, -čno, -čen	ein-e, -, - andersartig-e, -es, -er
vsakogar-šna, -šno, -šen	ein-e, -, - jed-er, -em, -em gehörig-e, -es, -er
nikogar-šna, -šno, -šen	ein-e, -, - niemand gehörig-e, -es, -er
tólik-šna, -šno, -šen	ein-e, -, - so (groß..., lang..., schwer...)
kolíkr-šna, -šno, -šen	(so) ein-e, -, - (groß..., lang..., schwer...) wie

<nur diese Wörter>

ták-a, -o, -	so ein-e, -, -
kák-a, -o, -	was für ein-e, -, -
nekák-a, -o, -	so etwas wie ein-e, -, -
marsikák-a, -o, -	so manch ein-e, -, -
enák-a, -o,-	ein-e, -, - gleich(artig)-e, -es, -er
nekólik-a, -o, -	ein-e, -, - gering-e, -es, -er
drúg-a, -o, -	ein-e, -, - ander-e, -es, -er
drúg-a, -o, -	die/das/der Andere
nobên-a, -o, -	kein-e, -, - (einzig-e, -es, -er)
nobên-a drug-a	kein-e, -, - ander-e, -es, -er, niemand anders
čigav-a, -o, -	wessen

<nur diese Wörter>

Kakšna nevihta! Takšna nevihta! – Was für ein Gewitter! Solch ein Gewitter!
Kaka nevihta! Taka nevihta! – Was für ein Gewitter! So ein Gewitter!
Vsakršna napaka povzroča nekakšne težave. – Jeder wie immer geartete Fehler verursacht gewisse Schwierigkeiten.
Marsikaka učenka je enaka drugi. – So manche Studentin gleicht einer anderen.
Noben drug igralec ne pozna igre. – Kein anderer Schauspieler kennt das Stück.
Kakršna mati, takšna hči. – Wie die Mutter, so die Tochter.
Vedela je, čigav glas je slišala. – Sie wusste, wessen Stimme sie hörte.

Fürwörter für die Art/Marke

welch...; ...

		Ez.	Zz.	Mz.
w.	*1.F.*	katéra	kateri	katere
	2.F.	katere	katerih	katerih
	3.F.	kateri	katerima	katerim
	4.F.	katero	kateri	katere
	5.F.	kateri	katerih	katerih
	6.F.	katero	katerima	katerimi
s.	*1.F.*	katéro	kateri	katera
	2.F.	katerega	katerih	katerih
	3.F.	kateremu	katerima	katerim
	4.F.	katero	kateri	katera
	5.F.	katerem	katerih	katerih
	6.F.	katerim	katerima	katerimi
m.	*1.F.*	katéri	katera	kateri
	2.F.	katerega	katerih	katerih
	3.F.	kateremu	katerima	katerim
	4.F.	kateri	katera	katere
	Leb.	katerega		
	5.F.	katerem	katerih	katerih
	6.F.	katerim	katerima	katerimi

katér-a, -o, -i	welch-e, -es, -er
katér-a, -o, -i	was für ein-e, -, -
nekatér-a, -o, -i	die/das/der ein-e
nekatér-a	die/das/der eine oder andere
nur Mz.: nekatéri	gewisse/einige/manche Leute
marsikatér-a, -o, -i	manch-e, -es, -er; Manch...
malokatér-a, -o, -i	selten ein-e, -es, -er
redkokatér-a, -o, -i	kaum ein-e, -es, -er
tist-a, -o, -i	die-/das-/der-jenige, Die-/...
tist-a, -o, -i	jen-e, -es, -er; Jen...
tist-a, -o, -i	Besagt-e, -es, -er
ist-a, -o, -i	die-/das-/der-selbe, Die-/...
ón-a, -o, -i	erster-e, -es, -er; Erster...
ón-a, -o, -i	jen-e, -es, -er; Jen...

<nur diese Wörter>

jene/jenes/jener gewisse; ... – jene/jenes/jener Gewisse; ...

		Ez.	Zz.	Mz.
w.	*1.F.*	néka	neki	neke
	2.F.	neke	nekih	nekih
	3.F.	neki	nekima	nekim
	4.F.	neko	neki	neke
	5.F.	neki	nekih	nekih
	6.F.	neko	nekima	nekimi
s.	*1.F.*	néko	neki	neka
	2.F.	nekega	nekih	nekih
	3.F.	nekemu	nekima	nekim
	4.F.	neko	neki	neka
	5.F.	nekem	nekih	nekih
	6.F.	nekim	nekima	nekimi
m.	*1.F.*	néki	neka	neki
	2.F.	nekega	nekih	nekih
	3.F.	nekemu	nekima	nekim
	4.F.	neki	neka	neke
	Leb.	nekega		
	5.F.	nekem	nekih	nekih
	6.F.	nekim	nekima	nekimi

nék-a, -o, -i jen-e, -es, -er gewisse/Gewisse

<nur dieses Wort>

ki (jo, ga, ga) die, das, der

<nur dieses Wort>

čígar dessen

čigáver wessen (auch) immer

<nur diese Wörter>

Nekateri vejo/vedo vse boljše. – Gewisse Leute wissen alles besser.
Navihana je kot le katera. – Sie ist so schelmisch wie selten jemand.
Potrkal sem na peta ali katera že vrata. – Ich klopfte an die fünfte oder welche Tür.
Tisti rdeč avto je moj. – Jenes rote Auto ist meines.
Oni drugi z briljanti mi je všeč. – Der andere mit den Brillanten gefällt mir gut.
Neki prijatelj ima isti film. – Jener gewisse Freund hat denselben Film.
Sedež, na katerem je sedela med koncertom, je bil zelo lagoden. – Der Sitz, auf dem sie während des Konzertes gesessen war, war sehr bequem.
Sok, ki ji ga je dala, je bil dober. – Der Saft, den sie ihr gab, war gut.

Fürwörter für die Mengenangabe

jede/jedes/jeder; ... – Jede/Jedes/Jeder; ...

		Ez.	Zz.	Mz.
w.	*1.F.*	vsáka	vsáki	vsáke
	2.F.	vsáke	vsákih	vsákih
	3.F.	vsáki	vsákima	vsákim
	4.F.	vsáko	vsáki	vsáke
	5.F.	vsáki	vsákih	vsákih
	6.F.	vsáko	vsákima	vsákimi
s.	*1.F.*	vsáko	vsáki	vsáka
	2.F.	vsákega	vsákih	vsákih
	3.F.	vsákemu	vsákima	vsákim
	4.F.	vsáko	vsáki	vsáka
	5.F.	vsákem	vsákih	vsákih
	6.F.	vsákim	vsákima	vsákimi
m.	*1.F.*	vsák	vsáka	vsáki
	2.F.	vsákega	vsákih	vsákih
	3.F.	vsákemu	vsákima	vsákim
	4.F.	vsák	vsáka	vsáke
	Leb.	vsákega		
	5.F.	vsákem	vsákih	vsákih
	6.F.	vsákim	vsákima	vsákimi

vsak-a, -o, - jed-e, -es, -er; Jed...
<nur dieses Wort>

jeder gehörig/jedem gehörig/jedem gehörig; ... – die jeder Gehörige/das jedem Gehörige/der jedem Gehörige; ...

		Ez.	Zz.	Mz.
w.	*1.F.*	vsákogaršnja	vsákogaršnji	vsákogaršnje
	2.F.	vsákogaršnje	vsákogaršnjih	vsákogaršnjih
	3.F.	vsákogaršnji	vsákogaršnjima	vsákogaršnjim
	4.F.	vsákogaršnjo	vsákogaršnji	vsákogaršnje
	5.F.	vsákogaršnji	vsákogaršnjih	vsákogaršnjih
	6.F.	vsákogaršnjo	vsákogaršnjima	vsákogaršnjimi
s.	*1.F.*	vsákogaršnje	vsákogaršnji	vsákogaršnja
	2.F.	vsákogaršnjega	vsákogaršnjih	vsákogaršnjih
	3.F.	vsákogaršnjemu	vsákogaršnjima	vsákogaršnjim
	4.F.	vsákogaršnje	vsákogaršnji	vsákogaršnja
	5.F.	vsákogaršnjem	vsákogaršnjih	vsákogaršnjih
	6.F.	vsákogaršnjim	vsákogaršnjima	vsákogaršnjimi
m.	*1.F.*	vsákogaršnji	vsákogaršnja	vsákogaršnji
	2.F.	vsákogaršnjega	vsákogaršnjih	vsákogaršnjih
	3.F.	vsákogaršnjemu	vsákogaršnjima	vsákogaršnjim
	4.F.	vsákogaršnji	vsákogaršnja	vsákogaršnje
	Leb.	vsákogaršnjega		
	5.F.	vsákogaršnjem	vsákogaršnjih	vsákogaršnjih
	6.F.	vsákogaršnjim	vsákogaršnjima	vsákogaršnjimi

vsakogar-šnja, -šnje, -šnji jed-er, -em, -em gehörig-e, -es, -er
nikogar-šnja, -šnje, -šnji niemand gehörig-e, -es, -er
<nur diese Wörter>

Vsak dober predavatelj govori zelo jasno. – Jeder gute Vortragende spricht sehr klar.
Vsak dober kovač zna ravnati s konji. – Jeder gute Schmied kann mit Pferden umgehen.

Dober psiholog se lahko uživi v vsakogaršnji položaj. – Ein guter Psychologe kann sich in jedermanns Lage einleben/versetzen.
Med skreganima državama je nikogaršnja zemlja. – Zwischen den zerstrittenen Staaten liegt das Niemandsland.

niemand .../Niemand ...

m.	*1.F.*	nihčè	---	---
	2.F.	nikógar	---	---
	3.F.	nikómur	---	---
	4.F.	nikógar	---	---
	5.F.	nikómer	---	---
	6.F.	nikómer	---	---

nihčè nikógar niemand
<nur dieses Wort>

nichts/Nichts

s.	*1.F.*	nìč	---	---
	2.F.	ničésar	---	---
	3.F.	ničémur	---	---
	4.F.	nìč	---	---
	5.F.	ničémer	---	---
	6.F.	ničímer	---	---

nìč ničésar nichts
<nur dieses Wort>

„Nihče drug ne pojde z mano kakor drobna ptičica." (Volkslied) – Niemand anderer kommt mit mir als das kleine Vögelchen.
Nikogar ne vidim v razredu. – Niemand sehe ich in der Klasse.
Ničesar nimam več. – Nichts habe ich mehr. / Nichts ist mir geblieben.

Sich auf eine Person oder Sache beziehende Fürwörter

was .../Was ...

s.	*Ez.*	*Zz.*	*Mz.*
1.F.	káj	---	---
2.F.	čésa	---	---
3.F.	čému	---	---
4.F.	káj	---	---
5.F.	čém	---	---
6.F.	čím	---	---

káj čésa — was
nékaj nečésa — etwas
màrsikàj màrsičésa — etliches, einiges, manches
kájkóli čésakóli — was (auch) immer
<nur diese Wörter>

..., was

s.	*Ez.*	*Zz.*	*Mz.*
1.F.	kár	---	---
2.F.	čésar	---	---
3.F.	čémur	---	---
4.F.	kár	---	---
5.F.	čémer	---	---
6.F.	čímer	---	---

kár čésar — ..., was
kárkóli čésarkóli — ..., was (auch) immer
<nur diese Wörter>

wer ... / Wer ...

m.	*Ez.*	*Zz.*	*Mz.*
1.F.	kdó	---	---
2.F.	kóga	---	---
3.F.	kómu	---	---
4.F.	kóga	---	---
5.F.	kóm	---	---
6.F.	kóm	---	---

kdó kóga — wer
nékdo nekóga — jemand
màrsikdó màrsikóga — mancher
vsákdo vsákoga — jeder, jedermann
kdókóli kógakóli — wer (auch) immer
<nur diese Wörter>

..., wer

m.	*Ez.*	*Zz.*	*Mz.*
1.F.	kdór	---	---
2.F.	kógar	---	---
3.F.	kómur	---	---
4.F.	kógar	---	---
5.F.	kómer	---	---
6.F.	kómer	---	---

kdór kógar — ..., wer
kdórkóli kógarkóli — ..., wer (auch) immer
<nur diese Wörter>

alles .../Alles ...

s.	Ez.	Zz.	Mz.
1.F.	vsè	vsì	vsà
2.F.	vsèga	vsèh	vsèh
3.F.	vsèmu	vsèma	vsèm
4.F.	vsè	vsì	vsà
5.F.	vsèm	vsèh	vsèh
6.F.	vsèm	vsèma	vsèmi

vsè vsèga — alles
<nur dieses Wort>

Vsseeno mi je, kaj ljudje govorijo. – Es ist mir egal, was die Leute reden.
Všeč mi je vse, kar je lepo. – Mir gefällt alles, was schön ist.
V kinu trenutno nič ni zanimivega. – Im Kino gibt es augenblicklich nichts Interessantes.
narediti nekaj, poklicati nekoga – etwas vollbringen, jemand herbeirufen
Župniki imajo dela kot le kdo. – Die Pfarrer haben sehr, sehr viel Arbeit.
Na raziskavi sodelujejo slavisti, germanisti in še kdo. – An der Untersuchung wirken Slawisten, Germanisten und noch wer mit.
Povej mi, s kom hodiš, in povem ti, kdo si. – Sag mir, mit wem du gehst, und ich sage dir, wer du bist.
Naj pride, kdor hoče. – Es soll kommen, wer will.
Tega ne zmore nihče drug kot on. – Das kann niemand anderer als er.
Kdor se zadnje smeje, se najslajše smeje. – Wer zuletzt lacht, lacht am besten.
kar že karkoli, kdor že kdorkoli – was (auch) immer, wer (auch) immer

Fragefürwörter mit Beispielen (Teil 1)

KDO? = WER? – ONA./ON. = SIE./ER.

Kdo je to? To je hčerka. / Hčerka. – To je sin. / Sin.
Wer ist das? Das ist meine Tochter. / Meine Tochter. – Das ist mein Sohn. / Mein Sohn.

Koga se veseliš? Veselim se sosede. / Sosede. – Veselim se soseda. / Soseda.
Über wen freust du dich? Ich freue mich über meine Nachbarin. / Über meine Nachbarin. – Ich freue mich über meinen Nachbar. / Über meinen Nachbar.

Komu čestitate? Čestitam zdravnici. / Zdravnici. – Čestitam zdravniku. / Zdravniku.
Wem gratulieren Sie? Wir gratulieren der Ärztin. / Der Ärztin. – Wir gratulieren dem Arzt. / Dem Arzt.

Koga že poznate? Poznamo že Vero. / Vero. – Poznamo že Jurija. / Jurija.
Wen kennt ihr schon? Wir kennen schon Vera. / Vera. – Wir kennen schon Jurij. / Jurij.

Pri kom živiš? Živim pri sestrični. / Pri sestrični. – Živim pri bratrancu. / Pri bratrancu.
Bei wem lebst du? Ich lebe bei meiner Kusine. / Bei meiner Kusine. – Ich lebe bei meinem Kusin. / Bei meinem Kusin.

S kom se pelje? Pelje se z Anjo. / Z Anjo. – Pelje se z Gašperjem. / Z Gašperjem.
Mit wem fährt sie/er? Sie/Er fährt mit Anja. / Mit Anja. – Sie/Er fährt mit Gašper. / Mit Gašper.

KAJ? = WAS? – ONO. = ES.

Kaj je to? To je trava. / Trava. – To je miš. / Miš. – To je stol. / Stol.
Was ist das? Das ist Gras. / Gras. – Das ist eine Maus. / Eine Maus. – Das ist ein Stuhl. / Ein Stuhl.

Česa se bojiš? Bojim se kač. / Kač. – Bojim se nevihte. / Nevihte.
Wovor fürchtest du dich? Ich fürchte mich vor Schlangen. / Vor Schlangen. – Ich fürchte mich vor dem Gewitter. / Vor dem Gewitter.

Čemu govorite? Govorim deklicam. / Deklicam. – Govorim fantom. / Fantom.
Zu wem sprechen Sie? Ich spreche zu den Mädchen. / Zu den Mädchen. – Ich spreche zu den Buben/Knaben. / Zu den Buben/Knaben.

Kaj vidite? Vidim kravo. / Kravo. – Vidim cerkev. / Cerkev. – Vidim plešo. / Plešo.
Was seht ihr? Ich sehe eine Kuh. / Eine Kuh. – Ich sehe eine Kirche. / Eine Kirche. – Ich sehe eine Glatze. / Eine Glatze.

O čem se pogovarjata? Pogovarjava se o ljubezni./ O ljubezni. – Pogovarjava se o kolesu. / O kolesu. – Pogovarjava se o mostu. / O mostu.
Worüber unterhaltet ihr (zwei) euch? Wir (zwei) unterhalten uns über die Liebe. / Über die Liebe. – Wir (zwei) unterhalten uns über ein/das Fahrrad. / Über ein/das Fahrrad. – Wir (zwei) unterhalten uns über eine/die Brücke. / Über eine/die Brücke.

S čim se vozi? Vozi se z mopedom. / Z mopedom. – Vozi se busom. / Z busom.
Womit fährt sie/er? Sie/Er fährt mit dem Moped. / Mit dem Moped. – Sie/Er fährt mit dem Bus. / Mit dem Bus.

Fragefürwörter mit Beispielen (Teil 2)

KAKŠNA?/KAKŠNO?/KAKŠEN? = WAS FÜR EINE?/WAS FÜR EIN?/WAS FÜR EIN? / WELCHE?/WELCHES?/WELCHER? – TAKŠNA./TAKŠNO./TAKŠEN. = SOLCH EINE./SOLCH EIN./SOLCH EIN.

Kakšna mapa je to? To je nova mapa. / Nova. – Takšna.
Was für eine/Welche Mappe ist das? Das ist eine/die neue Mappe. / Eine/Die neue. – Solch eine.

Kakšno okno je to? To je majhno okno. / Majhno. – Takšno.
Was für ein/Welches Fenster ist das? Das ist ein kleines/das kleine Fenster. / Ein kleines./Das kleine. – Solch eines.

Kakšen moški je to? To je star moški. / Star. – Takšen.
Was für ein/Welcher Mann ist das? Das ist ein alter Mann. / Ein alter. – Solch einer.

Kakšnih map nimaš? Nimam rdeče, rjave in zelene mape. / Rdeče, rjave in zelene.
Was für/Welche Mappen hast du nicht? Ich habe keine rote, keine braune und keine grüne Mappe. / Keine rote, keine braune und keine grüne.

Kakšnemu prijatelju pišeš pismo? Pismo pišem dobremu prijatelju. / Dobremu.
Was für einem/Welchem Freund schreibst du einen/den Brief? Einen/Den Brief schreibe ich einem guten Freund. / Einem guten Freund.

Kakšno mapo imaš? Imam novo mapo. / Novo.
Was für eine/Welche Mappe hast du? Ich habe eine neue Mappe. / Eine neue.

Pri kakšnem vremenu nisi doma? Nisem doma pri lepem vremenu. / Pri lepem.
Bei was für einem/Bei welchem Wetter bist du nicht zu Hause? Ich bin bei schönem Wetter nicht zu Hause. / Bei schönem.

S kakšnima barvama rišeš? Rišem s plavo in z rumeno barvo. / S plavo in z rumeno.
Mit was für/Mit welchen Farben zeichnest du? Ich zeichne mit der blauen und der gelben Farbe. / Mit der blauen und der gelben.

KATERA?/KATERO?/KATERI? = WAS FÜR EINE?/WAS FÜR EIN?/WAS FÜR EIN? / WELCHE?/WELCHES?/WELCHER? – TAKA./TAKO./TAK. = SO EINE./SO EIN./SO EIN.

Katera stavba je to? To je muzej. / Muzej. – Taka.
Was für ein/Welches Gebäude ist das? Das ist ein Museum. / Ein Museum. – So eines.

Katero drevo je to? To je smreka. / Smreka. – Tako.
Was für ein/Welcher Baum ist das? Das ist eine Fichte. / Eine Fichte. – So eine.

Kateri turist je to? To je novi turist. / Novi. – To je angleški turist. / Angleški. – Kateri moški je to? To je stari moški. / Stari. – Tak.
Was für ein/Welcher Tourist ist das? Das ist der neue Tourist. / Der neue. – Das ist ein englischer/der englische Tourist. / Ein englischer./Der englische. – Was für ein/Welcher Mann ist das? Das ist der alte Mann. / Der alte. – So einer.

Fragefürwörter mit Beispielen (Teil 3)

Katerega (maja) smo danes? Danes smo prvega (maja). / Prvega (maja).
Den wievielten (Mai) haben wir heute? Heute haben wir den ersten (Mai). / Den ersten (Mai).

Kateremu prijatelju pišeš pismo? Pismo pišem dobremu prijatelju. / Dobremu.
Was für einem/Welchem Freund schreibst du einen/den Brief? Einen/Den Brief schreibe ich meinem guten Freund. / Meinem guten.

Katera drevesa poznaš? Poznam listavce in iglavce. / Listavce in iglavce.
Was für/Welche Bäume kennst du? Ich kenne Laub- und Nadelbäume. / Laub- und Nadelbäume.

V katerem podjetju delate? Delam v hotelu Slon. / V Slonu.
In was für einem/In welchem Unternehmen arbeiten Sie? Ich arbeite im Hotel Slon. / Im Slon.

S katerimi vozili se ponavadi voziš? Ponavadi se vozim z avtom, motorjem in s traktorjem. / Z avtom, motorjem in s traktorjem.
Mit was für/Mit welchen Fahrzeugen fährst du normalerweise? Normalerweise fahre ich mit dem/meinem Auto, mit dem/meinem Motorrad und mit dem/meinem Traktor. / Mit dem/meinem Auto, mit dem/meinem Motorrad und mit dem/meinem Traktor.

KAKŠNA/KAKŠNO/KAKŠEN JE ...? = WIE IST ...? – TAKŠNA/TAKŠNO/TAKŠEN JE. = SIE/ES/ER IST SO.

Kakšna je učna ura? Učna ura je zanimiva. / Zanimiva.
Wie ist die Unterrichtsstunde? Die Unterrichtsstunde ist interessant. / Interessant.

Kakšno je vreme? Vreme je lepo. / Lepo.
Wie ist das Wetter? Das Wetter ist schön. / Schön.

Kakšen je transport? Transport je naporen. / Naporen.
Wie ist der Transport? Der Transport ist anstrengend. / Anstrengend.

ČIGAVA?/ČIGAVO?/ČIGAV? = WESSEN? – NJENA./NJENO./NJEN. / NJEGOVA./NJEGOVO./NJEGOV. = DESSEN.

Čigava torba je to? To je moja torba. / Moja. – To je Anina torba. / Anina.
Wessen Tasche ist das? Das ist meine Tasche. / Meine. – Das ist Annas Tasche. / Annas.

Čigavo ravnilo je to? To je tvoje ravnilo. / Tvoje. – To je dekletovo ravnilo. / Dekletovo.
Wessen Lineal ist das? Das ist dein Lineal. / Deines. – Das ist das Lineal des Mädchens. / Des Mädchens.

Čigav anorak je to? To je njen anorak. – Njen. / To je mamin anorak. / Mamin.
Wessen Anorak ist das? Das ist ihr Anorak. / Ihrer. – Das ist Mamas Anorak. / Mamas.

Fragefürwörter mit Beispielen (Teil 4)

KAKRŠNA?/KAKRŠNO?/KAKRŠEN? = WAS FÜR EINE?/WAS FÜR EIN?/WAS FÜR EIN? / WELCHE?/WELCHES?/WELCHER? – TAKRŠNA/TAKRŠNO/TAKRŠEN JE. = SOLCH EINE IST SIE./SOLCH EINES IST ES./SOLCH EINER IST ER.

Kakršno punco si se zaželel? – Zaželel sem si luštno punco. / Luštno punco. – Prav takršno punco, kot sem dobil.
Was für ein/Welches Mädchen hast du dir gewünscht? Ich habe mir ein lustiges Mädchen gewünscht. / Ein lustiges Mädchen. – Genau ein solches Mädchen, das ich bekommen habe.

Kakršnega fanta si se zaželela? Zaželela sem si luštnega fanta. / Luštnega fanta. Prav takršnega fanta, kot sem dobila.
Was für einen/Welchen Burschen hast du dir gewünscht? Ich habe mir einen lustigen Burschen gewünscht. / Einen lustigen Burschen. – Genau einen solchen Burschen, den ich bekommen habe.

V KOLIKŠNI MERI? = IN WAS FÜR EINEM/IN WELCHEM AUSMAß? / INWIEWEIT?/INWIEFERN? – V TOLIKŠNI MERI. = IN SOLCH EINEM AUSMAß. / INSOWEIT./INSOFERN.

V kolikšni meri ustrezajo finančna sredstva potrebam? Finančna sredstva ustrezajo potrebam v polni meri.
In was für einem/In welchem Ausmaß entsprechen die Finanzmittel den Erfordernissen? Die Finanzmittel entsprechen den Erfordernissen in vollem Ausmaß/vollkommen.

KOLIKERO? = WIEVIELE SORTEN? – TOLIKERO. = ZWEIERLEI / DREIERLEI / VIERERLEI / FÜNFERLEI / VIELERLEI SORTEN.

Kolikero vino prodaja? Prodaja (dvoje/troje/četvero) petero vino. / Dvoje./Troje./Četvero./Petero.
Wieviele Sorten Wein verkauft sie/er? Sie/Er verkauft (zweierlei/zwei verschiedene Sorten / dreierlei/drei verschiedene Sorten / viererlei/vier verschiedene Sorten) fünferlei/fünf verschiedene Sorten Wein. / (Zweierlei./Zwei verschiedene. / Dreierlei./Drei verschiedene. / Viererlei./Vier verschiedene.) Fünferlei./Fünf verschiedene.

Kolikerim ljudem je že pomagal? Pomagal je že mnogim ljudem. / Mnogim.
Wievielen verschiedenen Leuten hat sie/er schon geholfen? Sie/Er hat schon vielerlei/vielen verschiedenen Leuten geholfen. / Vielerlei./Vielen verschiedenen.

Inhaltsverzeichnis SLOWENISCH ALS FREMDSPRACHE IM ALLTAG, IN DER KIRCHE UND IN DER LITERATUR
Vierter Band: Slowenische Wortformen mit Anwendungsbeispielen
ZWEITER ABSCHNITT:

Dritter Abschnitt:

Vorwort,
Bindewort
und Wertungswort

Vorwort, Überblick

	Sl.	*Dt.*	*Sl.*	*Dt.*
1.F.	**---**	---	**---**	---
2.F.	**blízu**	nahe	**okóli**	um herum, rund
	brez	ohne	**od** ... **do** ...	von ... bis ...
	od; do	von, seit; bis	**póleg**	außer, neben
	iz *(bei 4.F.: v)*	aus	**préko**	über ... (hinaus)
	izmed	mitten aus	**rázen**	außer
	iznad	von ... herab	**spríčo**	wegen
	izpred	vor ... her	**srédi**	mitten in
	izza	hinter ... hervor	**vzdolž**	entlang
	mímo	vorbei an	**za**	zur Zeit
	namésto	statt	**zarádi**	wegen
	s *(vor p t k s š c č f h sp šp st št; bei 4.F.: na)*			aus, von
	z *(vor b d g z ž dz dž m n l r v j lj nj a e i o u [ə]; bei 4.F.: na)*			aus, von
	zráven	neben	**naspróti**	gegenüber
3.F.	**k** *(nicht vor k g)*	zu	**h** *(nur vor k g)*	zu
	kljúb	trotz	**próti**	gegen
			naspróti	gegenüber
4.F.	**čez**	über	**med**	zwischen, unter
	na *(bei 2.F.: z/s)*	in, nach, auf	**v** *(bei 2.F.: iz)*	in, nach, auf
	nad	über	**pred**	vor
	ob	an	**skózi**	durch
	po	um	**za**	für
	pod	unter	**zóper**	gegen
5.F.	**na**	in, auf	**v**	in, auf
	o	über	**po**	durch, laut, nach
	ob	an, um	**pri**	bei
6.F.	**med**	zwischen	**pred**	vor
	nad	über	**za**	hinter
	pod	unter		
	s *(vor p t k s š c č f h sp šp st št)*			mit, durch
	z *(vor b d g z ž dz dž m n l r v j lj nj a e i o u [ə])*			mit, durch

Ez.
2.F.: brez nove mape; brez novega piva; brez novega filma; brez novega turista
3.F.: kljub novi mapi; kljub novemu pivu; kljub novemu filmu; kljub novemu turistu
4.F.: po novo mapo; po novo pivo; po nov film; *Leb.:* po novega turista
5.F.: o novi mapi; o novem pivu; o novem filmu; o novem turistu
6.F.: z novo mapo; z novim pivom; z novim filmom; z novim turistom

Beispiele zur S. 116

Vorwort, Überblick

	Sl.	*Dt.*
2.F.	brez nove mape	ohne (die) neue Mappe
	brez pomena, brez postopka	ohne Bedeutung, ohne Verfahren
	pravica do denarne pomoči	(das) Recht auf finanzielle Hilfe
	upravičen do denarnega nadomestila	berechtigt zu Ausgleichszahlungen
	iz znanega razloga	aus dem bekannten Grund
	namesto slavnega koncerta	statt des feierlichen Konzertes
	odvisno od učitelja	abhängig vom Lehrer
	od nog do glave	von Kopf bis Fuß
	poleg nemščine še slovenščino	neben Deutsch noch Slowenisch
	znanje preko navadne mere	Wissen über das übliche Maß hinaus
	oznanilo preko kurirja	Verständigung durch (einen) Boten
	razen tebe še Ana/Anton	außer dir noch Anna/Anton
	razen matematike tudi zemljepis	außer Mathematik auch Geographie
	zaradi prebavnih motenj	wegen Verdauungsstörungen
3.F.	kljub novi mapi	trotz einer/der neuen Mappe
	k odličnemu uspehu	zum ausgezeichneten Erfolg
	k točki 2/dva zakona	zu Punkt 2/zwei des Gesetzes
	priključitev Tirolske k Avstriji	der Anschluss Tirols an Österreich
	obresti h glavnici	Zinsen zum Stammkapital
	proti razširitvi SARS-a	gegen die Ausbreitung von SARS
4.F.	razdeljeno med kmete	aufgeteilt unter den Bauern
	na vsak način	auf jeden Fall
	na prodaj	zum Verkauf
	prispevek za socialno zavarovanje	ein/der Sozialversicherungsbeitrag
	dovoljenje za delo	eine/die Arbeitsbewilligung
	natečaj za izvirno prozo	ein/der Prosa-Wettbewerb
	oddaja za brezposelne	die Sendung für Arbeitslose
	odgovoren za posledice nesreče	verantwortlich für die Unfallfolgen
	Oddelek za varnost prometa	die Abteilung für Verkehrssicherheit
	Zavod za zaposlovanje	ein/das Arbeitsamt
	Akademija za glasbo	eine/die Musikakademie
	v čigavo breme	zu wessen Lasten
	zdravilo zoper bolečine	eine/die Arznei gegen Schmerzen
5.F.	o novi mapi	über eine/die neue Mappe
	pogodba o zaposlitvi	ein/der Arbeitsvertrag
	Zakon o delovnih razmerjih	Arbeitsverhältnis-Gesetz
	v primeru kazni	im Falle einer Strafe
6.F.	z novo mapo	mit einer/der neuen Mappe
	pod pogojem	unter der Bedingung
	nevarna igra z ognjem	ein gefährliches Spiel mit dem Feuer
	s kariranim papirjem	mit kariertem (dem –n) Papier
	s stekleno ploščo	mit einer/durch die Glasplatte

Richtungsangaben, Beispiele

	Sl.	*Dt.*
2.F.	do reke, do jezera, do potoka	bis zum Fluss, bis zum See, bis zum Bach
	iz Vrbe, iz Sarajeva, iz Beljaka	aus Velden, aus Sarajewo, aus Villach
	iz Podkloštra, iz Celovca	aus Arnoldstein, aus Klagenfurt
	iz Celja, iz Osla, iz Diče vasi	aus Zilli, aus Oslo, aus Gödersdorf
	iz Loč, iz Borovelj, iz Helsinkov	aus Latschach, aus Ferlach, aus Helsinki
	izmed oblakov	mitten aus den Wolken
	iznad gore	vom Berg herab
	izpred gostilne, izpred avtovusa	vor das Gasthaus her, vor den Bus her
	izza ovinka, vogala	hinter der Kurve hervor, hinter dem Eck hervor
	mimo tebe, mimo Beljaka	vorbei an dir, an Villach vorbei
	okoli noge, okoli hiše	um den Fuß herum, um das Haus herum
	od dela, od brega, od doma	von der Arbeit, vom Ufer, vom Heim
	od mize k postelji	vom Tisch zum Bett
	od Brnce do Podkloštra	von Fürnitz bis Arnoldstein
	preko jezera, preko morja	über den See, über das Meer
	s Pece, s Kitajske, s Triglava	von der Petzen, aus China, vom Triglav
	z Brnce, z Obirskega, z Dunaja	aus Fürnitz, aus Ebriach, aus Wien
3.F.	k znanemu frizerju	zum bekannten Frisör
	k ljubeznivi teti	zur liebenswerten Tante
	h gospodu Peterletu, h kovaču	zum Herrn Peterle, zum Schmied
	proti obali, proti Dunaju	zur Küste, gegen Wien
	od mize k postelji	vom Tisch zum Bett
4.F.	čez Peco, čez Ljubelj	über die Petzen, über den Loiblpass
	med otroke, med ljudi	unter die Kinder, unter die Leute
	čez reko, čez jezero, čez Dunaj	über den Fluss, über den See, über Wien
	udarec na glavo, ... v obraz	ein/der Schlag auf den Kopf, ... ins Gesicht
	na vlak, na avtobus	zum Zug, zum Bus
	na vse strani	auf alle Seiten
	na Peco, na Kitajsko, na Triglav	auf die Petzen, nach China, auf den Triglav
	na Brnco, na Obirsko, na Dunaj	nach Fürnitz, nach Ebriach, nach Wien
	(iti) po novo mapo, po soseda	die neue Mappe, den Nachbar (holen gehen)
	udarec pod pas	ein/der Schlag unter die Gürtellinie
	pred oltar, pred klop	vor den Altar, vor die (Sitz-)Bank
	promet skozi predor	der Verkehr durch den Tunnel
	pristop Slovenije v EU	der Beitritt Sloweniens zur EU
	v Vrbo, v Sarajevo, v Beljak	nach Velden, nach Sarajewo, nach Villach
	v Podklošter, v Celovec	nach Arnoldstein, nach Klagenfurt
	v Celje, v Oslo, v Dičo vas	nach Zilli, nach Oslo, nach Gödersdorf
	v Loče, v Borovlje, v Helsinke	nach Latschach, nach Ferlach, nach Helsinki
	drug za drugega	einer nach dem anderen

Ortsangaben, Beispiele

	Sl.	*Dt.*
2.F.	blizu železne postaje, blizu Rima	nahe dem Bahnhof, nahe Rom
	zraven mize, zraven okna	neben dem Tisch, neben dem Fenster
5.F.	na mizi, na omari, na polici	auf dem Tisch, auf dem Kasten, auf dem Regal
	na planini, na hribu, na vrhu	auf der Alm, auf dem Hügel, auf dem Gipfel
	na uri, na listu, na koledarju	auf der Uhr, auf dem Blatt, auf dem Kalender
	na plošči, na disketi, na kaseti	auf der CD, auf der Diskette, auf der Kassette
	na krogli, na kvadru, na premici	auf dem Würfel, auf dem Quader, auf der Achse
	na razstavi, na plesu	auf der Ausstellung, auf dem Tanz/Ball
	na kopnem, na morju	auf dem Festland, auf dem Meer
	na vlaku, na avtobusu, na kolesu	im Zug, im Bus, auf dem (Fahr-)Rad
	na strani 11/enajst, na vseh straneh	auf Seite 11/elf, auf allen Seiten
	na Brnci, na Obirskem, na Dunaju	in Fürnitz, in Ebriach, in Wien
	na Peci, na Kitajskem, na Triglavu	auf der Petzen, in China, auf dem Triglav
	na Štajerskem, na Koroškem	in der Steiermark, in Kärnten
	na Bistrici, na Stopci, na Žihpolju	in Feistritz, in Stobitzen, in Maria Rain
	na Trstu, na Ptuju	in Triest, in Pettau
	na Višarjah, na Radišah	auf dem Luschariberg, auf dem Radsberg
	ob reki, ob slovenskih obalah	am Fluss, an der slowenischen Küste
	po žilah, po mestu, po gozdu	durch die Adern, durch die Stadt, durch den Wald
	pri (svoji/moji) teti, pri tvojemu stricu	bei meiner Tante, bei deinem Onkel
	v omari, v šoli, v torbi	im Kasten, in der Schule, in der Tasche
	v jami, v zraku, v obrazu, v predalu	in der Höhle, in der Luft, im Gesicht, im Fach
	v duši, v centru, v srcu	in der Seele, im Zentrum, im Herzen
	v črevesu, v telesu, v možganih	im Darm, im Körper, im Gehirn
	v kvadratu, v trikotniku, v krogu	im Quadrat, im Dreieck, im Kreis
	v družbi, v cerkvi	in der Gesellschaft, in der Kirche
	v ožjem krogu, v širšem krogu	im engeren Kreis, im weiteren Kreis
	v jezi, v gosjem redu, v dežju	im Zorn, im Gänsemarsch, im Regen
	v EU, v ZDA	in der EU, in den USA
	v Vrbi, v Sarajevu, v Beljaku	in Velden, in Sarajewo, in Villach
	v Podkloštru, v Celovcu	in Arnoldstein, in Klagenfurt
	v Celju, v Oslu, v Diči vasi	in Zilli, in Oslo, in Gödersdorf
	v Ločah, v Borovljah, v Helsinkih	in Latschach, in Ferlach, in Helsinki
	v Singapurju/Singapuru, v Bakuju	in Singapur, in Baku
	v Slovenskih Konjicah	in Gonobitz
6.F.	med otroki, med ljudmi	zwischen den Kindern, zwischen den Leuten
	nad oblaki, nad jaslimi	über den Wolken, über der Krippe
	pod jermenom, pod tleh	unter dem Gürtel, unter dem Fußboden
	pred oltarjem, pred klopi	vor dem Altar, vor der (Sitz-)Bank
	za ovinkom, za cerkvijo, za mišjo	hinter der Kurve, hinter der Kirche, hinter der Maus

Zeit-/Altersangaben, Beispiele

	Sl.	*Dt.*
1.F.	6 do 10-letni/šest- do desetletni	6- bis 10-Jährige/Sechs- bis Zehnjährige
	desetletna/10-letna učenka	eine/die 10-jährige Schülerin
2.F.	leta/l. 2001/dva tisoč ena	(im Jahre) 2001
	rojena sem 5./petega maja 1955	ich bin am 5. Mai 1955 geboren
	do konca leta, do konca maja	bis zum Jahresende, bis Ende Mai
	od takrat; od nekdaj	seitdem, seither; schon immer
	od leta 2002/dva tisoč dve naprej	von 2002 an/vom Jahre 2002 an
	odprto od dveh do treh	geöffnet von zwei bis drei (Uhr)
	noč od petka na soboto	in der Nacht von Freitag auf Samstag
	za časa cesarice Marije Terezije	zur Zeit der Kaiserin Maria Theresia
	zaprto preko dneva	bei Tag geschlossen
4.F.	naslednjo/prihodnjo sredo	am folgenden/kommenden Mittwoch
	minulo/preteklo soboto	am vergangenen Samstag
	eno leto/dve leti/sto let poprej	ein Jahr/zwei Jahre/hundert Jahre zuvor
	lansko leto na današnji dan	vergangenes Jahr am heutigen Tag
	štiri metre na sekundo	vier Meter pro Sekunde
	čez minuto, čez pol minute	in einer Minute, in einer halben Minute
	čez teden dni, čez 8/osem dni	in einer Woche, in 8/acht Tagen
	čez nekaj desetletij	in einigen Jahrzehnten
	na pustno nedeljo, na veliki petek	am Faschingsonntag, am Karfreitag
	noč od sobote na nedeljo	in der Nacht von Samstag auf Sonntag
	pozno v noč	spät in die Nacht (hinein)
	v nedeljo, dne 11. maja 2003	am Sonntag, dem 11. Mai 2003
	pogodba za določen čas	ein/der befristete Vertrag
5.F.	v osmih dneh	innerhalb von 8 Tagen/einer Woche
	v roku 10/desetih dni	binnen einer Frist von 10 Tagen
	v času kuge	zur Pestzeit
	med pravim rokom	innerhalb der aufrechten Frist
	ob sobotah, ob torkih	samstags, dienstags
	ob nedeljah, ob praznikih	sonntags, feiertags
	pred mnogimi leti, pred nekaj dni	vor vielen Jahren, vor einigen Tagen
	pri starosti enega leta/dveh let	im Alter von einem Jahr/zwei Jahren
	pri enem letu/dveh letih	im Alter von einem Jahr/zwei Jahren
	pri starosti 10/desetih let	im Alter von 10 Jahren
	šolska zrelost pri 6/šestih letih	(die) Schulreife mit 6 Jahren
6.F.	pred enim letom	vor einem Jahr
	pred dvema letoma	vor zwei Jahren
	pred tremi/štirimi/desetimi/stotimi leti	vor drei/vier/zehn/hundert Jahren
	pred tisočimi leti	vor (ein)tausend Jahren
	pred 58/oseminpetdesetimi leti	vor 58/achtundfünfzig Jahren
	pred letom/mesecem/tednom dni	vor einem Jahr/Monat/vor einer Woche

Die Uhrzeit, Beispiele

1.F.	**24:00**	štiriindvajset	**00:00**	polnoč
	12:00	dvanajst, poldne	**12:15**	dvanajst in petnajst minut
	12:01	dvanajst in ena minuta	**12.30**	dvanajst in trideset minut
	12:02	dvanajst in dve minuti	**12:45**	dvanajst in petinštirideset minut
	12:03	dvanajst in tri minute	**12:56**	dvanajst in šestinpetdeset minut
	12:04	dvanajst in štiri minute	**12:57**	dvanajst in sedeminpetdeset minut
	12:05	dvanajst in pet minut	**12:58**	dvanajst in oseminpetdeset minut
	12:06	dvanajst in šest minut	**12:59**	dvanajst in devetinpetdeset minut
	13:00	trinajst	**01:00**	ena
	14:00	štirinajst	**02:00**	dve
	15:00	petnajst	**03:00**	tri
	16:00	šestnajst	**04:00**	štiri
	17:00	sedemnajst	**05:00**	pet
	18:00	osemnajst	**06:00**	šest
2.F.	**00:30**	pol enih	**00:45**	četrt do enih
	01:30	pol dveh	**01:45**	četrt do dveh
	02:30	pol treh	**02:45**	četrt do treh
	03:30	pol štirih	**03:45**	četrt do štirih
	04:30	pol petih	**04:45**	četrt do petih
	05:30	pol šestih	**05:45**	četrt do šestih
4.F.	**00:45**	tri četrt na eno	**00:45**	četrt na eno
	01:45	tri četrt na dve	**01:45**	četrt na dve
	02:45	tri četrt na tri	**02:45**	četrt na tri
	03:45	tri četrt na štiri	**03:45**	četrt na štiri
	04:45	tri četrt na pet	**04:45**	četrt na pet
	05:45	tri četrt na šest	**05:45**	četrt na šest
	00:15	četrt čez polnoč	**01:15**	četrt čez eno
	12:15	četrt čez dvanajst	**02:15**	četrt čez dve
	05:15	četrt čez pet	**03:15**	četrt čez tri
	06:15	četrt čez šest	**04:15**	četrt čez štiri
5.F.	**00:00**	ob polnoči	**12:00**	ob dvanajstih
	01:00	ob enih	**00:30**	ob pol enih
	02:00	ob dveh	**01:30**	ob pol dveh
	03:00	ob treh	**02:30**	ob pol treh
	04:00	ob štirih	**03:30**	ob pol štirih
	05:00	ob petih	**04:30**	ob pol petih
	06:00	ob šestih	**05:30**	ob pol šestih

Ura je štiriindvajset/polnoč. Ura je dvanajst/poldne. Ura je dvanajst in ena minuta. Ura je ena. Ura je četrt do enih. Ura je tri četrt na eno/četrt na eno. Ura je četrt čez eno. Odmor traja od dvanajste (ure) do dvanajste (ure) petnajst. Prišla bom ob dvanajstih. Trgovino bom odprla ob pol enih. Potniški vlak se odpelje ob petih. Zeleni vlak prihaja ob pol petih. Bus se odpelje ob peti (uri) trideset. – Es ist 24h/Mitternacht. Es ist 12h/zu Mittag. Es ist 12:01. Es ist 1h. Es ist 1/4 vor 1h. Es ist 3/4 1h. Es ist Viertel 2h / 1/4 nach 1h. Die Pause dauert von 12 bis 12:15. Ich komme um 12h. Ich sperre das Geschäft um halb 1h auf. Der Personenzug fährt um 5h ab. Der Schnellzug kommt um halb 5h an. Der Bus fährt um 5:30 ab.

Mengenangaben, Beispiele

	Sl.	*Dt.*
1.F.	Tu ležijo 3/trije evri.	Hier liegen 3/drei Euro.
	od A do B so 4/štiri metri	von A bis B sind 4/vier Meter
	od Brnce do Stopce sta 2/dva kilometra	von Fürnitz bis Stobitzen sind zwei Kilometer
2.F.	četrt litra vina, tri četrt hiše	ein Viertel Liter Wein, 3/4 des Hauses
	pol litra mleka, pol kile	ein halber Liter Milch, ein halbes Kilo
	iznad 100/sto stopinj	über 100/hundert Grad
	7/sedem od 12/dvanajst(-**ih**) ljudi	7/sieben von 12/zwölf Leuten
	od 3/treh do 6/šest(-**ih**) stopinj	von 3/drei bis 6/sechs Grad
	od 1/ene stopinje do štirih stopinj	von 1/ein bis 4/vier Grad
	od A do B so tri metri	von A bis B sind 3/drei Meter
	od Beljaka do Bekštanja je 10/deset kilometrov	von Villach bis Finkenstein sind 10/zehn Kilometer
	pri starosti enega leta	im Alter von einem Jahr
	pri starosti dveh let	im Alter von zwei Jahren
	pri starosti treh let	im Alter von drei Jahren
	pri starosti štirih let	im Alter von vier Jahren
	pri starosti petih let	im Alter von fünf Jahren
	pri starosti šestdeset(-**ih**) let	im Alter von sechzig Jahren
	okoli 150/sto petdeset evrov	rund 150/(ein)hundertfünfzig Euro
	okoli 20/dvajset odstotkov	rund 20/zwanzig Prozent
	čez pet metrov	über fünf Meter
4.F.	zviša se na nad 10/deset odstotke	erhöht sich auf über 10/zehn Prozent
	zniža se na pod 10/deset odstotke	senkt sich auf unter 10/zehn Prozent
	zviša se na nad 1.000/tisoč evre	erhöht sich auf über 1.000/(ein-)tausend Euro
	zniža se na pod 1.000/tisoč evre	senkt sich auf unter 1.000/(ein-)tausend Euro
	za po 4/štiri odstotke	jeweils um 4/vier Prozent
	več kot 4/štiri odstotke, preko ...	mehr als 4/vier Prozent, über ...
	čez 3/tri metre	über 3/drei Meter
	čez 4/štiri metre	über 4/vier Meter
5.F.	pri 5/petih letih	im Alter von 5/fünf Jahren
	pri 60/šestdeset(-**ih**) letih	im Alter von 60/sechzig Jahren
6.F.	1000/tisoč metrov nad zemljo	1000 Meter über der Erde
	100/sto metrov pod morjem	100 Meter unter dem Meer(esspiegel)
	kaže nad 100/sto stopinjami	zeigt über 100/hundert Grad
	leži nad 100/sto evri	liegt über 100/hundert Euro
	znaša nad 100/sto odstotki	beträgt über 100/hundert Prozent
	s 5-odstotnim deležem	mit einer Quote von 5/fünf Prozent

Andere Vorwortverbindungen, Beispiele

Sl.	*Dt.*
za časa cesarice Marije Terezije	zur Zeit der Kaiserin Maria Theresia
dan pred lanskimi ameriškimi volitvami	einen Tag vor den vorjährigen amerikanischen Wahlen
eden od ustanoviteljev newyorškega gibanja culture jamming z začetka devetdesetih let prejšnjega stoletja	einer der Gründer der New Yorker Bewegung Culture jamming vom Beginn der neunziger Jahre des vorigen Jahrhunderts
po deset ur na dan	jeweils zehn Stunden am Tag
do tega pa je vsega šest mesecev	bis dahin sind insgesamt noch sechs Monate
širom po svetu, širom po državi	weltweit, landesweit
širom po Europi, širom po Nemčiji	europaweit, bundesweit (in Deutschland)
širom po Avstriji	österreichweit
v zadnjih sto letih	in den letzten hundert Jahren
v tem kratkem času	in dieser kurzen Zeit
po koncu 2./druge svetovne vojne	nach dem Ende des 2. Weltkrieges
v drugačni smeri kot v drugih državah	in einer anderen Richtung als in (den) anderen Staaten
v okviru avstro-ogrske monarhije	im Rahmen der österreichisch-ungarischen Monarchie
zaradi pomanjkanja delovnih mest	wegen des Fehlens von Arbeitsplätzen
s Trstom vred je izguba še večja	mit Triest zusammen ist der Verlust noch größer
v nasprotju k industriji	im Gegensatz zur Industric
menjava kron v dinarje le nekaj let prej	der Wechsel von Kronen zu Dinar nur einige Jahre vorher
za izboljšanje družbenega standarda	zur Verbesserung des gesellschaftlichen Standards
v začetku 60./šestdesetih let	zu Beginn der 60-er Jahre
sredi 60./šestdesetih let	Mitte der 60-er Jahre
od 60./šestdesetih let (naprej)	seit den 60-er Jahren
konec 60./šestdesetih let	Ende der 60-er Jahre
ob samosvojitvi republike Slovenije	zur Zeit der Befreiung der Republik Slowenien
na vse države v prehodu od ... do ...	auf alle Staaten im Übergang von ... zu ...
kljub ugodnejšim poslovnim rezultatom	trotz des günstigeren Geschäftsergebnisses
vrednost obveznosti do sredstev	der Wert der Verbindlichkeiten im Verhältnis zu den Mitteln
o naraščanju likvidnostnih težav	über das Anwachsen der Liquiditätsprobleme
prehod v tržno gospodarstvo	der Übergang zur Marktwirtschaft
delež starejših med brezposelnimi	der Anteil der Älteren an der Arbeitslosigkeit
s podpisom sporazuma	durch die Unterzeichnung des Abkommens
v skladu z Zakonom o zadrugah	im Einklang mit dem Gesetz über die Genossenschaften

Wirtschaftssprache, Beispiele

Sl.	*Dt.*
brezposelnost, brezposelni	Arbeitslosigkeit, Arbeitsloser
delojemalec, delodajalec	Arbeitnehmer, Arbeitgeber
delovni trg, delovna sila, delovno mesto	Arbeitsmarkt, Arbeitskraft, Arbeitsplatz
delovno pravo, delovnopravni	Arbeitsrecht, arbeitsrechtlich
dobiček, izguba, donos, dohodek	Gewinn, Verlust, Ertrag, Einkommen
dohodnina, davek na dodano vrednost	Einkommensteuer, Mehrwertsteuer
gospodarsko, zakonsko, obvezno	wirtschaftlich, gesetzlich, verbindlich
industrijska država	Industrieland
izobrazba, izobraževanje	Ausbildung, Weiterbildung
nastavitev, zaposlitev	Einstellung, Beschäftigung
nepomembno, dano	gering, gegeben
obrat/tovarna : podjetje	Betrieb : Unternehmen
odpoved delovnega razmerja	Kündigung des Arbeitsverhältnisses
poklicno življenje, delovna doba	Erwerbsleben, Lebensarbeitszeit
pokojnina/renta/penzija	Rente, Pension
pokojninsko in invalidsko zavarovanje	Alters- und Invaliditätsversicherung
povprečna starost	Durchschnittsalter
predčasna pokojnina za primer brezposelnosti	vorzeitige Altersrente wegen Arbeitslosigkeit
predčasna upokojitev/-o upokojevanje	Frühverrentung
pripravljenost za poglabljanje znanja	Bereitschaft zur Weiterbildung
promet, tržni delež	Umsatz, Marktanteil
razvoj, napredovati	Entwicklung, Fortschritte machen/fortschreiten
socialno pravo, socialni prispevki	Sozialrecht, Sozialbeiträge
socialno zavarovanje	Sozialversicherung
starostna meja, starostna skupina	Altersgrenze, Altersgruppe
starostna pokojnina	Altersrente
stroški dela: plača	Arbeitskosten: Lohn, Gehalt
udeležba, udeleženec	Beteiligung, Beteiligter
upokojiti se	in den Ruhestand treten/in Rente/Pension gehen
varstvo zoper odpoved delovnega razmerja	Kündigungsschutz
vzpodbuja za predčasno upokojevanje	Frühverrentungsanreiz
zanimanje za poglabljanje znanja	Interesse an Weiterbildung
zaposleni, prepoved zaposlitve	Beschäftigter, Beschäftigungsverbot
zaposleni, nezaposleni	Erwerbstätiger, Erwerbsloser
zaposlitev/zaposlovanje/zaposlenost	Beschäftigung
zaposliti se	einen Job annehmen
znižanje/zniževanje, zvišanje/zviševanje	Abbau/Senkung, Aufbau/Erhöhung

Computersprache, Beispiele

Sl.	*Dt.*
15-palčni zaslon	15-Zoll-Schirm
brskanje po spletu	Stöbern im Netz
deskanje po internetu	Surfen im Internet
disketnik, miška, tipkovnica	Diskettenlaufwerk, Maus, Tastatur
elektronska pošta, okno	E-Mail, Fenster
grafična in zvočna karta	Grafik- und Akkustikkarte
izdelovalci animacij	Animationsdesigner
nabiranje in izbiranje podatkov	Anhäufung und Auswählen von Daten
načrtovalci 3D	3D-Planer
nadgradnja procesorja, procesorska ...	Aufrüsten des Prozessors, Prozessor-...
oblikovanje besedila	Textgestaltung
odpiranje datoteke, zapiranje datoteke	Öffnen einer Datei, Schließen ...
operater, gonilnik, strežnik	Anbieter, Betreiber, Server
označevanje delih besedila	Kennzeichnung von Textteilen
označevanje v blok/... bloka	Block-Markierung
PC/computer, računalnik	PC/Computer, Rechner
pisanje besedila	Verfassen eines Textes
pomnilnik, disketa, CD/plošča	Speicher, Diskette, CD
spominski ključ, igralna palica	Memory-Stick, Joystick
poravnavanje besedila	Einstellung des Randes
poudarek s krepkim tiskom	Betonung durch Fettdruck
premikanje kazalca/kursorja	Bewegen des Cursors
prenos podatkov	Datenübertragung
prenosni računalnik	Notebook
prenosni telefon/hendi/mobilni telefon	Handy/Schnurlostelefon/Mobiltelefon
priključek, omrežje, splet	Anschluss, Netz, Verknüpfung
razmikanje, razmik	Auseinanderrücken, Zeilenabstand
spletni opravek, spletne strani	Netzbenützung, Internetseiten
spreminjanje nabora/znakov	Ändern des Zeichensatzes
sprintati/natisniti besedilo, spremeniti ...	den Text ausdrucken, ... verändern
stiskanje datoteke/podatkov	Datenkomprimierung
tajni telefon	Geheimtelefon
trorazsežno	dreidimensional
uporabnik, posrednik, naročnik	User, Makler, Anschlusswerber
urejevanje besedila, urejevalnik	Textverarbeitung, Ordner
vnašanje besedila	Texteingabe
vstavljanje besedila	Einfügen eines Textes
vtipkati besedilo, shraniti besedilo	den Text eintippen, ... speichern
zbrisati besedilo, popraviti besedilo	den Text löschen, ... berichtigen
zmogljivost, delovna zmožnost	Kapazität, Leistungsfähigkeit

Wissenschaftssprache, Beispiele

Sl.	*Dt.*
samouprava se uresničuje v občinah	die Selbstverwaltung wird in den Gemeinden verwirklicht
Zakon o upravi je omogočil temeljito reorganizacijo državne uprave	das Verwaltungsgesetz ermöglichte eine grundlegende Reorganisation der staatlichen Verwaltung
občine delujejo kot samostojne nosilke državne uprave	die Gemeinden sind als selbstständige Träger der staatlichen Verwaltung tätig
ločili sta se državna uprava in lokalna samouprava	getrennt wurden die staatliche Verwaltung und die regionale Selbstverwaltung
lokalna samouprava se je organizirala z Zakonom o lokalni samoupravi (1993)	die regionale Selbstverwaltung wurde durch das Gesetz über die regionale Selbstverwaltung (1993) reorganisiert
upravne enote upravljajo neposredne naloge državne uprave	die Verwaltungseinheiten verwalten die unmittelbaren Aufgaben der Staatsverwaltung
upravne enote spadajo organizacijsko pod Ministrstvo za notranje zadeve	die Verwaltungseinheiten fallen organisatorisch in die Zuständigkeit des Innenministeriums
večina zaposlenih iz nekdanjih občinskih uprav je prešla v sestave upravnih enot	die Mehrheit der Beschäftigten aus den ehemaligen Gemeindeverwaltungen wurde in den Aktivbestand der Verwaltungseinheiten übernommen
na čelu upravne enote je načelnik	an der Spitze der Verwaltungseinheit ist der Vorsteher
v upravnih enotah se v skladu s pristojnostmi in obsegom dela organizirajo oddelki	in den Verwaltungseinheiten werden im Einklang mit den Zuständigkeiten und dem Umfang der Arbeit Abteilungen organisiert
sodstvo je tretja veja oblasti	das Gerichtswesen ist der dritte Zweig der Staatsgewalt
sodstvo je vezano na ustavo in zakone	das Gerichtswesen ist an die Verfassung und die Gesetze gebunden
sodna funkcija je pri izvrševanju zakonov povsem samostojna in neodvisna	die Gerichtsfunktion ist in der Ausführung der Gesetze vollkommen selbstständig und unabhängig
Slovenska akademija znanosti in umetnosti je najvišja nacionalna znanstvena in umetnostna ustanova	die Slowenische Akademie der Wissenschaft und Kunst ist die höchste nationale Wissenschafts- und Kunst-Institution
SAZU je avtonomna ustanova njenih članov – akademikov	die SAZU ist die autonome Institution ihrer akademischen Mitglieder
SAZU prispeva k razvoju znanstvene misli in umetniške ustvarjalnosti	die SAZU trägt zur Entwicklung wissenschaftlicher Gedanken und künstlerischer Kreativität bei
SAZU je bila ustanovljena leta 1938	die SAZU wurde im Jahre 1938 gegründet
ob ustanovitvi je imela 18 članov	zur Zeit ihrer Gründung hatte sie 18 Mitglieder
člani delujejo v 6/šestih razredih	die Mitglieder sind in 6 Klassen/Gruppen tätig
z Zakonom o Slovenski akademiji znanosti in umetnosti (1994) je SAZU postala javna pravna oseba	durch das Gesetz über die Slowenische Akademie der Wissenschaft und Kunst (1994) wurde die SAZU eine öffentliche Rechtsperson
leta 1992 je dr. France Bernik postal njen predsednik	im Jahre 1992 wurde Dr. France Bernik ihr Präsident
SAZU je leta 1982 ustanovila Znanstvenoraziskovalni center	die SAZU gründete im Jahre 1982 das Wissenschaftliche Forschungszentrum

Beisatz-Beispiele

Sl.	*Dt.*
3.000 izvodov iste slovnice	3.000 Exemplare derselben Grammatik
hiša mojega očeta	das Haus meines Vaters
hiša v gozdu, hiša na hribu	das Haus im Wald, das Haus auf dem Hügel
hiša s tremi vrati	das Haus mit den drei Türen
plakat prosvetnega društva	das Plakat des Kulturvereines
vabilo na koncert	die Einladung zum Konzert
hoja preko treh meja	die Dreiländer-Wanderung
sodelovanje vseh udeležencev	die Zusammenarbeit aller Teilnehmer
vožnja s kolesom	die Fahrt mit dem Fahrrad
darilo tajnici	das Geschenk an die Sekretärin
vrt zraven hiše	der Garten neben dem Haus
pot k hiši, pot v hišo	der Weg zum Haus, der Weg ins Haus
vodnjak pred hišo	der Brunnen vor dem Haus
uporaba najbolj pogostih oblik	die Verwendung der häufigsten Formen
novosti na spletnih straneh	die Neuheiten auf den Home-Pages
Združena lista socialnih demokratov	die Vereinte Liste der Sozialdemokraten
Demokratična stranka upokojencev Slovenije	die Demokratische Partei der Pensionisten Sloweniens
Ministrstvo za šolstvo, znanost in šport	das Ministerium für Schule, Wissenschaft und Sport
predsednik republike, predsednik vlade	der Staatspräsident, der Ministerpräsident
evropski komisar za znanost in raziskovanje	der Europäische Kommissar für Wissenschaft und Forschung
Zvezna gimnazija za Slovence v Celovcu	das Bundesgymnasium für Slowenen in Klagenfurt
Dvojezična trgovska akademija v Celovcu	die Zweisprachige Handelsakademie in Klagenfurt
Višja šola za gospodarske poklice v Šentpetru	die Höhere Lehranstalt für wirtschaftliche Berufe in St. Peter
Zakon o spremembah in dopolnitvah Zakona o političnih strankah	das Gesetz über die Veränderungen und Ergänzungen zum Gesetz über die politischen Parteien
Zakon o volitvah predsednika republike	das Gesetz über die Wahl des Staatspräsidenten
Brionska odločitev o miru v Jugoslaviji	die Entscheidung von Brioni über den Frieden in Jugoslawien
članica Organizacije združenih narodov	ein/das Mitglied der Vereinten Nationen
Prisrčen govor občinskega svetnika netrudnemu rojaku za človekove pravice v Cankarjevi dvorani pred slavnostnim koncertom se začne ob ...	Die Laudatio des Gemeinderates für den unermüdlichen Mitstreiter um die Menschenrechte im Cankar-Saal vor dem Festkonzert beginnt um ...

Verbindung von Vorwort und persönlichem Fürwort im 4.F. (A)

	1.Ps.	*2.Ps.*	*3.Ps.*	
	w./s./m.	*w./s./m.*	*w.*	*s./m.*
4.F.	**záme/záse**	**záte/záse**	**zánjo/záse**	**zánj/záse**
Ez.	für mich	für dich	für sie/sich	für es/ihn/sich
	póme/póse	**póte/póse**	**pónjo/póse**	**pónj/póse**
	um mich	um dich	um sie/sich	um es/ihn/sich
	náme/náse	**náte/náse**	**nánjo/náse**	**nánj/náse**
	auf mich	auf dich	auf sie/sich	auf es/ihn/sich
	váme/váse	**váte/váse**	**vánjo/váse**	**vánj/váse**
	in mich	in dich	in sie/sich	in es/ihn/sich
	óbme/óbse	**óbte/óbse**	**óbnjo/óbse**	**óbenj/óbse**
	an mich	an dich	an sie/sich	an es/ihn/sich
4.F.	---	---	**zánju/záse**	
Zz.			für sie (zwei)/Sie/sich	
	---	---	**pónju/póse**	
			um sie (zwei)/Sie/sich	
	---	---	**nánju/náse**	
			auf sie (zwei)/Sie/sich	
	---	---	**vánju/váse**	
			in sie (zwei)/Sie/sich	
	---	---	**óbnju/óbse**	
			an sie (zwei)/Sie/sich	
4.F.	---	---	**zánje/záse**	
Mz.			für sie/Sie/sich	
	---	---	**pónje/póse**	
			um sie/Sie/sich	
	---	---	**nánje/náse**	
			auf sie/Sie/sich	
	---	---	**vánje/váse**	
			in sie/Sie/sich	
	---	---	**óbnje/óbse**	
			an sie/Sie/sich	

4.F. Ez.

1.Ps.	Jaz sem delala/delal zase. To sem naredila/naredil zase. Delaj zase! Naredi to zase!	Ich habe für mich gearbeitet. Das habe ich für mich gemacht. Arbeite für dich! Mach das für dich!
2.Ps.	Ti si delala/delal zase. To si naredila/naredil zase.	Du hast für dich gearbeitet. Das hast du für dich gemacht.
3.Ps. w. *s.* *m.*	Ana je delala zase. To je naredila zase. Dekle je delalo zase. To je naredilo zase. Anton je delal zase. To je naredil zase.	Anna hat für sich gearbeitet. Das hat sie für sich gemacht. – Das Mädchen hat für sich ... Das hat es für sich ... – Anton hat für sich ... Das hat er für sich ...
1.>2.Ps.	Jaz sem delala/delal zate. To sem naredila/naredil zate.	Ich habe für dich gearbeitet. Das habe ich für dich gemacht.
2.>1.Ps.	Ti si delala/delal zame. To si naredila/naredil zame. Delaj zame! Naredi to zame!	Du hast für mich gearbeitet. Das hast du für mich gemacht. Arbeite für mich! Mach das für mich!
1.Ps.>3.Ps. *w., s./m.*	Anton je delal zanjo. To je Anton naredil zanjo. Ana je delala zanj. To je Ana naredila zanj. Dekle je delalo zanj. To je dekle naredilo zanj.	Anton hat für sie gearbeitet. Das hat er für sie ... Anna hat für es ... Das hat sie für es ... Das Mädchen hat für ihn ... Das hat es für ihn ...

Verbindung von Vorwort und persönlichem Fürwort im 4.F. (B)

	1.Ps.	*2.Ps.*	*3.Ps.*	
	w./s./m.	*w./s./m.*	*w.*	*s./m.*
4.F.	**nádme/nádse**	**nádte/nádse**	**nádnjo/nádse**	**nádenj/nádse**
Ez.	über mich	über dich	über sie/sich	über es/ihn/sich
	pódme/pódse	**pódte/pódse**	**pódnjo/pódse**	**pódenj/pódse**
	unter mich	unter dich	unter sie/sich	unter es/ihn/sich
	prédme/prédse	**prédte/prédse**	**prédnjo/prédse**	**prédenj/prédse**
	vor mich	vor dich	vor sie/sich	vor es/ihn/sich
	médme/médse	**médte/médse**	**médnjo/médse**	**médenj/médse**
	zwischen mich	zwischen dich	zwischen sie/sich	zwischen es/ihn/sich
	skózme/skózse	**skózte/skózse**	**skóznjo/skózse**	**skózenj/skózse**
	durch mich	durch dich	durch sie/sich	durch es/ihn/sich
	čézme/čézse	**čézte/čézse**	**čéznjo/čézse**	**čézenj/čézse**
	über mich	über dich	über sie/sich	über es/ihn/sich
4.F.	---	---	**nádnju/nádse**	
Zz.			über sie (zwei)/Sie/sich	
	---	---	**pódnju/pódse**	
			unter sie (zwei)/Sie/sich	
	---	---	**prédnju/prédse**	
			vor sie (zwei)/Sie/sich	
	---	---	**médnju/médse**	
			zwischen sie (zwei)/Sie/sich	
	---	---	**skóznju/skózse**	
			durch sie (zwei)/Sie/sich	
	---	---	**čéznju/čézse**	
			über sie (zwei)/Sie/sich	
4.F.	---	---	**nádnje/nádse**	
Mz.			über sie/Sie/sich	
	---	---	**pódnje/pódse**	
			unter sie/Sie/sich	
	---	---	**prédnje/prédse**	
			vor sie/Sie/sich	
	---	---	**médnje/médse**	
			zwischen sie/Sie/sich	
	---	---	**skóznje/skózse**	
			durch sie/Sie/sich	
	---	---	**čéznje/čézse**	
			über sie/Sie/sich	

4.F. Ez.		
1.Ps.	Potegnila/Potegnil sem obleko nase.	Ich habe die Kleidung an mich gezogen.
3.>1.Ps.	Nesreča pride nadme.	Das Unglück kommt über mich.
3.Ps. w./s./m.	Ana se je usedla medte in medme.	Anna hat sich zwischen dich und mich gesetzt.
>2.+1.Ps.:	Dekle se je usedlo medte in medme.	Das Mädchen hat sich zwischen dich und mich gesetzt.
	Anton se je usedel medte in medme.	Anton hat sich zwischen dich und mich gesetzt.

Bindewort, beiordnend, Beispiel(sätz)e

Sl. *– Dt.*	*Sl. – Dt.*
a – jedoch, aber	majhen, a dober – klein, aber fein
ali – oder	rdeče ali modro – das Rote oder das Blaue
ali ... ali ... – entweder ... oder ...	ali novo ali staro – entweder neu oder alt
ampak – aber, sondern	lepa, ampak draga – schöne, aber teure --- Nisem stara, ampak mlada. – Ich bin nicht alt, sondern jung.
ne ..., ampak ... – nicht ..., sondern ...	Ne piše pesmi, ampak sonete. – Sie/Er schreibt nicht/keine Gedichte, sondern Sonette.
ne samo ..., ampak tudi ... – nicht nur ..., sondern auch ...	Piše ne samo pesmi, ampak tudi sonete. – Sie/Er schreibt nicht nur Gedichte, sondern auch Sonette.
in – und	Maks in Moric – Max und Moritz --- Pijem in jem. – Ich trinke und esse.
in ... in ... – sowohl ... als auch ...	Študira teologijo in filozofijo. – Sie/Er studiert sowohl Theologie als auch Philosophie.
in sicer, i. s. – und zwar, u. zw.	Prišla bo, in sicer ob osmih. – Sie kommt, und zwar um acht (Uhr).
kajti – denn	Trudna sem, kajti delala sem trdno. – Ich bin müde, denn ich habe hart gearbeitet.
namreč – nämlich	Midva, namreč brat in jaz, sva srečna. – Wir beide, nämlich mein Bruder und ich, wir sind glücklich. --- Prišli smo, hočemo se namreč naučiti slovenščino. – Wir sind gekommen, wir wollen nämlich Slowenisch lernen.
niti ... niti ... – weder ... noch ...	niti črno niti sivo – weder schwarz noch grau
oziroma, oz. – beziehungsweise, bzw.	Napišite narek s kulijem oz. peresom. – Schreibt die Ansage mit Kuli oder Feder!
pa – und, sowie auch; --- (aber, „halt/eben“); vielleicht sogar; doch wohl	oče pa mati – Vater und Mutter --- oče in mati pa otroci – Vater und Mutter sowie auch die Kinder --- Pobrala je perilo, potem ga pa likala. – Sie nahm die Wäsche ab, dann bügelte sie sie. --- Obljubil je, pa ni prišel. – Er hat es versprochen, ist aber nicht gekommen. --- Njo bi vzel, pa bi bilo boljše. – Hättest du sie genommen, wäre es sogar besser. --- ... je zanimiv, pa je primerno, da ga upoštevamo. – ... ist interessant, es ist doch wohl angebracht, dass man ihn berücksichtigt.
saj – doch	Veseli smo, saj smo mladi. – Wir sind froh, wir sind doch jung.
sicer – sonst, ansonsten	Zdaj je žalosten, sicer pa vesel. – Jetzt ist er traurig, sonst aber lustig.
tako ... kakor ... – so ... wie ...	Oče je tako uspešen kakor sin. – Der Vater ist so erfolgreich wie sein Sohn. --- Tako lepo je kakor lani. – Es ist so schön wie voriges Jahr.
tako ... ko ... – so ... wie ...	Oče ni tako uspešen ko sin. – Der Vater ist nicht so erfolgreich wie sein Sohn. --- Fant je lačen ko volk. – Der Bub ist so hungrig wie ein Wolf.
tako ... kot ... – so ... wie ...	Oče je tako trmast kot vol. – Der Vater ist so bockig/stur wie ein Ochse. --- Tako lepo je kot lani. – Es ist so schön wie im vorigen Jahr. --- On je bel kot sneg. – Er ist so weiß wie Schnee.
temveč – sondern	Teta ni stara, temveč mlada. – Die Tante ist nicht alt, sondern jung.
ter – sowie	kokoši in gosi ter race – Hennen und Gänse sowie Enten
to je, tj. – das heißt, d. h.	Jutri, tj. 18. junija, bo ... – Morgen, d. h. am 18. Juni, gibt es ...
toda – hingegen	Zunaj ni mrzlo, toda v kleti nas zebe. – Draußen ist es nicht kalt, wir hingegen frieren im Keller.
torej – also	Zmagali so, torej so v finalu. – Sie haben gewonnen, also sind sie im Finale.
vendar – doch, aber	Pogledal je tja, vendar ga ni zagledal. – Er schaute dort hin, doch er erblickte ihn nicht.
zakaj – denn *(begründend)*	Cenim ga, zakaj pošten je. – Ich schätze ihn, denn er ist ehrlich.
zato – deshalb	Žejen je, zato dobi piti. – Er ist durstig, deshalb bekommt er zu trinken.
zatorej – daher	Umetnica je čedna, zatorej slavna. – Die Künstlerin ist hübsch, daher berühmt.
...	

Bindewort, unterordnend, Beispiel(sätz)e

Sl. – Dt.	*Sl. – Dt.*
ako – wenn *(bedingend)*, falls	Pridi, ako imaš čas. – Komm, wenn du Zeit hast!
ali – ob	Ni jasno, ali sledijo govori. – Es ist nicht klar, ob Reden folgen. --- Govori, ali dolgi ali ne, so mi všeč. – Reden, ob lang oder nicht, gefallen mir. --- Povej, ali je res. – Sag, ob es wahr ist.
če – wenn *(bedingend)*, falls	Odšla bom, če sledijo govori. – Ich werde gehen, falls Reden folgen. --- Govorov, če že, slavnostnih, ne maram. Reden, wenn schon, festliche, mag ich nicht. --- Povej, če je res. – Sag, wenn es wahr ist.
čeprav – obwohl	Film mi ni všeč, čeprav je izvrsten. – Der Film gefällt mir nicht, obwohl er außergewöhnlich ist.
četudi – obgleich	Marmelada je dobra, četudi presladka. – Die Marmelade ist gut, obgleich zu süß.
čigar – dessen, deren	Ženska, čigar bluza je rdeča, je moja teta. – Die Frau, deren Bluse rot ist, ist meine Tante.
da – dass	Ni mogoče, da bi prišel. – Es ist nicht möglich, dass er kommt. --- Od veselja, da je bila uspešna, me je poljubila. – Vor Freude, dass sie erfolgreich war, küsste sie mich. --- Povej, da je res. – Sag, dass es wahr ist.
da (bi) – um (zu ...en)	Prišli smo, da bi se učili slovenščino. – Wir sind gekommen, um Slowenisch zu lernen.
da (ne bi) – um (nicht zu ...en)	Prišli smo, da ne bi vse pozabili. – ..., um nicht alles zu vergessen.
dokler – bis, solange	Učimo se, dokler živimo. – Wir lernen, solange wir leben.
dokler ne – bevor *(positiv)*	Ljubi ga, dokler ne bo umrl. – Liebe ihn, bevor er stirbt.
in da – und dass	Vem, da ... in da je bogat. – Ich weiß, dass ... und dass er reich ist.
kadar – wann	Kadar se učim, sem tiha. – Wenn ich lerne, bin ich leise.
kadarkoli – wann immer	Lahko pije, kadarkoli želi. – Er kann trinken, wann immer er will.
kaj – was	Zanima me, kaj si misliš. – Es interessiert mich, was du denkst.
kamor – wohin	Grem, kamor ti greš. – Ich gehe, wohin du gehst.
kar – was	Povej, kar je res. – Sag, was wahr ist!
(za) kater-o, -o, -ega – (für) welch-e, -es, -en	To je ženska, za katero delam. – Das ist die Frau, für die ich arbeite. --- Stol, na katerem sedim, je star. – Der Stuhl, auf dem ich sitze, ist alt.
kdor (> kogar, S. 109) – wer	Kdor jé ta kruh, bo živel vekomaj. – Wer dieses Brot isst, wird ewig leben. --- Kdor zgodaj vstaja, mu kruha ostaja. – Morgenstund hat Gold im Mund.
ker – weil	Prišli smo, ker se hočemo učiti. – ..., weil wir lernen wollen.
ki (jo, ga, ga) – die, das, der	To je muzej, ki je bogat. – Das ist das Museum, das reich ist. --- Ključ, ki mu ga bom dala, ... – Der Schlüssel, den ich ihm geben werde, ...
kjer – wo	Kraj, kjer sem doma, je ... – Der Ort, wo ich zu Hause bin, ist ...
ko – wenn (bedingend)	Ko boš priden, boš dobil sladoled. – Wenn du brav bist, bekommst du ein Eis.
ko – wenn *(zeitlich)*	Prišli smo, ko je zazvonilo. – Wir kamen, als es zu läuten begann.
kolikor – (in)sofern, soweit	Pomagaj mi, kolikor boš mogla. – Hilf mir, sofern/soweit du kannst.
kolikršn-a – (so) ein-e (groß..., lang..., schwer...) wie	Kolikršen je trud, tolikšen bo plačilo. – So groß wie die Mühe ist, wird der Lohn sein. (Wie die Mühe, so der Lohn.)
medtem ko – während	Medtem ko sem se učila, je prišel. – Während ich lernte, kam er (her).
od koder – von wo, von woher	Povej mi, od koder si. – Sag mir, von wo du bist.
odkar – seit, seitdem	Hiša je taka, odkar jaz živim. – Das Haus ist so, seit ich lebe.
potem ko – nachdem	Potem ko je odšel, sem se učila. – Nachdem er gegangen war, lernte ich.
preden – bevor, ehe	Preden je odšel, se je oblekel. – Bevor er ging, hatte er sich angezogen.
s tem da – aber, indem	Prišla bo, s tem da bo malo zamudila. – Sie kommt, aber verspätet.
tako da – so dass	Pije preveč, tako da je debel. – Er trinkt zu viel, so dass er dick ist.
tudi če – auch wenn	Tudi če je hrana še tako dobra, je ne sme jesti. – Auch wenn die Nahrung noch so gut ist, darf er sie nicht essen.
vtem ko – indem	Vtem ko je pisal, je mislil na ... – Indem er schrieb, dachte er an(s) ...
...	

Wertungswort, Beispiel(sätz)e (A)

Sl. – *Dt.*
A ...? **Ali** ...? – --- ...?
Bajé ... – Angeblich soll ...
Blizu ... – Nahe ...
Bolj ... – Besser ...
Celó ... – Sogar ...
Čim... – Je ...
Čimbolj ... – Je besser ...
Čimmanj ... – Je weniger ...
Čimveč ... – Je mehr ...
Čisto ... – Genau ...
Da, ... – Ja, ...
Dejansko ... – Tatsächlich ...
Dobro ... – Gut ...
Edino ... – Einzig ...
Gotovo ... – Sicherlich ...
Hvala, ... – Danke, ...
In ... – Und ...
Ja, ... – Ja, ...
Kaj ... – Was ...
Kajpak ... – Freilich ...
Kajti ... – Denn ...
Kakopak ... – Natürlich ...
Kakor ... – Wie ...
Kar ... – Nur ... / Gleich ...
Ker ... – Weil ...
Ko ... – Wie ...
Komaj ... – Kaum ...
Končno ... – Schließlich ...
Kot ... – Wie ...
Le ... – Nur ...
Manj ... – Weniger ...
Mogoče ... – Möglich ...
Morda ... – Vielleicht ...
Morebiti ... – Möglicherweise ...
Naj ... – Möge ...
Najbolj ... – Am besten ...
Najmanj ... – Am wenigsten ...
Največ ... – Am meisten ...
... **namreč** ... – ... nämlich ...
Navsezadnje ... – Letztendlich ...
Ne, ne ... – Nein, ... nicht ...
Ne, ni ... – Nein, es ist nicht ...
Nedvomno ... – Zweifellos ...
Nemara ... – Angeblich ...
Ni več ... – Es ist nicht mehr ...
Nikakor ... – Auf keinen Fall ...
Nikar ... – Nie ...
Nikoli ... – Niemals ...
Niti ... – Keinesfalls ...
Nò, ... – Nun, ...
Očitno ... – Offensichtlich ...
...

Sl. – *Dt.*
Bolj ko ... – Besser als ...
Če lahko ... – Wenn möglich ...
Če le ... – Wenn nur ... / Nur dass ...
Češ da ... – Angeblich soll ...
Češ, ... – Als würde sie/er sagen wollen: ...
Denimo, da ... – Nehmen wir an, dass ...
Glede na ... – Im Hinblick auf ...
Glede na to ... – Im Hinblick darauf ...
Gre za ... – Es geht um ...
In podobno ... – Und ähnlich ...
In sicer ... – Und zwar ...
Iz enostavnega razloga ... – Aus einem/dem ganz einfachen Grund/ Motiv ...
Iz tega lahko sklepamo, da ... – Daraus kann man schließen, dass ...
Iz tega razloga ... – Aus diesem Grund ...
Iz tega sledi, da ... – Daraus folgt, dass ...
Iz tega razloga sledi, da ... – Aus diesem Grund folgt, dass ...
Iz zelo razvidnega razloga ... – Aus einem sehr einsichtigen Grund/ Motiv ...
Kar pomeni, da ... – Was bedeutet, dass ...
Kar preveč ... – Doch zu viel ...
Kar se le da ... – Möglichst ...
Kar tako ... – Kurzerhand ... / Einfach ...
Konec koncev ... – Schlussendlich ...
Kot omenjeno, ... – Wie erwähnt, ...
Kot rečeno, ... – Wie gesagt, ...
Le da ... – Nur dass ...
Manj ko ... – Weniger als ...
Mnenja smo, da ... – Wir sind der Meinung, dass ...
Na koncu ... – Am Ende ...
Na primer ... – Zum Beispiel ...
Na začetku ... – Am Beginn ...
Naj navedem ... – Lassen Sie mich anführen ...
Naj navedem argument, ki bo podkrepil zadevo: ... – Lassen Sie mich ein Argument anführen, das die Sache untermauert: ...
Ne smemo pa pozabiti ... – Man darf jedoch nicht vergessen ...
Ni dvoma ... – Zweifelsohne ... / Es besteht kein Zweifel ...
Ni dvoma, da ... – Es besteht kein Zweifel, dass ...
Oziroma ... – Beziehungsweise ...
Po mojem mnenju ... – Meiner Meinung nach ...
Poleg tega ... – Nebenbei ...
Pomembno je, da ... – Wichtig ist, dass ...
Posledica je, da ... – Eine/Die Folge ist, dass ...
Posledica tega je, da ... – Eine/Die Folge davon ist, dass ...
Prav tako ... – Ebenso ...
Preprosto ... – Einfach ...
Preprosto rečeno ... – Offen gesagt ...
Razlog v tem je, da ... – Ein/Der Grund dafür liegt darin, dass ...
Preprosto rečeno je razlog v tem, da ... – Offen gesagt liegt der Grund dafür darin, dass ...
Razlog v tem je zato, da ... – Ein/Der Grund dafür liegt deshalb darin, dass ...

Wertungswort, Beispiel(sätz)e (B)

Sl. – Dt.
Pač ... – --- ... / (Halt/Eben ...)
Posebno ... – Besonders ...
Potem ... – Dann ...
Prav ... – Ganz ...
Pravilno ... – Richtig ...
Pravzaprav ... – Eigentlich ...
Predvsem ... – Vor allem ...
Približno ... – Ungefähr ...
Prosim, ... – Bitte, ...
Ravno ... – Gerade ...
Recimo ... – Sagen wir ...
Res ... – Wirklich ...
Saj ... – Doch ... / Doch wohl ...
Samo ... – Nur ...
Še ... – Noch ...
Šele ... – Erst ...
Seve ... – Natürlich ...
Seveda ... – Selbstverständlich ...
Sicer ... – Obzwar ...
Skoraj ... – Fast ...
Skratka ... – Kurzum ...
Slabo ... – Schlecht ...
Spet ... – Wieder ...
Sploh ... – Überhaupt ...
Tem... – Umso ...
Tembolj ... – Umso besser ...
Temmanj ... – Umso weniger ...
Temveč ... – Umso mehr ...
To ... – Das ...
Torej ... – Also ...
Tudi ... – Auch ...
Več ... – Mehr ...
Vedno ... – Immer ...
Vendar ... – Jedoch … / Doch ...
Verjetno ... – Wahrscheinlich ...
Vsaj ... – Wenigstens ...
Vzemimo ... – Nimmt man ...
Zakaj ... – Denn ...
Žal ... – Leider ...
Zares ... – Fürwahr ...
Zatorej ... – Also ...
Že ... – Schon ...
…

Sl. – Dt.
Razlog zato je ... – Eine/Die Folge davon ist ...
Razumljivo je, da ... – Es ist verständlich, dass ...
Se pravi ... – Das heißt ...
Sicer pa ... – Außerdem ...
To nas vodi k sklepu, da ... – Das führt uns zur Schlussfolgerung, dass ...
To pomeni ... – Das bedeutet ...
Treba je ... – Es ist notwendig ...
Treba je še ... – Es ist noch notwendig ...
Treba je še dodati ... – Es ist noch notwendig ... hinzuzufügen
Treba je še omeniti ... – Es ist noch notwendig ... zu erwähnen
Treba je še pojasniti ... – Es ist noch notwendig ... zu erläutern
Treba je še pripomniti ... – Es ist noch notwendig ... anzumerken
Treba je še reči ... – Es ist noch notwendig ... zu sagen
Treba je še upoštevati ... – Es ist noch notwendig ... zu berücksichtigen.
V resnici – In Wahrheit ...
Več ko ... – Mehr als ...
Vsekakor ... – Jedenfalls ...
Zato ker ... – Deshalb weil ...
...

Reihenfolge von Wertungswort, Bindewort, Vorwort, Zahlwort, Fürwort, Eigenschaftswort und Hauptwort im Satz, Beispiele

Sl.	*Dt.*
In še moja nova mapa ...	Und noch meine neue Mappe ...
In še moji dve novi mapi ...	Und noch meine zwei neuen Mappen ...
Ampak celo tvoje novo pivo ...	Aber sogar dein neues Bier ...
Ampak celo tvoji dve novi pivi ...	Aber sogar deine zwei neuen Biere ...
Kajti moj zelo novi film ...	Denn mein sehr neuer Film ...
Kajti moja dva zelo nova filma ...	Denn meine zwei sehr neuen Filme ...
Niti ta pred kratkim umrla sekretarka ...	Nicht einmal diese vor Kurzem verstorbene Sekretärin ...
Niti to povsem izumrlo mesto ...	Nicht einmal diese vollkommen ausgestorbene Stadt ...
Niti ta nedavno umrli ajd ...	Nicht einmal dieser unlängst verstorbene Heide ...
Očitno že omejeno število ...	Die offensichtlich schon begrenzte Anzahl ...
Očitno že omejeni kritik ...	Der offensichtlich schon beschränkte Kritiker ...
Na začetku (lahko) ta močna povezava ...	Am Beginn (kann) diese starke Verbindung ...
Na začetku (lahko) to močno blago ...	Am Beginn (kann) dieser starke Stoff ...
Na začetku (lahko) ta močni tiger ...	Am Beginn (kann) dieser starke Tiger ...
Prav naša lepa kmetica, gospa Hribar, ...	Genau unsere schöne Bäuerin, Frau Hribar, ...
Prav naše lepo gledališče Maribor ...	Genau unser schönes Theater Maribor ...
Prav naš lepi plesalec, gospod Čebulj, ...	Genau unser schöner Tänzer, Herr Čebulj, ...
Na koncu pa naj še ta dosti velik avto ...	Am Ende soll aber noch dieses wirklich schöne Auto ...
Gre za zimjsko opremo, ki ...	Es handelt sich um eine Winterausrüstung, die ...
Gre za ljubezensko pismo, ki ...	Es handelt sich um einen Liebesbrief, der ...
Vsaj zato (velja) tale sosedov plašč ...	Wenigstens deshalb (gilt) dieser Mantel des Nachbarn ...
Vsaj zato (velja) tale križev pot ...	Wenigstens deshalb (gilt) dieser Kreuzweg ...
Češ da kajpak takšna verjetno zelo zanimivo opremljena turška mošeja ...	Angeblich soll freilich solch eine wahrscheinlich sehr interessant ausgestattete türkische Moschee ...
Češ da kajpak tako prezgodaj izročeno vozniško dovoljenje ...	Angeblich soll freilich so ein zu früh ausgehändigter Führerschein ...
Češ da kajpak tak zelo skrbno napisan Škofjeloški pasijon iz baroka ...	Angeblich soll freilich die so sorgfältig aufgeschriebene Passion aus Škofja Loka aus dem Barock ...
Samo enak najnovejši kotel ...	Nur ein gleichwertiger neuester Kessel ...
Čeprav tudi ta manj skrbna rešitev ...	Obwohl auch diese weniger sorgfältige Lösung ...
Čeprav tudi ta bolj vroča mast ...	Obwohl auch dieses heißere Fett ...
Mogoče namreč žal najdaljša pesem ...	Vielleicht ... nämlich dieses leider längste Lied ...
Mogoče namreč žal najhujši namen ...	Vielleicht ... nämlich diese schlimmste Absicht ...
Naj navedem še nanovo izdelani načrt ...	Lassen Sie mich noch den neuerlich ausgearbeiteten Plan erwähnen ...
Prav tako sicer zadnje zelo dobro obiskovano svetovno prvenstvo v plavanju ...	Ebenso ... die zwar zuletzt sehr gut besuchte Schwimmweltmeisterschaft ...
S tem da prav ta država članica kot zgled ...	Indem gerade dieses Mitgliedsland als Beispiel ...
...	...

Wortarten, Satzglieder und Sätze

Wortarten

Das Slowenische kennt 11 Wortarten, nämlich:
1. das Eigenschaftswort/das Adjektiv (pridevnik), z. B.; nova, dobra, rdeča;
2. das Hauptwort/das Substantiv (samostalnik), z. B.: mapa, sestra, ladja;
3. das Fürwort/das Pronomen (zaimek), z. B.: jaz; ta, ki;
4. das Zahlwort/das Numerale (števnik), z. B.: ena, prva, dvoje, dvojna;
5. das Vorwort/die Präposition (predlog), z. B.: iz/z/s, k/h, v/na, pri, z/s;
6. das Zeitwort/das Verb (glagol), z. B.: igram, ljubim, pijem, kupujem, razumem, sem;
7. das Aussagewort/das Prädikativ (povedkovnik), z. B.: (je) novo, dobro, rdeče, mama;
8. das Umstandswort/das Adverb (prislov), z. B.: zdaj, tukaj, precej, torej, komaj;
9. das Bindewort/die Konjunktion (veznik), z. B.: in, a, namreč, da, če, ali, ker, kjer;
10. die Partikel/das „Wertungswort" (členek), z. B.: Ja, Ne, Pa, In;
11. das Ausrufungswort/die Interjektion (medmet), z. B.: Oj! Ah!

1. bis 4. und 7. werden gebogen/dekliniert (sklanjamo), 6. wird abgewandelt/konjugiert (spregamo), 5. und 8. bis 11. bleiben unverändert. (Ne spreminjamo.)
Es gibt keinen Begleiter/Artikel. (Ni člena!)

Satzglieder

Im Aussagesatz sind normalerweise vorhanden:
der Satzgegenstand/das Subjekt (osebek), z. B.: mapa, sestra, ladja; miš; igranje;
die Satzaussage/das Prädikat (povedek), z. B.: leži, kuha, gori; leti; povzroča;
die Ergänzung/das Objekt (predmet), z. B.: na mizi, zelenjavno juho, za umrlega brata; v luknjo; srečo. Mapa leži na mizi. Mama kuha zelenjavno juho. Sveča gori za umrlega brata. Miš leti v luknjo. Igranje povzroča srečo. – Die Mappe liegt auf dem Tisch. Mama kocht eine Gemüsesuppe. Die Kerze brennt für meinen verstorbenen Bruder. Die Maus rennt ins Loch. Das Spielen bereitet Freude.
Als Erweiterungen können noch hinzukommen:
die Beifügung/das Attribut (levi prilastek), z. B.: nova, dobra, rdeča, mala, svoja;
der Beisatz/die Apposition (desni prilastek), v. A. im 2. F., z. B.: (igranje) kart;
die Umstandsergänzung/das Adverbialobjekt (prislovno določilo): der Zeit/Temporalobjekt (časa), des Ortes/Lokalobjekt (kraja), der Art und Weise/Modalobjekt (načina), des Grundes/Kausalobjekt (vzroka), der Menge/Quantität (količine), z. B.: zjutraj, doma, deloma, zaradi nevihte, veliko. Nova mapa leži zjutraj na mizi. Dobra mama kuha doma zelenjavno juho. Rdeča sveča gori pravzaprav za umrlega brata. Mala miš leti zaradi nevihte v svojo luknjo. Igranje kart povzroča veliko sreče. – Die neue Mappe liegt am Morgen am Tisch. Meine gute Mama kocht zu Hause eine Gemüsesuppe. Die rote Kerze brennt eigentlich für meinen verstorbenen Bruder. Die kleine Maus rennt wegen des Unwetters in ihr Loch. Das Kartenspiel bereitet viel Freude.

Sätze

Es gibt Hauptsatzreihen/die Koordination und Nebensatzgefüge/die Subordination sowie Nennform-/Infinitivkonstruktionen ähnlich wie im Deutschen und vereinzelt auch mit Hilfe von Mittelwörtern verkürzte Nebensätze wie im Lateinischen. Z. B.: Jaz sem lepa in mlada in pridna. Jaz sem gospodinja in učiteljica. Jaz sem lepa, ker sem mlada. Moja mama rada kuha, a tvoja raje čisti. Ker je moj oče kmet, je vedno doma. Grem plavat. Hočem napisati lepe pesmi. Kaditi prepovedano! Profesor je stal naslonjen na tablo in govoril. Naslonivši se na tablo, je med govorjenjem začutil v hrbtu ostro bolečino. – Ich bin schön und jung und brav. Ich bin Hausfrau und Lehrerin. Ich bin schön, weil ich jung bin. Meine Mama kocht gerne, aber deine putzt lieber. Da mein Vater Bauer ist, ist er immer zu Hause. Ich gehe schwimmen. Ich will schöne Lieder schreiben. Rauchen verboten! Der Professor stand angelehnt an die Tafel und sprach. Als er an die Tafel angelehnt stand, spürte er im Rücken einen starken Schmerz.

Inhaltsverzeichnis SLOWENISCH ALS FREMDSPRACHE IM ALLTAG, IN DER KIRCHE UND IN DER LITERATUR

Vierter Band: Slowenische Wortformen mit Anwendungsbeispielen

Vierter Abschnitt:

Hilfszeitwort
und Aussagewort

Abwandlung des Hilfszeitwortes bíti sem

uv. bíti – (zu) sein/haben ---

Ggw.	*Ez.*	*Zz.*	*Mz.*
1.Ps.	**(jàz)** sem – ich bin/habe	**(mídve/mídva)** sva – wir (2) ...	**(mé/mí)** smo – wir sind/haben
2.Ps.	**(tí)** si – du bist/hast	**(vídve/vídva)** sta – ihr (2) ...	**(vé/ví/Ví)** ste – ihr seid/habt/Sie sind/haben
3.Ps.	**(ôna/ôno/òn)** je – sie/es/er ist/hat	**(ônidve/ônadva)** sta – sie (2) ...	**(ône/ôna/ôni)** so – sie sind/haben

Zuk.	*Ez.*	*Zz.*	*Mz.*
1.Ps.	**(jàz)** bom – ich werde sein/haben/(gewesen sein/gehabt haben)	**(mídve/mídva)** bova – wir (2) ...	**(mé/mí)** bomo – wir werden sein/haben/(gewesen sein/gehabt haben)
2.Ps.	**(tí)** boš – du wirst sein/haben/(gewesen sein/gehabt haben)	**(vídve/vídva)** bosta – ihr (2) ...	**(vé/ví/Ví)** boste – ihr werdet sein/haben/(gewesen sein/gehabt haben)/ Sie werden sein/haben/(gewesen .../...)
3.Ps.	**(ôna/ôno/òn)** bo – sie/es/er wird sein/haben/(gewesen sein/gehabt haben)	**(ônidve/ônadva)** bosta – sie (2) ...	**(ône/ôna/ôni)** bojo/bodo – sie werden sein/haben/(gewesen .../...)

Bef.	*Ez.*	*Zz.*	*Mz.*
1.Ps.	---	---	bódimo – lasst uns sein!/haben!
2.Ps.	bódi – sei!/habt!	bódita – seid!/habt! (ihr 2)	bódite – seid!/habt!
3.Ps.	---	---	---

Vgh.		*Ez.*		*Zz.*		*Mz.*	
1.Ps.	*w.*	bilà sem	ich war/bin gewesen/ ich hatte/habe gehabt	bilì sva	wir (2) ...	bilè smo	wir waren/sind gewesen/ wir hatten/haben gehabt
	m.	bíl sem		bilà sva		bilì smo	
2.Ps.	*w.*	bilà si	du warst/bist gewesen/ du hattest/hast gehabt	bilì sta	ihr (2) ...	bilè ste	ihr wart/seid gewesen/ ihr hattet/habt gehabt/ Sie waren/sind gewesen/ Sie hatten/haben gehabt
	m.	bíl si		bilà sta		bilì ste	
3.Ps.	*w.*	bilà je	sie/es/er war/ist gewesen/ sie/es/er hatte/hat gehabt	bilì sta	sie (2) ...	bilè so	sie waren/sind gewesen/ sie hatten/haben gehabt
	s.	biló je		bilì sta		bilì so	
	m.	bíl je		bilà sta		bilì so	

Bed.		*Ez.*		*Zz.*		*Mz.*	
1.Ps.	*w.*	bilà bi	ich sei/sei gewesen/ ich habe/habe gehabt/ ich würde sein/wäre/ ich würde haben/hätte	bilì bi	wir (2) ...	bilè bi	wir seien/seien gewesen/ wir haben/haben gehabt/ wir würden sein/wären/ wir würden haben/hätten
	m.	bíl bi		bilà bi		bilì bi	
2.Ps.	*w.*	bilà bi	du seiest/seiest gewesen/ du habest/habest gehabt/ du würdest sein/wärest/ du würdest haben/hättest	bilì bi	ihr (2) ...	bilè bi	ihr seiet/seiet gewesen/ ihr habet/habet gehabt/ ihr würdet sein/wäret/ ihr würdet haben/hättet/*
	m.	bíl bi		bilà bi		bilì bi	
3.Ps.	*w.*	bilà bi	sie/es/er sei/sei gewesen/ sie/es/er habe/habe gehabt/ sie/es/er würde sein/wäre/ sie/es/er würde haben/hätte	bilì bi	sie (2) ...	bilè bi	sie seien/seien gewesen/ sie haben/haben gehabt/ sie würden sein/wären/ sie würden haben/hätten
	s.	biló bi		bilì bi		bilà bi	
	m.	bíl bi		bilà bi		bilì bi	

*Sie seien/seien gewesen, Sie haben/haben gehabt, Sie würden sein/wären, Sie würden haben/hätten

uv.		*v.*	*w.*
bíti > sem	ich bin/habe	---	---
<nur dieses Wort>		*<keine Wörter>*	*<keine Wörter>*

Positive Satzaussage mit dem Hilfszeitwort, Satzbeispiele

EW w.: Jaz sem mlada. Mlada sem. *m.:* Jaz sem mlad. Mlad sem. – Ich bin jung.
w.: Jaz bom bogata. Bogata bom. *m.:* Jaz bom bogat. Bogat bom. – Ich werde reich sein. Ich werde reich gewesen sein.
w.: To je nova mapa. – Das ist eine/die neue Mappe. *s.:* To je novo pivo. – Das ist ein neues/das neue Bier. *m.:* To je nov film. – Das ist ein neuer Film. To je novi film. – Das ist der neue Film.
w.: To je dobra mama. – Das ist eine/die gute Mama. *s.:* To je dobro leto. Das ist ein gutes Jahr. *m.:* To je dober pes. – Das ist ein guter Hund. To je najboljši pes. – Das ist der beste Hund.
w.: To je celovška univerza. – Das ist die Klagenfurter Universität. *s.:* To je celovško znamenje. – Das ist das Klagenfurter Wahrzeichen. *m.:* To je celovški zmaj. – Das ist der Klagenfurter Lindwurm.
w.: Bodi pridna! *m.:* Bodi priden! – Sei fleißig!
w.: Jaz sem bila lepa. Lepa sem bila. *m.:* Jaz sem bil lep. Lep sem bil. – Ich war schön. Ich bin schön gewesen. (Ich war schön gewesen.)
w.: Jaz bi bila slavna, če bi napisala roman. Slavna bi bila, če ... *m.:* Jaz bi bil slaven, če bi napisal roman. Slaven bi bil, če ... – Ich würde berühmt sein, wenn ich einen Roman schreiben würde. Ich wäre berühmt, hätte ich einen Roman geschrieben.

HW w.: Jaz sem študentka. – Ich bin Studentin. *m.:* Jaz sem študent. Ich bin Student.
w.: Jaz bom profesorica. – Ich werde (eine/die) Professorin (gewesen) sein. *m.:* Jaz bom profesor. Ich werde (ein/der) Professor (gewesen) sein.
w.: Bodi dobra mati! – Sei eine gute Mutter! *m.:* Bodi dober oče! – Sei ein guter Vater!
w.: Jaz sem bila frizerka. – Ich war (eine/die) Friseurin. Ich bin(/war) F... gewesen. *m.:* Jaz sem bil frizer. – Ich war (ein/der) Friseur. Ich bin(/war) F... gewesen.
w.: Jaz bi bila županja, če bi kandidirala pri volitvah. – Ich würde Bürgermeisterin sein, wenn ich bei den Wahlen kandidieren würde. Ich wäre B..., wenn ich ... kandidiert hätte. *m.:* Jaz bi bil župan, če bi kandidiral pri volitvah. – Ich würde Bürgermeister sein, wenn ich bei den Wahlen kandidieren würde. Ich wäre B..., wenn ich ... kandidiert hätte.
s.: Slovenska skladnja je obsežno področje. Die slowenische Satzlehre ist ein umfangreiches Gebiet. Moj hobi je jahanje. – Mein Hobby ist das Jagen.
Mz. w.: Zdaj so počitnice. – Jetzt sind Ferien. *s.:* Kje so očala? – Wo ist meine Brille? *m.:* Tu so možgani. – Hier ist das Gehirn. *w.:* Tu so obresti. - Hier sind die Zinsen.

FW w./m.: To je tista/tisti, ki je zmagala/zmagal. – Das ist die-/derjenige, die/der gewonnen hat. *s.:* To je zadnje, kar nam še manjka. – Das ist das Letzte, das uns noch fehlt.

ZLW m.: Danes je tretji junij. – Heute ist der dritte Juni. Včeraj je bil drugi. – Gestern war der zweite. Predvčerajšnjim je bil prvi. – Vorgestern war der erste. Jutri bo četrti. – Morgen ist der vierte. Pojutrišnjem bo peti. – Übermorgen ist der fünfte.

MW w.: Ta slovnica je zastarela. - Diese Grammatik ist veraltet. *s.:* Tu je napisano. Hier ist es aufgeschrieben. To je zadnje manjkajoče. – Das ist das letzte Fehlende. *m.:* Sin je odločen priti na slavnost. – Der/Mein Sohn ist entschlossen, zur Feierlichkeit zu kommen.

UW: To je napačno. To je narobe. – Das ist falsch. To je zastonj/zamanj. – Das ist gratis/ umsonst. Zdaj je prepozno. – Jetzt ist es zu spät.

Abwandlung des Hilfszeitwortes nè bíti nísem

uv. nè bíti – nicht (zu) sein/haben ---

Ggw.	*Ez.*	*Zz.*	*Mz.*
1.Ps.	**(jàz)** nísem – ich bin/habe nicht	**(mídve/mídva)** nísva – wir (2) ...	**(mé/mí)** nísmo – wir sind/haben nicht
2.Ps.	**(tí)** nísi – du bist/hast nicht	**(vídve/vídva)** nísta – ihr (2) ...	**(vé/ví/Ví)** níste – ihr seid/habt nicht/ Sie sind/haben nicht
3.Ps.	**(ôna/ôno/òn)** ní – sie/es/er ist/hat nicht	**(ônidve/ônadva)** nísta – sie (2) ...	**(ône/ôna/ôni)** níso – sie sind/haben nicht

Zuk.	*Ez.*	*Zz.*	*Mz.*
1.Ps.	**(jàz)** nè bom – ich werde nicht (gewesen) sein/(gehabt) haben	**(mídve/mídva)** nè bova – wir (2) ...	**(mé/mí)** nè bomo – wir werden nicht (gewesen) sein/ (gehabt) haben
2.Ps.	**(tí)** nè boš – du wirst nicht (gewesen) sein/ (gehabt) haben	**(vídve/vídva)** nè bosta – ihr (2) ...	**(vé/ví/Ví)** nè boste – ihr werdet nicht (gewesen) sein/(gehabt) haben/Sie werden nicht ...
3.Ps.	**(ôna/ôno/òn)** nè bo – sie/es/er wird nicht (gewesen) sein/(gehabt) haben	**(ônidve/ônadva)** nè bosta – sie (2) ...	**(ône/ôna/ôni)** nè bojo/ bodo – sie werden nicht (gewesen) sein/(gehabt) haben

Bef.	*Ez.*	*Zz.*	*Mz.*
1.Ps.	---	---	nè bódimo – lasst uns nicht sein!/haben!
2.Ps.	nè bódi – sei!/hab nicht!	nè bódita – seid!/habt nicht! (ihr 2)	nè bódite – seid!/habt nicht!
3.Ps.	---	---	---

Vgh.		*Ez.*		*Zz.*		*Mz.*	
1.Ps.	*w.*	nísem bilà	ich war/hatte nicht/	nísva bilì	wir (2)	nísmo bilè	wir waren/hatten nicht/
	m.	nísem bíl	ich bin nicht gewesen/ ich habe nicht gehabt	nísva bilà	...	nísmo bilì	wir sind nicht gewesen/ wir haben nicht gehabt
2.Ps.	*w.*	nísi bilà	du warst/hattest nicht/	nísta bilì	ihr (2) ...	níste bilè	ihr wart/hattet nicht/
	m.	nísi bíl	du bist nicht gewesen/ du hast nicht gehabt	nísta bilà		níste bilì	ihr seid nicht gewesen/ ihr habt nicht gehabt/ [1]
3.Ps.	*w.*	ní bilà	sie/es/er war/hatte nicht/	nísta bilì	sie (2) ...	níso bilè	sie waren/hatten nicht/
	s.	ní biló	sie/es/er ist nicht gewesen/ sie/es/er hat nicht gehabt	nísta bilì		níso bilì	sie sind nicht gewesen/ sie haben nicht gehabt
	m.	ní bíl		nísta bilà		níso bilì	

[1] Sie waren nicht, Sie hatten nicht, Sie sind nicht gewesen, Sie haben nicht gehabt

Bed.		*Ez.*		*Zz.*		*Mz.*	
1.Ps.	*w.*	nè bi bilà	ich sei nicht (gewesen)/ ich habe nicht (gehabt)/ [2]	nè bi bilì	wir (2) ...	nè bi bilè	wir seien nicht (gewesen)/ wir haben nicht (gehabt)/ [3]
	m.	nè bi bíl	ich wäre/hätte nicht	nè bi bilà		nè bi bilì	wir wären/hätten nicht
2.Ps.	*w.*	nè bi bilà	du seist nicht (gewesen)/ du habest nicht (gehabt)/	nè bi bilì	ihr (2) ...	nè bi bilè	ihr seiet nicht (gewesen)/ ihr habet nicht (gehabt)/
	m.	nè bi bíl	du wärest/hättest nicht	nè bi bilà		nè bi bilì	ihr wäret/hättet nicht/ [4]
3.Ps.	*w.*	nè bi bilà	sie/es/er sei nicht (gewesen)/ sie/es/er habe nicht (gehabt)/	nè bi bilì	sie (2) ...	nè bi bilè	sie seien nicht (gewesen)/ sie haben nicht (gehabt)/
	s.	nè bi biló	sie/es/er würde nicht (gewesen) sein/(gehabt) haben/	nè bi bilì		nè bi bilà	sie würden nicht (gewesen) sein/(gehabt) haben/
	m.	nè bi bíl	sie/es/er wäre/hätte nicht	nè bi bilà		nè bi bilì	sie wären/hätten nicht

[2] ich würde nicht (gewesen) sein, ich würde nicht (gehabt) haben

[3] wir würden nicht (gewesen) sein, wir würden nicht (gehabt) haben

[4] ihr würdet nicht (gewesen) sein, ihr würdet nicht (gehabt) haben, Sie seien nicht (gewesen), Sie haben nicht (gehabt), Sie würden nicht (gewesen) sein, Sie würden nicht (gehabt) haben, Sie wären/hätten nicht

uv.		*v.*	*w.*
nè bíti > nísem	ich bin/habe nicht	---	---
<nur dieses Wort>		*<keine Wörter>*	*<keine Wörter>*

Negative Satzaussage mit dem Hilfszeitwort, Satzbeispiele

EW w.: Jaz nisem mlada. Nisem mlada. *m.:* Jaz nisem mlad. Nisem mlad. – Ich bin nicht jung. *w.:* Jaz ne bom bogata. Ne bom bogata. *m.:* Jaz ne bom bogat. Ne bom bogat. – Ich werde nicht reich sein. Ich werde nicht reich gewesen sein.
w.: To ni nova mapa. – Das ist keine neue Mappe. *s.:* To ni novo pivo. – Das ist kein neues Bier. *m.:* To ni nov film. – Das ist kein neuer Film. To ni novi film. – Das ist nicht der neue Film.
w.: To ni dobra mama. – Das ist keine gute Mama. *s.:* To ni dobro leto. Das ist kein gutes Jahr. *m.:* To ni dober pes. – Das ist kein guter Hund. To ni najboljši pes. – Das ist nicht der beste Hund.
w.: To ni celovška univerza. – Das ist nicht die Klagenfurter Universität. *s.:* To ni celovško znamenje. – Das ist nicht das Klagenfurter Wahrzeichen. *m.:* To ni celovški zmaj. – Das ist nicht der Klagenfurter Lindwurm.
w.: Ne bodi lena! *m.:* Ne bodi len! – Sei nicht faul!
w.: Jaz nisem bila grda. Nisem bila grda. *m.:* Jaz nisem bil grd. Nisem bil grd. – Ich war nicht hässlich. Ich bin nicht hässlich gewesen. (Ich war nicht hässlich gewesen.)
w.: Jaz ne bi bila slavna, če ne bi napisala roman. Ne bi bila slavna, če ne ... *m.:* Jaz ne bi bil slaven, če ne bi napisal roman. Ne bi bil slaven, če ... – Ich würde nicht berühmt sein, wenn ich den Roman nicht schreiben würde. Ich wäre nicht berühmt, hätte ich den Roman nicht geschrieben.

HW w.: Jaz nisem študentka. – Ich bin keine Studentin. *m.:* Jaz nisem študent. Ich bin kein Student.
w.: Jaz ne bom profesorica. – Ich werde keine Professorin (gewesen) sein. *m.:* Jaz ne bom profesor. Ich werde kein Professor (gewesen) sein.
w.: Ne bodi slaba mati! – Sei keine schlechte Mutter! *m.:* Ne bodi slab oče! – Sei kein schlechter Vater!
w.: Jaz nisem bila frizerka. – Ich war keine Friseurin. Ich bin(/war) keine F... gewesen. *m.:* Jaz nisem bil frizer. – Ich war kein Friseur. Ich bin(/war) kein F... gewesen.
w.: Jaz ne bi bila županja, če ne bi kandidirala pri volitvah. – Ich würde nicht Bürgermeisterin sein, wenn ich bei den Wahlen nicht kandidieren würde. Ich wäre nicht B..., wenn ich bei den Wahlen nicht kandidiert hätte. *m.:* Jaz ne bi bil župan, če ne bi kandidiral pri volitvah. – Ich würde nicht Bürgermeister sein, wenn ich bei den Wahlen nicht kandidieren würde. Ich wäre nicht B..., wenn ich bei den Wahlen nicht kandidiert hätte.
s.: Slovenska skladnja ni enostavno področje. Die slowenische Satzlehre ist kein einfaches Gebiet. Moj hobi ni jahanje. – Mein Hobby ist nicht das Jagen.
Mz. w.: Zdaj niso počitnice. – Jetzt sind nicht Ferien. *s.:* Tam niso očala! – Dort ist keine Brille. *m.:* Tu ni možganov. – Hier ist kein Gehirn. *w.:* Ni obresti. – Es gibt keine Zinsen.

FW w./m.: To ni tista/tisti, ki je zmagala/zmagal. – Das ist nicht die-/derjenige, die/der gewonnen hat. *s.:* To ni zadnje, kar nam še manjka. – Das ist nicht das Letzte, das uns noch fehlt.

ZLW m.: Danes ni tretji junij. – Heute ist nicht der dritte Juni. Včeraj ni bil drugi. – Gestern war nicht der zweite. Predvčerajšnjim ni bil prvi. – Vorgestern war nicht der erste. Jutri ne bo četrti. – Morgen ist nicht der vierte. Pojutrišnjem ne bo peti. – Übermorgen ist nicht der fünfte.

MW w.: Ta slovnica ni zastarela. - Diese Grammatik ist nicht veraltet. *s.:* Tu nič ni napisano. Hier ist nichts aufgeschrieben. To ni zadnje manjkajoče. – Das ist nicht das letzte Fehlende. *m.:* Sin ni odločen priti na slavnost. – Der/Mein Sohn ist nicht entschlossen, zur Feierlichkeit zu kommen.

UW: To ni napačno. To ni narobe. – Das ist nicht falsch. To ni zastonj/zamanj. – Das ist nicht gratis/umsonst. Nikoli ni prezgodaj! – Es ist nie zu früh!

Satzzeichen und andere Zeichen – Ločila in drugi znaki

.	Punkt	**pika**	@	Klammeraffe	**afna**
?	Fragezeichen	**vprašaj**	&	et-Zeichen	**znak et/in**
!	Rufzeichen	**klicaj**	§	Paragraphzeichen	**paragraf**
,	Beistrich	**vejica**	~	Tilde	**tilda/vijuga**
;	Strichpunkt	**podpičje**	†	Kreuz	**križec**
:	Doppelpunkt	**dvopičje**	#	Raute	**lojtra**
…	drei Punkte	**tripičje**	*	Sternchen	**zvezdica**
·	Hochpunkt	**interpunkt**	␣	Leerzeichen	**presledek**
–	Gedankenstrich	**pomišljaj**	%	Prozent	**odstotek**
-	Bindestrich	**vezaj**	‰	Promille	**tisočinka**
_	Strich auf der Linie	**podčrtaj**	ˇ	Hatschek	**diakritični znak**
-	Abteilungszeichen	**deljaj**	°	Grad	**stopinja**
„…“, »…«	Anführungszeichen	**narekovaj(i)**	←, →	Pfeil(e)	**puščica (-e)**
´ ` ^	Akzentzeichen	**naglas(i)**	″	Wiederholungszeichen	**ponavljaj**
'	Auslassungszeichen	**opuščaj**			
¨	Umlautzeichen	**(pikice za) preglas**	″	Sekunde	**sekunda**
´	Akut	**ostrivec**	`	Gravis	**krativec**
^	Zirkumflex	**strešica**	+	plus/und	**plus/in**
/	Schrägstrich	**poševnica**	-	minus/weniger	**minus/manj**
\	Schrägstrich/Slash	**leva poševnica**	×	mal	**krat**
|	senkrechter Strich	**navpičnica/pokončnica**	:	(geteilt) durch	**(deljeno) skozi**
( )	runde Klammer(n)	**okrogli oklepaj(i)**	(	Klammer auf	**uklepaj**
[ ]	eckige Klammer(n)	**oglati oklepaj(i)**	)	Klammer zu	**zaklepaj**
{ }	geschwungene Klammer(n)	**zaviti oklepaj(i)**			
< >	spitze Klammer(n)	**puščičasti oklepaj(i)**	№	Nummernzeichen	**znak za številko**
•	Aufzählungszeichen	**krogla**	¶	Absatzzeichen	**znak za odstavek**
www	[we we we]	**trikrat dvojni v (ve)**	**W w**	[we]	**dvojni v** (ve)

Inhaltsverzeichnis SLOWENISCH ALS FREMDSPRACHE IM ALLTAG, IN DER KIRCHE UND IN DER LITERATUR
Vierter Band: Slowenische Wortformen mit Anwendungsbeispielen

Fünfter Abschnitt:

Umstandswort

Umstandswörter der Zeit

Dt.	*Sl.*
heute	danes
vormittags, am Vormittag	dopoldne
heute früh	davi
heute Abend	drevi
morgen	jutri
plötzlich	kar naenkrat
bald	kmalu
endlich, schließlich	končno
schlussendlich, letztlich	konec koncev
letztendlich	navsezadnje
neuerlich, letztens	nedavno
unverzüglich	nemudoma, takoj
überraschend, plötzlich	nenadoma
unerwartet, unverhofft	nepričakovano
nie	nikoli
nie mehr	nikoli več
heute Nacht	nocoj
mittags, zu Mittag	opoldne
tagsüber, bei Tag, am Tag	podnevi
übermorgen	pojutrišnjem
nachts, in der Nacht	ponoči
nachmittags, am Nachmittag	popoldne
da (temporal)	potem, sedaj, tedaj
dann, danach	potem
später	pozneje
spät	pozno
kürzlich	pred kratkim, nedavno
neulich	pred kratkim, zadnjič
vorgestern	predvčerajšnjim
früher	prej
vergangen	preteklo, minulo
nächstens	prihodnjič
allmählich, mit der Zeit	sčasoma
gestern Abend	sinoči
zufällig	slučajno, naključno
sofort, gleich	takoj
augenblicklich	trenutno
gestern	včeraj
mittags	vpoldne
im Falle, dass	v primeru, da
letztens	zadnjič
jetzt	zdaj
früh	zgodaj
morgens, am Morgen	zjutraj
abends, am Abend	zvečer

Včeraj je bil petek, 15. december 2017. Danes je sobota, 16. december 2017. Jutri bo nedelja, 17. december 2017. – Gestern war Freitag, der 15. Dezember 2017. Heute ist Samstag, der 16. Dezember 2017. Morgen ist Sonntag, der 17. Dezember 2017.

Umstandswörter des Ortes

Dt.	*Sl.*
rechts	desno, na desni
daheim	doma
nach Hause	domov
woanders, anderswo	drugod, drugje
wo	kjer
links	levo, na levi
nach rechts, nach links	na desno, na levo
geradeaus	naravnost
hinunter, herunter	navzdol
hinauf, herauf	navzgor
hinein, herein	navznoter
hinaus, heraus	navzven
irgendwo	nekje
nirgends, nirgendswo	nikjer
nirgends sonst	nikjer drugje
hinein, herein	noter
darum herum	okoli tega
herum	okoli, naokrog
hinüber, dort drüben, auf der anderen Seite	onstran
überall	povsod
unten	spodaj
vorne	spredaj
herüber	sèm, semkaj
dort	tam
hinüber	tja, preko, onstran
hier, hierher, auf dieser Seite	tostran
hier, da	tu, tukaj
hinaus, heraus	vèn
hinten	zadaj
oben	zgoraj
innen, drinnen	znotraj
außen, draußen	zunaj

Zgoraj in spodaj, spredaj in zadaj, zunaj in znotraj je Gospod, naš Bog. – Oben und unten, vorne und hinten, außen und innen ist Gott, unser Herr.

Umstandswörter der Häufigkeit

Dt.	*Sl.*
nie	nikoli
wiederholt	ponovno, večkrat
neuerlich	ponovno, znova
häufig, oft, öfter, öfters	pogosto
selten	redkokdaj
oft, öfter, öfters	večkrat, dostikrat, često (češče, najčešče)
immer	vedno
manchmal	včasih

Nikoli ni tako, da ne bi šlo naprej. – Es ist niemals so, dass es nicht weiter ginge.

Umstandswörter der Art und Weise

Dt.	*Sl.*
angeblich soll	bajé
vernünftigerweise	biti tako pameten, da
wertlos	brezvredno, brez vrednosti
gut, besser, am besten	dobro, boljše/bolje, najboljše/najbolje
anders	drugače
übrigens	drugače pa; sicèr; mimo/razen tega
staatlich	državno
sicher, fertig	gotovo
hässlich	grdo
ausgeschlossen	izključno
außergewöhnlich	izredno
Und was jetzt?	Kaj pa zdaj?
freilich	kajpak
Wie ___?	Kako ___?
natürlich	kakopak
nur	kar
bezüglich	kar se tiče
komisch	komično
komplex	kompleksno
kompliziert	komplicirano
bekanntlich, bekanntermaßen	kot je znano
kann/leicht, ich kann gehen	lahko, lahko grem
schön	lepo
klein	malo
wenig, weniger, am wenigsten	malo, manj, najmanj
jung	mlado
zwischenstaatlich, international	mednarodno, internacionalno
vielleicht	morebiti
möglicherweise	morda, mogoče, po možnosti
möglich	možno
absichtlich	namenoma
im Großen und Ganzen	na sploh, v glavnem
soll, ich soll arbeiten	naj, naj delam
natürlich	naravno
falsch	narobe
genau	natanko, točno
anscheinend	navidezno
nicht umsonst	ne brez razloga
(ich weiß) nicht	ne (vem)
unsicher	negotovo, nezanesljivo
unordentlich	neredno
grundlos	neutemeljeno, brez razloga
gefährlich	nevarno
nicht genügend *(Benotung)*	nezadostno
neu	novo
landläufig	običajno, razširjeno
rücksichtsvoll	obzirno
augenscheinlich, offensichtlich	očividno, očitno
offen	odprto
schriftlich	pismeno
langsam, behutsam	počasi
ähnlich	podobno
im einzelnen	podrobno
vollkommen, gänzlich	popolnoma, povsem
einzeln	posamezno
besonders	posebno
versuchsweise	poskusno
stufenweise	postopoma
ehrlich	pošteno

somit	potemtakem, torej
richtig, ganz, recht	pravilno, prav
eigentlich, im Grunde genommen	pravzaprav
besonders, einigermaßen	precéj
vor Allem, v. A.	predvsem
einfach *(Mensch)*	preprosto
behutsam	previdno
beigelegt	priložêno
eingeschlossen	priložno
angebracht ist	primerno je
nicht angebracht ist	primerno ni
ich möchte/hätte gern	rad/a bi
ich arbeite gern	rad/a delam
ich singe gern	rad/a pojem
ersichtlich, evident	razvidno, evidentno
ordentlich	redno
nur, allein	samo
selbstverständlich	seveda
im übrigen	sicèr pa
schlecht, schlechter, am schlechtesten	slabo, slabše, najslabše
schrecklich	strašno
fachlich	strokovno
sachlich	stvarno
so	tako
sowieso	tako in tako
sowieso nicht	tako in tako ne
das gefällt mir	to mi je všeč
das gefällt mir nicht	to mi ni všeč
es ist notwendig	treba je
es ist nicht notwendig	treba ni
bemerkenswert	upoštevanja vredno
berechtigt	upravičeno
amtlich, offiziell	uradno, oficialno
mündlich	ustno
begründet, begründetermaßen	utemeljeno, (dobro utemeljeno)
viel, mehr, am meisten	veliko, bolj, najbolj
auszugsweise	v odlomkih
gegebenenfalls	v primeru da; po potrebi
sicher	varno, sigurno
wichtig ist	važno je
es ist nicht wichtig	važno ni
groß	velíko
vermutlich	verjetno
lustig	veselo
eingeschlossen *(Preis)*	vključno
fraglich	vprašljivo
allerdings, auf jeden Fall, durchaus, sehr wohl	vsekakor
ausreichend *(Benotung)*, genügend	zadostno
gesichert, abgesichert	zagotovljeno
gewiss, sicherlich	zagotovo
gesetzlich	zakonsko, z zakonom
vergeblich, umsonst	zamàn, zastonj
geschlossen	zaprto
sehr	zelo
eigentümlich, charakteristisch	značilno, karakteristično
wissenschaftlich	znanstveno

To ni napisano znanstveno. – Das ist nicht wissenschaftlich geschrieben.

Umstandswörter der Mengenangabe

Dt.	*Sl.*
je ...	čim...
genug	dovolj, zadosti
kaum	komaj, komajda
ein bisschen, ein wenig	malo
wenig, weniger, am wenigsten	malo, manj, najmanj
viel	mnogo
geringfügig	nekoliko
gering	neznatno, majhno, nepomembno
zu viel	preveč
zu wenig	premalo
ungefähr, etwa, beiläufig, zirka/circa/cirka, ca.	približno, circa/cirka, ca.
desto/umso ...	tem...
umso weniger	temmanj
umso mehr	temveč
viel, mehr, am meisten	veliko, več, največ
wenigstens	vsaj

Čimveč se učiš, temveč boš znal. – Je mehr du lernst, umso mehr wirst du können.

Umstandswörter des Grundes

Dt.	*Sl.*
wozu	čemu
gänzlich	čisto, popolnoma, povsem
ohnehin	itak
da/weil *(kausal)*	ker, ko pa
Trotz wessen ___?	Kljub čemu ___?
trotz allem	kljub temu
(~~halt~~), eben, nun einmal	pač
folglich	torej, zato
warum, weshalb	zakaj
Warum denn nicht?	Zakaj pa ne?
dazu	zato, za to
deshalb	zato, zaradi tega
darum	zato, zatorej
zugegebenermaßen	to moram priznati; priznam, da

Močno sneži, torej ne bom šla v službo. – Es schneit heftig, daher gehe ich nicht zur Arbeit.

Steigerung des eigentlichen Umstandswortes

nahe > näher > am nähesten	blízu	blížje/blíže	nàjblížje/nàjblíže	---
spät > später > am spätesten	kasnó	kasnêje	nàjkasnêje	---
fern > ferner > am fernsten	dáleč	dálje/dljè/dàlj	nàjdálje/nàjdljè/nàjdàlj	---
früh > früher > zuerst	préd	prêj	nàjprêj	---
gern > lieber > am liebsten	ràd, ráda	rájše/ráje	nàjrájše/nàjráje	---
viel > mehr > am meisten	velíko	vèč	nàjvèč	---
sehr > besser > am besten	zeló	bòlj	nàjbòlj	---
häufig > häufiger > am häufigsten	césto	čéšče	nàjčéšče	---
	<und weitere Wörter>			

Anton živi bližje/bliže kakor Štefan, Zvone pa stanuje najbližje/najbliže. Rada pijem vodo, raje imam pivo, najraje pa uživam vino. – Anton lebt näher als Stefan, Zvone aber wohnt am nähesten. Ich trinke gerne Wasser, lieber habe ich Bier, am liebsten aber genieße ich Wein.

Steigerung des Umstandswortes mit bolj najbolj und manj najmanj

satt > satter > am sattesten – síto > bòlj síto > nàjbòlj síto

krank	bolno	bolj/manj bolno	najbolj/najmanj bolno
gefühlvoll	čustveno	bolj/manj čustveno	najbolj/najmanj čustveno
arbeitsam	delovno	bolj/manj delovno	najbolj/najmanj delovno
redselig	klepetavo	bolj/manj klepetavo	najbolj/najmanj klepetavo
haarig	kosmato	bolj/manj kosmato	najbolj/najmanj kosmato
faul	leno	bolj/manj leno	najbolj/najmanj leno
hölzern	leseno	bolj/manj leseno	najbolj/najmanj leseno
nass	mokro	bolj/manj mokro	najbolj/najmanj mokro
unsicher	negotovo	bolj/manj negotovo	najbolj/najmanj negotovo
offen	odprto	bolj/manj odprto	najbolj/najmanj odprto
geschwollen	oteklo	bolj/manj oteklo	najbolj/najmanj oteklo
gebacken	pečeno	bolj/manj pečeno	najbolj/najmanj pečeno
satt	**sito**	bolj/manj sito	najbolj/najmanj sito
geizig	skopo	bolj/manj skopo	najbolj/najmanj skopo
sorgfältig	skrbno	bolj/manj skrbno	najbolj/najmanj skrbno
trocken	suho	bolj/manj suho	najbolj/najmanj suho
frisch	sveže	bolj/manj sveže	najbolj/najmanj sveže
fremd	tuje	bolj/manj tuje	najbolj/najmanj tuje
heiß	vroče	bolj/manj vroče	najbolj/najmanj vroče
gesund	zdravo	bolj/manj zdravo	najbolj/najmanj zdravo
	<und ähnliche Wörter>		

österreichisch	avstrijsko	bolj/manj avstrijsko	najbolj/najmanj avstrijsko
weiß	belo	bolj/manj belo	najbolj/najmanj belo
schwarz	črno	bolj/manj črno	najbolj/najmanj črno
wild	divje	bolj/manj divje	najbolj/najmanj divje
kärntnerisch	koroško	bolj/manj koroško	najbolj/najmanj koroško
blau	plavo	bolj/manj plavo	najbolj/najmanj plavo
	modro	bolj/manj modro	najbolj/najmanj modro
rot	rdeče	bolj/manj rdeče	najbolj/najmanj rdeče
braun	rjavo	bolj/manj rjavo	najbolj/najmanj rjavo
gelb	rumeno	bolj/manj rumeno	najbolj/najmanj rumeno
grau	sivo	bolj/manj sivo	najbolj/najmanj sivo
silber	srebrno	bolj/manj srebrno	najbolj/najmanj srebrno
alltäglich	vsakdanje	bolj/manj vsakdanje	najbolj/najmanj vsakdanje
grün	zeleno	bolj/manj zeleno	najbolj/najmanj zeleno
gold	zlato	bolj/manj zlato	najbolj/najmanj zlato
	<und ähnliche Wörter>		

Steigerung des Umstandswortes mit zelo

österreichisch	avstrijsko	sehr österreichisch	zelo avstrijsko
weiß	belo	sehr weiß	zelo belo
wild	divje	sehr wild	zelo divje
kärntnerisch	koroško	sehr kärntnerisch	zelo koroško
schön	lepo	sehr schön	zelo lepo
neu	novo	sehr neu	zelo novo
brav	pridno	sehr brav	zelo pridno
satt	sito	sehr satt	zelo sito
streng	strogo	sehr streng	zelo strogo
			<fast alle Eigenschaftswörter>

Zdravko se mi zdi bolj tuje kakor Marko, najbolj tuje pa Vesna. Mara piše zelo lepo. Slavko piše bolj lepo kakor Mara. Peter piše veliko bolj lepo kakor ta dva. – Zdravko scheint mir fremder zu sein als Marko, am fremdesten aber ist mir Vesna. Mara schreibt sehr schön. Slavko schreibt schöner als Mara. Peter schreibt viel schöner als die beiden.

Steigerung des Umstandswortes mit -ejše/-eje und naj...ejše/naj...eje

neu > neuer > am neuesten – nôvo > novêjše > nàjnovêjše
sauber > sauberer > am saubersten – čísto > čistêjše/čistêje > nàjčistêjše/nàjčistêje

reich	bogato	bogatejše	najbogatejše	---
sauber	čisto	čistejše/čisteje	najčistejše/najčisteje	---
dick	debelo	debelejše	najdebelejše	---
dickflüssig	gosto	gostejše	najgostejše	---
erfinderisch	iznajdljivo	iznajdljivejše	najiznajdljivejše	---
sanft	milo	milejše	najmilejše	---
neu	**novo**	novejše	najnovejše	---
empfindlich	občutljivo	občutljivejše	najobčutljivejše	bolj/najbolj občutljivejše
achtsam	pazljivo	pazljivejše	najpazljivejše	---
billig	poceni	cenejše/ceneje	najcenejše/najceneje	---
geduldig	potrpežljivo	potrpežljivejše	najpotrpežljivejše	---
streitsüchtig	prepirljivo	prepirljivejše	najprepirljivejše	---
nachdenklich	razmišljujoče	razmišljujočejše	najrazmišljujočejše	---
derb, kantig	robato	robatejše	najrobatejše	bolj/najbolj robatejše
sorgend	skrbeče	skrbečejše	najskrbečejše	---
alt	staro	starejše	najstarejše	---
steil	strmo	strmejše	najstrmejše	---
heilig	sveto	svetejše	najsvetejše	---
ausgeglichen	uravnovešeno	uravnovešenejše	najuravnovešenejše	---
froh	veselo	veselejše	najveselejše	bolj/najbolj veselejše
verlässlich	zanesljivo	zanesljivejše	najzanesljivejše	---
besorgt	zaskrbljeno	zaskrbljenejše	najzaskrbljenejše	---
zutraulich	zaupljivo	zaupljivejše	najzaupljivejše	---
spöttisch	zbadljivo	zbadljivejše	najzbadljivejše	---
treu	zvesto	zvestejše/zvesteje	najzvestejše/najzvesteje	---
	<und ähnliche Wörter>			

brav > braver > am bravsten – prídno > pridnêjše/pridnêje > nàjpridnêjše/najpridnêje

gutmütig	dobrodušno	dobrodušnejše	najdobrodušnejše	bolj/najbolj ...
gesellig	družabno	družabnejše/družabneje	najdružabnejše/najdružabneje	bolj/najbolj ...
glatt	gladko	gladkejše/gladkeje	najgladkejše/najgladkeje	---
laut	glasno	glasnejše/glasneje	najglasnejše/najglasneje	---
schnell	hitro	hitrejše/hitreje	najhitrejše/najhitreje	---
originell	izvirno	izvirnejše	najizvirnejše	bolj/najbolj ...
ruhig	mirno	mirnejše	najmirnejše	bolj/najbolj ...
stark	močno	močnejše/močneje	najmočnejše/najmočneje	---
fortschrittlich	napredno	naprednejše	najnaprednejše	bolj/najbolj ...
genau	natančno	natančnejše	najnatančnejše	bolj/najbolj ...
unreif	negodno	negodnejše	najnegodnejše	bolj/najbolj ...
unglücklich	nesrečno	nesrečnejše	najnesrečnejše	bolj/najbolj ...
rücksichtsvoll	obzirno	obzirnejše	najobzirnejše	bolj/najbolj ...
verantwortlich	odgovorno	odgovornejše/odgovorneje	najodgovornejše/najodgovorneje	bolj/najbolj ...
entschlossen	odločno	odločnejše	najodločnejše	bolj/najbolj ...
scharf	ostro	ostrejše/ostreje	najostrejše/najostreje	---
langsam	počasno	počasnejše/počasneje	najpočasnejše/najpočasneje	bolj/najbolj ...
unternehmungslustig	podjetno	podjetnejše	najpodjetnejše	bolj/najbolj ...
mutig	pogumno	pogumnejše	najpogumnejše	---
aufmerksam	pozorno	pozornejše	najpozornejše	---
vorsichtig	previdno	previdnejše/previdneje	najprevidnejše/najprevidneje	bolj/najbolj ...
brav	**pridno**	pridnejše/pridneje	najpridnejše/najpridneje	---
freundlich	prijazno	prijaznejše/prijazneje	najprijaznejše/najprijazneje	bolj/najbolj ...
herzlich	prisrčno	prisrčnejše	najprisrčnejše	---
freigebig	radodarno	radodarnejše	najradodarnejše	---
neugierig	radovedno	radovednejše	najradovednejše	---
belesen	razgledno	razglednejše	najrazglednejše	---
ordnungsliebend	redoljubno	redoljubnejše	najredoljubnejše	---
ernst	resno	resnejše/resneje	najresnejše/najresneje	---
wahrheitsliebend	resnicoljubno	resnicoljubnejše	najresnicoljubnejše	---

arm	revno	revnejše/revneje	najrevnejše/najrevneje	---
selbstständig	samostojno	samostojnejše	najsamostojnejše	bolj/najbolj...
selbstbewusst	samozavestno	samozavestnejše	najsamozavestnejše	bolj/najbolj ...
armselig	skromno	skromnejše/skromneje	najskromnejše/najskromneje	---
witzig	smešno	smešnejše/smešneje	najsmešnejše/najsmešneje	---
geschickt	spretno	spretnejše/spretneje	najspretnejše/najspretneje	---
tapfer	srčno	srčnejše	najsrčnejše	---
ängstlich	strahopetno	strahopetnejše	najstrahopetnejše	---
offenherzig	širokosrčno	širokosrčnejše	najširokosrčnejše	---
warm	**toplo**	toplejše/topleje	najtoplejše/najtopleje	---
erfolgreich	uspešno	uspešnejše/uspešneje	najuspešnejše/najuspešneje	---
heiter	vedro	vedrejše	najvedrejše	---
großmütig	velikodušno	velikodušnejše	najvelikodušnejše	---
schlank	**vitko**	vitkejše	najvitkejše	---
höflich	vljudno	vljudnejše/vljudneje	najvljudnejše/najvljudneje	---
hinterlistig	zahrbtno	zahrbtnejše/zahrbtneje	najzahrbtnejše/najzahrbtneje	---
redegewandt	zgovorno	zgovornejše/zgovorneje	najzgovornejše/najzgovorneje	---
lebhaft	živahno	živahnejše/živahneje	najživahnejše/najživahneje	---
	<und ähnliche Wörter>			

Steigerung des Umstandswortes mit -še/-je und naj...še/naj...je

schön > schöner > am schönsten > lepó > lépše > nàjlépše
gut > besser > am besten – dôbro > bóljše/bólje > nàjbóljše/nàjbólje

gut	dôbro	bóljše/bólje	nàjbóljše/nàjbólje	---
lang	dólgo	dáljše/dálj/dljè	nàjdáljše/nàjdálj/nàjdljè	---
hässlich	grdó	gŕše	nàjgŕše	---
böse	hudó	hújše/húje	nàjhújše/nájhúje	---
kurz	krátko	krájše	nàjkrájše	---
schön	**lepó**	lépše	nàjlépše	---
lieb	ljúbo	ljúbše	nàjljúbše	---
klein	málo	mánjše	nàjmánjše	---
jung	mladó	mlájše	nàjmlájše	---
schlecht	slabó	slábše	nàjslábše	---
süß	sladkó	slájše	nàjslájše	---
weit	širôko	šírše	nàjšírše	---
dünn	tankó	tánjše	nàjtánjše	---
hart	trdó	tŕše	nàjtŕše	---
	<nur diese Wörter>			

Steigerung des Umstandswortes mit –je naj...je

streng > strenger > am strengsten – strógo > strôžje > nàjstrôžje
leicht > leichter > am leichtesten – lahkó > lážje/láže > nàjlážje/nàjláže

teuer	dragó	drážje	nàjdrážje	---
tief	globôko	glóblje	nájglóblje	---
leicht	lahkó	lážje/láže	nàjlážje/nàjláže	---
niedrig	nízko	nížje	nàjnížje	---
eng	ôzko	ôžje	nàjôžje	---
streng	**strógo**	strôžje	nàjstrôžje	---
schwer	težkó	têžje	nàjtêžje	---
leise, still	tího	tíšje	nàjtíšje	---
groß	velíko	véčje	nàjvéčje	---
hoch	visôko	víšje/víše	nàjvíšje/nàjvíše	---
	<nur diese Wörter>			

Najlažja govorica je materna. Štefan govori laže slovensko kakor Tomaž. Ana ima najboljšo oceno, Petra pa piše najbolje. Vera živi najdalj. Beljak sega dandanes dalj kot pred 100 leti. –

Die leichteste Sprache ist die Muttersprache. Stefan spricht leichter slowenisch als Thomas. Anna hat die beste Note, Petra aber schreibt am besten. Vera wohnt am weitesten entfernt. Villach ist heute weiter ausgedehnt als vor 100 Jahren.

Umstandswörter als Fragewörter (Teil 1)

A?/ALI? = ---/(Kärntnerisch A?) – JA, SEM. = JA. / NE, NISEM. = NEIN.

Ali ste bolni? Da, bolna/bolan sem./Da, sem. Ne, nisem bolna/bolan./Ne, nisem.
A si bolna/bolan? Ja, bolna/bolan sem./Ja, sem. Ne, nisem bolna/bolan./Ne, nisem.
Si bolna/bolan? Ja, bolna/bolan sem./Ja, sem. Ne, nisem bolna/bolan./Ne, nisem.
Sind Sie krank? Ja. Nein. – Bist du krank? Ja. Nein. – Bist du krank? Ja. Nein.
Ali delate jutri? Da, jutri delam./Da, delam. Ne, jutri ne delam./Ne, ne delam.
A delaš jutri? Ja, jutri delam./Ja, delam. Ne, jutri ne delam./Ne, ne delam.
Delaš jutri? Ja, jutri delam./Ja, delam. Ne, jutri ne delam./Ne, ne delam.
Arbeiten Sie morgen? Ja. Nein. – Arbeitest du morgen? Ja. Nein. – Arbeitest du morgen? Ja. Nein.
Ali greste v kino? Da, grem v kino./Da, grem. Ne, ne grem v kino./Ne, ne grem.
A greš v kino? Ja, grem v kino./Ja, grem. Ne, ne grem v kino./Ne, ne grem.
Greš v kino? Ja, grem v kino./Ja, grem. Ne, ne grem v kino./Ne, ne grem.
Gehen Sie ins Kino? Ja. Nein. – Gehst du ins Kino? Ja. Nein. – Gehst du ins Kino? Ja. Nein.

KAKO? = WIE? – TAK-A/O/-. = SO.

Kako je miza? Miza je visoka./Visoka. – Taka.
Kako je ogledalo? Ogledalo je okroglo./Okroglo. – Tako.
Kako je predal? Predal je ozek./Ozek. – Tak. > ~~Predal je ozki./Ozki. – Taki.~~
Wie ist der Tisch? Der Tisch ist hoch./Hoch. – So.
Wie ist der Spiegel? Der Spiegel ist rund./Rund. – So.
Wie ist die Tischlade? Die Tischlade ist eng./Eng. – So.
Kako igrajo otroci? Otroci igrajo odlično./Odlično. – Tako.
Wie spielen die Kinder? Die Kinder spielen hervorragend. – So.
Kako je naloga? Naloga je napačna./Napačna. / Naloga je narobe./Narobe.
Wie ist die Aufgabe? Die Aufgabe ist falsch./Falsch.
Kako boš to izpolnil? Izpolnil bom to z veseljem./Z veseljem. – Na tak način.
Wie wirst du das erfüllen? Ich werde das mit Freude erfüllen./Mit Freude. – Auf so eine Weise.

KOLIKO? = WIEVIEL? – TOLIKO. = SOVIEL.

Koliko evrov imaš? Imam tisoč evrov./Tisoč. Imam en evro./En. – Toliko.
Wieviel Euro hast du? Ich habe tausend Euro./Tausend. Ich habe einen Euro./Einen. – Soviel.
Koliko denarja imaš? Imam dosti denarja./Dosti.
Wieviel Geld hast du? Ich habe genug Geld./Genug.
Koliko si stara/star? Stara/Star sem deset let./Deset let. – Toliko let.
Wie alt bist du? Ich bin zehn Jahre alt./Zehn Jahre. – So viele Jahre.
Koliko desetink/stotink/tisočink si izračunala/izračunal? Izračunala/Izračunal sem tri desetinke/dve stotinki/pet tisočink. / Tri./Dve./Pet. – Toliko.
Wieviele Zehntel/Hundertstel/Tausendstel hast du ausgerechnet? Ich habe drei Zehntel/zwei Hundertstel/fünf Tausendstel ausgerechnet. / Drei./Zwei./Fünf. – Soviel.
Koliko promilov alkohola je imel v krvi? Imel je pol promila alkohola v krvi./Pol.
Wieviele Promille Alkohol hatte er im Blut? Er hatte ein halbes Promille Alkohol im Blut./Ein halbes.

Umstandswörter als Fragewörter (Teil 2)

KOLIKOKRAT = WIE OFT? – TOLIKOKRAT. = SO OFT.
Kolikokrat je zapel? Zapel je dvakrat. – Vsakič dobro. – Tolikokrat.
Wie oft hat er gesungen? Er hat zweimal gesungen. – Jedesmal gut. – So oft.

ZAKAJ? = WARUM? – ZATO. = DARUM.
Zakaj se lažeš? Lažem se, ker me je strah./Ker me je strah. – Zato.
Warum lügst du? Ich lüge, weil ich Angst habe./Weil ich Angst habe. – Darum.

ČEMU? = WESHALB?/WOZU? – ZATO. = DESHALB./DAZU.
Čemu naj bi me bilo strah? Strah naj bi me bilo zaradi bolezni./Zaradi bolezni. – Zato.
Warum sollte ich Angst haben? Ich sollte wegen meiner Krankheit Angst haben./Wegen meiner Krankheit. – Deshalb.
Čemu ti bo knjiga? Knjiga mi bo v korist./Mi bo v korist.
Wozu dient dir das Buch? Das Buch ist für mich von Vorteil./Es ist von Vorteil.

OD KOD?/DO KOD? = VON WO?/BIS WOHIN? – OD TOD./DO TOD. = VON DORT./BIS DORTHIN.
Od kod si? Sem iz Beljaka./Iz Beljaka. – Od tod.
Von wo bist du? Ich bin aus Villach./Aus Villach. – Von Dort.
Do kod hočeš priti? Priti hočem do četrte vaje./Do četrte vaje. – Do tod.
Bis wohin möchtest du kommen? Ich will bis zur vierten Übung kommen./Bis zur vierten Übung. – Bis dorthin.

OD KDAJ?/DO KDAJ? = VON WANN?/BIS WANN? – OD TEDAJ./DO TEDAJ. = VON DANN./BIS DANN.
Od kdaj že sneži? Sneži že od včeraj./Od včeraj. – Od tedaj.
Seit wann schneit es schon? Es schneit schon seit gestern./Seit gestern. – Seit damals.
Od kdaj do kdaj je trgovina odprta? Trgovina je odprta od dveh do petih./Od dveh do petih. – Od tedaj do tedaj.
Von wann bis wann ist das Geschäft geöffnet? Das Geschäft ist von zwei bis fünf Uhr geöffnet./ Von zwei bis fünf. – Von dann bis dann.

KDAJ? = WANN? – TEDAJ. = DANN.
Kdaj boš prišla/prišel? Prišla/Prišel bom jutri/(v) sredo/ob sedmih/ob torkih. / Jutri./(V) sredo./Ob sedmih./Ob torkih. – Tedaj.
Wann kommst du? Ich komme morgen/am Mittwoch/um sieben Uhr/dienstags. / Morgen./Am Mittwoch./Um sieben./Dienstags. – Dann.

KAM? = WOHIN? – TAM TJA. = DORTHIN.
Kam si se peljala/peljal včeraj? Včeraj sem se peljala/peljal v Celje./V Celje. – Tam tja.
Wohin bist du gestern gefahren? Gestern bin ich nach Cilli gefahren./Nach Cilli. – Dorthin.

KJE? = WO? – TAM. = DORT.
Kje živiš? Živim na Brnci./Na Brnci. Kje stojiš? Stojim pred cerkvijo./Pred cerkvijo. – Tam.
Wo lebst du? Ich lebe in Fürnitz./In Fürnitz. Wo stehst du? Ich stehe vor der Kirche./Vor der Kirche. – Dort.

Inhaltsverzeichnis SLOWENISCH ALS FREMDSPRACHE IM ALLTAG, IN DER KIRCHE UND IN DER LITERATUR

Vierter Band: Slowenische Wortformen mit Anwendungsbeispielen

Sechster Abschnitt:

Hauptzeitwort und Modalzeitwort

Abwandlung des Hauptzeitwortes, Grundmuster ati am

uv.	*Nf.* igráti – (zu) spielen		*Sup.* **(jàz)** grém igràt – ich gehe spielen
Ggw.	*Ez.*	*Zz.*	*Mz.*
1.Ps.	**(jàz)** igrám – ich spiele	**(mídve/mídva)** igráva – wir (2) ...	**(mé/mí)** igrámo – wir spielen
2.Ps.	**(tí)** igráš – du spielst	**(vídve/vídva)** igráta – ihr (2) ...	**(vé/ví/Ví)** igráte – ihr spielt/Sie spielen
3.Ps.	**(ôna/ôno/òn)** igrá – sie/es/er spielt	**(ônidve/ônadva)** igráta – sie (2) ...	**(ône/ôna/ôni)** igrájo – sie spielen

Bef.	*Ez.*	*Zz.*	*Mz.*
1.Ps.	---	---	igrájmo – lasst uns spielen!
2.Ps.	igráj – spiel!	igrájta – spielt! (ihr zwei)	igrájte – spielt!
3.Ps.	---	---	---

Vgh.		*Ez.*		*Zz.*		*Mz.*	
1.Ps.	*w.*	igrála sem	ich spielte/ ich habe (hat-te) gespielt	igráli sva	wir (2) ...	igrále smo	wir spielten/ wir haben gespielt
	m.	igrál sem		igrála sva		igráli smo	
2.Ps.	*w.*	igrála si	du spieltest/ du hast gespielt	igráli sta	ihr (2) ...	igrále ste	ihr spieltet/ ihr habt gespielt Sie spielten/ Sie haben gespielt
	m.	igrál si		igrála sta		igráli ste	
3.Ps.	*w.*	igrála je	sie/es/er spielte/ sie/es/er hat ge-spielt	igráli sta	sie (2) ...	igrále so	sie spielten/ sie haben gespielt
	s.	igrálo je		igráli sta		igrála so	
	m.	igrál je		igrála sta		igráli so	

v.	*Nf.* zaigráti – aufspielen, verspielen, beginnen zu spielen		*Sup.* **(jàz)** grém zaigràt – ich gehe aufspielen
Ggw.	*Ez.*	*Zz.*	*Mz.*
1.Ps.	**(jàz)** zaigrám – ich spiele auf, ich verspiele, ich beginne zu spielen	**(mídve/mídva)** zaigráva – wir (2) spielen auf, ...	**(mé/mí)** zaigrámo – wir spielen auf, wir verspielen, wir beginnen zu spielen

wh.	*Nf.* zaigrávati – immer wieder verspielen	*Sup.* ---	
Ggw.	*Ez.*	*Zz.*	*Mz.*
1.Ps.	**(jàz)** zaigrávam – ich verspiele immer wieder	**(mídve/mídva)** zaigrávava – wir (2) ...	**(mé/mí)** zaigrávamo – wir verspielen immer wieder

uv.		*v.*		*wh.*	
igrám –*/4*	ich spiele (e)	zaigrám *4*	ich verspiele e	zaigrávam *4*	ich verspiele i w e
kúham –*/4*	ich koche (e)	skúham *4*	ich koche e f	---	
délam –*/4*	ich arbeite (e)	izdélam *4*	ich arbeite e aus	(izdelováti izdelújem *4*)	
pomágam –	ich helfe	pomágam *3*	ich helfe j	---	
telefoníram –	ich telefoniere	telefoníram *3*	ich telefoniere j	---	
čákam –/na4	ich warte (auf e/j)	dočákam *4*	ich erwarte e/j		
---		sréčam *4*	ich treffe j	(srečeváti srečújem *4*)	
plávam –	ich schwimme	---		---	
---		pláčam *4*	ich (be)zahle e/j	(plačeváti plačújem *4*)	
---		izpláčam *4*	ich zahle e/j aus	(izplačeváti izplačújem *4*)	
poznám *4*	ich kenne j	spoznám *4*	ich erkenne j	spoznávam *4*	ich erkenne j i besser
---		(obnovíti obnovím *4*)		obnávljati obnávljam *4*	ich erneuere e
fotografíram –	ich fotografiere	fotografíram *4*	ich fotografiere j	---	
---		(dogodíti se dogodi se –*/4*)		dogájati se dogája se –*/4*	es geschieht e *up.*
<und sehr viele ähnliche Wörter>		*<und sehr viele ähnliche Wörter>*		*<und sehr viele ähnliche Wörter>*	

Abwandlung des Hauptzeitwortes, Grundmuster iti im

uv.	*Nf.* govoríti – (zu) reden		*Sup.* **(jàz)** grém govôrit – ich gehe reden
Ggw.	*Ez.*	*Zz.*	*Mz.*
1.Ps.	**(jàz)** govorím – ich rede	**(mídve/mídva)** govoríva – wir (2) ...	**(mé/mí)** govorímo – wir reden
2.Ps.	**(tí)** govoríš – du redest	**(vídve/vídva)** govoríta – ihr (2) ...	**(vé/ví/Ví)** govoríte – ihr redet/ Sie reden
3.Ps.	**(ôna/ôno/òn)** govorí – sie/es/er redet	**(ônidve/ônadva)** govoríta – sie (2) ...	**(ône/ôna/ôni)** govoríjo – sie reden
Bef.	*Ez.*	*Zz.*	*Mz.*
1.Ps.	---	---	govôrimo – lasst uns reden!
2.Ps.	govôri – rede!	govôrita – redet! (ihr 2)	govôrite – redet!
3.Ps.	---	---	---

Vgh.		*Ez.*		*Zz.*		*Mz.*	
1.Ps.	*w.* *m.*	govoríla sem govóril sem	ich redete/ /ich habe (hatte) geredet	govoríli sva govoríla sva	wir (2) ...	govoríle smo govoríli smo	wir redeten/ wir haben geredet
2.Ps.	*w.* *m.*	govoríla si govóril si	du redetest/ du hast geredet	govoríli sta govoríla sta	ihr (2) ...	govoríle ste govoríli ste	ihr redetet/habt geredet/Sie redeten/haben geredet
3.Ps.	*w.* *s.* *m.*	govoríla je govorílo je govóril je	sie/es/er redete/ sie/es/er hat geredet	govoríli sta govoríli sta govoríla sta	sie (2) ...	govoríle so govoríla so govoríli so	sie redeten/ sie haben geredet

v.	*Nf.* nagovoríti – anreden		*Sup.* **(jàz)** grém nagovôrit – ich gehe anreden
Ggw.	*Ez.*	*Zz.*	*Mz.*
1.Ps.	**(jáz)** nagovorím – ich rede an	**(mídve/mídva)** nagovoríva – wir (2) ...	**(mé/mí)** nagovorímo – wir reden an

wh.	*Nf.* ---		*Sup.* ---
Ggw.	*Ez.*	*Zz.*	*Mz.*
1.Ps.	---	---	---

uv.		*v.*		*wh.*	
govorím *–/4*	ich rede (e)	nagovorím *4*	ich rede j an	(nagovárjati nagovárjam *4*)	
učím –/4	ich lehre (e)	naučím *4*	ich bringe j e bei	(poučeváti poučújem *4*)	
učím se *–/4*	ich lerne (e)	naučím se *4*	ich erlerne e	---	
ljúbim *–/4*	ich liebe (j/e)	zaljúbim se *v4*	ich verliebe mich in j	(zaljúbljati se zaljúbljam se *v4*)	
míslim *–/na4*	ich denke (an j)	premislim *4*	ich denke ü e nach	(premišljeváti premišlújem *o5*)	
---		kúpim *4*	ich kaufe e (ein)	(kupováti kupújem *4*)	
---		kúpim si *4*	ich kaufe mir e	(kupováti si kupújem si *4*)	
---		ránim *4*	ich verletze j	(ranjeváti ranjújem *4*)	
---		uredím *4*	ich ordne e f	(uréjati uréjam *4)*	
mólim –/za4	ich bete (für j)	---		---	
hválim *–/4*	ich lobe (j)	zahválim se *3+za4*	ich bedanke mich bei j für e	(zahvaljeváti se zahvaljújem se *3+4*)	
---		dobím *4*	ich bekomme/erhalte e	(dobívati dobívam *4*)	
čístim *–/4*	ich putze (e)	očístim *4*	ich putze e f	---	
prósim *–/4*	ich bitte (j)	zaprósim *4*	ich erbitte e	---	
(íti grém –)	(ich gehe)	(íti grém *4*)	(ich gehe hin)	hódim *v4*	ich gehe i w hin
(délati délam *–/4*)		storím *4*	ich mache e f		
<und sehr viele ähnliche Wörter		*<und sehr viele ähnliche Wörter>*		*<und ähnliche Wörter>*	

Abwandlung des Hauptzeitwortes, Grundmuster ováti újem

wh.	*Nf.* opazováti – (zu) beobachten		*Sup.* (jàz) grém opazovàt – ich gehe beobachten
Ggw.	*Ez.*	*Zz.*	*Mz.*
1.Ps.	**(jàz)** opazújem – ich beobachte	**(mídve/mídva)** opazújeva – wir (2) ...	**(mé/mí)** opazújemo – wir beobachten
2.Ps.	**(tí)** opazúješ – du beobachtest	**(vídve/vídva)** opazújeta – ihr (2) ...	**(vé/ví/Ví)** opazújete – ihr beobachtet/ Sie beobachten
3.Ps.	**(ôna/ôno/òn)** opazúje – sie/es/er beobachtet	**(ônidve/ônadva)** opazújeta – sie (2) ...	**(ône/ôna/ôni)** opazújejo – sie beobachten
Bef.	*Ez.*	*Zz.*	*Mz.*
1.Ps.	---	---	opazújmo – lasst uns beobachten!
2.Ps.	opazúj – beobachte!	opazujta – beobachtet! (ihr 2)	opazújte – beobachtet!
3.Ps.	---	---	---

Vgh.		*Ez.*		*Zz.*		*Mz.*	
1.Ps.	*w.*	opazovála sem	ich beobachtete/ ich habe (hatte) beobachtet	opazováli sva	wir (2) ...	opazovále smo	wir beobachteten/wir haben beobachtet
	m.	opazovál sem		opazovála sva		opazováli smo	
2.Ps.	*w.*	opazovála si	du beobachtetest/du hast beobachtet	opazováli sta	ihr (2) ...	opazovále ste	ihr beobachtetet/ ihr habt beobachtet/Sie *
	m.	opazovál si		opazovála sta		opazováli ste	
3.Ps.	*w.*	opazovála je	sie/es/er beobachtete/hat beobachtet	opazováli sta	sie (2) ...	opazovále so	sie beobachteten/ sie haben beobachtet
	s.	opazoválo je		opazováli sta		opazovála so	
	m.	opazovál je		opazovála sta		opazováli so	

* Sie beobachteten, Sie haben beobachtet

v.	*Nf.* ---		*Sup.* ---
Ggw.	*Ez.*	*Zz.*	*Mz.*
1.Ps.	---	---	---

wh.	*Nf.* ---		*Sup.* ---
Ggw.	*Ez.*	*Zz.*	*Mz.*
1.Ps.	---	---	---

uv.	*v.*	*wh.*	
---	---	**opazújem** *4*	ich beobachte e/j
(páziti pázim *–/na4*)	(opazíti opázim *4*)	(opážati opážam *4*)	
---	---	stanújem *v/na5*	ich wohne in
---	---	učinkújem *na4*	ich wirke auf
(délati délam *–/4*)	(izdélati izdélam *4*)	izdelújem *4*	ich erarbeite e (auf lange Sicht)
(čákati čákam *–/4 na4*)	(dočákati dočákam *4*)	dočakújem *4*	ich erwarte j/e (lange Zeit)
---	(kúpiti kúpim *4*)	kupújem *–/4+v5*	bummeln (in)
---	(nakúpiti nakúpim *4*)	nakupújem *4*	e i w ankaufen
(písati píšem *–/4*)	(napísati napíšem *4*)	napisújem *4*	ich schreibe i w e auf
(kázati kážem *4*)	(dokázati dokážem *3+4*)	dokazújem *3+4*	ich beweise j e dh
---	---	imenújem se *–*	ich heiße (nenne mich)
---	---	načrtújem *4*	ich plane e
(iskáti íščem *4*)	(obiskáti obíščem *4*)	obiskújem *4*	ich besuche j i w/(lange Zeit)
---	---	oblikújem *4*	ich gestalte e
---	---	zajtrkújem *–/4*	ich frühstücke (e)
---	---	sodelújem *z/s6*	ich arbeite mit j zusammen
---	---	svetújem *3+4*	ich rate j e
---	(pripovedati pripovem *3+4*)	pripovedújem *3+4*	ich erzähle j e i w/(lange Zeit)
---	---	praznújem *–/4*	ich feiere (e)
<keine Wörter>	*<keine Wörter>*	*<und viele ähnliche Wörter>*	

Abwandlung des Hauptzeitwortes, Grundmuster í/é/úti í/é/ô/újem

uv.	*Nf.* píti – (zu) trinken		*Sup.* (jàz) grém pìt – ich gehe trinken
Ggw.	*Ez.*	*Zz.*	*Mz.*
1.Ps.	**(jàz)** píjem – ich trinke	**(mídve/mídva)** píjeva – wir (2) ...	**(mé/mí)** píjemo – wir trinken
2.Ps.	**(tí)** píješ – du trinkst	**(vídve/vídva)** píjeta – ihr (2) ...	**(vé/ví/Ví)** píjete – ihr trinkt/Sie trinken
3.Ps.	**(ôna/ôno/òn)** píje – sie/es/er trinkt	**(ônidve/ônadva)** píjeta – sie (2) ...	**(ône/ôna/ôni)** píjejo – sie trinken
Bef.	*Ez.*	*Zz.*	*Mz.*
1.Ps.	---	---	píjmo – lasst uns trinken!
2.Ps.	píj – trink!	píjta – trinkt! (ihr 2)	píjte – trinkt!
3.Ps.	---	---	---

Vgh.		*Ez.*		*Zz.*		*Mz.*	
1.Ps.	*w.* *m.*	píla sem píl sem	ich trank/ ich habe (hatte) getrunken	píli sva píla sva	wir (2) ...	píle smo píli smo	wir tranken/ wir haben getrunken
2.Ps.	*w.* *m.*	píla si píl si	du trankst/ du hast getrunken	píli sta píla sta	ihr (2) ...	píle ste píli ste	ihr trankt/ ihr habt getrunken/ Sie tranken/haben getrunken
3.Ps.	*w.* *s.* *m.*	píla je pílo je píl je	sie/es/er trank/ sie/es/er hat getrunken	píli sta píli sta píla sta	sie (2) ...	píle so píla so píli so	sie tranken/ sie haben getrunken

v.	*Nf.* popíti – austrinken		*Sup.* (jàz) grém popìt – ich gehe austrinken
Ggw.	*Ez.*	*Zz.*	*Mz.*
1.Ps.	**(jàz)** popíjem – ich trinke aus	**(mídve/mídva)** popíjeva – wir (2) ...	**(mé/mí)** popíjemo – wir trinken aus

wh.	*Nf.* ---		*Sup.* ---
Ggw.	*Ez.*	*Zz.*	*Mz.*
1.Ps.	---	---	---

uv.		*v.*		*wh.*
píjem *–/4*	ich trinke (e)	popíjem *4*	ich trinke e aus	(popívati popívam *4*)
kríjem *–/4*	ich (be)decke (e)	pokríjem *4*	ich decke j/e zu	(pokrívati pokrívam *4*)
---		umíjem *4*	ich wasche j	(umívati umívam *4*)
---		umíjem se	ich wasche mich	(umívati se umívam se)
---		umíjem si *4*	ich wasche mir e	(umívati si umívam si *4*)
---		(s)počíjem (se)	ich ruhe (mich) aus	(spočívati se spočívam se)
líjem *–/4 v4*	ich gieße (e wohin)	nalíjem *4/v4*	ich schenke e wohin ein	(nalívati nalívam *4/v4*)
líjem *–/4 v4*	ich gieße (e wohin)	zalíjem *4*	ich gieße e (die Pflanzen)	(zalívati zalívam *4*)
líje –	es gießt *up.*	---		---
šíjem/(šívam) *–/4*	ich nähe (e)	sešíjem *4*	ich nähe e f (zusammen)	(sešívati sešívam *4*)
šíjem/(šívam) *–/4*	ich nähe €	zašíjem *4*	ich flicke e	(zašívati zašívam *4*)
štéjem *–/4*	ich zähle (e/j)	seštéjem *4*	ich zähle e/j zusammen	(seštevati seštevam *4*)
štéjem *–/4*		naštejem *4*	ich zähle e auf	(naštevati naštevam *4*)
gréjem *–/4*	ich wärme e auf	segréjem/pogréjem *4*	ich wärme e f auf	(segrévati/pogrévati …am *4*)
véjem –	ich wehe	zavéjem *4*	ich verwehe e	---
---		**obújem** *4*	ich ziehe Schuhe an	(obúvati obúbam *4*)
---		sezújem *4*	ich ziehe Schuhe aus	(sezúvati sezúvam *4*)
péti **pôjem** *–/4*	ich singe (e)	zapôjem *4*	ich beginne e zu singen	(prepévati prepévam *4*)
<und ähnliche Wörter>		*<und ähnliche Wörter>*		*<keine Wörter>*

Abwandlung des Hauptzeitwortes, Grundmuster sti sem/zem

uv.	*Nf.* nêsti – (zu) tragen	*Sup.* **(jàz)** grém nèst – ich gehe tragen	
Ggw.	*Ez.*	*Zz.*	*Mz.*
1.Ps.	**(jàz)** nêsem – ich trage	**(mídve/mídva)** nêseva – wir (2) ...	**(mé/mí)** nêsemo – wir tragen
2.Ps.	**(tí)** nêseš – du trägst	**(vídve/vídva)** nêseta – ihr (2) ...	**(vé/ví/Ví)** nêsete – ihr tragt/ Sie tragen
3.Ps.	**(ôna/ôno/òn)** nêse – sie/es/er trägt	**(ônidve/ônadva)** nêseta – sie (2) ...	**(ône/ôna/ôni)** nêsejo – sie tragen
Bef.	*Ez.*	*Zz.*	*Mz.*
1.Ps.	---	---	nêsimo – lasst uns tragen!
2.Ps.	nêsi – trag!	nêsita – tragt! (ihr 2)	nêsite – tragt!
3.Ps.	---	---	---

Vgh.		*Ez.*		*Zz.*		*Mz.*	
1.Ps.	*w.*	nêsla sem	ich trug/ ich habe (hatte) getragen	nêsli sva	wir (2) ...	nêsle smo	wir trugen/ wir haben getragen
	m.	nêsel sem		nêsla sva		nêsli smo	
2.Ps.	*w.*	nêsla si	du trugst/ du hast getragen	nêsli sta	ihr (2) ...	nêsle ste	ihr trugt/habt getragen/Sie trugen/haben getragen
	m.	nêsel si		nêsla sta		nêsli ste	
3.Ps.	*w.*	nêsla je	sie/es/er trug/ sie/es/er hat getragen	nêsli sta	sie (2) ...	nêsle so	sie trugen/ sie haben getragen
	s.	nêslo je		nêsli sta		nêsla so	
	m.	nêsel je		nêsla sta		nêsli so	

v.	*Nf.* prinêsti – hertragen, hintragen, bringen, herbringen, hinbringen	*Sup.* **(jàz)** grém prinèst – ich gehe hinbringen	
Ggw.	*Ez.*	*Zz.*	*Mz.*
1.Ps.	**(jàz)** prinêsem – ich trage her/hin, ich bringe (her/hin)	**(mídve/mídva)** prinêseva – wir (2) ...	**(mé/mí)** prinêsemo – wir tragen her/ hin, ich bringe (her/hin)

wh.	*Nf.* prinášati – immer wieder her-/ hintragen, i w (her-/hin-)bringen	*Sup.* ---	
Ggw.	*Ez.*	*Zz.*	*Mz.*
1.Ps.	**(jàz)** prinášam – ich trage immer wieder her/hin, ich bringe immer wieder (her/hin)	**(mídve/mídva)** prinášava – wir (2) ...	**(mé/mí)** prinášamo – wir tragen i w her/hin, wir bringen i w (her/hin)

uv.		*v.*		*wh.*
nêsem –*/4*	ich trage (e)	---		(nosíti nósim –*/4*)
(nêsti nêsem)		prinêsem *4/3+4*	ich bringe (j) e (her/hin)	(prinášati prinášam *4/3+4*)
(nêsti nêsem)		vnésem *4*	ich trage/tippe e f ein	(vnášati vnášam *4*)
trêsti trêsem –*/4*	ich schüttle/streue (e)	strêsem *4*	ich schüttle/streue e f aus	(strésati strésam *4*)
trêsem se –	ich zittere	strêsem se –	ich erzittere	(strésati se strésam se –)
pásti pásem –*/4*	ich hüte (j)	napásem *4*	ich lasse j satt weiden	---
pásem se –	ich grase/weide	napásem se –	ich weide mich satt	---
rásti rás(t)em –	ich wachse	zrás(t)em –	ich bin erwachsen	(zráščati zráščam –)
(rásti rás(t)em)		zarásti zarás(t)em –	ich bin zugewachsen	(zaráščati zaráščam –)
lésti **lézem** –*/v4*	ich krieche (wohin)	zlésti zlézem –*/v4*	ich verkrieche mich wohin	---
vêsti vêzem –*/4*	ich sticke (e)	izvésti izvézem *4*	ich sticke e f aus	---
tvésti tvézem –*/4*	ich erzähle (e) daher	natvésti natvézem *3+4*	ich erzähle j Lügenmärchen	---
grísti **grízem** –*/4*	ich beiße (j)	(ugrízniti ugríznem *4*)		---
mólsti **mólzem** –*/4*	ich melke (j)	pomólsti pomólzem *4*	ich melke j f (leer)	---
<und ähnliche Wörter>		*<und ähnliche Wörter>*		*<keine Wörter>*

Beispielsätze zu den S. 156-160

Jaz grem igrat./Grem igrat. Jaz grem igrat karte./Grem igrat karte. Jaz igram./Igram. Jaz igram nogomet./Igram nogomet. Jaz sem zaigrala na koncertu./Zaigrala sem na koncertu. Jaz sem zaigrala hišo./Zaigrala sem hišo. Igraj karte! Zaigraj na koncertu! Ne zaigravaj vsega denarja! Jaz pomagam./Pomagam. Jaz pomagam mami./Pomagam mami. Jaz sem pomagala mami./ Pomagala sem mami. Pomagaj mi!

Ich gehe spielen. Ich gehe Karten spielen. Ich spiele. Ich spiele Fußball. Ich spielte auf dem Konzert vor./Ich habe auf dem Konzert vorgespielt. Ich verspielte mein Haus./Ich habe mein Haus verspielt. Spiel Karten! Spiel auf dem Konzert vor! Verspiel nicht dein gesamtes Geld! Ich helfe. Ich helfe meiner Mama. Ich half meiner Mama./ Ich habe meiner Mama geholfen. Hilf mir!

Jaz grem govorit./Grem govorit. Jaz govorim./Govorim. Jaz govorim resnico./Govorim resnico. Jaz sem nagovorila teto./Nagovorila sem teto. (Jaz sem nagovarjala teto./Nagovarjala sem teto.) Govori jasno! Nagovori sošolko! (Nagovarjaj ljudi!) Jaz mislim./Mislim. Jaz mislim nate./Mislim nate. Misli! Misli name! Pomisli na dom! (Premišljuj o potovanju!) Jaz sem kupila obleko./Kupila sem obleko. (Jaz kupujem obleko./Kupujem obleko.) Kupi klobuk! (Ne kupuj klobukov!) Jaz sem si kupila hrano./Kupila sem si hrano. (Ona si kupuje mamino ljubezen./ Kupuje si mamino ljubezen.)

Ich gehe reden. Ich rede. Ich rede die Wahrheit. Ich sprach meine Tante an./Ich habe meine Tante angesprochen. (Ich sprach meine Tante öfters an./Ich habe meine Tante öfters angesprochen.) Sprich deutlich! Sprich deine Mitschülerin an! (Sprich die Leute immer wieder an!) Ich denke. Ich denke an dich. Denk! Denk an mich! Denk an dein Heim! (Überleg dir die Reise!) Ich kaufte mir ein Kleid./Ich habe mir ein Kleid gekauft. (Ich kaufe mir immer wieder ein Kleid.) Kauf einen Hut! (Kauf nicht dauernd Hüte!) Ich kaufte mir Lebensmittel./Ich habe mir Lebensmittel gekauft. (Sie erkauft sich Mamas Liebe.)

Jaz grem opazovat krave./Grem opazovat krave. Jaz opazujem ptice./Opazujem ptice. Opazuj natančno! Opazuj konje! (Jaz sem opazila napake./Opazila sem napake. Jaz opažam napake./ Opažam napake.) Jaz stanujem lepo./Stanujem lepo. Jaz stanujem v Štebnu./Stanujem v Štebnu. (Jaz delam./Delam. Jaz sem izdelala načrt./Izdelala sem načrt.) Jaz izdelujem analize./Izdelujem analize. (Delaj! Izdelaj suknjo!) Izdeluj čevlje!

Ich gehe die Kühe beobachten. Ich beobachte die Vögel. Beobachte genau! Beobachte die Pferde! (Ich habe Fehler bemerkt. Ich bemerke regelmäßig Fehler.) Ich wohne schön. Ich wohne in St. Stefan. (Ich arbeite. Ich arbeitete einen Plan aus./Ich habe einen Plan ausgearbeitet.) Ich erstelle immer wieder Analysen.(Arbeite! Mach den Rock fertig!) Fertige die Schuhe regelmäßig an!

Jaz grem pit kavo./Grem pit kavo. Jaz pijem./Pijem. Jaz pijem čaj./Pijem čaj. Jaz sem popila sok./Popila sem sok. (Jaz vse popivam./Popivam vse.) Pij! Pij sadni čaj! Popij mleko! (Ne popivaj toliko!) Jaz sem umila otroka./Umila sem otroka. (Jaz umivam vsak dan posodo./Vsak dan umivam posodo.) Jaz sem se umila./Umila sem se. Jaz sem si umila roke./Umila sem si roke. (Jaz si vsako soboto umivam lase./Vsako soboto si umivam lase.) Umij sina! Umij se! Umij si noge!

Ich gehe einen Kaffee trinken. Ich trinke. Ich trinke einen Tee. Ich trank einen Saft./Ich habe einen Saft getrunken. (Ich versaufe alles.) Trink! Trink einen Obstsaft. Trink die Milch aus! (Sauf nicht soviel!) Ich wusch das Kind./Ich habe das Kind gewaschen. (Ich wasche täglich das Geschirr ab.) Ich wusch mich./Ich habe mich gewaschen. Ich wusch mir die Hände./Ich habe mir die Hände gewaschen. (Ich wasche mir immer samstags die Haare.) Wasch deinen Sohn! Wasch dich! Wasch dir die Füße!

Jaz grem nest baldahin./Grem nest baldahin. (Jaz nosim očala./Nosim očala.) Jaz nesem baldahin./Nesem baldahin. Jaz sem prinesla kruh./Prinesla sem kruh. Jaz sem ti prinesla kruh./ Prinesla sem ti kruh. (Prinašaj kruh pravočasno!) Jaz pasem./Pasem. Jaz pasem krave./Krave pasem. Krave so se napasle./Napasle so se.

Ich gehe den Baldachin tragen. (Ich trage eine Brille.) Ich trage den Baldachin. Ich brachte das Brot./Ich habe das Brot gebracht. Ich brachte dir das Brot./Ich habe dir das Brot gebracht. (Bring das Brot immer rechtzeitig!) Ich weide. Ich weide die Kühe. Die Kühe fraßen sich voll./Die Kühe haben sich voll gefressen.

Abwandlung des Hauptzeitwortes, Muster évati évam

wh.	*Nf.* **prispévati** – bei(zu)tragen		*Sup.* **(jàz) grém prispévat** – ich gehe beitragen	
Vgh./	*w.*	**(jáz)** sem/bom/bi prispévala	prispévala sem/bom/bi	*Ggw.* **(jàz) prispévam** – ich trage bei
Zuk./	*m.*	**(jáz)** sem/bom/bi prispéval	prispéval sem/bom/bi	*Bef.* **prispévaj!** – trag beil!
Bed.	***sem***	ich trug bei, ich habe beigetragen; (ich hatte beigetragen)		
	bom	ich werde beitragen, ich werde beigetragen haben		
	bi	ich trage bei; ich würde beitragen, ich würde beigetragen haben; ich trüge bei, ich hätte beigetragen		

uv.	*v.*	*wh.*	
---	(prispéti prispèm *v4* – ich komme in an)	**prispévam** *4+k3*	ich trage dh zu e bei
---	---	domnévam, *da*	ich vermute, dass
---	(razuméti razúmem *4*)	razumévam *4*	ich verstehe j/e dh
---	---	odmévam *po5*	ich halle dh wider aus
(hitéti hitím *–/v4*)	(dohitéti dohitím *4*)	dohitévam *4*	ich hole j i w/dh/fw ein
(hitéti hitím)	(prehitéti prehitím *4*)	prehitévam *4*	ich überhole j (dh)
---	(lotíti se lótim se *2*)	lotévam se *2*	ich widme mich wem fw
---	---	minévam –	ich vergehe langsam (Zeit)
---	---	odsévam *4*	ich reflektiere e dh/fw
(gréti gréjem *–/4*)	(ogréti ogrejem *4*)	ogrévam *4*	ich erwärme e dh
(štéti štéjem *–/4*)	(seštéti seštéjem *4*)	seštévam *4*	ich zähle e öfter zusammen
(štéti štéjem)	(prištéti prištéjem *4*)	prištévam *4*	ich zähle e öfter/dh/fw hinzu
(boléti bolí –)	(oboléti obolím *za6*)	obolévam *za6*	ich erkranke dh an e
---	---	samévam –	ich fühle mich einsam
---	---	upoštévam *4*	ich beachte e dh/fw
---	(nadéti nadénem *4+4* – ich lege j e an)	nadevam *4*	ich fülle e dh/fw
<keine Wörter>	*<keine Wörter>*	*<und ähnliche Wörter>*	

Abwandlung des Hauptzeitwortes, Muster áti ím

uv.	*Nf.* **ležáti** – (zu) liegen		*Sup.* **(jàz) grém ležát** – ich gehe liegen	
Vgh./	*w.*	**(jáz)** sem/bom/bi ležála	ležála sem/bom/bi	*Ggw.* **(jàz) ležím** – ich liege
Zuk./	*m.*	**(jáz)** sem/bom/bi ležál	ležál sem/bom/bi	*Bef.* **lêži/ležíte** – lieg!/liegt!
Bed.	***sem***	ich lag, ich bin gelegen; (ich war gelegen)		
	bom	ich werde liegen, ich werde gelegen sein		
	bi	ich liege; ich würde liegen, ich würde gelegen sein; ich läge, ich wäre gelegen		

uv.		*v.*		*wh.*
ležím *–/v5*	ich liege (in/auf)	(položíti položím *4+na4*)		(polágati polágam *4+na4*)
držím *–/za4*	ich halte (j/e)	(prijéti prímem *za4* – ich greife j/e an)		(prijémati prijémam *za4*)
bežím *–/v4*	ich flüchte (nach)	zbežím *v4*	ich flüchte nach	---
molčáti **molčím** –	ich schweige	zamolčím *4*	ich verschweige e	(zamolčávati zamolčávam *4*) (zamolčeváti zamolčújem *4*)
klečím *–/na5*	ich kniee (auf e)	(pokléknìti pokléknem *na4*)		---
kričím –	ich schreie	zakričím –	ich beginne zu schreien	---
smrčím –	ich schnarche	zasmrčím –	ich beginne zu schnarchen	---
bleščáti se bleščím se *–/v5*	ich glänze (auf/aus)	(blestéti se blestím se *–/v5*)		---
tíčati tičim *v5*	ich stecke in e	obtičim *v5*	ich stecke in e	---
tíščati tíščim *4+k3*	ich drücke j/e zu j/e	(potísniti potísnem *4+k3*)		(potískati potískam *4+k3*)
scáti ščím/ščíjem –	ich uriniere	poscáti poščím –	ich uriniere f	---
slíšati **slíšim** *–/4*	ich höre (e/j)	---		(prislúškati prislúškam *3*)
(poslúšati poslúšam *–/4*)		(prislúhniti prislúhnem *3*)		(prisluškováti prisluškújem *3*)
dišáti diším *–/po5*	ich rieche (nach e)	zadiším *po5*	ich rieche (gut) nach e	---
spáti **spím** *–/v5*	ich schlafe (in e)	zaspím *–/v5*	ich schlafe gerade ein (in)	(zaspávati zaspávam *–/v5*)
<und ähnliche Wörter>		*<und ähnliche Wörter>*		*<keine Wörter>*

Abwandlung des Hauptzeitwortes, Muster éti ím

uv.	*Nf.* **živéti** – (zu) leben		*Sup.* ---	
Vgh./	*w.*	(jáz) sem/bom/bi živéla	živéla sem/bom/bi	*Ggw.* (jàz) **živím** – ich lebe
Zuk./	*m.*	(jáz) sem/bom/bi živél	živél sem/bom/bi	*Bef.* **žívi/živíte** – lebe!/lebt!
Bed.	***sem***	ich lebte, ich habe gelebt; (ich hatte gelebt)		
	bom	ich werde leben, ich werde gelebt haben		
	bi	ich lebe; ich würde leben, ich würde gelebt haben; ich lebte, ich hätte gelebt		

uv.		*v.*		*wh.*
živím –/v5	ich lebe (in)	doživím *4*	ich erlebe e	(dožívljati dožívljam *4*)
želím *3+4*	ich wünsche j e	zaželím si *4*	ich wünsche mir e	---
vídeti vídim *–/4*	ich sehe (j/e)	---		---
(glédati glédam *–/4*)		(poglédati poglédam *v4*)		---
sedím *–/v5*	ich sitze (auf)	---		---
visím *–/na5*	ich hänge (auf)	(obésiti obésim *4+na4*)		(obéšati obéšam *4+na4*)
hitím *v4*	ich eile nach	pohitím *po4*	ich eile j/e herbeizuholen	(pohitévati pohitévam po*4*)
skrbím *za4*	ich sorge für	poskrbím *4+za4*	ich besorge e für j	---
smrdím –	ich stinke	zasmrdím –	ich beginne zu stinken	---
trpím *–/4*	ich leide (Schmerzen)	pretrpím *4*	ich erleide e	(pretrpévati pretrpévam *4*)
letím *–/v4*	ich fliege (nach)	odletím *v4*	ich fliege nach ab	(odletávati odletávam v*4*)
hrepením *po5*	ich sehne mich nach	zahrepením *po5*	ich ersehne mir e	---
bolí –	es tut weh *up.*	zabolí –	es beginnt weh zu tun	---
grmí –	es donnert *up.*	zagrmí –	es donnert plötzlich	---
žarím –	ich strahle	zažarím –	ich erstrahle	---
zvením –	ich klinge	zazvením –	ich erklinge	---
gorím –	ich brenne	pogorím –	ich verbrenne	---
vrtím *4*	ich drehe j/e	zavrtím *4*	ich beginne j/e zu drehen	---
norím –	ich bin verrückt/rase	znorím –	ich werde verrückt	(norčeváti se norčujem se *nad6*)
cvetím –	ich blühe	zacvetím –	ich erblühe	---
<und ähnliche Wörter>		*<und ähnliche Wörter>*		*<keine Wörter>*

Abwandlung des Hauptzeitwortes, Muster eváti újem

wh.	*Nf.* **poučeváti** – (zu) unterrichten		*Sup.* (jàz) **grém poučevát** – ich gehe unterrichten	
Vgh./	*w.*	(jáz) sem/bom/bi poučevála	poučevála sem/bom/bi	*Ggw.* (jàz) **poučújem** – ich unterrichte
Zuk./	*m.*	(jáz) sem/bom/bi poučevál	poučevál sem/bom/bi	*Bef.* **poučúj** – unterrichte!
Bed.	***sem***	ich unterrichtete, ich habe unterrichtet; (ich hatte unterrichtet)		
	bom	ich werde unterrichten, ich werde unterrichtet haben		
	bi	ich unterrichte; ich würde unterrichten, ich würde unterrichtet haben; ich unterrichtete, ich hätte unterrichtet		

uv.	*v.*	*wh.*	
(klícati klíčem *–/4*)	(preklícati preklíčem *4*)	prekliceváti * **preklicújem** *4*	ich widerrufe e dh/fw
(učíti učím *–/4*)	(poučíti poučím *4*)	poučeváti * **poučújem** *4*	ich unterrichte j/e
---	(pláčati pláčam *4*)	plačeváti plačújem *4*	ich bezahle i w e
(hrániti hránim *4*)	(prihrániti prihránim *4*)	varčeváti varčújem *4*	ich erspare e fw
---	(uresníčiti uresníčim *4*)	uresničeváti uresničújem *4*	ich verwirkliche e fw
---	(réšiti réšim *4*)	reševáti * **rešújem** *4*	ich rette öfter j
---	---	maševáti mašújem –	ich lese (öfter) die Messe
(mísliti míslim *–/na4*)	(premísliti premíslim *o5*)	premišljeváti premišljújem *o5*	ich denke i w über e nach
(obráziti obrázim *4*)	(izobráziti izobrázim *4*)	izobraževáti * **izobražújem** *4*	ich unterweise fw j
---	(udeležíti se udeležím se *2*)	udeleževáti se udeležújem se *2*	ich nehme öfter an e teil
---	---	deževáti dežúje –	es regnet *up.*
(volíti vólim *4* – ich wähle j/e)	(dovolíti dovólim *3+4*)	dovoljeváti * **dovoljújem** *3+4*	ich erlaube j e fw/dh
(šíriti šírim *4*)	(razšíriti razšírim *4*)	razširjeváti razširjújem *4*	ich erweitere e i w/dh
(mejíti mejím *na4*)	(omejíti omejím *4*)	omejeváti omejújem *4*	ich begrenze j/e fw/dh
---	(uredíti uredím *4*)	urejeváti urejújem *4*	ich ordne e fw/dh/i w
<keine Wörter>	*<keine Wörter>*	*<und ähnliche Wörter>*	

* *Nach c č š ž j wird ováti újem zu eváti újem.*

Abwandlung des Hauptzeitwortes, Muster éti èm

uv./v.	*Nf.* **razuméti** – (zu) verstehen		*Sup.* ---	
Vgh./	*w.*	**(jáz)** sem/bom/bi razuméla	razuméla sem/bom/bi	*Ggw.* **(jàz) razúmem** – ich verstehe
Zuk./	*m.*	**(jáz)** sem/bom/bi razumél	razumél sem/bom/bi	*Bef.* **razúmi** – versteh!
Bed.	***sem***	ich verstand, ich habe verstanden; (ich hatte verstanden)		
	bom	ich werde verstehen, ich werde verstanden haben		
	bi	ich verstehe; ich würde verstehen, ich würde verstanden haben; ich verstände, ich hätte verstanden		

uv.		*v.*		*wh.*
razuméti **razúmem** *–/4*	ich verstehe (e)	razúmem *4*	ich verstehe j/e	(razumévati razumévam *4*)
mréti mrèm *–/od2*	ich sterbe (vor)	umréti umŕla/umŕl umrèm – > umrì	ich sterbe tatsächlich (ich bin danach tot)	(umírati umíram –)
dréti **drèm**/dêrem –	ich schreie	zadêrem/zadrèm –	ich beginne zu schreien	(zadírati zadíram –)
(dréti dêrem)		nadêrem *4*	ich brülle j an	(nadirati nadiram *4*)
(dréti drèm)		podrèm *4*	ich reiße e ab	(podírati podíram *4*)
(dréti drèm/dêrem)		razdrèm/razdêrem *4*	ich zerstöre e	(razdirati razdíram *4*)
---		odpréti odprèm *4*	ich öffne e	(odpírati odpíram *4*)
---		zaprèm *4*	ich schließe e	(zapírati zapíram *4*)
---		podprèm *4*	ich unterstütze j/e	(podpírati podpíram *4*)
---		uspéti uspèm *v5*	ich bin erfolgreich in	(uspévati uspévam *v5*)
---		dospèm *v4*	ich gelange nach	(dospévati dospévam *v4*)
---		prispèm *v4*	ich komme in an	(prispévati prispévam *v4*)
---		spréti sprèm *4+od2*	ich entzweie j von j	---
tréti **trèm**/tárem *4*	ich knacke e	strèm *4*	ich klopfe Nüsse auf	---
(tréti trèm/tárem)		potrèm/potárem *4*	ich erschüttere j	---
(tréti trèm)		stréti strèm *4*	ich zerdrücke e	---
sméti **smém** *(+Verb)*	ich darf	---		---
zréti **zrèm** *v4*	ich blicke auf j/e	zazréti zazrèm *4*	ich erblicke j/e	---
(zréti zrèm)		ozréti se ozrèm se *na4*	ich beziehe mich auf j/e	(ozírati se ozíram se *na4*)
vréti **vrèm** –	ich siede	zavrèm –	ich beginne zu sieden	cvréti cvrèm *4* ich frittiere e
žréti **žrèm** *–/4*	ich fresse (e)	požrèm *4*	ich fresse e auf/weg	(požírati požíram *4*)
<und ähnliche Wörter>		*<und ähnliche Wörter>*		*<und ähnliche Wörter>*

Abwandlung des Hauptzeitwortes, Muster áti/éti/úti em

uv.	*Nf.* **tkáti** – (zu) weben		*Sup.* **(jàz) grém tkát** – ich gehe weben	
Vgh./	*w.*	**(jáz)** sem/bom/bi tkála	tkála sem/bom/bi	*Ggw.* **(jàz) tkèm** – ich webe
Zuk./	*m.*	**(jáz)** sem/bom/bi tkál	tkál sem/bom/bi	*Bef.* **tkí** – webe!
Bed.	***sem***	ich wob/webte, ich habe gewoben/gewebt; (ich hatte gewoben/gewebt)		
	bom	ich werde weben, ich werde gewoben/gewebt haben		
	bi	ich webe; ich würde weben, ich würde gewoben/gewebt haben; ich wöbe/webte, ich hätte gewoben/gewebt		

uv.		*v.*		*wh.*
tkèm –/4	ich webe (e)	stkèm *4*	ich webe e f	---
žgèm –	ich brenne	sežgèm *4*	ich verbrenne e	(sežígati sežígam *4)*
bráti **bêrem** *–/4*	ich lese (e)	prebêrem *4*	ich lese e aus/durch	(prebírati prebíram *4*)
(bráti bêrem)		pobêrem *4*	ich klaube e auf	(pobírati pobíram *4*)
práti **pêrem** *–/4*	ich wasche (Wäsche)	spêrem *4*	ich wasche e f	---
gnáti **žênem** *4+v4*	ich treibe j nach	požênem *4*	ich treibe e an	(pogánjati pogánjam *4*)
(gnáti žênem)		zažênem *4*	ich starte e an	(zagánjati zagánjam *4*)
státi stálo je **stáne** *4* > stáni	es kostet e *up.*	nastánem –	ich entstehe	(nastájati nastájam –)
(státi stánem)		ostánem *v5*	ich bleibe in	(ostájati ostájam *v5*)
pléti **plévem** *–/4*	ich jäte (e)	oplévem *4*	ich jäte e f	---
---		pozváti pozôvem *4+k3*	ich veranlasse j zu e	(pozívati pozívam *4+k3*)
plúti **plôvem**/plújem –	ich fahre (Schiff)	odplôvem/odplújem *od2*	ich fahre von ab	---
rjúti **rjôvem**/rjújem –	ich brülle	zarjôvem/zarjújem –	ich beginne zu brüllen	---
<und ähnliche Wörter>		*<und ähnliche Wörter>*		*<keine Wörter>*

Abwandlung des Hauptzeitwortes, Muster sti dem/tem/bem/pem

v. *Nf.* **pásti** – (zu) fallen *Sup.* ---

Vgh./ *w.* **(jáz)** sem/bom/bi pádla pádla sem/bom/bi *Ggw.* **(jàz) pádem** – ich falle

Zuk./ *m.* **(jáz)** sem/bom/bi pádel pádel sem/bom/bi *Bef.* **pádi** – fall!

Bed. ***sem*** ich fiel, ich bin gefallen; (ich war gefallen)

bom ich werde fallen, ich werde gefallen sein

bi ich falle; ich würde fallen, ich würde gefallen sein; ich fiele, ich wäre gefallen

uv.		*v.*		*wh.*
---		pásti **pádem** *na4*	ich falle hin auf	(pádati pádam na*4*)
krádem *–/3+4*	ich stehle (e)	ukrádem *3+4*	ich stehle j e	(ukrádati ukrádam *3+4*)
sédem *–/na4*	ich setze mich (hin)	usédem se na*4*	ich setze mich auf e	(usédati se usédam se *na4*)
vêdem *–/4+v4*	ich führe (j nach)	zavêdem *4*	ich verführe j	(zavájati zavájam *4*)
vêdem *–/4*	ich führe (j/e)	uvêdem *4*	ich führe e (Neues) ein	(uvážati uvážam *4*)
(vêsti vêdem)		prevêdem *4*	ich übersetze e	(prevájati prevájam *4*)
prêdem *–/4*	ich spinne (e)	zaprêdem *4*	ich verspinne e (Faden)	---
blêde se – *up.*	ich fantasiere	(blestéti se blestím se – – ich glänze)		(bléščati se bléščam se –)
bôsti bôdem *–/4+v4*	ich steche (j in)	zbôdem *4+v4*	ich steche j hinein	(zbádati zbádam *4+v4*)
gódem –	ich musiziere/geige	zagodem –	ich beginne vorzuspielen	---
mêdem *4*	ich verwirre j	zmêdem *4*	ich verwirre j total	---
mêdem se –	ich bin irre	zmêdem se –	ich werde irre	---
gnêsti **gnêtem** *–/4*	ich knete (e)	zgnêtem *4*	ich verknete e f	---
mêsti mêtem *–/4*	ich kehre (e auf)	pomêtem *4*	ich kehre e zusammen	(pométati pométam *4*)
cvètem –	ich blühe	zacvètem –	ich blühe auf/erblühe	---
plêtem *–/4*	ich stricke (e)	splêtem *4*	ich stricke e f	---
dôlbsti **dôlbem** *–/4*	ich schlage (e heraus)	zadólbsti zadólbem *4*	ich schlage e an (Papier)	---
zêbsti zêbe –	es ist kalt *up.*	---		---
têpsti têpem *–/4*	ich schlage (j)	natêpem *4*	ich verhaue j	(natépati natépam *4*)
(têpsti têpem)		pretêpem *4*	ich verprügle j	(pretépati pretépam *4*)
sôpsti **sôpem** –	ich schnaufe	zasôpem –	ich schnaufe plötzlich auf	---
hrôpem –	ich schnaufe/röchle	zahrôpem –	ich beginne zu schnauben	---
<und ähnliche Wörter>		*<und ähnliche Wörter>*		*<keine Wörter>*

Abwandlung des Hauptzeitwortes, Muster áti ljem/rjem/njem

uv. *Nf.* **kopáti** – (zu) graben *Sup.* **(jàz) grém kopát** – ich gehe graben

Vgh./ *w.* **(jáz)** sem/bom/bi kopála kopála sem/bom/bi *Ggw.* **(jàz) kópljem** – ich grabe

Zuk./ *m.* **(jáz)** sem/bom/bi kopál kopál sem/bom/bi *Bef.* **kôplji/kopljíte** – grab/grabt!

Bed. ***sem*** ich grub, ich habe gegraben; (ich hatte gegraben)

bom ich werde graben, ich werde gegraben haben

bi ich grabe; ich würde graben, ich würde gegraben haben; ich grübe, ich hätte gegraben

uv.		*v.*		*wh.*
kópljem *–/4*	ich grabe (e)	izkópljem *4*	ich grabe e aus	(izkopávati izkopávam *4*)
---		posláti **póšljem** *3+4*	ich schicke j e	(pošíljati pošíljam *3+4*)
peljáti **péljem** *–/4*	ich führe (j/e)	pripéljem *4+v4*	ich führe e nach	---
péljem se *–/z6+v4*	ich fahre (mit nach)	pripéljem se *z6+v4*	ich fahre mit nach	---
---		postláti postéljem *4*	ich bette e auf	(postíljati postíljam *4*)
gíbati **gíbljem**/gíbam *4*	ich bewege e	(premákniti premáknem *4*)		(premíkati premíkam *4*)
gíbljem/gíbam se –	ich bewege mich	(premákniti se premáknem se *v4*)		(premíkati se premíkam se *v4*)
mléti méljem *–/4*	ich mahle (e)	zméljem *4*	ich zermahle e	---
---		(vzéti vzámem *4* – ich nehme e)		jemáti **jémljem** *4* – ich nehme e i w
oráti **órjem** *–/4*	ich pflüge (e)	zórjem *4*	ich pflüge e f um	---
kláti **kóljem** *–/4*	ich schlachte (e)	zakóljem *4*	ich schlachte e (tot)	---
sráti **sérjem** –	ich habe Stuhlgang	posérjem *4*	ich bin mit dem Stuhlgang f	---
žéti **žánjem** *–/4*	ich ernte (e) (Sichel)	požánjem	ich ernte e f (Sense)	---
<und ähnliche Wörter>		*<und ähnliche Wörter>*		*<und ähnliche Wörter>*

Abwandlung des Hauptzeitwortes, Muster či čem

uv.	*Nf.* **pêči** – (zu) backen		*Sup.* **(jàz) grém pêč** – ich gehe backen	
Vgh./	*w.*	**(jáz)** sem/bom/bi pêkla[1]	pêkla sem/bom/bi	*Ggw.* **(jàz) pêčem** – ich backe
Zuk./	*m.*	**(jáz)** sem/bom/bi pékel	pékel sem/bom/bi	*Bef.* **pêci/pecíte**[2] – backe!/backt!
Bed.				
	sem	ich buk/backte, ich habe gebacken; (ich hatte gebacken)		
	bom	ich werde backen, ich werde gebacken haben		
	bi	ich backe; ich würde backen, ich würde gebacken haben; ich büke/backte, ich hätte gebacken		

uv.		*v.*		*wh.*
pêčem *–/4*	ich backe/brate (e)	spêčem *4*	ich backe/brate e f	---
(pêči pêčem)		zapêčem *4*	ich brate e knusprig/braun	---
(pêči pêčem)		prepêčem *4*	ich überbacke e	---
têčem –/v4	ich laufe (nach)	stêčem *v4*	ich laufe weg/davon nach	---
vléčem *–/4*	ich ziehe (e)	povléčem *4*	ich ziehe e an (Wagen)	---
(vléči vléčem)		zavléčem *4*	ich ziehe e vorwärts	---
(vléči vléčem)		odvléčem *4*	ich ziehe e weg	---
---		obléčem *4*	ich ziehe e an (Kleider)	(obláčiti obláčim *4*)
---		obléčem se *–*	ich ziehe mich an (Kleider)	(obláčiti se obláčim se *–*)
---		obléčem si *4*	ich ziehe mir e an (Kleider)	(obláčiti si obláčim si *4*)
---		sléčem *4*	ich ziehe e aus (Kleider)	(sláčiti sláčim *4)*
---		sléčem se *–*	ich ziehe mich aus (Kleider)	(sláčiti se sláčim se *–)*
---		sléčem si *4*	ich ziehe mir e aus (Kleider)	(sláčiti si sláčim si *4)*
séčem *–/4*	ich mähe (e)	poséčem *4*	ich mähe e f ab	(posékati posékam *4*)
---		rêčem*: „...“/(3+4)*	ich sage: „...“/(j/e)	---
---		izrečem *3+4*	ich drücke j e aus	(izrékati izrékam *3+4)*
tôlči **tôlčem** *–/4*	ich klopfe/schlage (j/e)	stôlčem *4*	ich zerklopfe/zerschlage e	---
<und ähnliche Wörter>		*<und ähnliche Wörter>*		*<keine Wörter>*

[1] pêkla/pékel, têkla/tékel, vlékla/vlékel, oblékla/oblékel, slékla/slékel, sékla/sékel, rêkla/rékel, tôlkla/tôlkel
[2] pêci/pecíte, têci/tecíte, vléci/vlécite, obléci/oblécite, sléci/slécite, séci/sécite, rêci/recíte, tôlci/tolcíte

Abwandlung des Hauptzeitwortes, Muster či žem

uv.	*Nf.* **stréči** – (zu) bedienen		*Sup.* **(jàz) grém stréč** – ich gehe bedienen	
Vgh./	*w.*	**(jáz)** sem/bom/bi strégla[3]	strégla sem/bom/bi	***Ggw.*** **(jàz) strêžem** – ich bediene
Zuk./	*m.*	**(jáz)** sem/bom/bi strégel	strégel sem/bom/bi	***Bef.*** **strézi**[4] – bediene!
Bed.	***sem***	ich bediente, ich habe bedient; (ich hatte bedient)		
	bom	ich werde bedienen, ich werde bedient haben		
	bi	ich bediene; ich würde bedienen, ich würde bedient haben; ich bediente, ich hätte bedient		

uv.		*v.*		*wh.*
---		**strêžem** *–/3*	ich bediene (j)	---
---		postrêžem *3+z6*	ich warte j e auf	---
---		ustrêžem *3*	ich komme j entgegen	---
---		séžem *v4*	ich greife in	(ségati ségam *v4*)
---		doséžem *4*	ich erreiche j/e	(doségati doségam *4*)
---		léžem *k3*	ich lege mich hin (zu)	(légati légam *k3*)
---		uléžem se *na5*	ich lege mich hin auf	(ulégati se ulégam se *na5*)
---		vpréžem *4+v4*	ich spanne j/e ein (Wagen)	(vprégati vprégam *4+v4*)
---		zapréžem *4+v4*	ich spanne j/e vor	---
---		odpréžem *4+iz2*	ich spanne j/e aus	---
stríči **strížem** *–/4*	ich schneide (j Haare)	postrížem *4*	ich schneide j die Haare f	---
---		pristrížem *4*	ich stutze j den Schnurrbart	---
---		vréči **vŕžem** *4+v4*	ich werfe e hin/her	(metáti méčem *4+v4*)
<und ähnliche Wörter>		*<und ähnliche Wörter>*		*<keine Wörter>*

[3] strégla/strégel, ségla/ségel, lêgla/légel, vprégla/vprégel, strigla/strígel, vŕgla/vŕgel
[4] strézi/strézite, sézi/sézite, lézi/lézite, vprézi/vprézite, strízi/strízite, vŕzi/vŕzite

Abwandlung des Hauptzeitwortes, Muster sati šem

uv.	*Nf.* **písati** – (zu) schreiben		*Sup.* **(jàz) grém písat** – ich gehe schreiben	
Vgh./	*w.*	**(jáz)** sem/bom/bi písala	písala sem/bom/bi	*Ggw.* **(jàz) píšem** – ich schreibe
Zuk./	*m.*	**(jáz)** sem/bom/bi písal	písal sem/bom/bi	*Bef.* **píši** – schreib!
Bed.	***sem***	ich schrieb, ich habe geschrieben; (ich hatte geschrieben)		
	bom	ich werde schreiben, ich werde geschrieben haben		
	bi	ich schreibe; ich würde schreiben, ich würde geschrieben haben; ich schriebe, ich hätte geschrieben		

uv.		*v.*		*wh.*
píšem *–/4*	ich schreibe (e)	napíšem *4*	ich schreibe e auf	(napisováti napisújem *4*)
(písati píšem)		dopíšem *4*	ich schreibe e dazu	(dopisováti dopisújem *4*)
bríšem *–/4*	ich wische (e ab)	izbríšem *4*	ich lösche e weg	(izbrisováti izbrisújem *4*)
(brísati bríšem)		pobríšem *4*	ich wische e ab/weg	---
ríšem *–/4*	ich zeichne (e)	naríšem *4*	ich zeichne e auf	---
plésati **plêšem** *–/na5*	ich tanze (auf)	zaplêšem *na5*	ich tanze wo auf	---
česáti čéšem *–/4*	ich frisiere (j)	počéšem *4*	ich frisiere j f	---
<und ähnliche Wörter>		*<und ähnliche Wörter>*		*<keine Wörter>*

Abwandlung des Hauptzeitwortes, Muster cati/kati čem

uv.	*Nf.* **klícati** – (zu) rufen		*Sup.* **(jàz) grém klícat** – ich gehe rufen	
Vgh./	*w.*	**(jáz)** sem/bom/bi klícala	klícala sem/bom/bi	*Ggw.* (jàz) **klíčem** – ich rufe
Zuk./	*m.*	**(jáz)** sem/bom/bi klícal	klícal sem/bom/bi	*Bef.* **klíči** – rufe!
Bed.	***sem***	ich rief, ich habe gerufen; (ich hatte gerufen)		
	bom	ich werde rufen, ich werde gerufen haben		
	bi	ich rufe; ich würde rufen, ich würde gerufen haben; ich riefe, ich hätte gerufen		

uv.		*v.*		*wh.*
klícati **klíčem** *–/4*	ich rufe (j)	poklíčem *4*	ich rufe j (an)	---
jókati jokam/**jóčem** –	ich weine	zajóčem –	ich beginne zu weinen	---
skakati skakam/**skačem** *–/po5*	ich hüpfe (wo) herum)	poskáčem *po5*	ich hüpfe wo hinauf	---
sukati sukam/**sučem** *–/4*	ich drehe (e)	zasúčem *4*	ich beginne e zu drehen	---
<und ähnliche Wörter>		*<und ähnliche Wörter>*		*<keine Wörter>*

Abwandlung des Hauptzeitwortes, Muster zati/gati žem

uv.	*Nf.* **kázati** – (zu) zeigen		*Sup.* **(jàz) grém kázat** – ich gehe zeigen	
Vgh./	*w.*	**(jáz)** sem/bom/bi kázala	kázala sem/bom/bi	*Ggw.* **(jàz) kážem** – ich zeige
Zuk./	*m.*	**(jáz)** sem/bom/bi kázal	kázal sem/bom/bi	*Bef.* **káži** – zeig!
Bed.	***sem***	ich zeigte, ich habe gezeigt; (ich hatte gezeigt)		
	bom	ich werde zeigen, ich werde gezeigt haben		
	bi	ich zeige; ich würde zeigen, ich würde gezeigt haben; ich zeigte, ich hätte gezeigt		

uv.		*v.*		*wh.*
kázati **kážem** *–/4*	ich zeige (e)	pokážem *4*	ich zeige e her	(pokazováti pokazújem *4*)
(kázati kážem)		dokážem *4*	ich beweise e	(dokazováti dokazújem *4*)
(kázati kážem)		nakážem *4*	ich weise e an	(nakazováti nakazújem *4*)
mázati mážem *–/4*	ich streiche (e) auf	namážem *4*	ich streiche e f auf	---
lagáti (si) lagála/lagál (si)				
lážem (si) – láži (si)	ich lüge (mich an)	zlážem se *3*	ich lüge j an	---
lažem se –	ich schwindle	nalážem se –	ich schwindle mir e vor	---
lízati **lížem** *–/4*	ich schlecke (e)	polížem *4*	ich schlecke e ab	---
vézati **vêžem** *–/4*	ich (ver)binde (e)	povêžem *4*	ich verbinde j/e	(povezováti povezújem *4*)
rézati réžem *–/4*	ich schneide (e) auf	naréžem *4*	ich schneide e auf	---
(rézati réžem)		izréžem *4*	ich schneide e aus	(izrezováti izrezújem *4*)
<und ähnliche Wörter>		*<und ähnliche Wörter>*		*<keine Wörter>*

Abwandlung des Hauptzeitwortes, Muster skati ščem

uv.	*Nf.* **iskáti** – (zu) suchen		*Sup.* **(jàz) grém iskát** – ich gehe suchen	
Vgh./	*w.*	**(jáz)** sem/bom/bi iskála	iskála sem/bom/bi	*Ggw.* **(jàz) íščem** – ich suche
Zuk./	*m.*	**(jáz)** sem/bom/bi iskál	iskál sem/bom/bi	*Bef.* **íšči** – suche!
Bed.	***sem***	ich suchte, ich habe gesucht; (ich hatte gesucht)		
	bom	ich werde suchen, ich werde gesucht haben		
	bi	ich suche; ich würde suchen, ich würde gesucht haben; ich suchte, ich hätte gesucht		

uv.		*v.*		*wh.*
íščem *–/4*	ich suche (j/e)	poíščem *4*	ich suche j auf/e heraus	---
(iskáti íščem)		razíščem *4*	ich untersuche j/e	(raziskováti raziskújem *4*)
(iskáti íščem)		obíščem *4*	ich besuche j/e	(obiskováti obiskújem *4*)
<und ähnliche Wörter>		*<und ähnliche Wörter>*		*<keine Wörter>*

Abwandlung des Hauptzeitwortes, Muster niti nem und iti dem

v.	*Nf.* **skleníti** – ab(zu)schließen		*Sup.* **(jàz) grém sklênit** – ich gehe abschließen	
Vgh./	*w.*	(jáz) sem/bom/bi skleníla	skleníla sem/bom/bi	*Ggw.* **(jàz) sklénem** – ich schließe ab
Zuk./	*m.*	(jáz) sem/bom/bi sklênil	sklênil sem/bom/bi	*Bef.* **sklêni/skleníte** – schließ ab!
Bed.	***sem***	ich schloss ab, ich habe abgeschlossen; (ich hatte abgeschlossen)		
	bom	ich werde abschließen, ich werde abgeschlossen haben		
	bi	ich schließe ab; ich würde abschließen, ich würde abgeschlossen haben; ich schlösse ab, ich hätte abgeschlossen		

uv.		*v.*		*wh.*
---		**sklénem** *4*	ich schließe e ab	(sklépati sklépam *4*)
		ugániti ugánem *4*	ich errate e	(ugánjati ugánjam *4*)
		izgíniti **izgínem** *v4*	ich verschwinde wohin	(izgínjati izgínjam *v4*)
ríniti rínem *4*	ich stoße j/e	rínem *4*	ich stoße j/e weg	(potískati potískam *4+v4*)
gónem *4*	ich schiebe e	gónem *4*	ich treibe e an	(prigánjati prigánjam *4*)
tónem *–/v5*	ich versinke (wo)	utónem *v5*	ich gehe unter/ertrinke in	---
---		pljúnem *4*	ich spucke e aus	(pljúvati pljuvam *4*)
---		umákniti **umáknem** *4*	ich ziehe e zurück	(umíkati umíkam *4*)
		premáknem *4*	ich verrücke e	(premíkati premíkam *4*)
		klíknem *na4*	ich klicke e an	(klíkati klíkam *na4*)
		izogníti se izógnem se *3*	ich vermeide e	(izogíbati se izogíbam se *3*)
		utégnem *4*	ich schaffe e	---
		potégnem *4*	ich ziehe e heraus	(potegováti potegújem *4*)
		dvígnem *4*	ich hebe e an/auf	(dvígati dvígam *4*)
		nágnem *4*	ich neige/kippe e	(nagíbati nagíbam *4*)
		šépnem *3+4*	ich flüstere j e zu	(šepetáti šepetám *3+4*)
(poslúšati poslúšam *4*)		prislúhniti prislúhnem *3*	ich höre j zu	(prislúškati prislúškam *3/* prisluškávati prisluškávam *3/* prisluškováti prisluškújem *3*)
		kíhnem *v4*	ich niese j an	(kíhati kíham *v4*)
		brúhnem *4*	ich breche in e aus	(brúhati brúham *4*)
---		píhnem *4*	ich blase e aus	(píhati píham *4*)
(grísti grízem *–/4*)		ugrízniti ugríznem *v4*	ich beiße in e	---
---		ugásniti ugásnem *4*	ich lösche e aus	(ugášati ugášam *4*)
---		natísnem *4*	ich drucke e aus	(natískati naiskam *4*)
---		potísnem *na4*	ich drücke auf e	(potískati potískam *na4*)
---		vrníti **vŕnem** *3+4*	ich gebe j e zurück	(vráčati vráčam *3+4*)
---		vrníti se vŕnem se *v4*	ich kehre zurück nach	(vráčati se vráčam se *v4*)
---		obŕnem *4*	ich drehe e um	(obráčati obráčam *4*)
---		odíti **odídem** *v4*	ich gehe fort nach	(odhájati odhájam *v4*)
---		príti prídem *v4*	ich komme an in	(prihájati prihájam *v4*)
---		nájti **nájdem** *4*	ich finde j/e	(nahájati se nahája se *v4*)
<und ähnliche Wörter>		*<und ähnliche Wörter>*		*<keine Wörter>*

Abwandlung des Hauptzeitwortes, Muster éti nèm und áti čem

v. *Nf.* **načéti** – an(zu)schneiden *Sup.* **(jàz) grém načét** – ich gehe anschneiden

Vgh./	*w.*	**(jáz)** sem/bom/bi načéla	načéla sem/bom/bi	*Ggw.* **(jàz) načnèm** – ich schneide an
Zuk./	*m.*	**(jáz)** sem/bom/bi načél	načél sem/bom/bi	*Bef.* **načnì/načníte** – schneide an!
Bed.	***sem***	ich schnitt an, ich habe angeschnitten; (ich hatte angeschnitten)		
	bom	ich werde anschneiden, ich werde angeschnitten haben		
	bi	ich schneide an; ich würde anschneiden, ich würde angeschnitten haben; ich schnitte an, ich hätte angeschnitten		

uv.		*v.*		*wh.*
---		**načnèm** *4*	ich schneide e an	(načénjati načénjam *4*)
počnèm *–/4*	ich mache/tue/treibe e	---		(počénjati počénjam *4*)
---		začnèm *(+Verb)*	ich beginne zu	(začénjati začénjam *+Verb*)
---		pričnèm *(+Verb)*	ich fange zu an	(pričénjati pričénjam *+Verb*)
péti se **pnèm** se *čez4*	ich führe über (Brücke)	---		---
---		odpnèm *4*	ich knöpfe e auf	(odpénjati odpénjam *4*)
---		napnèm *4*	ich spanne e an	(napénjati napénjam *4*)
---		povzpnèm se *na4*	ich erklimme e	(povzpénjati se povzpénjam se *na4*)
---		razpnèm *4*	ich breite e aus	(razpénjati razpénjam *4*)
---		vpnèm *4+v4*	ich hefte e ein in	(vpénjati vpénjam *4+v4*)
kléti **kólnem** *–/4*	ich (ver)fluche (j/e)	zakólnem *4*	ich verfluche j/e	(zaklínjati zaklínjam *4*)
(kléti kólnem)		prekólnem *4*	ich verfluche j total	(preklínjati preklínjam *4*)
déti **déne** –	es tut gut *up.*	---		---
déti **dénem** *–/4+v4*	ich lege (e auf)	nadénem *4+na4*	ich setze e auf	(nadévati nadévam *4* – füllen)
(déti dénem)		nadénem si *4*	ich setze mir e auf	---
(déti dénem)		razodénem *3+4*	ich offenbare j e	(razodévati razodévam *3+4*)
(déti dénem)		prizadénem *4*	ich schädige j/e	(prizadévati prizadévam 4)
---		ožéti **ožmèm** *4*	ich presse e aus	(ožémati ožémam *4*)
jókati jóčem/(jókam) –	ich weine	zajóčem/(zajókam) –	ich beginne zu weinen	---
<und ähnliche Wörter>		*<und ähnliche Wörter>*		*<keine Wörter>*

Abwandlung des Hauptzeitwortes, Muster éti ámem

v. *Nf.* **snéti** – auf(zu)nehmen/filmen *Sup.* **(jàz) grém snét** – ich gehe aufnehmen/filmen

Vgh./	*w.*	**(jáz)** sem/bom/bi snéla	snéla sem/bom/bi	*Ggw.* **(jàz) snámem** – ich nehme auf
Zuk./	*m.*	**(jáz)** sem/bom/bi snél	snél sem/bom/bi	*Bef.* **snêmi/snemíte** – nimm auf!
Bed.				
	sem	ich nahm auf (ein Bild), ich habe aufgenommen; (ich hatte aufgenommen)		
	bom	ich werde aufnehmen, ich werde aufgenommen haben		
	bi	ich nehme auf; ich würde aufnehmen, ich würde aufgenommen haben; ich nähme auf, ich hätte aufgenommen		

uv.		*v.*		*wh.*
---		**snámem** *4*	ich nehme e auf (Bild)	(snémati snémam *4*)
		posnámem *4*	ich zeichne e auf (Lied)	(posnémati posnémam *4*)
---		vnámem *4*	ich entflamme e	(vnémati vnémam *4*)
		vnáme se – *up.*	es entzündet sich (Wunde)	(vnémati se vnéma se – *up.*)
---		najéti **najámem** *4*	ich miete/lease e	(najémati najémam *4*)
		dojámem *4*	ich begreife e	(dojémati dojémam *4*)
		objámem *4*	ich umarme j/e	(objémati objémam *4*)
		ujámem *4*	ich fange j/e ein	(ujémati ujémam *4*)
---		verjámem 4	ich glaube j/e	verjéti verjámem *4* ich glaube e fw
---		vzéti **vzámem** *4*	ich nehme e	(jemáti jémljem *4*)
		odvzámem *3+4*	ich nehme j e weg	(odvzémati odvzémam *3+4*)
méti **mánem** *–/4*	ich reibe (e)	zmánem *4*	ich zerreibe e	---
méti si mánem si *4*	ich reibe mir e (Hände)	---		---
---		---		---
<und ähnliche Wörter>		*<und ähnliche Wörter>*		*<und ähnliche Wörter>*

Abwandlung des Hauptzeitwortes, Muster játi jem

wh.	*Nf.* **dajáti** – (immer wieder zu) geben		*Sup.* ---	
Vgh./	*w.*	**(jáz)** sem/bom/bi dajála	dajála sem/bom/bi	*Ggw.* **(jàz) dájem** – ich gebe (i w)
Zuk./	*m.*	**(jáz)** sem/bom/bi dajál	dajál sem/bom/bi	*Bef.* **dajàj/dajájte** – gib! (i w)
Bed.				

sem ich gab (immer wieder), ich habe (immer wieder) gegeben; (ich hatte immer wieder gegeben)
bom ich werde (immer wieder) geben, ich werde (immer wieder) gegeben haben
bi ich gebe i w; ich würde i w geben, ich würde i w gegeben haben; ich gäbe i w, ich hätte i w gegeben

uv.		*v.*		*wh.*	
---		(dáti dám *3+4*)		**dájem** *3+4*	ich gebe i w j e
majáti májem –	ich wackle/wanke	zmajáti zmájem *z6*	ich schüttle e (Kopf)	---	
sejáti **séjem** *–/4*	ich säe (e)	posejáti poséjem *4*	ich säe e aus	---	
sijáti **síjem** *–/4*	ich scheine (Sonne)	posijáti posíjem *skozi4*	ich scheine durch e	---	
<und ähnliche Wörter>		*<und ähnliche Wörter>*		*<und ähnliche Wörter>*	

Abwandlung des Hauptzeitwortes, Muster jéti mem

v.	*Nf.* **prijéti** – festhalten		*Sup.* . **(jàz) grém prijét** – ich gehe festhalten	
Vgh./	*w.*	**(jáz)** sem/bom/bi prijéla	prijéla sem/bom/bi	*Ggw.* **(jàz) prímem** – ich halte fest
Zuk./	*m.*	**(jáz)** sem/bom/bi prijél	prijél sem/bom/bi	*Bef.* **prími** – halte fest!
Bed.				

sem ich hielt fest, ich habe festgehalten; (ich hatte festgehalten)
bom ich werde festhalten, ich werde festgehalten haben
bi ich halte fest; ich würde festhalten, ich würde festgehalten haben; ich hielte fest, ich hätte festgehalten

uv.	*v.*		*wh.*
---	prijéti **prímem** *za4*	ich halte e fest (Hand)	(prijémati prijémam *za4*)
---	sprejéti **sprejmem** *4*	ich empfange j/e	(sprejémati sprejémam *4*)
<keine Wörter>	*<und ähnliche Wörter>*		*<und ähnliche Wörter>*

Abwandlung des Hauptzeitwortes und Modalzeitwortes, Sonderformen

uv.		*v.*		*wh.*
glédati glédala/glédal				
glédam *–/4* > gléj/gléjte	ich schaue (j/e) an	poglédam *v4*	ich schaue j in (die Augen)	---
smejáti se smejála/smejál se je				
smejím se *–/2* > sméj/sméjte se	ich lache (ü j/e)	zasmejím se *–/2*	ich beginne (ü j/e) zu lachen	---
báti se bála/bál se je				
bojím se *–/2* > bój/bójte se	ich fürchte mich (vor j/e)	zbojím se *2*	ich erschrecke vor j/e	---
státi stála/stál				
stojím *–/pred6* > stój/stójte	ich stehe (vor j/e)	obstojím *pred6*	ich bleibe vor j/e (be)stehen	---
státi stálo je				
stáne – > stáni/stánite	es kostet *up.*	---		---

uv.		*v.*		*wh.*	
móči **mórem** *+Verb*	ich kann	zmóči zmórem *+Verb*	ich bin fähig zu	---	
---		opomorem si/se *od2*	ich erhole mich vom	---	
---		vréči vŕžem *4+v4*	ich werfe e hin/her	metáti méčem *4+v4*	ich werfe e hin und her

uv.		*v.*	*wh.*
hotéti hotéla/hôtel **hóčem** *–/4/+Verb* > hôti/hotíte	ich will	---	---
nè hotéti ní hotéla/ní hôtel **nóčem** *–/4/+Verb* > nè hôti/hotíte	ich will nicht	---	---
iméti iméla/imél **imám** *4/+Verb* > iméj/iméjte	ich habe zu/(besitze)	---	---
nè iméti ní iméla/nì imél **nímam** *4/+Verb* > nè iméj/nè iméjte	ich habe nicht zu/(besitze) nicht	---	---

Abwandlung des Hauptzeitwortes, Leermodell auf ati am

uv.	...ati – (zu) ...en	**(jaz)** grem ...at – ich gehe ...en	
Ggw.	*Ez.*	*Zz.*	*Mz.*
1.Ps.	**(jaz)** ...am – ich ...e	**(midve/midva)** ...ava – wir (2) ...	**(me/mi)** ...amo – wir ...en
2.Ps.	**(ti)** ...aš – du ...st	**(vidve/vidva)** ...ata – ihr (2) ...	**(ve/vi)** ...ate – ihr ...t/Sie ...en
3.Ps.	**(ona/ono/on)** ...a – sie/es/er ...t	**(onidve/onadva)** ...ata – sie (2) ...	**(one/ona/oni)** ...ajo – sie ...en
Bef.	*Ez.*	*Zz.*	*Mz.*
1.Ps.	---	---	...ajmo – lasst uns ...en!
2.Ps.	...aj – ...(e)!	...ajta – ...(e)t! (ihr 2)	...ajte – ...(e)t!
3.Ps.	---	---	---

Vgh.		*Ez.*		*Zz.*		*Mz.*	
1.Ps.	*w.*	...ala sem	ich ...te/ ich habe (hatte) ge...t	...ali sva	wir (2) ...	...ale smo	wir ...ten/ wir haben ge...t
	m.	...al sem		...ala sva		...ali smo	
2.Ps.	*w.*	...ala si	du ...test/ du hast ge... t	...ali sta	ihr (2) ...	...ale ste	ihr ...tet/ ihr hab ge...t/ Sie ...ten/ Sie haben ge...t
	m.	...al si		...ala sta		...ali ste	
3.Ps.	*w.*	...ala je	sie/es/er ...te/ sie/es/er hat ge...t	...ali sta	sie (2) ...	...ale so	sie ...ten/ sie haben ge...t
	s.	...alo je		...ali sta		...ala so	
	m.	...al je		...ala sta		...ali so	

v.	za...ati – (auf/...)...en, (ver/...)...en, beginnen zu ...en	**(jaz)** grem za...at – ich gehe (auf/...)...en	
Ggw.	*Ez.*	*Zz.*	*Mz.*
1.Ps.	**(jaz)** za...am – ich ...e, ich beginne zu ...en	**(midve/midva)** za...ava – wir (2) ...	**(me/mi)** za...amo – wir ...en, wir beginnen zu ...en

wh.	za...avati – immer wieder ...en	---	
Ggw.	*Ez.*	*Zz.*	*Mz.*
1.Ps.	**(jaz)** za...avam – ich ...e immer wieder	**(midve/midva)** za...avava – wir (2) ...	**(me/mi)** za...avamo – wir ...en immer wieder

uv.		...áti – (zu) ...en	**(jàz)** **grém ...át** – ich gehe ...en	
Vgh./	*w.*	**jáz sem/bom/bi ...ala**	**...ala sem/bom/bi**	*Ggw.* **(jàz)** **...am** – ich ...e
Zuk./	*m.*	**jáz sem/bom/bi ...al**	**...al sem/bom/bi**	*Bef.* **...aj** – ...!
Bed.	***sem***	ich ...te, ich habe ge...t/ich bin ge...n; (ich hatte ge...t/ich war ge...n)		
	bom	ich werde ...en, ich werde ge...t haben/ge...n sein		
	bi	ich ...e; ich würde ...en, ich würde ge...t haben/ge...n sein; ich ...te, ich hätte ge...t/ich wäre ge...t		

uv.	*v.*	*wh.*
<und ähnliche Wörter>	*<und ähnliche Wörter>*	*<und ähnliche Wörter>*

Abwandlung des Hauptzeitwortes, 2. Ps. Mz. auf ste

uv.	*Nf.* **bíti** – (zu) sein/haben		*Sup.* ---	*(Siehe dazu die Ausführungen auf S. 138/139!)*
Ggw.	(jaz) **sem, ... si, ... je**		**... sva, ... sta, ... sta**	**... smo, ... ste, ... so**
Zuk.	(jaz) **bom, ... boš, ... bo**		**... bova, ... bosta, ... bosta**	**... bomo, ... boste, ... bojo/bodo**
Vgh./	*w./m.*	(jáz) sem bilà/bíl	bilà/bíl sem	*Ggw.* (jàz) **sem** – ich bin/habe
Zuk.	*w./m.*	(jáz) bom	bom	*Bef.* **bódi** – sei!
	sem	ich war/hatte, ich bin gewesen/habe gehabt; (ich war gewesen/ich hatte gehabt)		
	bom	ich werde sein/haben, ich werde gewesen sein/gehabt haben		
	bi	ich sei; ich würde sein, ich würde gewesen sein; ich wäre, ich wäre gewesen		

uv.	*Nf.* **nè bíti** – nicht (zu) sein/haben		*Sup.* ---	*(Siehe dazu die Ausführungen auf S. 140/141!)*
Ggw.	(jaz) **nísem, ... nísi, ... ní**		**... nísva, ... nísta, ... nísta**	**... nísmo, ... níste, ... níso**
Zuk.	(jaz) **nè bom, ... nè boš, ... nè bo**		**... nè bova, ... nè bosta, ... nè bosta**	**... nè bomo, ... nè boste, ... nè bojo/bodo**
Vgh./	*w./m.*	(jáz) nísem bilà/bíl	bilà/bíl nísem	*Ggw.* (jàz) **nísem** – ich bin/habe nicht
Zuk.	*w./m.*	(jáz) nè bom	nè bom	*Bef.* **nè bódi/bodíte** – sei nicht!
	nísem	ich war/hatte nicht, ich bin/habe nicht gewesen/gehabt; (ich war nicht gewesen/ich hatte nicht gehabt)		
	nè bom	ich werde nicht sein/haben, ich werde nicht gewesen sein/gehabt haben		
	nè bi	ich sei nicht; ich würde nicht sein, ich würde nicht gewesen sein; ich wäre nicht, ich wäre nicht gewesen		

uv.	*Nf.* **jésti** – (zu) essen			*Sup.* (jàz) **grém jést** – ich gehe essen
(jaz) **jém, ... jéš, ... jé**			**... jéva, ... jésta, ... jésta**	**... jémo, ... jéste, ... jéjo/jedó**
Vgh./	*w.*	(jáz) sem/bom/bi jédla	jédla sem/bom/bi	*Ggw.* (jàz) **jém** – ich esse
Zuk./	*m.*	(jáz) sem/bom/bi jédel	jédel sem/bom/bi	*Bef.* **jéj** – iss!
Bed.	***sem***	ich aß, ich habe gegessen; (ich hatte gegessen)		
	bom	ich werde essen, ich werde gegessen haben		
	bi	ich esse; ich würde essen, ich würde gegessen haben; ich äße, ich hätte gegessen		

uv.		*v.*		*wh.*
jésti > jédla/jédel		pojésti > pojédla/pojédel		---
jém *–/4* > jéj	ich esse (e)	pojém *4* > pojéj	ich esse e auf	
---		najésti se > najédla/najédel se		---
		najém se *4* > najéj se	ich esse mich satt	
<nur dieses Wort>		*<und ähnliche Wörter>*		*<keine Wörter>*

uv.	*Nf.* **védeti** – (zu) wissen			*Sup.* ---
(jaz) **vém, ... véš, ... vé**			**... véva, ... vésta, ... vésta**	**... vémo, ... véste, ... véjo/vedó**
Vgh./	*w.*	(jáz) sem/bom/bi védela	védela sem/bom/bi	*Ggw.* (jàz) **vém** – ich weiß
Zuk./	*m.*	(jáz) sem/bom/bi védel	védel sem/bom/bi	*Bef.* **védi** – wisse!
Bed.	***sem***	ich wusste, ich habe gewusst; (ich hatte gewusst)		
	bom	ich werde wissen, ich werde gewusst haben		
	bi	ich wisse, ich würde wissen, ich würde gewusst haben; ich wüsste, ich hätte gewusst		

uv.		*v.*		*wh.*
védeti > védela/védel		izvédeti > izvédela/izvédel		---
vém *–/4* > védi	ich weiß (e)	izvém *4* > izvédi	ich erfahre e	
---		poizvédeti > poizvédela/poizvédel		
		poizvém *4* > poizvédi	ich kundschafte e aus	
<nur dieses Wort>		*<und ähnliche Wörter>*		*<keine Wörter>*

uv./v. *Nf.* **íti** – (zu) gehen *Sup.* ---

(jaz) **grém, ... gréš, ... gré** ... **gréva, ... grésta, ... grésta** ... **grémo, ... gréste, ... gréjo/gredó**

Vgh./ *w.* (jáz) sem/bom/bi šlà šlà sem/bom/bi *Ggw.* (jàz) **grém** – ich gehe

Zuk./ *m.* (jáz) sem/bom/bi šèl šèl sem/bom/bi *Bef.* **pójdi/pojdíte** – geh!

Bed. ***sem*** ich ging, ich bin gegangen; (ich war gegangen)

bom ich werde gehen, ich werde gegangen sein

bi ich gehe; ich würde gehen, ich würde gegangen sein; ich ginge, ich wäre gegangen

uv.		*v.*		*wh.*
íti > šlà/šél		íti > šlà/šél		(hodíti hódim –)
grém – > pójdi	ich gehe	grém *v4* > pójdi	ich gehe nach	
<nur dieses Wort>		*<nur dieses Wort>*		*<keine Wörter>*

v. *Nf.* **dáti** – (zu) geben *Sup.* (jàz) **grém dát** – ich gehe geben

(jaz) **dám, ... dáš, ... dá** ... **dáva, ... dásta, ... dásta** ... **dámo, ... dáste, ... dájo/dadó**

Vgh./ *w.* (jáz) sem/bom/bi dála dála sem/bom/bi *Ggw.* (jàz) **dám** – ich gebe

Zuk./ *m.* (jáz) sem/bom/bi dál dál sem/bom/bi *Bef.* **dàj/dájte** – gib!

Bed. ***sem*** ich gab, ich habe gegeben; (ich hatte gegeben)

bom ich werde geben, ich werde gegeben haben

bi ich gebe; ich würde geben, ich würde gegeben haben; ich gäbe, ich hätte gegeben

uv.	*v.*		*wh.*
---	dáti > dála/dál		(dajáti dájem *3+4*)
	dám *3+4* > dàj/dájte	ich gebe j e	
<keine Wörter>	*<nur dieses Wort>*		*<keine Wörter>*

v. *Nf.* **povédati** – (zu) erzählen *Sup.* (jàz) **grém povéd**at – ich gehe erzählen

(jaz) **povém, ... povéš, ... povē** ... **povéva, ... povésta, ... povésta** ... **povémo, ... povéste, ... povéjo/povedó**

Vgh./ *w.* (jáz) sem/bom/bi povédala povédala sem/bom/bi *Ggw.* (jàz) **povém** – ich erzähle

Zuk./ *m.* (jáz) sem/bom/bi povédal povédal sem/bom/bi *Bef.* **povéj** – erzähle!

Bed. ***sem*** ich erzählte, ich habe erzählt; (ich hatte erzählt)

bom ich werde erzählen, ich werde erzählt haben

bi ich erzähle; ich würde erzählen, ich würde erzählt haben; ich erzählte, ich hätte erzählt

uv.	*v.*		*wh.*
---	povédati > povédala/povédal		(pripovedováti pripovedújem *4*)
	povém *4* > povéj	ich erzähle e	
---	prepovédati > prepovédala/prepovédal		(prepovedováti prepovedújem *4*)
	prepovém *4* > prepovéj	ich verbiete e	
<keine Wörter>	*<und ähnliche Wörter>*		*<keine Wörter>*

v. *Nf.* **dejáti** – fest(zu)stellen *Sup.* (jàz) **grém deját** – ich gehe feststellen

(jaz) **dém/déjem, ... déš/déješ, ... dé/déje/** ... **déva/déjeva/, ... désta/déjeta/, ... désta/déjeta/** ... **démo/déjemo/, ... déste/déjete/, ... déjo/dedó/déjejo/**

Vgh./ *w.* (jáz) sem/bom/bi dejála dejála sem/bom/bi *Ggw.* (jàz) **dém/déjem** – ich stelle fest

Zuk./ *m.* (jáz) sem/bom/bi dejál dejál sem/bom/bi *Bef.* **déj** – stelle fest!

Bed. ***sem*** ich stellte fest, ich habe festgestellt; (ich hatte festgestellt)

bom ich werde feststellen, ich werde festgestellt haben

bi ich stelle fest; ich würde feststellen, ich würde festgestellt haben; ich stellte fest, ich hätte festgestellt

uv.	*v.*		*wh.*
---	dejáti > dejála/dejál		---
	dém/déjem: „... “ > déj	ich stelle fest: „...“	
<keine Wörter>	*<nur dieses Wort>*		*<keine Wörter>*

Beispielsätze zu den S. 162-166

Prispevam zgodbe in avtobiografijo k slovenskemu in nemškogovorečemu slovstvu.
Ich trage Geschichten und eine Autobiografie zur slowenischen und deutschsprachigen Literatur bei.

Ležim v postelji in sanjam. V takih primerih vedno molčim. Vedno spim zelo dobro.
Ich liege im Bett und träume. Bei solchen Gelegenheiten schweige ich immer. Ich schlafe immer sehr gut.

Zdaj živim v Štebnu pri Bekštanju. Nekaj let sem živela tudi v občini Št. Jurij v Labotu. Jubilant naj živi še dolga leta. Moji predniki so živeli že v 17. stoletju tukaj v tej občini.
Ich lebe jetzt in St. Stefan bei Finkenstein. Ich habe auch einige Jahre in der Gemeinde St. Georgen im Lavanttal gelebt. Der Jubilant soll noch viele Jahre leben! Meine Vorfahren lebten schon im 17. Jahrhundert hier in dieser Gemeinde.

Poučujem odrasle. Poučevala sem v VHS v Beljaku. Slovenščino bom poučevala še nekaj let. Zelo rada bi poučevala otroke, a žal ni bilo možno. Poučuj otroke z zgledom!
Ich unterrichte Erwachsene. Ich habe an der VHS in Villach unterrichtet. Slowenisch werde ich noch einige Jahre lang unterrichten. Sehr gerne hätte ich Kinder unterrichtet, aber das war leider nicht möglich. Unterrichte die Kinder durch dein Vorbild!

Razumem tvoje stališče. Razumem, da si jezna name, a jaz sem zelo ponosna nase.
Ich verstehe deinen Standpunkt. Ich verstehe, dass du zornig auf mich bist, ich bin jedoch sehr stolz auf mich.

Tkem novo preprogo za spalnico. Stkala sem že mnogo preprog, ki sem jih prodala. Berem veliko. Zadnja leta sem prebrala ogromno knjig, predvsem literarnih in znanstvenih. Sprala sem vso umazano perilo. Speri svoje spodnje perilo sama!
Ich webe einen neuen Teppich für mein Schlafzimmer. Ich habe schon viele Teppiche gewebt, die ich verkauft habe. Ich lese viel. In den letzten Jahren habe ich eine riesige Menge Bücher gelesen, vor allem literarische und wissenschaftliche. Ich habe die gesamte schmutzige Wäsche gewaschen. Wasch deine Unterwäsche selbst!

Padla sem na nos. Pazi, da ne boš padel čez smeti. Zadnjič sem padla na stopnicah. Gnetem. Gnetla sem testo za pogačo. Rjovem glasno. Zarjula sem strašno glasno, ko sem zagledala opico. Ta ladja plove zelo počasi.
Ich bin auf die Nase gefallen. Pass auf, dass du nicht über die Abfälle drüber fällst. Letztens bin ich auf der Stiege gefallen. Ich knete. Ich habe den Teig für den Reindling geknetet. Ich brülle laut. Ich brüllte wahnsinnig laut, als ich einen Affen erblickte. Dieses Schiff fährt sehr langsam.

Kopljem jamo za biološke odpadke. Poslala sem prijateljici darilo. Peljala sem se z avtom od Bekštanja v Beljak. Peljala se bom z vlakom v Celovec, kjer bom vzela taksi do gledališča. Nočem se peljati ne z letalom ne z ladjo, zato ker mi je strah tako v zraku kot na morju.
Ich grabe ein Loch für die biologischen Abfälle. Ich habe meiner Freundin ein Geschenk geschickt. Ich bin mit meinem Auto von Finkenstein nach Villach gefahren. Ich werde mit dem Zug nach Klagenfurt fahren, wo ich ein Taxi bis zum Theater nehmen werde. Ich will weder mit einem Flugzeug fliegen noch mit einem Schiff fahren, weil ich sowohl in der Luft als auch am Meer Angst habe.

Grem peč pogačo. Pečem. Pečem pecivo. Spekla sem pečenko. Spekla bom torto. Rekla sem: »Ne, tega pa ne bom naredila.« Sinu sem rekla resnico v obraz. Rekam sinu resnico v obraz. »Ob smrti Vašega očeta Vam izrekam svoje iskreno sožalje.«
Ich gehe einen Reindling backen. Ich backe einen Kuchen. Ich habe einen Braten gebraten. Ich werde eine Torte backen. Ich habe gesagt: „Nein, das mache ich nicht!“ Ich habe meinem Sohn die Wahrheit ins Gesicht gesagt. Ich sage ihm immer die Wahrheit ins Gesicht. „Anlässlich des Todes Ihres Vaters spreche ich Ihnen mein aufrichtiges Beileid aus.“

Strežem teti. Dolga leta sem stregla tudi stricu. Postregla sem gostom s čajem in pecivom.
Ich bediene meine Tante. Lange Jahre habe ich auch meinen Onkel bedient. Ich wartete meinen Gästen Tee und Kuchen auf.

Beispielsätze zu den S. 167-170, 172-173

Pišem. Napisala sem sms. Napisujem slovenske besede v zvezek. Zelo rada plešem.
Ich schreibe. Ich habe ein SMS geschrieben. Ich schreibe die slowenischen Wörter immer wieder in mein Heft hinein. Ich tanze sehr gerne.

Poklicala sem sestrično in ji pripovedovala novosti. Ne jočem velikokrat.
Ich habe meine Kusine angerufen und ihr die Neuigkeiten erzählt. Ich weine nicht oft.

Kažem na znak »A«. Pokazala sem turistom pot do gradu. Pokaži mi sliko!
Ich zeige auf das Zeichen „A". Ich zeigte den Touristen den Weg zum Schloss. Zeig mir dein Bild!

Iščem Lipuševo zadnjo knjigo. Poiskala sem vse Lipuševe članke na spletu.
Ich suche das letzte Lipuš-Buch. Ich habe alle Lipuš-Artikel aus dem Internet herausgesucht.

Sklenila sem pogodbo s stranko. Vračam izposojene reči. Vrnila sem tudi motorno žago. Potolažena sem odšla iz cerkve. Našla sem rešitev za problem.
Ich schloss mit den Kunden einen Vertrag ab. Ich gebe die ausgeliehenen Sachen zurück. Ich habe auch die Motorsäge zurückgegeben. Ich ging getröstet aus der Kirche heraus. Ich fand eine Lösung für mein Problem.

Načela sem torto za rojstni dan. Kolnem le včasih. Zakleti nekoga sploh ni smiselno.
Ich habe die Geburtstagstorte angeschnitten. Ich fluche nur manchmal. Jemand zu verfluchen ist nicht sinnvoll.

Snamem celovečerni film. Posnela sem doslej še neznano ljudsko pesem. Vzamem te za roko. Vzela sem te za roko. Vzela sem številko »3«, tako da nisem nič zmagala.
Ich nehme einen abendfüllenden Film auf. Ich habe ein bisher noch unbekanntes Volkslied aufgezeichnet. Ich nehme dich an deiner Hand. Ich nahm die Zahl „3", sodass ich nichts gewann.

Dajem prednost ljubezni pred sovraštvom. Dajem ti nasvet: »Ostani dobra in zadovoljna!«
Ich gebe der Liebe den Vorrang vor dem Hass. Ich gebe dir den Rat: „Bleibe gut und zufrieden!"

Primem te za roko in te popeljem do cilja. Sprejela sem častne goste današnjega večera.
Ich halte dich fest an der Hand und ich führe dich zum Ziel. Ich empfing die Ehrengäste des heutigen Abends.

Smejim se velikokrat. Bojim se divjih živadi. Stojim pred cirkusom in jih gledam le od daleč.
Ich lache sehr oft. Ich fürchte mich vor wilden Tieren. Ich stehe vor dem Zirkus und sehe sie mir von weitem an.

Zelo rada jem. Pojedla sem zelenjavno juho do zadnje kapljice. Pojej kosilo!
Ich esse sehr gerne. Ich habe die Gemüsesuppe bis zum letzten Tropfen aufgegessen. Iss dein Mittagessen weg!

Vem za svoje napake, a nihče ni brez napak. Izvedi najnovejše športne rezultate SAK!
Ich weiß um meine Fehler, aber niemand ist ohne Fehler. Erfahre die neuesten Sportresultate des SAK!

Grem na ples. Šla sem na Slovenski ples v Casineumu v Vrbi. Pojdi na to razstavo!
Ich gehe auf den Ball. Ich ging auf den „Slovenski ples" im Casineum in Velden. Geh in diese Ausstellung!

Dala sem študentki naslov knjige. Daj pokoj! Dajte lačnim za jesti in žejnim za piti!
Ich gab der Studentin den Buchtitel. Gib Ruhe! Gebt den Hungrigen zu essen und den Durstigen zu trinken!

Povedala sem vnukom pravljico o Princeski na zrni. Pripovedujem jim veliko pravljic.
Ich erzählte meinen Enkeln das Märchen von der Prinzessin auf der Erbse. Ich erzähle ihnen viele Märchen.

Politik je dejal: »Nekaj takega se nikoli ne sme več zgoditi!«
Der Politiker stellte fest: „So etwas darf nie wieder geschehen!"

Weitere Zeitwortbeispiele

igráti igrám *(zu S. 156)*: gárati – schuften, (iz)račúnati – rechnen, kólcati se – Schluckauf haben, kópati kópam – baden, pljúvati pljújem/(pljúvam) – spucken, pogrézati (se) – versinken, pritískati – drücken/pressen, ruváti rújem/(rúvam) – (her)ausreißen, stópati – treten, šívati – nähen, šólati – schulen, tékati – laufen, tíkati – duzen, trenírati – trainieren, ugotávljati – feststellen, uréjati – ordnen, usmérjati – ausrichten, veljáti – gelten, víkati – siezen, vládati – regieren, vmešávati – einmischen, vráčati – zurückgeben, vsípati – einstreuen, vstájati – aufstehen, vzgájati – erziehen, zagotávljati – gewährleisten, zaménjati – umtauschen, zamenjávati – verwechseln, zamújati – versäumen, zídati – bauen, žágati – sägen, ...

govoríti govorím *(zu S. 157)*: gnojíti – düngen, oženíti se – eine Frau heiraten, (po)vábiti – einladen, ugotovíti – feststellen, uredíti – ordnen, usmériti – ausrichten, ustanovíti – gründen, váditi – üben, volíti – wählen, vóščiti – wünschen, vozíti – fahren, zagotovíti – gewährleisten, zamudíti – versäumen, zaslúžiti – verdienen, zbudíti – (auf)wecken, zdráviti – heilen, zgodíti se – geschehen, zgubíti – verlieren, (z)mótiti – stören, zvoníti – läuten, žáliti – kränken, ...

opazováti opazújem *(zu S. 158)*: dolgováti – schulden, dvigováti – erheben, glasováti – abstimmen, gostováti – gastieren, izkazováti se – sich ausweisen, izpisováti – herausschreiben, kaznováti – strafen, kmetováti – als Bauer bewirtschaften, kováti kújem – schmieden, mirováti – ruhen, nadlegováti – belästigen, negováti – pflegen, obratováti – betreiben, ogledováti – anschauen, omahováti – wanken, opisováti – beschreiben, oskrbováti – versorgen, podedováti – erben, potováti – reisen, prepovedováti – verbieten, spoštováti – hochachten, tekmováti – wettkämpfen, trgováti – Handel treiben, varováti – behüten, zavarováti – versichern, zaznamováti – markieren, zmagováti – siegen, žalováti – trauern, žrtvováti – erleiden, ...

píti píjem *(zu S. 159)*: bíti bíjem – schlagen, bríti bríjem – rasieren, čúti čújem – wachen, čúti se čúje se – man hört, gníti gníjem – faulen, gojíti gojím – züchten, ríti ríjem – wühlen, sesúti se sesújem se – zusammenfallen, užíti užíjem – genießen, víti víjem – winden, vpíti vpíjem – schreien, vsúti vsújem – einstreuen, zasúti zasújem – zuschütten, ...

nêsti nêsem *(zu S. 160)*: narásti narás(t)em – anwachsen, obnêsti se obnêse se – sich bewähren, odrásti odrás(t)em – aufwachsen, otrésti otrésem – abschütteln, porásti porás(t)em – anwachsen, potrésti potrésem – duchschütteln, prenêsti prenêsem – ertragen, prerásti prerás(t)em – überwachsen, pretrésti pretrésem – umschütten/umfüllen, zanêsti se zanêsem se – sich verlassen, znêsti znêsem – ausmachen, ...

prispévati prispévam *(zu S. 162)*: prepévati – singen, prizadévati – verletzen, prizadévati si – (an)streben, razodévati – offenbaren, sporazumévati se – sich verständigen, uspévati – gelingen/erfolgreich sein, zadévati anbelangen/angehen, zahtévati – verlangen, ...

ležáti ležím *(zu S. 162)*: prežáti – lauern, ...

živéti živím *(zu S. 163)*: bedéti – wachen, besnéti – toben, bogatéti – reich werden, čepéti – hocken, drséti – rutschen, hrepenéti – sich sehnen, ozdravéti – gesund werden, rjovéti – brüllen, rumenéti – vergilben, srbéti – jucken, slabéti – schwach werden, slonéti – lehnen, slovéti – berühmt sein, strméti – starren, šuméti – rauschen, vrtéti – drehen, vrvéti – wimmeln, zaslovéti – berühmt werden, zastaréti – veralten, zdéti se – scheinen, zoréti – reifen, ...

poučeváti poučújem *(zu S. 163)*: dopolnjeváti – ergänzen, izboljševáti – verbessern, izključeváti – ausschließen, izplačeváti – auszahlen, izpolnjeváti – verwirklichen, izvrševáti – ausführen, končeváti – beenden, ločeváti – trennen/scheiden, maščeváti se – sich rächen, nadaljeváti

– fortsetzen, navduševáti – begeistern, norčeváti se – verspotten, obremenjeváti – überbelasten, obtoževáti – anklagen, ocenjeváti – beurteilen, odstranjeváti – beseitigen, omejeváti – begrenzen, opravičeváti – entschuldigen, pojasnjeváti – erläutern, pospeševáti – fördern, ...

razuméti razúmem *(zu S. 164)*: cvréti cvrèm – brutzeln, douméti doúmem – erfassen, izumréti izumrèm – aussterben, prezréti prezrèm – übersehen, zamréti zamrèm – abklingen, ...

tkáti tkèm *(zu S. 164)*: prižgáti prižgèm – anzünden, vstáti vstánem – aufstehen, ...

pásti pádem *(zu S. 165)*: brêsti brêdem – waten, izvêsti izvêdem – ausführen, klásti kládem – füttern, mêsti mêtem – stürmen, napásti napádem– überfallen, navêsti navêdem– anführen, nasésti nasédem – stranden, obsésti obsédem– sich bemächtigen, odpásti odpádem– abfallen, povésti povédem– geleiten, preplêsti preplêtem – duchflechten, presésti presédem – die Nase vollhaben, prisésti prisédem – sich dazusetzen, spopásti se spopádem se – sich auseinandersetzen, stêpsti stêpem – prügeln, upásti upádem – sinken/abnehmen, usésti se usédem se – sich setzen, vêsti se vêdem se – sich benehmen, vplêsti uplêtem – einflechten, zapásti zapádem – geraten/verfallen, zasésti zasédem – besetzen, ...

kopáti kópljem *(zu S. 165)*: drémati drémljem/(drémam) – dösen, izkopáti izkópljem – ausgraben, izpeljáti izpéljem – ausführen, pokopáti pokópljem – begraben, pozóbati pozóbljem/(pozóbam) – aufpicken, prijémati prijémljem/(prijémam) – halten, spoprijémati spoprijémljem/(spoprijémam) se – sich auseinandersetzen, škrípati škrípljem/(škrípam) – knirschen, zmléti zméljem – zermahlen, zadrémati zadrémljem/(zadrémam) – einnicken, ...

pêči pečem *(zu S. 166)*: izvléči – herausholen, odrêči – abstreiten, opêči – toasten, otêči – anschwellen, potólči – breit klopfen, preobléči – überziehen, pritêči – herbeieilen, ...

stréči strežem *(zu S. 166)*: doséči – erreichen, obséči – umfassen, odvréči – abwerfen, ostríči – scheren, podléči – erliegen, podvréči – unterwerfen, poséči – eingreifen, ...

pisati píšem *(zu S. 167)*: podpísati – unterschreiben, predpísati – vorschreiben, ...

klícati klíčem *(zu S. 167)*: oklícati – deklarieren, preklícati – widerrufen, ...

kázati kážem *(zu S. 167)*: izrézati izrėžem – ausschneiden, navézati navéžem – anknüpfen, ...

iskáti íščem *(zu S. 168)*: preiskáti – durchsuchen, ...

skleníti sklénem *(zu S. 168)*: cŕkniti cŕknem – krepieren, dotákniti se dotáknem se – berühren, dŕzniti si dŕznem si – sich unterstehen/wagen, izmúzniti se izmúznem se – entgleiten, iztégniti iztégnem – ausstrecken, kániti – vorhaben, kólcniti – Schluckauf haben, okŕniti okŕnem – schmälern, planíti – hinein-/herausstürzen, pogôltniti – (ver)schlucken, pogrézniti (se) – versinken, pritísniti – drücken, síniti – Tag werden/aufblitzen, ...

načéti načnèm *(zu S. 169)*: ...; **snéti snámem** *(zu S. 169)*: ...;

jókati jóčem/(jókam) *(zu S. 169)*: súkati súčem/(súkam) – (herum) drehen, šepetáti šepéčem/(šepetám) – flüstern, trepetáti trepéčem/trepetám – zittern, zajókati zajóčem/(zajókam) – zu weinen beginnen,...

dajáti dájem *(zu S. 170)*: ...; **prijéti prímem** *(zu S. 170)*: ...

Abwandlung, Zeitwörter mit ungleichen Wortstämmen

	Nf.	*Vgh.*	*Ggw.*	*Bef.*	*Dt.*
uv.	délati :	délala/délal sem	délam	délaj	ich mache/tue
v.	naredíti	naredíla/narédil sem	naredím	narédi/naredíte	ich mache/vollbringe e
uv.	délati :	délala/délal sem	délam	délaj	ich mache/tue
v.	storíti	storíla/stóril sem	storím	stóri/storíte	ich mache e f/stelle e an
uv.	govoríti :	govoríla/govóril sem	govorím	govôri/govoríte	ich rede/spreche
v.	rêči	rêkla/rékel sem	rêčem	rêci/recíte	ich sage: „...“
uv.	ležáti :	ležála/ležál sem	ležím	léži/ležíte	ich liege
v.	léči	légla/légel/ sem	léžem	lézi/lezíte	ich lege mich hin
uv.	držáti :	držála/dŕžal sem	držím	dŕži/držíte	ich halte
v.	prijéti :	prijéla/prijél sem	prímem	prími	ich greife e an
wh.	prijémati	prijémal/prijémal sem	prijémam	prijêmi	ich greife e i w an
v.	vréči :	vŕgla/vŕgel sem	vŕžem	vŕzi	ich werfe e hin/her
wh.	metáti	metála/mêtal sem	méčem	mêči	ich werfe e hin und her
v.	vzéti :	vzéla/vzél sem	vzámem	vzêmi/vzemíte	ich nehme e
wh.	jemáti	jemála/jemál sem	jémljem	jémlji	ich nehme e i w
v.	vŕniti :	vrníla/vŕnil sem	vŕnem	vŕni	ich gebe e zurück
wh.	vráčati	vráčala/vráčal sem	vráčam	vráčaj	ich gebe jetzt e zurück
v.	obŕniti :	obrníla/obŕnil sem	obŕnem	obŕni	ich kehre zurück
wh.	obráčati	obráčala/obráčal sem	obráčam	obráčaj	ich kehre jetzt zurück
v.	odíti :	odšlà/odšél sem	odídem	odídi	ich gehe weg
wh.	odhájati	odhájala/odhájal sem	odhájam	odhájaj	ich gehe jetzt weg
v.	príti :	prišlà/prišél sem	prídem	prídi	ich komme aus
wh.	prihájati	prihájala/prihájal sem	prihájam	prihájaj	ich komme jetzt aus
v.	nájti :	nášla/nášel sem	nájdem	nájdi	ich finde e
wh.	nahájati se	nahájal-a sem se	nahájam se	(nahájaj se)	ich befinde mich in
v.	íti :	šlà/šél sem	grém	pójdi/pojdíte	ich gehe hin/her
wh.	hodíti	hodíla/hódil sem	hódim	hôdi/hodíte	ich gehe hin und her

Zusammenstellung der Abwandlungsmuster

	Nf.	*Vgh.*	*Ggw.*	*Bef.*	*Dt.*
uv.	igráti	igrála/igrál sem	igrám	igráj	ich spiele *(S. 156)*
v.	zaigráti	zaigrála/zaigrál sem	zaigrám	zaigráj	ich verspiele e
wh.	zaigrávati	zaigrávala/zaigrával sem	zaigrávam	zaigrávaj	ich verspiele i w e
uv.	govoríti	govoríla/govóril sem	govorím	govôri	ich rede *(S. 157)*
v.	nagovoríti	nagovoríla/nagovóril sem	nagovorím	nagovôri	ich rede j an
wh.	nagovárjati	nagovárjal-a sem	nagovárjam	nagovárjaj	ich rede j i w an
wh.	opazováti	opazovála/opazovál sem	opazújem	opazúj	ich beobachte j/e fw
v.	opazíti	opázila/opázil sem	opázim	opázi	ich beobachte j/e *(S. 158)*
wh.	opážati	opážala/opážal sem	opážam	opážaj	ich beobachte j/e dh
uv.	píti	píla/píl sem	píjem	píj	ich trinke *(S. 159)*
v.	popíti	popíla/popíl sem	popíjem	popíj	ich trinke e aus
wh.	popívati	popívala/popíval sem	popívam	popívaj	ich vertrinke e dh/fw
uv.	nêsti	nêsla/nêsel sem	nêsem	nêsi	ich trage *(S. 160)*
wh.	nosíti	nosíla/nôsil sem	nósim	nôsi/nosíte	ich trage jetzt e dh/fw
v.	prinêsti	prinêsla/prinêsel sem	prinêsem	prinêsi	ich bringe e her/hin
wh.	prinášati	prinášala/prinášal sem	prinášam	prinášaj	ich bringe e hin und her

	Nf.	Vgh.	Ggw.	Bef.	Dt.
wh.	prispévati	prispévala/prispéval sem	prispévam	prispévaj	ich trage dh zu e bei
v.	(prispéti)	(prispéla/prispél sem)	(prispèm)	(prispì/prispíte)	ich komme in an *(S. 162)*
uv.	ležáti	ležála/ležál sem	ležím	lêži/ležíte	ich liege *(S. 162)*
v.	(položíti)	(položíla/polôžíl sem)	(položím)	(polôži/položíte)	ich lege e hin
wh.	(polágati)	(polágala/polágal sem)	(polágam)	(polágaj)	ich lege jetzt e hin
uv.	živéti	živéla/živél sem	živím	žívi/živíte	ich lebe *(S. 163)*
v.	doživéti	doživéla/doživél sem	doživím	dožívi/doživíte	ich erlebe e
wh.	dožívljati	dožívljala/dožívljal sem	dožívljam	dožívljaj	ich erlebe e fw/dh
wh.	poučeváti	poučevála/poučevál sem	poučújem	poučúj	ich unterrichte j/e
v.	poučíti	poučíla/poúčil sem	poučím	poúči/poučíte	ich lehre j erf *(S. 163)*
uv.	učíti	učíla/učíl sem	učím	úči/učíte	ich lehre
uv.	učíti se	učíla/učíl sem se	učím se	úči/učíte se	ich lerne
uv.	razuméti	razuméla/razumél sem	razúmem	razúmi	ich verstehe *(S. 164)*
v.	razuméti	razuméla/razumél sem	razúmem	razúmi	ich verstehe j/e
wh.	razumévati	razumévál-a sem	razumévam	razumévaj	ich verstehe j/e dh
uv.	tkáti	tkála/tkál sem	tkèm	tkí	ich webe *(S. 164)*
v.	stkáti	stkála/stkál sem	stkèm	stkí	ich webe e f
v.	pásti	pádla/pádel sem	pádem	pádi	ich falle hin *(S. 165)*
wh.	pádati	pádala/pádal sem	pádam	pádaj	ich falle i w hin
uv.	kopáti	kopála/kopál sem	kópljem	kôplji/kopljíte	ich grabe *(S. 165)*
v.	izkopáti	izkopála/izkopál sem	izkópljem	izkôplji/izkopljíte	ich grabe e aus
wh.	izkopávati	izkopával-a sem	izkopávam	izkopávaj/izkopávajte	ich grabe e fw/dh aus
uv.	pêči	pêkla/pékel sem	pêčem	pêci/pecíte	ich backe/brate *(S. 166)*
v.	spêči	spêkla/spékel sem	spêčem	spêci/specíte	ich backe/brate e f
uv.	stréči	strégla/strégel sem	strėžem	strézi	ich bediene *(S. 166)*
v.	postréči	postrégla/postrégel sem	postréžem	postrézi	ich bediene j
uv.	písati	písala/písal sem	píšem	píši	ich schreibe *(S. 167)*
v.	napísati	napísala/napisal sem	napíšem	napíši	ich schreibe e auf
wh.	napisováti	napisovála/napisovál sem	napisújem	napisúj	ich schreibe e i w auf
uv.	klícati	klícala/klícal sem	klíčem	klíči	ich rufe *(S. 167)*
v.	poklícati	poklícala/poklícal sem	poklíčem	poklíči	ich rufe j (an)
uv.	kázati	kázala/kázal sem	kážem	káži	ich zeige *(S. 167)*
v.	pokázati	pokázala/pokázal sem	pokážem	pokáži	ich zeige e her
wh.	pokazováti	pokazovál-a sem	pokazújem	pokazúj	ich zeige i w e her
uv.	iskáti	iskála/iskál sem	íščem	íšči	ich suche *(S. 168)*
v.	poiskáti	poiskála/poiskál sem	poíščem	poíšči	ich suche j auf/e heraus
v.	skleníti	sklênil/skleníla sem	sklénem	sklêni/skleníte	ich schließe e ab *(S. 168)*
wh.	sklépati	sklépala/sklépal sem	sklépam	sklépaj	ich schließe e dh ab
v.	odíti	odšlà/odšél sem	odídem	odídi	ich gehe fort *(S. 168)*
wh.	odhájati	odhájala/odhájal sem	odhájam	odhájaj	ich gehe jetzt fort
v.	načéti	načéla/načél sem	načnèm	načnì/načníte	ich schneide e an *(S. 169)*
wh.	načénjati	načénjala/načénjal sem	načénjam	načénjaj	ich schneide i w e an
v.	snéti	snéla/snél sem	snámem	snêmi/snemíte	ich nehme e auf (Bild)
wh.	snémati	snémala/snémal sem	snémam	snémaj	ich filme e (dh) *(S. 169)*
wh.	dajáti	dajála/dajál sem	dájem	dajàj/dajájte	ich gebe i w e *(S. 170)*
v.	dáti	dála/dál sem	dám	dàj/dájte	ich gebe e
v.	prijéti	prijéla/prijél sem	prímem	prími	ich halte e fest *(S. 170)*
wh.	prijémati	prijémala/prijémal sem	prijémam	prijémaj	ich halte e dh/fw fest

Abwandlungsmuster der Modalverben

	Nf.	*Vgh.*	*Ggw.*	*Bef.*	*Dt.*
uv.	márati*	márala/máral sem	(nè) máram	---	mögen, ich mag (nicht)
---	---	*UW* ráda/ràd (bi)**	---	---	ich möchte/hätte gerne
uv.	móči	môgla/mógel sem	(nè) mórem	---	können (körperlich), ich kann (nicht)
---	---	*UW* lahkó**	---	---	ich kann/darf
uv.	sméti	sméla/smél sem	(nè) smém	---	dürfen, ich darf (nicht)
uv.	hotéti	hotéla/hôtel sem	hóčem	hôti/hotíte	wollen, ich will
uv.	nè hotéti	nísem hotéla/hôtel	nóčem	nè hôti	nicht wollen, ich will nicht
---	---	*UW* naj/naj bi**	---	---	sollen, ich soll (nicht)
uv.	mórati	mórala/móral sem	(nè) móram	---	müssen, ich muss (nicht)
uv.	znáti	znála/znál sem	(nè) znám	---	können (wissen), ich kann (nicht)
uv.	pustíti	pustíla/pústil sem	(nè) pustím	pústi/pustíte	lassen, ich lasse (nicht)
v.	dáti	dála/dál sem	(nè) dám	dàj/dájte	(über)lassen, ich (über)lasse (nicht)
uv.	želéti	želéla/žêlel sem	(nè) želím	žêli/želíte	wünschen, ich wünsche (nicht)
uv.	potrebováti	potrebovál-a sem	(nè) potrebújem	---	brauchen, ich brauche (nicht)
uv.	iméti	iméla/imél sem	imám	iméj	haben (besitzen), ich habe/muss
uv.	nè iméti	nísem iméla/imél	nímam	nè iméj	nicht haben, ich habe/muss nicht
v.	utégniti	utegníla/utégnil sem	(nè) utégnem	utégni	schaffen, ich schaffe es (nicht)

* nè márati, nè móči, nè sméti, nè mórati, nè znáti, nè pustíti, dè dáti, nè želéti, nè potrebováti, nè utégniti
** nè bi ráda/ràd, ~~nè … lahkó~~ > nè smém …, naj nè/naj nè bi
Die Modalverben verändern den Aussagewert des nachfolgenden Verbs/Zeitwortes.

Abwandlungsmuster der Phasenverben

	Nf.	*Vgh.*	*Ggw.*	*Bef.*	*Dt.*
v.	začéti	začéla/začél sem	začnèm	začnì	ich beginne zu
wh.	začénjati	začénjala/začénjal sem	začénjam	začénjaj	ich beginne jetzt zu
v.	néhati	néhala/néhal sem	néham	néhaj	ich höre auf zu
wh.	nehávati	nehávala/nehával sem	nehávam	nehávaj	ich hören jetzt auf zu
v.	pričéti	pričéla/pričél sem	pričnèm	pričnì	ich fange an zu
wh.	pričénjati	pričénjala/pričénjal sem	pričénjam	pričénjaj	ich fange jetzt an zu
uv.	počéti	počéla/počél sem	počnèm	počnì	ich mache/tue/treibe
wh.	počénjati	počénjala/počénjal sem	počénjam	počénjaj	ich mache/tue/treibe jetzt

Die Phasenverben betonen den Beginn oder das Ende einer Handlung.

Abwandlung, Doppelformen mit gleicher Bedeutung

	Nf.	*Vgh.*	*Ggw.*	*Bef.*	*Dt.*
uv.	tŕgati	tŕgala/tŕgal sem	tŕgam/tŕžem	tŕgaj/tŕži	ich handle
v.	stŕgati	stŕgal/stŕgal sem	stŕgam/stŕžem	stŕgaj/stŕži	ich handle e f aus
uv.	jáhati	jáhala/jáhal sem	jáham/jášem	jáhaj/jáši	ich reite
uv.	díhati	díhala/díhal sem	díham/díšem	díhaj/díši	ich atme
uv.	pháti	phála/phál sem	phám/pšèm	pháj/pšì	ich stampfe
uv.	glódati	glódala/glódal sem	glódam/glójem	glódaj/glóji	ich nage
uv.	plúti	plúla/plúl sem	plôvem/plújem	plôvi/plúj	ich fahre (Schiff)
uv.	rjúti	rjúla/rjúl sem	rjôvem/rjújem	rjôvi/rjúj	ich brülle
uv.	gíbati	gíbala/gíbal sem	gíbam/gíbljem	gíbaj/gíblji	ich bewege (e)

Hauptzeitwort, Zeiten

uv. igráti – (zu) spielen (jàz) grém igràt – ich gehe spielen *(S. 156)*
Vgh./ *w.* (jáz) sem/bom/bi igrála igrála sem/bom/bi *Ggw.* (jàz) igrám – ich spiele
Zuk./ *m.* (jáz) sem/bom/bi igrál igrál sem/bom/bi *Bef.* igráj – spiel!
Bed. *sem* ich spielte, ich habe gespielt; (ich hatte gespielt)
bom ich werde spielen, ich werde gespielt haben
bi ich spiele; ich würde spielen, ich würde gespielt haben; ich spielte, ich hätte gespielt
uv. igrám –/4 ich spiele *v.* zaigrám *4* ich spiele auf *wh.* zaigrávam *4* ich verspiele i w e

uv. govoríti – (zu) reden (jàz) grém govôrit – ich gehe reden *(S. 157)*
Vgh./ *w.* (jáz) sem/bom/bi govoríla govoríla sem/bom/bi *Ggw.* (jàz) govorím – ich rede
Zuk./ *m.* (jáz) sem/bom/bi govoríl govoríl sem/bom/bi *Bef.* govôri – rede!
Bed. *sem* ich redete, ich habe geredet; (ich hatte geredet)
bom ich werde reden, ich werde geredet haben
bi ich rede; ich würde reden, ich würde geredet haben; ich redete, ich hätte geredet
uv. govorím *–/4* ich rede *v.* nagovorím *4* ich rede j an *wh.* (nagovárjati nagovárjam *4*)

wh. opazováti – (zu) beobachten (jàz) grém opazovát – ich gehe beobachten *(S. 158)*
Vgh./ *w.* (jáz) sem/bom/bi opazovála opazovála sem/bom/bi *Ggw.* (jàz) opazújem – ich beobachte
Zuk./ *m.* (jáz) sem/bom/bi opazovál opazovál sem/bom/bi *Bef.* opazúj – beobachte!
Bed. *sem* ich beobachtete, ich habe beobachtet; (ich hatte beobachtet)
bom ich werde beobachten, ich werde beobachtet haben
bi ich beobachte; ich würde beobachten, ich würde beobachtet haben; ich beobachtete, ich hätte beobachtet
--- --- *wh.* opazujem *4* ich beobachte
uv. (páziti pázim *–/na4*) *v.* (opazíti opázim *4*) *wh.* (opážati opážam *4*)

uv. píti – (zu) trinken (jàz) grém pít – ich gehe trinken (S. 159)
Vgh./ *w.* (jáz) sem/bom/bi píla píla sem/bom/bi *Ggw.* (jàz) píjem – ich trinke
Zuk./ *m.* (jáz) sem/bom/bi píl píl sem/bom/bi *Bef.* píj – trink!
Bed. *sem* ich trank, ich habe getrunken; (ich hatte getrunken)
bom ich werde trinken, ich werde getrunken haben
bi ich trinke; ich würde trinken, ich würde getrunken haben; ich tränke, ich hätte getrunken
uv. píjem *–/4* ich trinke *v.* popíjem *4* ich trinke e aus *wh.* (popívati popívam *4*)

uv. nêsti – (zu) tragen (jàz) grém nèst – ich gehe tragen *(S. 160)*
Vgh./ *w.* (jáz) sem/bom/bi nêsla nêsla sem/bom/bi *Ggw.* (jàz) nêsem – ich trage
Zuk./ *m.* (jáz) sem/bom/bi nêsel nêsel sem/bom/bi *Bef.* nêsi – trag!
Bed. *sem* ich trug, ich habe getragen; (ich hatte getragen)
bom ich werde tragen, ich werde getragen haben
bi ich trage; ich würde tragen, ich würde getragen haben; ich trüge, ich hätte getragen
uv. nêsem *–/4* ich trage *v.* (prinêsem *4/3+4)* ich bringe (j) e (her/hin) *wh.* (prinášati prinášam *4/3+4*)

v. pêči – (zu) backen (jàz) grém pêč – ich gehe backen *(S. 166)*
Vgh./ *w.* (jáz) sem/bom/bi pêkla pêkla sem/bom/bi *Ggw.* (jàz) pêčem – ich backe
Zuk./ *m.* (jáz) sem/bom/bi pékel pékel sem/bom/bi *Bef.* pêci/pecíte – backe!
Bed. *sem* ich buk/backte, ich habe gebacken; (ich hatte gebacken)
bom ich werde backen, ich werde gebacken haben
bi ich backe; ich würde backen, ich würde gebacken haben; ich büke/backte, ich hätte gebacken
uv. pêčem *–/4* ich backe/brate *v.* spêčem *4* ich backe/brate e f *wh.* ---

Inhaltsverzeichnis SLOWENISCH ALS FREMDSPRACHE IM ALLTAG, IN DER KIRCHE UND IN DER LITERATUR
Vierter Band: Slowenische Wortformen mit Anwendungsbeispielen

Siebenter Abschnitt:

Aussprache

Aussprachebeispiele und Leseübungen

A a	**[a]**	Antón	Ána	Ádamič/´A:DAMITSCH	Ápače	Ájdovščina
B b	**[b]**	Boštjàn	Bréda	Bóhorič/´BO:CHÅRITSCH	Bléd	Báško jézero
C c	**[ts] = Tß**	Círil	Cvétka	Cánkar/´TßA:NKAR	Cêlje	Cêljski grád
Č č	**[tʃ]**	Čŕtomir	Čbélica	Čòp/´TSCHÅPP	Čátež	Čŕno mórje
D d	**[d]**	Dúšan	Dárja	Dálmatin/´DA:LMATIN	Domžále	Dráva, Dónava
E e	**[e]/E, [ê/ε/ę]/Ä**	Émil	Éma	Éngstler/´Ä:NGßTLÄR	Èncelna vás	Emónski zíd
F f	**[f]**	Francè	Fína	Frìtz/´FRITTß	Fužíne	Fígove̲c
G g	**[g]; e̲ [ə] = Ö̶**	Grêgor	Géli	Gróše̲lj/´GRO:SCHÖ̶L	Grosúplje	Gorénjska
H h	**[h/x]**	Hánzej	Hánca	Hrèn/´HRÄNN	Hódiše	Hrastôvlje
I i	**[i]**	Ígor	Iréne	Íngolič/´I:NGÅLITSCH	Ídrija	Ídrijski grád
J j	**[j]**	Jernéj	Jolánda	Júrčič/´JU:RTSCHITSCH	Jeseníce	Jépa, Jadrán
K k	**[k]**	Káre̲l	Kátja	Krélj/´KRE:L	Kránj	Karavánke
L l	**[l]**	Lúdvik	Léna	Lípuš/´LI:PUSCH	Lípica	Ljubljánski grád
M m	**[m]**	Márko	Mája	Mečína/MÄ´TSCHI:NA	Múrska Sóbota	Múra, Máribor
N n	**[n]**	Níko	Nádja	Novák/NÅ´WA:K	Náklo	Nótranjska
O o	**[o]/O, [ô/ɔ/ǫ]/Å**	Óton	Ólga	Ócvirk/´O:TßWIRK	Ormóž	Osójsko jézero
P p	**[p]**	Prímož	Pávla	Prešêre̲n/PRÄ´SCHÄ:RÖ̶N	Postójna	Pôtok, Péca
R r	**[→R/←r]**	Rástko	Róza	Rúpe̲l/´RU:PÖ̶L	Radóvljica	Rdéče mórje
S s	**[s] = ß**	Sáša	Sónja	Smŕtnik/´ßMÖ̶:RTNIK	Sečôvlje	Sóča, Sáva
Š š	**[ʃ] = SCH**	Šórš	Šéli	Šéligo/´SCHE:LIGÅ	Šóštanj	Štájerska
T t	**[t]**	Tóne	Tónca	Trdína/TÖ̶R´DI:NA	Trbôvlje	Tríglav
U u	**[u]**	Úlrih	Úrška	Údovič/´U:DÅWITSCH	Úne̲c	Univêrza
V v	**[v] = W**	Véno	Vída	Vódnik/´WO:DNIK	Vŕba	Vŕbsko jézero
Z z	**[z] = S̶**	Zvóne	Zála	Zdóvc/´S̶DÅ:UTß	Zálog/Zalóg	Zílja
Šč šč	**[ʃtʃ] = SCHTSCH**	(ščét*)	(hrôšč*)	Málošče/´MA:LÅSCHTSCHÄ		Ščéde̲m
Ž ž	**[ʒ] = S̶C̶H̶**	Žíga	Žíva	Žmávc/´S̶C̶H̶MA:UTß	Žúžalče	Žúžemberk

** (ščét = Bürste, hrôšč = Käfer)*

In der ersten Spalte befinden sich die slowenischen Buchstaben (25 Stück) und eine Buchstabenverbindung, in der zweiten die internationale Lautschrift laut API (Association Phonetique Internationale) in eckigen Klammern und bei Abweichung des Lautwertes eine dem Deutschen angepasste Lautverschriftung, vorwiegend in Großbuchstaben. In dieser ersten sehr vereinfachten Darstellung wurden männliche und weibliche Vornamen sowie Familiennamen angeführt und schließlich gibt es noch eine Auswahl an Ortsnamen sowie in der letzten Spalte Gewässer- und Gebirgsnamen neben Bezeichnungen von Regionen in Slowenien und Namen von besonderen Sehenswürdigkeiten.

Dabei wurden folgende Sonderzeichen verwendet: Tß als „t und scharfes ess" für C c [ts], [tʃ] als TSCH für Č č, [ê/ε/ę] als offenes/tiefes Ä (lang oder kurz ausgesprochen), e̲ [ə] als Halbvokal (halber Selbstlaut) wie ein sehr kurzes Ö/(Ö̶) in der Burgtheateraussprache der Wörter „Rose̲n, Tulpe̲n, Nelke̲n, schreibe̲n, höre̲n, singe̲n, koche̲n"; ß als „scharfes ess", [ʃ] als SCH, [v] als W, [ʃtʃ] als SCHTSCH für ŠČ šč, S̶ als stimmhaftes [z] wie in norddeutsch „sage̲n, sehe̲n, siege̲n, solle̲n, suche̲n" für Z z, S̶C̶H̶ als stimmhaftes [ʒ] wie in „Journal, Journalist" für Ž ž und schließlich ov *als OU/ÅU bzw.* av *als AU; [h/x] bedeuten ein leicht gehauchtes bzw. stark ausgesprochenes CH; [ô/ɔ/ǫ] wird als offenes/tiefes Å (lang oder kurz ausgesprochen); [→R/←r] dient als Zeichen für Zäpfchen-R (wie im Deutschen) bzw. für Zungenspitzen-r (so ähnlich wie im Italienischen). Der Doppelpunkt nach einem Selbstlaut bedeutet, dass dieser lang ausgesprochen wird, also entspricht etwa i: dem ie oder e: dem ee bzw. eh im Deutschen. Das Akzentzeichen ` bezeichnet einen kurzen Selbstlaut, dem im Deutschen ein Doppelmitlaut folgt, und ´ steht für einen langen Selbstlaut, der im Deutschen durch aa oder ah, ee oder eh, ie oder ieh, oo oder oh und uh verschriftet wird.*

In der zweiten Tabelle auf der nächsten Seite werden vorwiegend Lehnwörter angeführt. Diese Auflistung enthält schon ein anspruchsvolleres Lautinventar. Hier befinden sich auch in der zweiten Spalte mehr internationale Lautschriftzeichen. Hier stehen Sp sp für ßP, St st für ßT, aber Šp šp für SCHP, Št št für SCHT, Dž dž als [dʒ] für D~~SCH~~, Q q als [kv] für KW und X x als [ks] für Kß; [λ] für lj kann wie L/LL/LJ und [ɲ] für nj wie N/NN/NJ ausgesprochen werden; l und v können im Wortinneren oder am Wortende als [ŭ/ʋ] für ein U/Ŭ stehen (wie im Deutschen Auto oder blau); die Lautverbindung vs als [ʍs] steht für wß; die Zeichen ŕ, r zwischen zwei Mitlauten stehen für [əR, ər]/(ÖR, Ör. Die Aussprache der Selbstlaute wird im übernächsten Unterkapitel an Hand von Beispielen erklärt. Selbstverständlich werden in der Mathematik z. B. die Zeichen x, y, r, U, V, π und ρ verwendet.

A a	**[a]**	**apríl**, ákcija, apartmá, aparát, angažmá, á (doch), àmpak (aber)
B b	**[b]**	**bánka**, blúza, banána, bifé, bábica (Oma), balón, berílo (Lesung)
C c	**[ts] = TB**	**cár** (Zar), céntęr, cigaréta, CD (ce-de), cóna, capín, cítre (Zither)
Č č	**[tʃ] = TSCH**	**číps**, Čéh (Tscheche), Čéhinja (Tschechin), če (wenn), čáj (Tee)
D d	**[d]**	**diréktor**, decémber, dólar (Dollar), dísko, dokumênt, da (dass)
Dž dž	**[dʒ] = D~~SCH~~**	**džíp**, džêm (Jam), džérsi, džókej, džóker, ímidž, kóledž, brídž
E e	**[e, ê/ɛ/ę] = E, Ä**	**eléktrika** (Elektrik), ekonomíja, êna (eine), pêti (der 5.), izlèt (Ausflug)
e, e	**[ə] = Ö**	**pès** (Hund), dèž (Regen), tèmen (dunkel m.), sem (ich bin), sèl (Bote)
e, e	**[ə] = Ö**	**tèmen**/temèn (dunkel m.), stebèr (Säule), semènj (Messe/Kirchtag)
F f	**[f]**	**fébruar**, filozofíja, fotografíja, fén (Fön), fakultéta, fúl (full), fílm
G g	**[g]**	**galeríja**, geografíja, garáža, gimnázija, gólf, gôra (Berg), gláva (Kopf)
H h	**[h/x] = CH**	**hormón**, helikópter, hókej, habilitácija, hotél, hábit, híša (Haus), h (zu)
I i	**[i]**	**ínternet**, inženír, informácija, intervjú, intelektuálec, in (und), iz (aus)
J j	**[j]**	**jánuar**, júnij, júlij, jóga, jógurt, jáz (ich), jábolko (Apfel), jesén (Herbst)
K k	**[k]**	**kárta**, kívi (Kiwi), klišé, klíma, kinotéka, káva (Kaffee), k (zu), kdó (wer)
L l	**[l] = L**	**limonáda**, léktor, léktorica, logopedíja, laboratórij, labílen, lép (schön)
l-/-l-	**[l] = L**	**prodajálec** (Verkäufer), igrálec (Schauspieler), lônec (Pfanne), lén (faul)
-l	**[l] = L**	**hotél**, motél, stíl, žurnál, ángel, glágol (Verb), spòl (Genus), vál (Welle)
-l_-	**[l] = L**	**gólf**, fílm, psálm, mobílni (Mobil-), prálni (Wasch-), pisálni (Schreib-)
-l_-	**[l] = L**	Pepélka (Aschenputtel), rokodélstvo (Handwerk), **konzultírati** (zu Rate ziehen), strélstvo (Schießsport), gasílstvo (Feuerwehr), **šólstvo** (Schulwesen), kónzulstvo (Konsulatsperiode), brálstvo (Leserschaft), gledálstvo (Publikum)
-l-	**[l] = L**	**béla** (weiße), zréla (reife), píla (getrunken w.), bilà (war w.), igrála (gespielt w.)
-l	**[ŭ/ʋ] = Ŭ**	**bél** (weiß), zrél (reif), píl (getrunken m.), bíl (war m.), igrál (gespielt m.)
-l_-	**[ŭ/ʋ] = Ŭ**	dólg (lang), **vólk** (Wolf), vólna (Wolle), igrálka (Schauspielerin), prodajálka (Verkäuferin), zmagoválka (Siegerin), gledálka (Zuschauerin), jábolko (Apfel)
lj-/-lj-	**[λ] = LJ**	ljúb (lieb), **Ljubljána**, ljúbiti (lieben), ljudjé (Leute), králja (des Königs)
-lj-	**[λ] = L**	**bóljši** (der Bessere), zadovóljni (der Zufriedene), dáljši/nadáljni (der Weitere)
-ja	**[λ] = L/LL**	**fotélj**, cílj, rúbelj, kràlj (König), bôlj (besser), nàjbolj (bester), válj (Walze)
M m	**[m]**	**márec**, máj, máma, muzêj, marmeláda, pižáma, míza (Tisch), mí/mé (wir)
N n	**[n]**	**novémber**, néon, normálen (normal), nevtrálen, nè (nicht), na (auf), nôga (Fuß)
nj-/-nj-	**[ɲ] = NJ**	**njuten**/newton, njíva (Wiese), njén (ihr), kônja (des Pferdes), zádnji (der Letzte)
-nj-	**[ɲ] = N**	**kránjski**/gorénjski (Krainer-/Ober-), mánjši (der Kleinere), kónjski (Pferde-)
-nj	**[ɲ] = N/NN**	**kôstanj** (Kastanie), vónj (Duft), kònj (Pferd), mànj (weniger), skèdenj (Scheune)
O o	**[o, ô/ɔ/ǫ] = O, Å**	**október**, ópera, otrôk (Kind), òn (er), ôna (sie), ôno (es), o (über/von), ob (um)
P p	**[p]**	**papír**, polícija, póšta, pedagógika, píca (Pizza), potíca, pietà, políca (Regal)
Q q	**[kv] = KW**	**kvadrát**, kvalitéta, kvantitéta, kváder, kvalificírati, kvíz, kvantitéta, kvartál
R r	**[→R, ←r]**	**repúblika**, rádio, relígija, recépcija, réktor, roló, rúm, rázen (außer), dár (Gabe)
ŕ, r	**[əR, ər] = ÖR, Ör**	**srcé** (Herz), smŕt (Tod), postŕv (Forelle), umŕl (gestorben m.), gŕd (hässlich)
S s	**[s] = ß**	**septémber**, saláma, séndvič, s (mit), sem (ich bin), se (sich/mich), si (sich/mir)
Sp sp	**[sp] = ßP**	**spékter** (Spektrum), transpórt, spót, specialíst, spónzor, spáti (schlafen)

St st	**[st] = ßT**	Stánko (Stanislaus), **góst** (Gast), enájst (11), stó (100), zébsti (frieren)
Š š	**[ʃ] = SCH**	**šóla** (Schule), šampón, šál, šáh (Schach), šafót, šála (Witz), šè (noch)
Šč šč	**[ʃtʃ] = SCHTSCH**	**parkiríšče** (Parkplatz), ščét (Bürste), čéščina (Tschechisch), hrôšč (Käfer)
Šp šp	**[ʃp] = SCHP**	**špórt**, špagéti, špárgelj, Špánija, špájk, špalír, špárati, špás, špeditér
Št št	**[ʃt] = SCHT**	**študênt**, študêntka (Studentin), Štéfan, štárt, štádion, štíri (4), štéti (zählen)
T t	**[t]**	**telefón**, televízija, turízem, teáter, tórta, talár, tajfún, tù (da), túdi (auch)
U u	**[u]**	**uníja**, unifórma, univêrza, uhó (Ohr), ubóg (arm), účbenik (Lehrbuch)
V v	**[v] = W**	**víno**, vídeo, víza (Visum), víla (Villa), vèn (hinaus), vès (alles), vás (Dorf)
-v-	**[v] = W**	**pláva** (blaue), léva (linke), síva (graue), rjáva (braune), nôva (neue), zdráva (gesunde), naslôvi (Adressen), nazívi (die Titel), cérkve (Kirchen), léstve (Leitern)
v...	**[v] = W**	**évrski** prôstor (Euroraum), vrême (Wetter), vlák (Zug), vlóga (Rolle), vzéti (nehmen), izvršíti/izvrševáti (vollziehen/ausführen), odvrtéti (aufschrauben)
Vs vs	**[ʍs] = wß**	**vsí/vsé** (alle/alles), vsáj (wenigstens), vsák (jeder), vsakdán (Alltag)
-v	**[ŭ/ʋ] = Ŭ**	**pláv** (blau), sív (grau), rjáv (braun), nòv (neu), zdráv (gesund), naslòv (Adresse), nazív (Titel), cérkev (Kirche), bréskev (Pfirsich), lév (Löwe), ròv (Stollen/Gang)
v_	**[ŭ/ʋ] = Ŭ**	**ávto**, évro, Évropa, avgúst, Ávstrija, avstríjski (österreichisch), vséčen (gefällig)
X x	**[ks] = Kß**	**táksi**, ksilofón, taksíst, ksenofobíja, ékstra, Áleks, fáks, éks, kéks, téleks, eksíl
Z z	**[z] = ~~S~~**	**dizájn**, zíma (Winter), jézero (See), zeló (sehr), z (mit), za (für), zgódaj (früh)
Ž ž	**[ʒ] = ~~SCH~~**	**žiráfa**, žurnalíst, žonglêr, žága (Säge), žè (schon), žájbelj (Salbei), žóga (Ball)

Die Selbstlaute

Es gibt lang und kurz **betonte Selbstlaute**:

Lang	**á é í ó ú [ə]ŕ**	dán (Tag), lép (schön m.), tí (du), kakó (wie), kúpiti (kaufen), vŕt (Garten)
	A: E: I: O: U: Ɵ:R	´DA:N, ´LE:P, ´TI:, KA´KO:, ´KU:PITI, ´WƟ:RT
Kurz	**à è ì ò ù è/[ə]**	šlà (gegangen w.), kmèt (Bauer), nìt (Faden), bilò (gewesen s.), sùh (trocken m.), vèn (hinaus)
	A Ä I Å U Ɵ	´SCHLA, ´KMÄTT, ´NITT, BI´LÅ, ´ßUCH, ´WƟNN

Dann gibt es **unbetonte Selbstlaute**:

unbetont	**a e i o u e/[ə]**	da (dass), ga (ihn), naj (soll), je (ist), se (sich/mich), bi (würde/ wäre), in (und), ji (ihr), si (sich/mir), bom (werde sein), o (von/ über), ob (an/um), mu (ihm), sem (ich bin); adíjo (Pfiati), lepó (schön s.), dóber (gut m.), túdi (auch), jútro (Morgen), rumèn (gelb m.), stèber (Säule)
	A Ä I Å U Ɵ	DA, GA, NAJ, JÄ, ßÄ, BI, IN, JI, ßi, BÅM, Å, ÅB, MU, ßƟM; A´DI:JÅ, LÄ´PO:, ´DO:BÄR,´TU:DI, ´JU:TRÅ, RU´MÄNN, ´ßTƟBƟR

Und es gibt **ein betontes, immer lang und offen ausgesprochenes „Ä“ bzw. „Å“**.

lang und offen	**ê ô**	poročêna têta (die verheiratete Tante), môji otrôci (meine Kinder)
	´Ä: ´Å:	PÅRÅ´TSCHÄ:NA ´TÄ:TA, ´MÅ:JI Å´TRÅ:TßI

Keine Zwielaute und keine Doppelmitlaute

Es gibt weder Zwielaute (ei, ai, ie, au, eu, äu) noch Umlaute (ä, ö, ü), keine zusätzliche Verschriftung der langen Betonung bei Selbstlauten bzw. Zwielauten und Umlauten (aa, ah, ee, eh, oo, oh, uh; eih, ieh; äh, öh, üh) sowie keine Doppelmitlaute (bb, dd, ff, gg, ll, mm, nn, pp, rr, ss, tt) bzw. Sondermitlaute (ß, ch, ck, pf, tz, dt, rh, th) u. ä.
Sprachanfänger lesen sehr langsam und dürfen daher die einzelnen Lautwerte ganz einfach so wiedergeben, wie sie verschriftet sind. Fortgeschrittene sollten sich aber mit den folgenden sprachlichen Prozessen vertraut machen, u. zw. geht es um Mitlauteinflüsse innerhalb von Wörtern, am Wortende und zwischen zusammengehörenden Wortfolgen bzw. Vorwörtern und dem jeweils nachfolgenden Wort. Bestimmte Mitlaute beeinflussen die Aussprache des vor ihnen vorkommenden Mitlautes. Selbstlaute üben jedoch keinen lautverändernden Einfluss auf ihre Nachbarlaute aus. Satzzeichen wie Beisprich oder Punkt unterbrechen den Redefluss natürlich. Diese lautverändernden Phänomene werden in den nächsten Unterkapiteln an Hand von praktischen Beispielen erklärt.

Die Mitlaute

bilden folgende Gruppen:

m n r l v j (lj nj)
b d g z ž (dz dž (v) [ɣ])
p t k s š c č f h

m = M	máma, mléko, džém Mama, Milch, Jam	**n = N**	nòv *m.*, bánka, normálen neu, Bank, normal m.
r = R	rádio, kárta, jánuar Radio, Karte, Jänner	**r > ƟR**	rjáv, kŕt, mŕzlo braun, Maulwurf, kalt *s.*

j = J	jánuar, jéž, júnij Jänner, Igel, Juni	**j > I**	máj, nàjveč Mai, am meisten
lj = JA	Ljubljána, králja Ljubljana, des Königs	**lj > L**	králj, bôlj, fotélj König, besser, Fauteuil Nè jém žêmelj. Ich esse keine Semmeln.
nj = NJ	njíva, njén, kônja Wiese, ihr, des Pferdes	**nj > NN**	vónj, kònj, mànj Duft, Pferd, weniger Tú nì kònj. Hier sind keine Pferde.

l = L	limóna, igrálec, lúšten Zitrone, Schauspieler, lustig béla, píla, péla weiße *w.*, getrunken *w.*, gesungen *w.* gólf, fílm, asfált Golf, Film, Asphalt ob pôl dvéh um halb zwei Uhr hotél, glágol, regál Hotel, Zeitwort, Regal prálni, minerálna Wasch-, Mineral- brez órgel, od tál ohne Orgel, vom Boden za zíbeljo, za zíbelmi hinter der Wiege, hinter den Wiegen	**l > Ŭ/[ʋ]**	stól, vogál, zíbelka, debél, dél Stuhl, Ecke, Wiege, dick m., Teil bél, píl, pél weiß *m.*, getrunken *m.*, gesungen *m.* dólg, igrálka lang *m.*, Schauspielerin pól krúha, pól métra ein halbes Brot, ein halber Meter bél stól, oslabèl dél ein weißer Stuhl, ein ermatteter Teil bél ávto, bél vóz ein weißes Auto, ein weißer Wagen
v = W	váza, víno, kívi, vzéti Vase, Wein, Kiwi, nehmen síva, nôva, zdráva graue *w.*, neue *w.*, gesunde *w.* kváder, kvíz, kvéker, okvír Quader, Quiz, Quäker, Rahmen vrême, vlák, v vláku, v rádiu, v zóbu Wetter, Zug, im Zug/Radio/Zahn v omári, v apartmáju, v rdečem predálu im Kasten/Appartement/roten Fach v Ilóvju, v Obíčah, v Ovčni in Lampichl/Obitschach/Outschena	**v > Ŭ/[ʋ]** **vs > wß/ [ʌs]**	ávto, évro, Ávstrija Auto, Euro, Österreich sív, nòv, zdráv, pokrôv, nazív grau *m.*, neu *m.*, gesund *m.*, Titel nòv ravnátelj, nòv právnik ein neuer Direktor, ein neuer Jurist v garáži, v mêni, v kínu, v nebesih in der Garage, in mir, im Kino/Himmel vsè, vsáj, vsák, vsakdánji, v sôbi alles, wenigstens, jeder, täglich *m.*, im Zimmer

b > B	obdélati, čbelica bearbeiten, Bienchen slàb betón, slàb dán ein schlechter Beton, ein schlechter Tag ob brátu, ob dédku neben dem Bruder, neben dem Opa	**b > P**	obtóžba, óbčni, slàb Anklage, Haupt-, schlecht *m.* slàb stól, slàb čóln ein schlechter Stuhl, ein schlechtes Boot ob strícu, ob têti neben dem Onkel, neben der Tante
d > D	oddáti, odbítek abgeben, Nachlass mlád diréktor, gŕd bús ein junger Direktor, ein hässlicher Bus	**d > T**	sládki, srédstvo, déd der süße, Mittel, Opa gŕd ávto, gŕd šôtor ein hässliches Auto, ein hässliches Zelt

	nad drág, nad balón über den Mast, über den Ballon pét milijárd – fünf Milliarden
g = G	odgnáti, nadgróbni vertreiben, Grab- dólg gôvor, drág bús eine lange Rede, ein teurer Bus póleg bábice, póleg dédka außer der Oma, außer dem Opa brez prtljág, brez razlág ohne Gepäck *Mz.*, ohne Erklärungen
z = ~~S~~/[z]	izzív, brêzno, plazôvi Herausforderung, Höhle, Lawinen jàz délam, brêz déla ich arbeite, ohne Arbeit brez bráta, iz dežêle ohne den Bruder, aus dem Land iz Beljáka, z Dúnaja, z Bŕnce aus Villach, aus Wien, aus Fürnitz
ž = ~~SCH~~/ [ʒ]	žréti, žvížgati, róža, tôžba, žé fressen, pfeifen, Blume, Klage, schon svéž žafrán, béž zastór frischer Safran, ein beiger Vorhang Nímam velíko róž. Ich habe nicht viele Blumen.

	nad stól, nad hišo über den Stuhl, über das Haus nad stôlom – über dem Stuhl
g > K	tŕgci, króg, brég, žíg kleine Märkte, Kreis, Ufer, Stempel dólg korák, drág fagót ein langer Schritt, ein teures Fagott póleg têtе, póleg stríca außer der Tante, außer dem Onkel póleg ávta, póleg ládje außer dem Auto, außer dem Schiff
z > ß	nízki, iztòk, brezcvéten/brezcvétni der niedrige, Abfluss, blütenlos *m.* jàz sem, mràz, jéz, vóz ich bin, Kälte, Deich/Damm, Wagen brez têtе, iz prostóra ohne die Tante, aus dem Raum iz stêkla, iz alumínija, iz kovíne aus Glas, aus Aluminium, aus Metall
ž > SCH	iztŕžki, krížci, délež vískija Erlös, Kreuzlein *Mz.*, der Whiskyanteil svéž kívi, béž pŕt eine frische Kiwi, ein beiges Tischtuch Angléž, pápež, ríž, kríž, nòž Engländer, Papst, Reis, Kreuz, Messer

p = P	plín, stòlp, obtŕgati Gas, Turm, rebeln/abstreifen lép prínc, lép stríc ein schöner Prinz/Onkel
t = T	devétsto, odpréti, odklòn neunhundert, aufmachen, Abweichung desét tísoč, pét pŕtov neuntausend, fünf Tischtücher
st = ßT	šéststo, mladóst fántov sechshundert, die Jugend der Buben
k = K	oktét, okvír, kvartét, táksi Oktett, Rahmen, Quartett, Taxi širòk korák, krátek stávek ein breiter Schritt, ein kurzer Satz k strícu, k ávtu, k têti, k mámi zum Onkel/Auto, zur Tante/Mama
s = ß	sêdmi, ôsmi, nastòp, kós, ôsel der siebente/achte, Auftritt, Teil, Esel dolgolàs fànt ein langhaariger Bub s strícem, s čólnom, s prijáteljem mit dem Onkel/Boot/Freund s Čájne, s Húma – aus Nötsch/Hum

p > B	klóp drží, stròp žarí die Bank hält, die Decke leuchtet lép bràt, ljúb dédek ein schöner Bruder, ein lieber Opa
t > D	devétdeset, svátba, pét zvonôv neunzig, Hochzeit, fünf Glocken
st = ~~S~~D	zvést dédi, góst gòzd ein treuer Opa, ein dichter Wald šéstdeset, radóst bratráncev sechzig, die Freude der Kusins
k > G	kdó, kdáj, vsakdánji wer, wann, täglich krátek dán, visòk gôst ein kurzer Tag, ein hoher Gast k brátu, k dédiju, k zétu zum Bruder/Opa/Schwiegersohn
s > ~~S~~/[z]	glásba, lás žámeta, glás doní Musik, Samthaar, eine/die Stimme tönt Tó nas/vas bolí. Das tut uns/euch weh. čàs bórcev, glás gosí, kós divjádi die Zeit der (Widerstands-)Kämpfer, die Stimme der Gänse, ein Teil des Wildes

š = SCH	harmonikáš Celôvčan	**š > ~~SCH~~/**	harmonikáš Beljáčan
	der Klagenfurter Harmonikaspieler	**[ʒ]**	der Villacher Harmonikaspieler
	íščem, našmínkati, plášč		vaš glás, naš dédek, kòš dételje
	ich suche, schminken, Mantel		eure Stimme, unser Opa, ein Korb Klee
c = Tß	cépiti, trgôvec, zdravníca, srcé	**c > DZ/**	poznaválec džeza, učênec geografije
	impfen, Händler, Ärztin, Herz	**~~DS~~**	ein Kenner des Jazz, Geographieschüler
	trgôvec s premógom – Kohlenhändler		trgôvec z žítom – Getreidehändler
č = TSCH	vèčjezíčni, učênec, čár	**č > DŽ/**	účbenik, čbélica, rdéč bicíkel
	mehrsprachig *m.*, Schüler, Zauber	**~~DSCH~~**	Lehrbuch, Bienchen, ein rotes Fahrrad
	móč umétnika/cárja/vladárja		móč zvéstega možá, móč življênja
	die Macht des Künstlers/Zaren/Fürsten		die Kraft des treuen Ehemannes/Lebens
f = F	frizêr, odfrfotáti, šéf, refrén	**f > W**	Afgánistan, antropozóf bêre
	Frisör, wegflattern, Chef, Refrain		Afghanistan, der Anthroposoph liest
	škòf posvečúje, filozóf razlága		škòf bírma, geográf govôri
	der Bischof weiht, der Philosoph erklärt		der Bischof firmt, der Geograph spricht
	biográf opisúje, šéf načrtúje		filozóf déje, grôf gré
	der Biograph beschreibt, der Chef plant		der Philosoph sagt, der Graf geht
h = CH	hčérka, odhitéti, oddih, híša	**h = CH**	glúh gospód, skopúh gròf, súh gráben
	Tochter, forteilen, Pause, Haus		ein tauber Herr, ein geiziger Graf, ein
	tíh hamít, tíh semít, tíh levít, tíh eremít		trockener Graben
	ein stiller Hamit/Semit/Levit/Eremit		tíh Grebínčan, pláh gáms
	h kováču, h Kárlu, h kmetíci		ein stiller Griffner, ein scheue Gämse
	(CH_KÅ´VA:TSCHU, CH_´KA:RLU,	**h = CH/**	h gospé, h Géli
	CH_KMÄ´TI:TßI)	**[γ]**	CH/[γ]_GÅ´ßPE:), CH/[γ]_´GE:LI
	zum Schmied, zu Karl, zur Bäuerin		zur Frau, zu Geli

Dargestellt wurden hier: die Auslautverhärtung; die regressive Assimilation im Wort, innerhalb von Wortgruppen und zwischen Vorwort und nachfolgendem Wort sowie der sprachliche Einfluss der Vorwörter „z/s" (mit), „k/h" (zu) und „v" (nach/in/auf). Diese Phänomene werden auch noch in den nächsten beiden Unterkapiteln erläutert. Hauptsächlich wurden hier grundlegende Spracheinflüsse in einfacher Form beschrieben.

Wort-, Wortverbindungs- und Satzbeispiele

Hier werden die Beispiele im slowenischen Standard, in der vereinfachten Lautschrift in Großbuchstaben und in deutscher Übersetzung wiedergegeben. Es wird ausdrücklich betont, dass Finessen bezüglich der Aussprache nur Sprachwissenschaftler, Lektoren, Radiosprecher, Schauspieler u. ä. Personen beherrschen müssen.

Dóber dán. Kakó ste? – Hvála, dôbro. In ví? – Túdi dôbro. – Lepó se iméjte. Nasvídenje.

´DO:BÄR ´DA:N. KA´KO: ßTÄ? – ´CHWA:LA ´DÅ:BRÅ. IN ´WI:? – ´TU:DI ´DÅ:BRÅ. – LÄ´PO: ßÄ I´MÄ:ITÄ. NA´ßWI:DÄNJÄ.

Guten Tag! Wie geht es Ihnen? – Danke, gut. Und Ihnen? – Auch gut. – Lassen Sie sich´s gut gehen! Auf Wiedersehen!

Žívjo. Kakó si? – Žál slabó. Pa tí? – Gré, gré. – Se vídiva. Adíjo.

´~~SCH~~I:ŬJÅ. KA´KO: ßI? – ´~~SCH~~A:Ŭ ßLA´BO:. PA ´TI:? – ´GRE:, ´GRE:. – ßÄ ´WI:DIWA. A´DI:JÅ.

Griaß di! Wie geht´s dir? – Leider schlecht. Und dir? – Es geht so. – Wir sehen uns! Pfiati!

Ána imá kljúč. Sáša pláča píco. Antón kúpi ščét. Pólka je hítra.

´A:NA I´MA: ´KLJU:TSCH. ´ßA:SCHA ´PLA:TSCHA ´PI:TSÅ. AN´TO:N ´KU:PI ´SCHTSCHE:T. ´PO:LKA JÄ ´HI:TRA.

Anna hat den Schlüssel. Sascha zahlt die Pizza. Anton kauft eine Bürste. Die Polka ist schnell.

Mìš je požŕla sìr. Kmèt nì šèl, da bi jo ujél. Mìš je požŕla túdi sùh krùh, vèndar zdàj nì čása, da bi jo ujél fànt.

´MISCH JÄ PÅ´~~SCH~~Ө:RLA ´ßIR. ´KMÄT ´NI ´SCHÄŬ, DA BI JÅ U´JE:Ŭ. ´MISCH JÄ PÅ´~~SCH~~Ө:RLA ´TU:DI ´ßUCH ´KRUCH, ´WӨNDAR ´~~S~~DAI ´NI ´TSCHA:ßA, DA BI JÅ UJÉ:Ŭ ´FANT.

Die Maus fraß den Käse. Der Bauer ging nicht (hin), um sie einzufangen. Die Maus fraß auch das trockene Brot, trotzdem ist jetzt nicht die Zeit dafür gekommen, dass sie der Bub einfange.

Môja têta govorí lép jêzik. Pripovedúje o otrôcih, ki sta na gôri med odmôrom stêkla v kúhinjo in spêkla okúsne žêmlje.

´MÅ:JA ´TÄ:TA GÅWÅ´RI: ´LE:P ´JÄ:~~S~~IK. PRIPÅWÄ´DU:JÄ Å_ÅT´RÅ:TßICH, KI ßTA NA_´GÅ:RI MÄT_ÅD´MÅ:RÅM ´ßTÄ:KLA Ŭ_´KU:CHINJÅ IN ´ßPÄ:KLA Å´KU:ßNÄ ´~~SCH~~Ä:MLJÄ.

Meine Tante spricht eine schöne Sprache. Sie erzählt von zwei Kindern, die auf dem hohen Berg während der Pause in die Küche eilten und wohlschmeckende Semmeln backten/buken.

rumèn plášč, rumêna jakna, zelèn pulóver, zelêna blúza – pès, psí; vás, vasí – Tèmen pès gré vèn. Kŕt je na vŕtu. – Néki člôvek zapôje pésem. Opazúje stèber in ob njêm léstev. Délavec jo rábi.

RU´MÄN ´PLA:SCHTSCH, RU´MÄ:NA ´JA:KNA, ~~S~~Ä:´LÄN PU´LO:WÄR, ~~S~~Ä´LÄ:NA BLU:~~S~~A – ´PӨßß, ´PßI:; ´WA:ß, WA´ßI: – ´TӨMMӨN ´PӨßß ´GRE: ´WӨNN. ´KӨ:RT JÄ NA_´WӨ:RTU. – ´NE:KI ´TSCHLÅ:WÄK ~~S~~A´PÅ:JÄ ´PE:ßÄM. ÅPA´~~S~~U:JÄ ´ßTӨBӨR IN ÅP_´NJÄ:M ´LE:ßTÄŬ. ´DE:LAWÄTß JÅ ´RA:BI.

ein gelber Mantel, eine/die gelbe Jacke, ein grüner Pullover, eine/die grüne Bluse – Hund, Hunde; Dorf, Dörfer – Ein dunkler Hund geht hinaus. Ein Maulwurf ist im Garten. – Ein Mensch singt ein Lied. Er beobachtet eine Säule und neben ihr eine Leiter. Ein Arbeiter braucht sie.

stól, stôli; bìl, bilà, bilò; píl, píla; pél, péla; šèl, šlà – pól lítra, pól kíle, pól métra : ob pôl dvéh, ob pôl tréh

´ßTO:Ŭ, ´ßTÅ:LI; ´BI:Ŭ, BI´LA, BI´LÅ; ´PI:Ŭ, ´PI:LA; ´PE:Ŭ, ´PE:LA; ´SCHÄŬ, ´SCHLA – ´PO:Ŭ_´LI:TRA, ´PO:Ŭ_´KI:LÄ, ´PO:Ŭ_´ME:TRA : ÅP_´PÅ:L_´DWE:CH, ÅP_´PÅL_´TRE:CH

Stuhl, Stühle; gewesen *(m., w., s.)*, getrunken *(m., w.)*; gesungen *(m., w.)*; gegangen *(m., w.)* – ein halber Liter, ein halbes Kilo, ein halber Meter : um halb zwei Uhr, um halb drei Uhr

nòv, nôvi, nôva, nôvo; sív, sívi, síva, sívo; rjáv, rjávi, rjáva, rjávo; práv, právi, práva, právo; zdráv, zdrávi, zdráva, zdrávo; žív, žívi, žíva, žívo – pokróv, vèč pokrôvov; nazív, mnógo nazívov – zdravník, zdravníca; právnik, právnica

´NÅŬ, ´NÅ:WI, ´NÅ:WA, ´NÅ:WÅ; ´ßI:Ŭ, ´ßI:WI, ´ßI:WA, ´ßI:WÅ; ӨR´JA:Ŭ, ӨR´JA:WI, ӨR´JA:WA, ӨR´JA:WÅ; ´PRA:Ŭ, ´PRA:WI, ´PRA:WA, ´PRA:WÅ; ´SDRA:Ŭ, ´SDRA:WI, ´SDRA:WA, ´SDRA:WÅ; ´SCHI:Ŭ, ´SCHI:WI, ´SCHI:WA, ´SCHI:WÅ – PÅ´KRÅ:Ŭ, ´WӨTTSCH PÅ´KRÅ:WÅŬ; NA´SI:Ŭ, ´MNO:GÅ NA´SI:WÅŬ – SDRAŬ´NI:K, SDRAŬ´NI:TßA; ´PRA:ŬNIK, ´PRA:ŬNITßA

neu *(m. unbest., m. best., w., s.)*; grau *(m. ..., w., s.)*; braun *(m. ..., w., s.)*; richtig/recht *(m. ..., w., s.)*; gesund *(m. ..., w., s.)*; lebend *(m. ..., w., s.)* – Deckel, mehrere Deckel; Titel, viele Titel – Arzt, Ärztin; Jurist, Juristin

šéststo, devét tísoč – ôzek, ôzki; nízek, nízki – obsèg, obtóžba, obstòj, odbòr : odpòr, odtís, odklòn, odsôten, odštéti, odcèp, odčárati, odhitéti, odfrfotáti, sládkor, odpréti – čbélica, kdó, kdáj, účbenik, glásba, šéstdeset, pétdeset – Afgánistan

´SCHE:ßTÅ, DÄ´VE:T ´TI:ßÅTSCH – ´Å:SӨK ´Å:ßKI; ´NI:SӨK ´NI:ßKI – ÅP´ßÄK, ÅP´TO:SCHBA, ÅP´ßTÅ:I, ÅD´BÅ:R : ÅT´PÅ:R, ÅT´TI:ß, ÅT´KLÅNN, ÅT´ßÅ:TӨN, ÅT´SCHTE:TI, ÅT´TßÄPP, ÅT´TSCHA:RATI, ÅTCHI´TE:TI, ÅTFӨRFÅ´TA:TI, ´ßLA:TKÅR, ÅT´PRE:TI – ´DSCHBE:LITßA, ´GDO:, ´GDA:I, ´U:DSCHBÄNIK, ´GLA:SBA, ´SCHE:SDÄßÄT, ´PE:DÄßÄT – AW´GA:NIßTAN

sechshundert, neuntausend – ein schmaler, der schmale; ein niedriger, der niedrige – Umfang, Anklage, Existenz, Ausschuss : Widerstand, Abdruck, Abweichung, abwesend, abziehen, Abzweigung, entzaubern, wegeilen, wegflattern, Zucker, öffnen – Bienchen, wer, wann, Lehrbuch, Musik, sechzig, fünfzig – Afghanistan

póln ávto, glávni ávtor – prálni prášek; glágol, glágolnik; iskálnik – žêmlja, zêmlja, skrínja – mànj, mánjši, nàjmánjši; bôlj, bóljši, nàjbóljši – évrski prôstor, vrême, vráta, vzêmi : vžíg – z vsêmi, vsèpovsód, nàš vsakdánji krùh, povzéti – zapôj, kupúj : popíj; nájti, nájdi; zdàj : júnij – zíbel, za zíbeljo, za zíbelmi – kónjska vpréga, Cêljski grôfje – mêja, mêjni prehòd

´PO:ŬN ´A:ŬTÅ, ´GLA:ŬNI ´A:ŬTÅR – ´PRA:LNI ´PRA:SCHÄK; ´GLA:GÅL, ´GLA:GÅLNIK; Iß´KA:LNIK – ´SCHÄ:MLJA, ´SÄ:MLJA, ´ßKRI:NJA – ´MANN, ´MA:NSCHI, ´NAI´MA:NSCHI; ´BÅLL, ´BO:LSCHI, ´NAI´BO:LSCHI – É:WRßKI ´PRÅ:ßTÅR, ´WRÄ:MÄ, ´WRA:TA, ´WSÄ:MI : ´ŬSCHI:K – S_´wßÄ:MI, ´wßÄPÅŬ´ßO:T, ´NASCH wßAG´DA:NJI ´KRUCH, PÅ´ŬSE:TI – SA´PÅ:I, KU´PU:I : PÅ´PI:J; ´NA:ITI, ´NA:IDI; ´SDA:I : ´JU:NIJ – ´SI:BÄŬ, SA_´SI:BÄLJÅ, SA_´SI:BÄLMI – ´KO:NßKA ´ŬPRE:GA, ´TßÄ:LSKI ´GRÅ:FJÄ – ´MÄ:JA, ´MÄ:INI PRÄ´HÅT

ein volles Auto, Hauptautor – Waschpulver; Zeitwort, Gerundium; Suchmaschine – Semmel, Erde, Truhe – weniger, der kleinere, der kleinste; besser, der bessere, der beste – Euroraum, Wetter, Tür, nimm : Zündung – mit allen, überall, unser tägliches Brot, zusammenfassen – sing jetzt, geh auf einen Einkaufsbummel : trink aus; finden, finde; jetzt : Juni – Wiege, hinter der Wiege, hinter den Wiegen – Pferdefuhrwerk, die Grafen von Zilli – Grenze, Grenzübergang

jàz; vodovòd, vodovóda; mràz, mráza; plàz, plazôvi; nòž, nôži; dèž, dežjá; móž možjé; ríž, ríža – Angléž, angléški, angléščina; Norvežán, norvéški, norvéščina – mólsti, mólzem : rásti, rásem; brêsti, brêdem : plêsti, plêtem – stríči, strížem : rêči, rêčem; iskáti, íščem – pápež, pápeštvo; vítez, víteštvo; vrág, sovráštvo; beráč, beráštvo – Bolí me zòb. Grém na sprehòd. Vídim brég. Prihája vóz. Páda dèž. – Kúpim mnógo skládb in velíko róž. – Nè jém žêmelj. Nímam izkúšenj. – Tù nì kònj. Nè vídim gospodínj. – Nè živím brez sprezmémb, beséd, prídig, parafráz in persifláž.

´JAß; WÅDÅ´WÅT, WÅDÅ´WO:DA; ´MRAß, ´MRA:~~S~~A; ´PLAß, PLA´~~S~~Å:WI; ´NÅSCH, ´NÅ:~~SCH~~I; ´D~~Ö~~SCH, D~~ÖSCH~~´JA:; ´MO:SCH, MÅ~~SCH~~´JE:; ´RI:SCH, ´RI:~~SCH~~A – AN´GLE:SCH, AN´GLE:SCHKI, AN´GLE:SCHTSCHINA; NÅRWÄ´~~SCH~~A:N, NÅRWE:SCHKI, NÅRWE:SCHTSCHINA – ´MO:ŬßTI, ´MO:Ŭ~~S~~ÄM : ´RA:ßTI, ´RA:ßÄM; ´BRÄ:ßTI, ´BRÄ:DÄM : ´PLÄ:ßTI, ´PLÄ:TÄM – ´ßTRI:TSCHI, ´ßTRI:~~SCH~~ÄM : ´RÄ:TSCHI, ´RÄ:TSCHÄM; Iß´KA:TI, ´I:SCHTSCHÄM – ´PA:PÄSCH, ´PA:PÄSCHTWÅ; ´WI:TÄß, ´WI:TÄSCHTWÅ; ´WRA:K, ßÅŬ´RA:SCHTWÅ; BÄ´RA:TSCH, BÄ´RA:SCHTWÅ – BÅ´LI: MÄ ´~~S~~ÅP. ´GRE:M NA_ßPRÄ´CHÅT. ´WI:DIM ´BRE:K. PRI´CHA:JA ´WO:ß. ´PA:DA ´D~~Ö~~SCH. – ´KU:PIM ´MNO:GÅ ´ßKLA:DB IN WÄ´LI:KÅ ´RO:~~SCH~~. – ´NÄ ´JE:M ´~~SCH~~Ä:MÄL. ´NI:MAM Iß´KU:SCHÄN. – ´TU ´NI ´KÅNN. ´NÄ ´WI:DIM GÅßPÅ´DI:N. – ´NÄ ´~~SCH~~I´WI:M BRÄß_ßPRÄ´ME:MB, BÄ´ßE:D, ´PRI:DIG, PARA´FRA:~~S~~ IN PÄRßI´FLA:~~SCH~~.

ich; die Wasserleitung, der Wasserleitung; die Kälte, der Kälte; die Lawine, die Lawinen; das Messer, die Messer; der Regen, des Regens; der Ehemann, die Ehemänner; der Reis, des Reises – Engländer, englisch, Englisch; Norweger, norwegisch, Norwegisch – melken, ich melke : wachsen, ich wachse; überqueren, ich überquere : stricken, ich stricke – (Haare) schneiden, ich schneide (die Haare) : sagen, ich sage; suchen, ich suche – Papst, Papsttum; Ritter, Rittertum; Teufel, Feindschaft; Bettler, Armut – Mir tut ein/der Zahn weh. Ich gehe spazieren. Ich sehe das Ufer. Es kommt ein Wagen. Es regnet. – Ich kaufe viele Tonträger und eine Menge Blumen. – Ich esse keine Semmeln. Ich habe keine Erfahrungen. – Hier sind keine Pferde. Ich sehe keine Hausfrau. – Ich lebe nicht ohne Veränderungen, Worte, Predigten, Paraphrasen, Persiflagen.

dólg pràg, dólg tovornják, dólg korák, dólg stávek, slàb sŕp, dólg šál, dólg čóln, drág fagót, dólg hrást – krátek brég, krátek dvór, lép dán, vès dán, lép gŕb, lép grád, krátek zabòj, krátek žvížg – slàb zób, gŕd gŕb – visòk vóz, dólg vóz – drág ávto – drág móped, drág láncia, drág nissan, drág renault, drág jáguar – jàz sem – krátek gôvor, visòk gôst : vêlik gózd : góst gózd

´DO:ŬK ´PRAK, ´DO:ŬK TÅWÅRN´JA:K, ´DO:ŬK KÅ´RA:K, ´DO:ŬK ´ßTA:WÄK, ´ßLAP ´ß~~Ö~~:RP, ´DO:ŬK ´SCHA:L, ´DO:ŬK ´TSCHO:ŬN, ´DRA:K FA´GO:T, ´DO:ŬK ´CHRA:ßT – ´KRA:TÄG ´BRE:K, ´KRA:TÄG ´DWO:R, ´LE:B ´DA:N, W~~ÖS~~ ´DA:N, ´LE:B ´G~~Ö~~:RP, ´LE:B ´GRA:T, ´KRA:TÄG ~~S~~A´BÅI, ´KRA:TÄG ´~~SCH~~WI:SCHK – ´ßLAB ´~~S~~O:P, ´G~~Ö~~:RD ´G~~Ö~~:RP – WI´ßÅK ´WO:ß, ´DO:ŬK ´WO:ß – ´DRA:K ´A:ŬTÅ – ´DRA:K ´MO:PÄT, ´DRA:K ´LA:NTSCHA, ´DRA:K ´NI:ßAN, ´DRA:K RÄ´NO:, ´DRA:K ´JA:GUAR – ´JAß ß~~Ö~~M, KRA:TÄG ´GÅ:WÅR, WI´ßÅG ´GÅ:ßT : ´WÄ:LIG ´GO:ßT : ´GO:~~S~~D ´GO:ßT

eine lange Schwelle, ein langer Lastwagen, ein langer Schritt, ein langer Satz, eine schlechte Sichel, ein langer Schal, ein langes Boot, ein teures Fagott, eine lange Eiche – ein kurzes Ufer, ein kurzer Hof, ein schöner Tag, ein ganzer Tag, ein schönes Wappen, ein schönes Schloss, eine kurze Kiste, ein kurzer Pfiff – ein schlechter Zahn, ein hässliches Wappen – ein hoher Wagen, ein langer Wagen – ein teures Auto – ein teures Moped, ein teurer Lancia, ein teurer Nissan, ein teurer Renault, ein teurer Jaguar – ich bin – eine kurze Rede, ein hoher Gast : ein großer Wald : ein dichter Wald

k brátu, k Pétru, k otrôku, k mêni; h kolésu, h gospé

K_´BRA:TU, K_´PE:TRU, K_Å´TRÅ:KU, K_´MÄ:NI; CH_KÅ´LE:ßU, CH/[γ]_GÅ´ßPE:

zum Bruder, zu Peter, zum Kind, zu mir; zum Fahrrad, zur Frau

na stòlp, s stôlpa; na pôšto, s pôšte – na gôro, z gôre; na zabávo, z zabáve; na vrt, z vrta – na Čájno, s Čájne – na Dúnaj, z Dúnaja, na Bŕnco, z Bŕnce

NA_´ßTÅLP, ß_´ßTÅLPA; NA_´POSCHTÅ, ß_´PO:SCHTÄ – NA_´GÅ:RÅ, ~~S~~_´GÅ:RÄ; NA_~~S~~A´BA:WÅ; ~~S~~_~~S~~A´BA:WÄ; NA_´WӨ:RT, ´~~S~~_´WӨ:RTA – NA_´TSCHA:INÅ, ß_TSCHA:INÄ – NA_´DU:NAI, ~~S~~_´DU:NAJA, NA_´BӨ:RNTßÅ, ~~S~~_´BӨ:RNTßÄ

auf den Turm, vom Turm; auf die Post, aus der Post – auf den Berg, vom Berg; zur Unterhaltung, von der Unterhaltung; in den Garten, aus dem Garten – nach Nötsch, aus Nötsch – nach Wien, aus Wien, nach Fürnitz, aus Fürnitz

brez tête, brez stríca, króna iz tŕnja, póleg tête, od tête – kljub têti – pod stól, pred stól, nad híšo, čez pràg – ob têti – nad stôlom, pod stôlom, pred híšo, med híšo in stôlpom

BRÄß_´TÄ:TÄ, BRÄß_´ßTRI:TßA, ´KRO:NA Iß_´TӨ:RNJA, ´PÅ:LÄK_´TÄ:TÄ, ÅT_´TÄTÄ – KLJUP_´TÄ:TI – PÅT_´ßTO:Ŭ, PRÄT_´ßTO:Ŭ, NAT_´CHI:SCHÅ, TSCHÄß_´PRA:K – ÅP_´TÄ:TI – NAT_´ßTÅ:LÅM, PÅT_´ßTÅ:LÅM, PRÄT_´CHI:SCHÅ, MÄT_´CHI:SCHÅ IN ´ßTÅ:LPÅM

ohne die Tante, ohne den Onkel, Dornenkrone, außer der Tante, von der Tante – trotz der Tante – unter den Stuhl, vor den Stuhl, über das Haus, über die Schwelle – neben der Tante – über dem Stuhl, unter dem Stuhl, vor dem Haus, zwischen dem Haus und dem Turm

s Pétrom, s têto, s kolésom, s sêstro, s Štéfanom, s cárjem, s čólnom, s fárjem, s helikópterjem – z brátom, z dédkom, z gospó, z Zvónetom, z žámetom – z mésom, z nektarínami, z ríbezi, z ládjo, z vlákom, z jábolki – z ávtom, z elektróniko, z iménom, z otrôkom, z umétnikom, z rjávim lésom

ß_´PE:TRÅM, ß_´TÄ:TÅ, ß_KÅ´LE:ßÅM, ß_´ßÄ:ßTRÅ, ß_´SCHTE:FANÅM, ß_´TßA:RJÄM, ß_´TSCHO:ŬNÅM, ß_´FA:RJÄM, ß_CHÄLI´KO:PTÄRJÄM – ~~S~~_´BRA:TÅM, ~~S~~_´DE:TKÅM, ~~S~~_GÅ´ßPO:, ~~S~~_´~~S~~WO:NÄTÅM, ~~S~~_´~~SCH~~A:MÄTÅM – ~~S~~_´ME:ßÅM, ~~S~~_NÄKTA´RI:NAMI, ~~S~~_´RI:BÄ~~S~~I, ~~S~~_´LA:DJÅ, ~~S~~_´WLA:KÅM ~~S~~_´JA:BÅŬKI – ~~S~~_´A:ŬTÅM, ~~S~~_ÄLÄK´TRO:NIKÅ, ~~S~~_I´ME:NÅM, ~~S~~_Å´TRÅ:KÅM, ~~S~~_U´ME:TNIKÅM, ~~S~~_ӨR´JA:WIM ´LE:ßÅM

mit Peter, mit der Tante, mit dem Fahrrad, mit der Schwester, mit Stefan, mit dem Zaren, mit dem Boot, mit dem Pfarrer, mit dem Hubschrauber – mit dem Bruder, mit dem Opa, mit der Frau, mit Zvone, mit Samt – mit Fleisch, mit Nektarinen, mit Ribiseln/Johannesbeeren, mit dem Schiff, mit dem Zug, mit Äpfeln – mit dem Auto, mit der Elektronik, mit dem Namen, mit dem Kind, mit dem Künstler, mit dem braunen Holz

v Ávstriji, v elektróniki, v Índiji, v omári, v úri, v rdéčem fíatu – v Beljáku, v dózi, v garáži, v žítu, v džúngli – v mêni, v nósu, v lúbenici, v vázi, v jógurtu, v Ljubljáni, v njéni tórbi – v Parízu, v tórti, v kínu, v šóli, v céntru, v čŕni denárnici, v fárovžu, v híši – v rádiu – v zóbu – v sôbi

W_´A:ŬßTRIJI, W_ÄLÄK´TRO:NIKI, W_´INDIJI, W_Å´MA:RI, W_´U:RI, W_ӨR´DE:TSCHÄM ´FI:ATU – Ŭ_BÄL´JA:KU, Ŭ_DO:~~S~~I, Ŭ_GA´RA:~~SCH~~I, Ŭ_~~SCH~~I:TU, Ŭ_´D~~SCH~~U:NGLI, Ŭ_MÄ:NI, Ŭ_NO:ßU, Ŭ_LU:BÄNITßI, Ŭ_WA:~~S~~I, Ŭ_JO:GURTU, Ŭ_LJUB´LJA:NI, Ŭ_´NJE:NI ´TO:RBI – Ŭ_PA´RI:~~S~~U, Ŭ_´TO:RTI, Ŭ_´KI:NU, Ŭ_´SCHO:LI, Ŭ_´TßE:NTRU, Ŭ_´TSCHӨ:RNI DE´NA:RNITßI, Ŭ_´FA:RÅŬ~~SCH~~U, Ŭ_´CHI:SCHI – W_´RA:DIU – W_´~~S~~O:BU – w_´ßÅ:BI

in Österreich, in der Elektronik, in Indien, im Kasten, in der Uhr, im roten Fiat – in Villach, in der Dose, in der Garage, im Getreide, im Dschungel – in mir, in der Nase, in der Wassermelone, in der Vase, im Jogurt, in Ljubljana, in ihrer Tasche – in Paris, in der Torte, im Kino, in der Schule, im Zentrum, in der schwarzen Brieftasche, im Pfarrhof, im Haus – im Radio – im Zahn – im Zimmer

Inhaltsverzeichnis SLOWENISCH ALS FREMDSPRACHE IM ALLTAG, IN DER KIRCHE UND IN DER LITERATUR
Vierter Band: Slowenische Wortformen mit Anwendungsbeispielen
SIEBENTER ABSCHNITT:

Abkürzungen

Abk.	Abkürzung	---	krajšava
Bed.	Bedingungsform	Konditional	pogojni naklon
---	(Möglichkeitsform)	(Konjunktiv)	(vezni naklon)
Bef.	Befehlsform	Imperativ	velelni naklon
dh	dauerhaft	---	(trajno)
DI/dipl. inž.	Diplomingenieur/Diolomingenieurin	---	diplomirani inženir/diplomirana inženirka
Dr./dr.	Doktor/Doktorin	---	doktor/doktorica
Dt.	Deutsch	---	v nemščini
e	etwas	---	kaj/nekaj
erf	erfolgreich	---	(uspešno)
EW	Eigenschaftswort	Adjektiv	pridevnik
Ez.	Einzahl	Singular	ednina
f	fertig	---	(gotovo)
fw	fortwährend	---	(nenehno)
FW	Fürwort	Pronomen	zaimek
Ggw.	Gegenwart	Präsens	sedanjik
HW	Hauptwort	Substantiv/Nomen	samostalnik
i	immer	---	(vedno)
j	jemand	---	koga/nekoga
Lat.	Latein(isch)	---	v latinščini
Leb.	Lebewesen	---	živo bitje
m.	männlich	Maskulinum	moški (spol)
Mag./mag.	Magister/Magistra	---	magister/magistra
MW	Mittelwort	Partizip	deležnik
Mz./Mz.+	Mehrzahl/Mehrzahl-Plus (im 2.F.)	Plural/Plural (im Genitiv)	množina/množina (v rodilniku)
Nf.	Nennform	Infinitiv	nedoločnik
1.Ps.	1. Person/Sprechender	1. Person	1./prva oseba/govoreči
2.Ps.	2. Person/Angesprochener	2. Person	2./druga oseba/nagovorjeni
3.Ps.	3. Person/Besprochener	3. Person	3./tretja oseba/omenjeni
s	sich	---	sebe/se, sebi/si
s.	sächlich	Neutrum	srednji (spol)
S.	Seite	---	stran
Sl.	Slowenisch	---	v slovenščini
Sup.	(Bewegungsabsicht)	Supinum	namenilnik
up.	unpersönlich	---	neosebno/nepersonalno
uv.	unvollendet/andauernd	imperfektiv/durativ	nedovršno/trajno
UW	Umstandswort	Adverb	prislov
ü	über	---	(o/nad)
v.	vollendet	perfektiv	dovršno
v. A.	vor Allem	---	predvsem
Vgh.	Vergangenheit/Mitvergangenheit	Perfekt und Imperfekt/Präteritum	preteklik
w	wieder	---	(spet)
w.	weiblich	Femininum	ženski (spol)
wh.	wiederholend	iterativ/imperfektiv	ponavljalno/nedovršno
z. B.	zum Beispiel	---	na primer
Zuk.	Zukunft und Vorzukunft	Futur I und II	prihodnjik
ZLW	Zahlwort	Numerale	števnik
Zz.	Zweizahl	Dual	dvojina
1.F.	Wer-Fall/(Anredefall)	Nominativ/(Vokativ)	imenovalnik/1. sklon
2.F.	Wes-Fall	Genitiv	rodilnik/2. sklon
3.F.	Wem-Fall	Dativ	dajalnik/3. sklon
4.F.	Wen-Fall	Akkusativ	tožilnik/4. sklon
5.F.	Wo-Fall	Lokativ	mestnik/5. sklon
6.F.	Womit-Fall	Instrumental	orodnik/6. sklon
Ø/-Ø	kein Selbstlaut am Wortende	Nullendung/kein Suffix	ni končnice/ni samoglasnika na koncu
2 3 4 5 6	Zeitwort verlangt einen entsprechenden Fall Rektion		(glagol zahteva ustrezni sklon)
=	ist gleich	---	je enako
≠	ist nicht gleich	---	ni enako
>	wird zu	---	postane
<	kommt von	---	izvira iz

Quellen und Literatur

Ljubica Črnivec: Preglednice slovenskega knjižnega jezika. Poskusna verzija. Ljubljana, junij 1996. [Eine spätere Version wurde dann erst irgendwann veröffentlicht.]

Ljubica Črnivec: Slikovno gradivo za slovensko besedo v živo. Ljubljana: Poletna šola slovenskega jezika pri Oddelku za slovankse jezike in književnost Filozofske fakultete Univerze v Ljubljani, 1994.

Elizabeta M. Jenko: Grammatik der slowenischen Sprache. Eine Einführung. Klagenfurt: Drava, 2000.

Hermina Jug-Kranjec: Slovenščina za tujce. 9. natis. Ljubljana: Seminar slovenske literature, jezika in kulture pri Oddelku za slovanske jezike in književnost Filozofske fakultete Univerze v Ljubljani, 1995.

Franc Kattnig, Miha Kulnig, Janko Zerzer: Dvojezična Koroška. Seznam dvojezičnih krajevnih imen južne Koroške. 2., popolnoma preurejena in dopolnjena izdaja. Celovec: Mohorjeva 2004/05.

Rada Lečič: Das slowenische Verb. Morphologisches Hand- und Wörterbuch der slowenischen Verben. Ljubljana: Verlag ZRC, 2006.

Rada Lečič: Slovenski glagol. Oblikoslovni priročnik in slovar slovenskih glagolov. / Slovene verb. A morphological manual and dictionary of Slovene verbs. Ljubljana: Založba ZRC, 2004.

Andreja Markovič, Špela Kajič Kmetič, Katarina Rigler Šilc, Danuša Škapin: Slovenska beseda v živo. Učbenik za začetni tečaj slovenščine kot drugega/tujega jezika. 3. izdaja. Ljubljana: Center za slovenščino kot drugi/tuji jezik pri Oddelku za slovenistiko Filozofske fakultete, 2002.

Marta Pavlin Povodnik: Oblikoslovje. Priročnik z vajami. 2., popravljena in dopolnjena izdaja, 2. natis. Ljubljana/Nova Gorica: Jutro, 1994.

Ivana Petric Lasnik, Nataša Pirih Svetina, Andreja Ponikvar: Gremo naprej. Učbenik za nadaljevalce na tečajih slovenščine kot drugega ali tujega jezika. 1. natis. Ljubljana: Znanstvena založba Filozofske fakultete Univerze v Ljubljani, 2009.

Nataša Pirih Svetina, Andreja Ponikvar: ABC, 123, Gremo. Učbenik za začetnike na kratkih tečajih slovenščine kot drugega ali tujega jezika. 3., prenovljena izdaja, 2. natis. Ljubljana: Znanstvena založba Filozofske fakultete Univerze v Ljubljani, 2010.

PONS, Šolski slovar, NEMŠČINA, nemško-slovenski in slovensko-nemški. 1. izdaja. Ljubljana: Rokus Klett, 2008.

Slovar slovenskega knjižnega jezika. Izdajatelj: SAZU. Ljubljana, Državna založba Slovenije (DZS), 1994.

Slovenski pravopis. Pravila. 4., pregledana izdaja. Izdajatelj: SAZU. Ljubljana: DZS, 1994.

Jože Toporišič: Slovenska slovnica. 4., prenovljena in razširjena izdaja. Maribor: Obzorja, 2000.

Jože Toporišič: Slovenski pravopis. Izdajatelj: Slovenska akademija znanosti in umetnosti (SAZU). Ljubljana: Znanstveni raziskovalni center SAZU 2001.

Miha Vrbinc: Pozdravljeni. Celovec: Mohorjeva, 1997.

http://besana.amebis.si/pregibanje (Biegungs-/Abwandlungsmuster, ab Oktober 2014)

http://sl.pons.eu/slo-nem, http://www.pons.eu und http://sl.pons.com/prevod (Wörterbücher PONS)

https://sl.wikipedia.org/wiki (Seznam nemških imen slovenskih krajev)

http://www.amebis.si/aspplus (mehrsprachige Wörterbücher, ab Oktober 2014)

http://www.amebis.si/sklanjanje (Biegungsmuster EW und HW, 2000-2003)

http://www.fran.si, http://bos.zrc-sazu.si/pletersnik.html und http://bos.zrc-sazu.si/besedisce (Wörterbücher des Linguistik-Instituts Fran Ramovš am SAZU, ab 2016)

http://www.slowenisch-lernen.uni-hamburg.de (zweisprachiger Slowenischkurs, bis 2016)

http://www.termania.net/iskanje (mehrsprachiges Wörterbuch, ab Oktober 2014)

Debenjak: Veliki nemško-slovenski slovar. Elektronska idzaja na plošči CD-ROM. 2., prenovljena izdaja. Ljubljana: Amebis in DZS, [27.03.2008, 06.10.2014 bis 31.07.2016].

Debenjak: Veliki slovensko-nemški slovar. Elektronska idzaja na plošči CD-ROM. 2., prenovljena izdaja. Ljubljana: Amebis in DZS, [27.03.2008, 06.10.2014 bis 31.07.2016].

Ana Marija Muster: Nemško-slovenski, slovensko-nemški poslovni slovar. Franc Jakob Rac: Elektronska izdaja. Ljubljana: DZS, 2003, [25.03.2008, 10.10.2014 bis 31.07.2016].

Slovar slovenskega knjižnega jezika z Ozadnjim slovarjem slovenskega jezika in Besediščem slovenskega jezika z oblikoslovnimi podatki. Elektronska izdaja na plošči CD-ROM. Ljubljana: Amebis, DZS in SAZU, 2005, [26.03.2008, 06.10.2014 bis 31.07.2016].

Bio-Bibliographie der Autorin

Luise Maria Ruhdorfer wurde 1944 in St. Stefan bei Finkenstein als Aloisia Maria Hasenbichler geboren. Sie besuchte die erste Klasse der Volksschule in Mallestig und dann die weiteren Klassen in St. Georgen im Lavanttal sowie die Hauptschule in Wolfsberg. Sie maturierte 1963 an der Handelsakademie Villach. Sie war bis zum siebenten Lebensjahr zweisprachig.

Sie arbeitete als Sekretärin bei einem Notar und als Postbeamte. Sie heiratete 1967 und gebar vier Kinder. 1975 beendete sie ihre berufliche Tätigkeit. Sie ist seit Ende 2006 Witwe.

Im Alter von fünfzig Jahren begann sie an der Alpen-Adria-Universität in Klagenfurt das Slowenisch-Studium, das sie 2002 mit einer Diplomarbeit über das slowenische St. Stefaner Passionsspiel des Edmund Müller aus dem Jahre 1931 abgeschlossen hat. 2007 reichte sie ihre Dissertation über Lipušs Romanhelden an der AAU Klagenfurt ein. Seither schreibt sie literarische und wissenschaftliche Bücher und Artikel.

Gedichte, Erzählungen, Geschichten

klagen-fragen-plagen. NACHDENK-REIME ÜBER VORDENKER-TRÄUME. [Gedichte.] Remscheid (D): Re Di Roma, 2010; book on demand, ISBN 978-3-86870-196-8. (e-Buch 2014.)

Gedichte in der „Nedelja" (6. 1. 2010), in den „Wörterspuren" (2011, 2012) und in der Anthologie „Rastje" (2013, 2014).

Gott im Verstand, das Herz in der Hand. Erzählungen über ein geglücktes Leben. Remscheid (D): Re Di Roma, 2011; book on demand, ISBN 978-3-86870-382-5. (e-Buch 2013.) Siehe Dokumentation der Universität Wien http://www.MenschenSchreibenGeschichte.at.

Artikel zur Familiengeschichte in der „Finkensteiner Chronik" (2005), im Hermagoras-Kalender (2010, 2012), in der Anthologie „Rastje" (2013, 2014), in der „Nedelja" (24. 1. 2014), unter http://kaerntenerzaehltsichselbst.aau.at (25. 12. 2013), in der „Jepa" (Zeitschrift des slowenischen Kulturvereins Mittagskogel-Faaker See, II/2015, III/2015, I/2016).

„Veliki požar v Štebnu leta 1764" [Der Großbrand in St. Stefan im Jahre 1764] in der Anthologie „Rastje" 2017, S. 116-119. [Ausgeschmückte Geschichte.]

„Der Scherenschleifer Jože" in der Anthologie „Sternspritzer. Das etwas andere Weihnachtsbuch. Texte von Kärntner Autorinnen und Autoren." Hrsg. IG Autorinnen Autoren Kärnten. Klagenfurt: Hermagoras, 2017, S. 156-173. [Erzählung.]

Kärntner Volkskultur

Die slowenische Sprache und Kultur in Kärnten. Erster Band der Reihe *Slowenisch als Fremdsprache im Alltag, in der Kirche und in der Literatur.* Remscheid (D): Verlag Rediroma, 2016, book on demand, ISBN 978-3-86870-961-2. [Die Zweisprachigkeit in Kärnten; Florjan Lipuš als Kulturkritiker; Slowenische Gebete, Messtexte und Kirchenlieder (mit deutscher Übersetzung); Prosa zur Familiengeschichte.]

Die Finkensteiner Vulgonamen und der Barbara-Zyklus in St. Martin am Techelsberg. Zweiter Band der Reihe *Slowenisch als Fremdsprache im Alltag, in der Kirche und in der Literatur.* Remscheid (D): Verlag Rediroma, 2016, book on demand, ISBN 978-3-96103-006-4.

Geistliche Volksschauspiele, Passion(sspiele)

Das Passionsspiel „Terplenje in smrt Jezusa Kristusa", St. Stefan bei Finkenstein, 1931. [Diplomarbeit.] Klagenfurt: Hermagoras, 2007. ISBN 978-3-7086-0247-9. Sponsor: Bundesministerium für Unterricht, Kunst und Kultur, Wien.

Verurteilt zum Tod am Kreuz. Kärntner Christi-Leiden-Spiele. Klagenfurt: Verlag des Kärntner Landesarchivs, 2012 (2011). ISBN 978-3-900531-83-6. Sponsoren: Kärnten Kultur, Kärnten Kultur Volkskultur, Die Kärntner Sparkasse.

Geboren zum Leiden und Sterben. Kärntner geistliche Volksschauspiele. Remscheid (D): Verlag Re Di Roma, 2015, book on demand. ISBN 978-3-86870-810-3. Sponsor: LAND KÄRNTEN Kultur

Artikel zu Passionsspielen im Hermagoras-Kalender 2008 und 2015 und in der Anthologie „Rastje" 2015.

Florjan Lipušs Prosa

Lipušs Identitätenkarussell. Eine Untersuchung über den Umgang mit Eros, Pathos und Thanatos. [Doktorarbeit.] Remscheid (D): Verlag Re Di Roma, 2010, book on demand, ISBN 978-3-86870-173-9. (e-Buch 2016.)

Elitarnost po Florjanu Lipušu. Slovenske literarne kritike iz periodičnega tiska. Remscheid (D): Verlag Rediroma, 2016, book on demand, ISBN 978-3-96103-173-3. [Elite nach Florjan Lipuš. Slowenische Literaturkritiken in Originalzitaten aus Periodika.]

Elite-Kanon nach Florjan Lipuš. Slowenische Literaturkritiken [in Originalzitaten] aus Periodika in deutscher Übersetzung. Remscheid (D): Verlag Rediroma, 2016, book on demand, ISBN 978-3-96103-201-3.

„Ena zgodba in nebroj izjemnih odtenkov." [Eine einzige Geschichte und unzählige außergewöhnliche Nuancen.] Rede zu Florjan Lipušs 80. Geburtstag auf der Tagung des DSPA/Verein der slowenischen Schriftsteller in Österreich beim vulgo Kovač in Ebriach/Obirsko am 30. September 2017 im Koroški koledar 2018, S. 23-27.

Dr. phil. Luise Maria Ruhdorfer
Höflinger Straße 15
A-9584 Finkenstein, Österreich
Handy: 0043-664-1202852
e-Mail: luise.ruhdorfer@gmx.at